Édition : Marie-Mélodie Delgado
Corrections : Catherine Garnier
Maquette : Pierre Chambrin

21, square Saint-Charles – 75012 Paris
ISBN : 978-2-36942-294-5
Dépôt légal : juillet 2015
Imprimé en Italie par Rotolito Lombarda S.p.A.

Sous la direction de Gwénaëlle Le Gras
et Geneviève Sellier

CINÉMAS ET CINÉPHILIES POPULAIRES DANS LA FRANCE D'APRÈS-GUERRE 1945-1958

Ouvrage publié avec le concours
de l'université Bordeaux Montaigne et
l'Agence nationale de la recherche, programme CINÉPOP50

nouveau monde éditions

Remerciements

Nous remercions chaleureusement Raphaëlle Moine, co-responsable du programme de recherche ANR CINEPOP50, sans qui ce programme n'aurait pas vu le jour, ainsi que les chercheur.e.s, jeunes et confirmé.e.s, des équipes de recherche IRCAV et MICA, qui ont contribué à son succès.

Un grand merci aussi à tou.te.s nos collègues universitaires en France et à l'étranger, qui ont apporté leur enthousiasme et leurs compétences à cette recherche collective.

Nous remercions pour leur aide précieuse dans la construction et le développement de ce programme de recherche, la Direction de la recherche de Bordeaux Montaigne et en particulier Jacques Prud'homme, le Service informatique de Bordeaux Montaigne et en particulier Francis Feytout, la Bibliothèque universitaire de Bordeaux Montaigne et en particulier Grégory Miura, l'équipe d'accueil MICA et en particulier Laurence Canto, ainsi que Thomas Pillard pour l'édition du présent ouvrage.

Enfin, nous remercions la BnF et en particulier Alain Carou pour l'aide apportée à la constitution d'un fonds de magazines populaires de cinéma à la Bibliothèque universitaire de Bordeaux Montaigne.

Introduction

Gwénaëlle Le Gras et Geneviève Sellier

Dans le contexte des études cinématographiques dominées en France par les approches esthétiques du cinéma d'auteur, nous proposons de changer d'optique et d'objet en étudiant, dans une perspective d'histoire culturelle, le cinéma populaire tel qu'il se déploie sur les écrans français pendant la période de plus haute fréquentation (1945-1958), ainsi que les formes de cinéphilie populaire à travers les traces qu'on en trouve dans les magazines spécialisés. Ce type de travail, déjà largement entamé dans les pays anglophones, souffre dans notre pays de la stigmatisation qui pèse sur le cinéma populaire depuis la « politique des auteurs » instituée par les *Cahiers du cinéma* dans les années 1950 et confortée par le succès de la Nouvelle Vague et de ses héritiers.

Le corpus que nous étudions dans cet ouvrage est construit sur un échantillon représentatif du cinéma populaire de l'après-guerre, établi à partir du box-office et des périodiques spécialisés, et sur les magazines de cinéma les plus lus à l'époque, qui sont de deux sortes : les hebdomadaires qui proposent des articles sur les acteurs et les films, et ceux qui proposent des « films racontés », les deux types étant richement illustrés.

La période d'après-guerre en France est marquée par deux pics de fréquentation : 1947 et 1957, avec plus de 400 millions d'entrées. De plus, la création du Festival de Cannes en 1946 contribue à donner au cinéma en France une visibilité médiatique nouvelle.

La périodisation proposée commence en 1945 avec la fin de la guerre, et le retour des spectateurs dans les salles, à nouveau approvisionnées en films de toute origine (en particulier américains), et se clôt en 1958, dernière année en France où le cinéma populaire règne sans partage sur les écrans : 1959 marque en effet la naissance – officialisée par le Festival de Cannes – de la Nouvelle Vague, c'est-à-dire du cinéma d'auteur destiné à une élite cultivée, cinéma aidé par les pouvoirs publics à travers la commission d'avance sur recettes créée par le tout nouveau ministère de la Culture.

La période 1945-1958 est également marquée par de forts enjeux politiques nationaux et internationaux qui s'expriment sur le terrain du cinéma mais dépassent largement ce domaine. « L'invasion » des écrans français par les films hollywoodiens à la Libération, la signature des accords Blum-Byrnes en 1946, donnant une large place aux films américains sur les écrans français en échange de crédits américains pour le reconstruction du pays (préfiguration du plan Marshall), la bataille qui s'ensuit dans les milieux professionnels et dans l'opinion pour « sauver le cinéma français » et qui aboutit au vote en 1948 de la première loi d'aide au cinéma français, matrice du système actuel : tout cela fait de cette période un moment crucial de l'histoire économique, institutionnelle et culturelle du cinéma français. La loi de 1948 a non seulement permis une modernisation de l'appareil de production, elle a aussi confirmé le rôle du cinéma français comme vecteur privilégié de l'identité nationale.

Cette centralité culturelle du cinéma dans la société française s'installe dans un contexte social et politique conflictuel et contrasté : d'une part antagonismes liés à la guerre froide, conflits coloniaux, instabilité politique, modernisation à marche forcée, début des Trente Glorieuses, entrée dans la société de consommation ; d'autre part instauration du suffrage universel sans restriction de sexe (1944), parution du *Deuxième Sexe* (1949), politique nataliste (allocation de salaire unique, répression de l'avortement) et reprise en mains patriarcale ; immobilisme des rapports intergénérationnels et peur de la délinquance juvénile (les « blousons noirs ») ; pénétration de la culture américaine (jazz, cinéma, série noire) et crispation sur l'identité nationale.

La période de l'après-guerre jusqu'à la Nouvelle Vague (1945-1958) est le plus souvent abordée dans des ouvrages (francophones ou anglophones) sur l'histoire générale du cinéma français ou sur le cinéma français « classique » (c'est-à-dire du parlant à la Nouvelle Vague), où elle est présentée comme une période de déclin artistique et de crispation corporatiste[1] ; seuls quelques « auteurs », Renoir, Becker, Bresson, Tati, Cocteau, Melville (construits comme tels *a posteriori* par la « politique des auteurs ») ont fait l'objet de monographies, dans une optique généralement esthétique. Cette dichotomie entre cinéma d'auteur et cinéma populaire est un anachronisme pour la période d'avant la Nouvelle Vague : tous les films sont destinés à tous les publics, avec des productions plus ou moins prestigieuses et/ou plus ou moins financées. La lecture dominante de ce cinéma est donc erronée, en particulier dans les ouvrages qui traitent de l'histoire du cinéma français depuis l'après-guerre, où il sert de faire-valoir à la Nouvelle Vague, présentée comme le moment inaugural de la modernité artistique au cinéma et du cinéma d'auteur[2]. De rares ouvrages prennent en compte le cinéma populaire de la période, mais avec une vision souvent dépréciative[3].

Rompant avec cette approche « auteuriste », *La Drôle de guerre des sexes du cinéma français 1930-1956*, proposait en 1996 une analyse historique des représentations filmiques à partir d'un corpus représentatif de plus de 300 films, en distinguant trois périodes, l'avant-guerre, l'Occupation et l'après-guerre, comme des moments de rupture dans les représentations dominantes : la figure du couple incestueux d'avant-guerre – un patriarche protecteur d'une très jeune femme – cède brutalement la place après la débâcle et avec l'occupation allemande à une figure de femme, jeune ou d'âge mûr, qui prend en mains le destin de la communauté, en lieu et place de figures patriarcales défaillantes ou indignes ; l'après-guerre fait émerger tout aussi brusquement une figure d'homme « victimisé » par une « garce diabolique ». Cette recherche a fait émerger deux constats : l'articulation étroite entre la grande Histoire et

1. Francis Courtade, *Les Malédictions du cinéma français : une histoire du cinéma français parlant (1928-1978)*, Paris, Éditions Alain Moreau, 1978 ; Alan Williams, *Republic of Images : A History of French Filmmaking*, Cambridge MA, Harvard University Press, 1992 ; Susan Hayward, *French National Cinema*, Londres, Routledge, 1993 ; Pierre Billard, *L'Âge classique du cinéma français : du cinéma parlant à la Nouvelle Vague*, Paris, Flammarion, 1995 ; Colin Crisp, *The Classic French Cinema 1930-1960*, Bloomington, Indiana University Press, 1997 ; Rémi Fournier Lanzoni, *French Cinema : From Its Beginnings to the Present*, Londres, Continuum, 2002.

2. René Prédal, *Cinquante ans de cinéma français*, Paris, Nathan, 1996.

3. Jean-Loup Passek (dir.), *D'un cinéma l'autre*, Paris, Centre Georges Pompidou, 1988 ; Gérard Dessere et Nicolas Schmidt (dir.), *Le Cinéma du sam'di soir*, Corlet-Télérama, coll. « CinémAction », n° 95, 2000.

les fictions cinématographiques ; le cinéma populaire comme partie prenante de l'imaginaire collectif, les films expriment les peurs et les fantasmes de la société de l'époque, où s'entremêlent sphère publique et sphère privée. Quelques films, très minoritaires et souvent mal reçus, reconfigurent de façon critique les représentations dominantes, en mettant en évidence les contradictions de l'époque. Dans cet ouvrage, c'est 1956 qui a été choisi comme borne chronologique : cette date fait de Brigitte Bardot une star, avec *Et Dieu créa la femme* (Roger Vadim), en proposant un nouveau paradigme dans la représentation des figures féminines et des rapports de sexe. Ce travail, qui relève de l'histoire culturelle et de la *gender history*, utilise les apports des théories féministes anglophones sur le cinéma. Mais, en circonscrivant son corpus au cinéma français, cet ouvrage procède à une sélection qui ne correspond que partiellement à la cinéphilie populaire de l'époque, laquelle se construit face à une offre importante de films étrangers (majoritairement américains, italiens et britanniques). Il nous paraît donc utile de revenir sur cette période de l'après-guerre en étudiant un corpus plus large (l'ensemble des films offerts sur les écrans français) et en utilisant des sources plus diversifiées (magazines populaires, magazines corporatifs, études du CNC, fonds du service presse du Festival de Cannes, archives publicitaires, radiophoniques ou télévisées, archives privées), de façon à reconstruire le paysage de la cinéphilie populaire de l'époque, pour en comprendre les usages et les enjeux.

L'étude des cinéphilies populaires est un chantier neuf. Quelques travaux récents se sont penchés sur les pratiques spectatorielles « ordinaires » et sur des formes de cinéphilie qui dépassent le cadre de la seule cinéphilie cultivée et moderniste. Leurs résultats montrent l'intérêt historique, sociologique et culturel de ce changement de paradigme, et les nouveaux terrains de recherche qu'il ouvre. La cinéphilie populaire d'après-guerre n'a fait l'objet en France que d'une thèse[1] (en histoire) de Fabrice Montebello qui l'aborde à travers une étude de cas – les ouvriers cinéphiles de Longwy, dont la cinéphilie juvénile, populaire et masculine se caractérise par la préférence pour les genres hollywoodiens masculins (film noir, western, etc.) et les stars masculines comme Humphrey Bogart, qu'apprécient aussi les cinéphiles

1. Fabrice Montebello, « Spectacle cinématographique et classe ouvrière, Longwy 1944-1960 », thèse de doctorat d'histoire soutenue en 1997, université de Lyon 2.

des *Cahiers du cinéma* (avec qui ils ont en commun juvénilité et masculinité) ; Montebello défend l'idée que la fréquentation assidue des films amène ces jeunes ouvriers à développer une expertise comparable à celle de la cinéphilie savante. Jean-Marc Leveratto[1] est revenu sur cette cinéphilie populaire en Lorraine dans une optique plus sociologique pour analyser le sens et les enjeux des jugements de goût en situation, en évaluant à travers des études de cas le rôle de la mémoire familiale et les formes que prend le goût pour le cinéma italien dans un milieu d'immigrés de première, deuxième et troisième génération.

Laurent Jullier et Leveratto[2] ont récemment proposé une synthèse didactique des travaux scientifiques sur la cinéphilie et les cinéphiles, d'un point de vue historique et en termes générationnels et genrés, en détaillant les différentes formes de sociabilité que permet et que favorise le cinéma, sans privilégier la cinéphilie savante sous prétexte qu'elle a laissé davantage de traces écrites.
Le courrier des lecteurs des magazines populaires étudié par Geneviève Sellier[3] fait apparaître la place dominante des femmes (deux tiers des lettres) dans ce lieu peu légitime et la dimension genrée des goûts qui s'y expriment (les lectrices affirment une préférence pour les stars françaises, alors que les lecteurs privilégient les stars américaines).

Concernant l'étude des genres populaires, Raphaëlle Moine a ouvert le chantier théorique et méthodologique avec son ouvrage *Les Genres du cinéma* (2002), en montrant notamment comment la prégnance du système des genres hollywoodiens et les habitudes interprétatives françaises contribuaient à rendre invisibles à la fois les genres du cinéma français et un « régime générique » spécifique à la France des années 1950 qui articule genres nationaux et genres internationaux. Moine a publié les premiers résultats collectifs d'une approche générique du cinéma français, mais un article seulement était consacré spécifiquement à un genre populaire des

1. Jean-Marc Leveratto, *Cinéma, spaghettis, classe ouvrière et immigration,* Paris, La Dispute, 2010.
2. Laurent Jullier et Jean-Marc Leveratto, *Cinéphiles et cinéphilies : Une histoire de la qualité cinématographique,* Paris, Armand Colin, 2010.
3. Geneviève Sellier, « Le courrier des lecteurs de *Cinémonde* dans les années cinquante : la naissance d'une cinéphilie au féminin », dans Noël Burch et Geneviève Sellier (dir.), *Le Cinéma au prisme des rapports de sexe,* Paris, Vrin, 2009, p. 67-90.

années 1950, le film Belle Époque[1], et trois articles inséraient les genres d'après-guerre dans une perspective historique plus large[2]. Deux études exhaustives sur un genre populaire français de la période ont été publiées depuis, celle de Susan Hayward sur le film en costumes[3] et celle de Thomas Pillard sur le film noir français[4]. Et le programme Cinépop50 a produit une publication collective sur les films musicaux de la période[5].

Les études sur les stars du cinéma français populaire se sont développées en Grande-Bretagne, dans le sillage des *cultural studies*, des *gender studies* et des *star studies* : Ginette Vincendeau a publié une remarquable étude sur Jean Gabin (Gauteur & Vincendeau 1993). De la même chercheuse, *French Stars and Stardom* (2000), publié en 2008 dans une traduction française augmentée, *Les Stars et le star-système en France*, est une première contribution systématique à l'étude des stars françaises, mais, si l'on trouve un chapitre sur Bardot, la plupart des stars françaises populaires de l'après-guerre n'y figurent pas (Simone Signoret, Martine Carol, Michèle Morgan, Gérard Philipe, Bourvil, Fernandel, Tino Rossi, Luis Mariano, Jean Marais, Edwige Feuillère…) ; seule Simone Signoret a fait depuis l'objet d'une étude approfondie en anglais de la part de Susan Hayward, traduite en français en 2013[6]. En France, l'ouvrage de Gwénaëlle Le Gras sur Michel Simon[7] porte en partie sur les années 1950, mais se focalise sur l'analyse du jeu de l'acteur dans les films, davantage que sur sa réception. Un ouvrage collectif dirigé par G. Le Gras et Delphine

1. Geneviève Sellier, « Les films "Belle Époque" dans le cinéma d'après-guerre. Invisibilité d'un genre "féminin" », dans Raphaëlle Moine (dir.), *Le Cinéma français face aux genres*, Paris, AFRHC, 2005, p. 151-161.
2. Brigitte Rollet, « Question(s) de genre(s) : les réalisatrices françaises et les films à costumes », dans Raphaëlle Moine (dir.), *Le Cinéma français face aux genres*, Paris, AFRHC, 2005, p. 163-174 ; Francis Vanoye, « L'adaptation comme genre du cinéma français », dans Raphaëlle Moine (dir.), *Le Cinéma français face aux genres*, *idem*, p. 119-130 ; Catherine Berthé-Gaffiero, « Le cinéma policier français de 1930 à 1950 : l'âge d'or du film à énigme, le Whodunit », dans Raphaëlle Moine (dir.), *Le Cinéma français face aux genres*, *idem*, p. 203-212.
3. Susan Hayward, *French Costume Drama of the 1950s: Fashioning Politics in Film*, Bristol, Intellect, 2010.
4. Thomas Pillard, *Le Film noir français face aux bouleversements de la France d'après-guerre (1946-1960)*, Nantes, Éditions Joseph K, 2014.
5. Sébastien Layerle et Raphaëlle Moine (dir.), *Voyez comme on chante ! Films musicaux et cinéphilies populaires en France (1945-1958)*, Paris, Presses Sorbonne Nouvelle, coll. « Théorème », n° 20, 2014.
6. Susan Hayward, *Simone Signoret, une star engagée*, [trad.], Paris, L'Harmattan, 2013 [2004].
7. Gwénaëlle Le Gras, *Michel Simon, l'art de la disgrâce*, Paris, Scope, 2010.

Chedaleux a ouvert de nombreuses pistes sur l'étude des acteurs et des genres du cinéma populaire français des années 1930 à 1950[1].

La dimension interculturelle du cinéma dans la France de l'après-guerre, où cohabitent sur les écrans et dans les pages des magazines stars et genres français et étrangers (notamment américains et italiens), a souvent été envisagée sous l'angle du conflit. Les travaux des historiens ont mis l'accent sur la rivalité entre cinéma français et cinéma hollywoodien et leur affrontement sur les écrans français[2], mais il reste à comprendre leur complémentarité et leurs échanges, comme le fait Thomas Pillard à propos des liens entre films noirs français et américain[3]. Dans une optique d'histoire culturelle, l'historienne américaine Vanessa Schwartz a publié en 2007 une étude novatrice sur les échanges économiques et culturels entre cinémas français et hollywoodien dans les années 1950, qui met en évidence l'hommage au « Paris Belle époque » dans quelques-uns des films américains les plus prestigieux de la décennie, l'affirmation progressive de la prééminence mondiale du Festival de Cannes, le rôle des États-Unis dans l'invention de la « bombe sexuelle » B.B., phénomènes qui confirment la dimension de plus en plus cosmopolite du goût pour le cinéma, et le rôle majeur que joue la France dans ces transferts culturels. Cette étude pionnière est menée à partir de la réception américaine, et non, comme nous le proposons, de la réception française, mais elle marque un tournant stimulant dans l'historiographie des relations entre les deux cinématographies.

Le changement radical d'optique que cet ouvrage propose par rapport au paradigme esthétique et auteuriste dominant dans les études cinématographiques en France, correspond aussi à un *cultural turn* : loin de la vision manichéenne héritée de l'école de Francfort qui voit

1. Gwénaëlle Le Gras et Delphine Chedaleux, *Genres et acteurs du cinéma français, 1930-1960*, Rennes, Presses universitaires de Rennes, 2012.
2. Jacques Portes, « Les origines de la légende noire des accords Blum-Byrnes », *Revue d'histoire moderne et contemporaine*, numéro spécial « Cinéma et société » sous la direction de Jean A. Gili, avril-juin 1986 ; Jean-Pierre Jeancolas, « Blum-Byrnes, l'arrangement, 1945-1948 », *1895*, n° 13, décembre 1993 ; Patricia Hubert-Lacombe, *Le Cinéma français dans la guerre froide 1946-1956*, Paris, L'Harmattan, 1996 ; Laurent Le Forestier, « L'accueil en France des films américains de réalisateurs français à l'époque des accords Blum-Byrnes », *Revue d'histoire moderne et contemporaine*, vol. 51, n° 4, oct.-déc. 2004 ; Laurent Marie, *Le Cinéma est à nous. Le PCF et le cinéma français de la Libération à nos jours*, Paris, L'Harmattan, 2005 ; Raphaëlle Moine, *Remakes. Films français à Hollywood*, Paris, CNRS éditions, 2007.
3. Thomas Pillard, *Le Film noir français...*, *op. cit.*

dans la « culture de masse » un instrument d'aliénation des dominé-e-s, nous proposons d'explorer la richesse et la complexité du cinéma populaire et d'en étudier les usages sociaux dans toute leur diversité, pour comprendre de quoi est fait l'imaginaire social de l'époque, quelles sont les contradictions récurrentes que laissent affleurer les films populaires et comment elles sont résolues dans ces grands fantasmes collectifs que sont les films et les stars. Autrement dit, il s'agit pour nous de prendre au sérieux les goûts cinématographiques du plus grand nombre, d'en dessiner une cartographie et d'en comprendre les enjeux. Pour ce faire, nous utilisons intensivement une source quasiment « inédite » : la presse populaire spécialisée.

Dans les années précédant 1945, le paysage de la presse a été bouleversé à deux reprises dans un temps très court : en 1940, suite à l'occupation allemande du territoire et à la division du pays en deux zones, l'une directement administrée par l'occupant, l'autre par le régime de Vichy – création de l'armistice –, toutes les publications d'avant-guerre ont été suspendues ou interdites, y compris les magazines spécialisés de cinéma comme *Cinémonde* ou *Pour vous*. Ils sont remplacés par un hebdomadaire financé par des capitaux allemands, *Ciné-mondial*, créé en 1941 et chargé de vendre une vision expurgée et germanophile du cinéma populaire : « *the show must go on* », mais sans Hollywood, sans les Juifs et sans les communistes[1]. Dans une large mesure, la dimension idéologique des films y est occultée : la mission du magazine n'est pas de servir directement la propagande nazie, mais de persuader le public français que tout est redevenu normal dans le monde du cinéma. La principale différence avec le *Cinémonde* d'avant-guerre est l'absence d'une rubrique de courrier des lecteurs, ce qui, dans un pays occupé par une armée étrangère, n'est pas le fruit du hasard. Le magazine disparaîtra en août 1944.

En 1945, c'est *L'Écran français*, émanation des *Lettres françaises* clandestines, qui vient d'abord affirmer la renaissance d'un cinéma français libéré du joug nazi[2]. Puis, en 1946, au fur et à mesure que les affaires reprennent, certains magazines d'avant-guerre comme *Cinémonde* et *Film complet*, reparaissent ; beaucoup d'autres

1. Voir Delphine Chedaleux, *Jeunes premiers et jeunes premières sur les écrans de l'Occupation (France, 1940-1944)*, Bordeaux, Presses universitaires de Bordeaux, à paraître.
2. Olivier Barrot, *L'Écran français 1943-1953, Histoire d'un journal et d'une époque*, Paris, Éditeurs français réunis, 1979.

Nicole Courcel et Robert Lamoureux (*Papa, maman, la bonne et moi*, Jean-Paul Le Chanois, 1954), couverture de *Mon Film* n° 514, 27 juin 1956.

Michèle Morgan, couverture de *Cinémonde* n° 669, 27 mai 1947.

naissent, avec une durée de vie variable (certains seront absorbés par *Cinémonde*), et témoignent de ce que le cinéma est en train de devenir un vecteur privilégié d'acculturation, mais aussi d'identité nationale et d'ouverture internationale, pour tous les milieux sociaux, y compris avec la naissance des premières revues liées aux ciné-clubs.

Toutes les publications à destination du grand public se caractérisent par l'importance qu'elles accordent aux acteurs et actrices comme véhicules d'identités de genre, de classe, de génération, mais aussi nationale et/ou culturelle. À travers les portraits, les entretiens, les reportages, les classements, les palmarès, etc. se dessine un paysage que Gwénaëlle Le Gras a commencé d'étudier et qui témoigne à la fois de la construction de consensus et de l'existence de conflits et de contradictions culturels et idéologiques[1].

1. Gwénaëlle Le Gras, « The Post-war French Star System (1948-1958) : Prestigious Vedettes and Box-Office Stars », *Contemporary French and Francophone Studies : Sites*, vol. 19, n° 1, numéro spécial « Stars du cinéma français d'après-guerre » sous la direction de Gwénaëlle Le Gras et Geneviève Sellier, janvier 2015, p. 6-28.

La confrontation de ces sources avec le box-office – dont on a une idée précise depuis 1945 grâce à la comptabilité du CNC – montre qu'il ne s'agit jamais d'un simple commentaire complaisant des succès commerciaux du moment, mais plutôt de la construction d'un imaginaire collectif fait d'interprétation des films et des acteurs comme des leçons de vie. Le cas Edwige Feuillère étudié par Gwénaëlle Le Gras[1] est exemplaire de la politique patrimoniale de *Cinémonde* : star adulée par le magazine, alors même qu'elle tourne peu et dans des films au succès moyen, elle incarne une légitimité culturelle associée au théâtre et une image d'émancipation féminine par l'excellence professionnelle que les jeunes lectrices plébiscitent dans le courrier des lecteurs.

De même, Delphine Chedaleux[2] montre que la construction par *Cinémonde* de l'image de Jean Marais correspond d'abord aux besoins de son lectorat jeune, féminin et populaire : un visage au sourire éclatant, un corps souvent dénudé dont la beauté sculpturale est complaisamment exhibée, associés à des qualités morales traditionnellement « féminines » – modestie, générosité, dévouement, gentillesse, goût pour la décoration et la mode ; cette image est différente de celle de l'acteur dans le milieu théâtral parisien d'avant-garde, comme compagnon de Jean Cocteau et dont l'homosexualité est de notoriété publique, mais elle est différente aussi des personnages que Jean Marais incarne dans les films de l'immédiat après-guerre, séducteur volage et souvent misogyne, abîmé par la guerre et incapable d'attachement[3].

Ce type d'analyse nous force à abandonner les idées reçues sur les médias de masse manipulateurs et aliénants destinés à un public avide de rumeurs de caniveau… Les images de stars que construisent ces magazines reconfigurent constamment les normes genrées, sociales et générationnelles, et fonctionnent comme des modèles ou des contre-modèles identificatoires pour les (jeunes)

1. Gwénaëlle Le Gras, « Edwige Feuillère dans le star-système français des années d'après-guerre vu par *Cinémonde* », Geneviève Sellier (dir.), *Studies in French Cinema*, vol. 15, n° 1, Londres, Routledge, mars 2015, p. 37-55.
2. Delphine Chedaleux, « Jean Marais, star de *Cinémonde* (1946–1958) : la construction d'une masculinité ambivalente dans la France d'après-guerre », *ibid.*, p. 56-68.
3. Voir Geneviève Sellier, « La star préférée du public féminin populaire : Jean Marais dans les mélodrames de l'après-guerre », *Contemporary French and Francophone Studies: Sites*, vol. 19, n° 1, « Stars du cinéma français d'après-guerre » sous la direction de Gwénaëlle Le Gras et Geneviève Sellier, janvier 2015, p. 54-75.

lecteurs et lectrices (surtout) qui les lisent chaque semaine, et dont on peut trouver une trace dans le courrier des lecteurs, sans doute la rubrique la plus régulière de tous ces magazines : tous en ont une, souvent sur plusieurs pages, et une étude approfondie des contenus montre qu'il ne s'agit pas de contrefaçon, autre lieu commun élitiste sur cette pratique sociale[1]... mais bien d'un lieu d'échanges où se construit une communauté virtuelle autour des acteurs et des films, prétextes à des professions de foi et à des polémiques où chacun-e engage à la fois une éthique et une expertise.

Bien que les lettres des lecteurs/trices ne soient pas citées dans leur intégralité, le principe de fidélisation qui justifie l'existence de cette rubrique implique une sorte de contrat de confiance entre les lecteurs et le responsable de la rubrique (tous écrivant sous pseudo) : le responsable s'engage à publier les lettres les plus intéressantes, les plus originales et les mieux écrites, ce qui crée une sorte d'émulation entre les correspondant-e-s ; les commentaires concernent le plus souvent les acteurs, aussi bien leur performance dans les films que leur comportement à la ville tel que les magazines en rendent compte. La rédaction comme les lecteurs entretiennent une confusion volontaire entre le jeu de l'acteur, ses personnages dans la fiction et son comportement à la ville[2].

On peut également analyser l'écart entre les articles rédactionnels et les commentaires du courrier des lecteurs pour y voir les éléments d'une dynamique subtile qui permet au magazine de trouver des compromis acceptables entre ces choix éditoriaux et les desiderata de son lectorat, éléments clés de rentabilité de périodiques qui tablent sur une diffusion de masse plus que sur la publicité.

Ginette Vincendeau a montré en étudiant les polémiques autour de Bardot dans le courrier des lecteurs de *Cinémonde* dans les années 1957-1958-1959, que ce sont les normes du féminin qui

1. Voir Émilie Charpentier, « Spectateurs, vous avez la parole. Le courrier des lecteurs dans *Cinémagazine* et *Mon Ciné* », mémoire de maîtrise, université Paris 1 Panthéon-Sorbonne, 2003.
2. Voir Geneviève Sellier, « Un accès à la "réception ordinaire dans la France d'après-guerre" : le courrier des lecteurs des magazines populaires », dans Adrienne Boutang, Barbara Laborde, Lucie Mérijeau (dir.), *Networking images. Approches interdisciplinaires des images en réseau*, Presses de la Sorbonne Nouvelle, coll. « Théorème », n° 17 , 2013, p. 143-152 ; « La réception des films de la Nouvelle Vague dans le courrier des lecteurs de *Cinémonde* », *Communication* [En ligne], vol. 32/1 | 2013, mis en ligne le 29 novembre 2013. URL : http://communication.revues.org/4951

font discussion à travers elle, et, au fur et à mesure qu'elle s'affirme comme une femme autonome à la fois sur le plan économique et sur le plan personnel, la proportion de ses admirateurs et admiratrices s'inverse : de nombreuses correspondantes la soutiennent alors que les correspondants la critiquent de plus en plus[1].

Les contributions que nous proposons dans ce volume abordent différents aspects de la fréquentation du cinéma dans la France d'après-guerre.

Une première partie s'intéresse au contexte socioculturel dans lequel se développe ce loisir.

Sandrine Dubouilh analyse la révolution qu'a représentée en France, où prévalaient les salles de spectacle à l'italienne, la configuration frontale des salles de cinéma qui va s'imposer comme une donnée incontournable du rapport au spectaculaire après la Seconde Guerre mondiale. À partir des travaux de ces architectes spécialistes, elle montre leur impact sur les lieux de spectacle, objets de débats contradictoires dans le milieu théâtral des années 1950-1960.

Delphine Chedaleux examine les discours sur le cinéma qu'on trouve dans *Cinémonde* à côté des rubriques consacrées au culte des vedettes ; ces textes parfois signés d'éminents critiques et historiens montrent les points de convergence avec la cinéphilie savante qui se construit à la même époque, mais aussi des tensions culturelles qui amènent à remettre en cause la dichotomie traditionnelle entre cinéphilie ordinaire et cinéphilie cultivée.

Sarah Leahy se focalise sur une de ces éminentes signatures, celle d'Henri Jeanson, qui sous le pseudonyme d'Huguette ex-Micro, va polémiquer en toute liberté dans les colonnes de *Cinémonde* à partir de 1948, sur des sujets aussi divers que la censure en France et à l'exportation, les accords Blum-Byrnes, le Festival de Cannes, les rivalités franco-italiennes.

Emmanuel Plasseraud étudie le courrier des lecteurs de *Cinémonde*, pour vérifier le changement de paradigme sur la réception filmique, pensée comme un phénomène collectif avant-guerre, au profit de la réception filmique comme expérience individuelle qui s'est progressi-

1. Ginette Vincendeau, « A Star is Torn (to Pieces) : Brigitte Bardot Seen through Redear's Letters in Cinémonde », *Contemporary French and Francophone Studies : Sites*, vol. 19, n° 1, numéro spécial « Stars du cinéma français d'après-guerre » sous la direction de Gwénaëlle Le Gras et Geneviève Sellier, janvier 2015, p. 90-105.

vement mise en place dans les années 1940-1950. En étudiant l'évolution de la rubrique de courrier des lecteurs de *Cinémonde*, il met en évidence les formes que prend ce changement paradigmatique.

Une deuxième partie du volume concerne l'étude des stars.

Gwénaëlle Le Gras analyse les discours savants et populaires sur le vedettariat et les stars tels qu'ils se développent dans les années 1950, en particulier en revenant sur l'ouvrage fondateur d'Edgar Morin, *Les Stars* (1957), paradoxalement resté longtemps sans suite en France, pour des raisons liées aux changements culturels et idéologiques qui s'amorcent à cette époque. Elle montre qu'au même moment la cinéphilie populaire propose, *via* les magazines qui se multiplient après-guerre, des discours qui dessinent en creux une réflexion sur ce phénomène social et cinématographique. La genèse de la théorisation de la notion de star dans la France d'après-guerre est analysée en confrontant les discours savants et populaires, pour mesurer les écarts et les points de convergence entre les deux, et repérer les spécificités de la conception française du vedettariat.

Ginette Vincendeau analyse à travers un film de 1957, *Donnez-moi ma chance* (Léonide Moguy), la montée en puissance d'un nouveau vedettariat, en partie inspiré par Hollywood, caractérisé par le rôle accru des médias et l'accent sur le physique et la vie privée des vedettes, surtout féminines. Par comparaison avec des films étrangers tels que *Bellissima* (Visconti, 1951), elle met en avant la spécificité française de la construction à l'écran du nouveau vedettariat féminin.

Camille Beaujeault étudie le début de la carrière de Gérard Philipe, et les deux films qui en ont fait une star, *Le Diable au corps* en 1947 et *La Chartreuse de Parme* un an plus tard. À travers une figure de masculinité faite de juvénilité, de fragilité et d'androgynie, il transgresse les normes masculines dominantes de la société et du star-système de l'époque. L'analyse des films et de leur réception permet de mieux comprendre la nature de l'engouement dont le jeune acteur a été l'objet de la part du public féminin populaire.

Susan Hayward s'intéresse au cas de Daniel Gélin, l'un des jeunes premiers des années 1950 les plus appréciés par les cinéastes, mais relativement négligé par *Cinémonde,* si on le compare à d'autres jeunes premiers de l'époque : Jean Marais, Luis Mariano, Gérard Philipe, Jean-Claude Pascal, Michel Auclair. On constate un écart entre l'opinion réservée de la rédaction à son endroit et celle souvent plus enthousiaste des lecteurs telle qu'elle s'exprime dans la rubrique « Potinons ». Le relatif manque d'intérêt du magazine populaire pour cet acteur est mis en relation avec sa personnalité non conformiste.

Alain Boillat se penche sur le cas étonnant d'Edwige Feuillère, tête d'affiche à 47 ans du *Blé en herbe* (Autant-Lara, 1954), où elle incarne une femme d'âge mûr qui entreprend l'initiation amoureuse d'un jeune homme ; quatre ans plus tard, dans *En cas de malheur* du même réalisateur, elle est une épouse qui accepte avec abnégation les infidélités de son mari Jean Gabin (54 ans) amoureux de Brigitte Bardot (24 ans). L'analyse du triangle amoureux qui structure le récit de ces deux adaptations (comparées aux romans de Colette et de Simenon dont elles sont issues) et certaines versions non retenues du scénario permettent d'éclairer le statut de cette star vieillissante.

Une troisième partie de l'ouvrage s'intéresse aux genres qui plaisent aux spectateurs de l'époque.

Raphaëlle Moine constate que la production de films biographiques connaît un pic pendant les années d'après-guerre, certains se hissant en tête du box-office (*Monsieur Vincent*, *Il est minuit Dr Schweitzer*, *Lucrèce Borgia*). On observe l'existence de deux séries, une masculine et une féminine, très distinctes, qui amène non seulement à opposer l'hommage (aux Grands Hommes) et le scandale (du spectacle de femmes dépravées, légères, ou simplement émancipées), mais aussi à souligner les ambivalences de la série féminine qu'on ne peut réduire à la mise en spectacle érotique du corps féminin.

Myriam Juan s'intéresse aux nombreux films français de l'après-guerre qui sont des remakes ou de nouvelles adaptations d'œuvres déjà portées à l'écran vingt ans plus tôt (comme la version des *Misérables* de Jean-Paul Le Chanois avec Jean Gabin), pour comprendre la manière dont ces deux périodes du cinéma dialoguent entre elles et, plus spécifiquement, dont la mémoire du cinéma français des années 1930 imprègne celui des années 1945-1958.

Thomas Pillard étudie la réception des genres dans la rubrique phare d'un magazine de novellisation : le courrier des lecteurs du *Film complet*, une publication à fort tirage. Il analyse en particulier comment les genres réputés plus « masculins » de l'époque (film noir, comédie) sont reçus et commentés dans ce périodique au lectorat mixte mais essentiellement féminin.

Enfin, Laurent Guido se penche sur une étude de cas : *Femmes de Paris* (Jean Boyer, 1953), qu'on peut rattacher au film de « revue », permet d'interroger l'intégration problématique des numéros musicaux, le rapport dialectique entre scène et écran, ainsi que les représentations du corps dansant. L'analyse de ces différents éléments permet de remettre en question certains discours conventionnels sur la légitimité artistique des films musicaux français.

Une quatrième partie se focalise plus directement sur les questions de réception ordinaire.

Geneviève Sellier propose une étude exhaustive de la rubrique du courrier des lecteurs de *Cinémonde* « Potinons » sur l'année 1956, pour comprendre de quoi parlent les films pour les spectateurs à qui ils sont destinés et faire un panorama des goûts de ces spectateurs ordinaires qui sont majoritairement des spectatrices.

Anthony Rescigno se focalise sur une situation particulière, celle des spectateurs mosellans à la Libération, après quatre ans d'annexion nazie où étaient interdits tous les films en français. Alors que les pouvoirs publics français interdisent à leur tour tous les films en allemand, les spectateurs trouvent des biais pour s'adapter à cette rupture brutale, à travers des stars dont l'image est comparable et des genres familiers, comme le film à costumes ou le film musical.

Mélisande Leventopoulos étudie quant à elle l'usage que font du cinéma dans leurs périodiques les Jeunesse agricole, étudiante et ouvrière chrétienne féminine (JACF, JECF, JOCF). Elle explore la rencontre originale entre des engagements confessionnels féminins et des pratiques cinéphiliques. Trois modèles distincts d'intervention se dessinent qui permettent d'interroger les modalités d'une construction cinéphilique du genre (*gender*) au sein de ces mouvements.

La dernière partie de l'ouvrage s'intéresse aux interactions entre la France et l'étranger.

Camille Gendrault constate que le cinéma italien conquiert au cours de l'après-guerre une place de choix dans les goûts du public français et ce notamment grâce à la mise en place d'une efficace politique de coproduction entre la France et l'Italie. Dans les pages de *Cinémonde*, l'appréciation du cinéma italien par le filtre de références issues d'une culture classique et légitime va peu à peu laisser la place à une forme plus populaire de goût pour l'Italie, qu'illustre entre autres la série des *Don Camillo*.

Daniela Treveri propose les résultats d'une enquête ethnographique sur les spectateurs de cinéma à Rome dans les années 1950, moment comme en France de fréquentation assidue. Les Italiens apprécient autant les grands films hollywoodiens que les productions nationales, et les films italiens les plus populaires en France (souvent des coproductions) le sont aussi en Italie. En revanche, on peut observer une spécificité régionale italienne : la popularité des stars à Rome est d'autant plus grande qu'elles sont perçues comme romaines (Magnani).

Arnaud Cassam-Chenaï constate que les écrans français sont littéralement envahis dès 1945 par des films traitant de la toute récente Seconde Guerre mondiale, dont certains sont de grands succès publics. Si les films français consacrés au conflit réalisent, de manière générale, plus d'entrées que leurs homologues américains, certaines productions d'outre-Atlantique ont aussi du succès comme *Aventures en Birmanie* (Raoul Walsh, 1945), *Madame Miniver* (1942) et *Les Plus Belles Années de notre vie* (1946), tous deux de William Wyler. À travers la réception de ces films dans les magazines populaires de l'époque, on peut mesurer l'impact de certaines stars, les genres que privilégient les publics, ainsi que le type de protagoniste et de récit qu'ils préfèrent, dans un contexte marqué d'intenses tensions sociales et idéologiques.

Enfin, Daniel Biltereyst analyse le fonctionnement de la censure, à la fois facultative et rigoureuse, du cinéma français en Belgique, de la part de diverses institutions telles que la magistrature, le gouvernement, des autorités locales ainsi que d'organisations satellites de l'Église catholique. Les pratiques de la Commission de contrôle des films cinématographiques (CCFC) à partir de la Libération jusqu'en 1958 indiquent une sensibilité particulière des institutions belges vis-à-vis des films français, réputés plus « légers » moralement que les films hollywoodiens, leurs rivaux sur les écrans belges.

Ces diverses contributions nationales et internationales témoignent de la productivité des nouvelles sources (films et non-films) utilisées dans ce volume : films populaires, magazines spécialisés, courrier des lecteurs, pour explorer le cinéma comme véhicule et partie prenante de l'imaginaire collectif d'une époque.

Partie 1

LE CONTEXTE SOCIOCULTUREL

Sandrine Dubouilh

LES SALLES DE CINÉMA APRÈS-GUERRE : DE NOUVEAUX MODÈLES POUR LE SPECTACLE

L'histoire des salles de théâtre est, par la force des choses, plus longue que celle des salles de cinéma. Mais le XXe siècle a été marqué par un remaniement complet de l'espace des spectateurs et des usages de la « sortie au spectacle », une évolution souhaitée dès la fin du XIXe siècle qui ne deviendra effective qu'avec la reconstruction. Il n'aura pas échappé aux amateurs de spectacles que les salles de théâtre et de cinéma construites dans la seconde moitié du XXe siècle ont comme un air de famille. Inutile de tergiverser, la proximité typologique est indéniable et derrière ce constat se glisse tout un arsenal de critiques sur l'appauvrissement de la séance spectaculaire dont le cinéma serait responsable. Pouvons-nous montrer l'impact de la frontalité requise par le cinéma sur les autres salles de spectacle et par voie de conséquence sur les pratiques sociales qui leur correspondent ? Car pour aborder cette question, nous partirons du principe que cinéma et spectacle relèvent de pratiques sociales. Ainsi, nous détournerons notre regard de la scène ou de l'écran pour le porter sur la salle[1] et observer comment se sont façonnés ces grands modèles d'organisation du public dans l'espace clos.

Les années 1950 ne sont pas les plus remarquables pour la construction de salles de spectacle, y compris cinématographiques.

1. Il faut remarquer que l'organisation des salles de spectacle ne suffit pas à comprendre ces pratiques sociales. Les situations urbaines, les traitements des façades et des parties publiques sont tout aussi importants, mais nous nous limiterons ici à la salle.

Cependant, le parc des salles de cinéma culminera dans cette décennie pour décroître ensuite[1]. Dans leur ouvrage intitulé *50 lieux, 50 villes*[2], Francis Lacloche et Gérald Gribe font ainsi état de 6 000 salles de cinéma sur le territoire français en 1959. Mais la grande période de la construction des cinémas se situe dans l'entre-deux-guerres. Du côté des théâtres, la plupart de nos salles actuelles ont été réalisées dans les années 1980 et 1990. Pour le cinéma comme pour le théâtre, l'essentiel semble donc s'être joué avant. Par essentiel, nous entendons la façon dont se constitue un modèle pour répondre à des usages nouveaux[3]. L'intérêt des années 1950 réside dans la prolifération des lieux exploités par le cinéma alors que le théâtre peinait à répondre à son propre désir d'en finir avec la salle à l'italienne pour offrir à un public, voulu le plus vaste possible, des lieux confortables et égalitaires. La salle de cinéma répond-elle à ces ambitions ? Est-ce que placer le public face au spectacle suffit à satisfaire ses attentes ? Et l'égalité de réception est-elle synonyme, comme le pensait le théâtre populaire, de démocratisation de la salle ?

La séance spectaculaire réduite au confort visuel

Placer le public en face de l'objet de son attention pourra sembler être une chose bien banale, surtout aux générations nées avec l'audiovisuel. Pourtant, pendant de très nombreux siècles, ce n'est pas ce modèle qui a été privilégié. Cette bizarrerie nous amène à conclure aujourd'hui que l'attention du public des siècles passés n'était précisément pas rivée à la scène comme elle l'est désormais, mais multiple et dispersée dans un jeu complexe entre les membres de l'assistance et entre cette assistance et le plateau. Le théâtre était une pratique sociale et culturelle qui s'est transformée au début du XXe siècle en discipline artistique. Or, ces transformations d'usage et de pratiques sont très généralement accompagnées de mutations spatiales. À la fin du XIXe siècle, la convention théâtrale change donc et l'on doit à un compositeur, Richard Wagner, d'avoir imposé le

1. À titre de comparaison, un rapport du Sénat, publié le 17 septembre 2014, fait état de 5 241 écrans, 2 184 salles et 1 072 000 fauteuils (http://www.senat.fr/rap/r02-308/r02-3086.html).
2. Francis Lacloche et Gérald Gribe, *50 lieux, 50 villes. Salles de cinéma : situations urbaines, architecture, aménagement*, Paris, ministère de la Culture, 1984.
3. Pour une histoire du modèle frontal au théâtre, on pourra se reporter à Sandrine Dubouilh, *Une architecture pour le théâtre populaire, 1870-1970*, Paris, Éditions AS, 2012.

silence au public en l'installant dans le noir face à une scène qui deviendra, au cours du siècle suivant, ce que Francis Lacloche énoncera pour l'écran de cinéma, le « point névralgique »[1]. L'appel à Wagner n'est d'ailleurs pas déplacé pour comprendre l'esthétique de certaines salles de cinéma des années 1920 et 1930, qui usent des mêmes dispositifs ornementaux pour ramener l'œil du public vers l'écran, comme les spectateurs du *Festspielhaus* de Bayreuth ont le regard appelé par la baie de scène. Il ne faudrait pas croire cependant que ce confort appréciable, gagné par les spectateurs, se soit imposé si facilement. Pour le théâtre, entre les déclarations d'André Antoine ému de ce manque de confort visuel, en 1890 dans *Le Théâtre libre*, et la période de construction effective de salles de spectacle frontales sur le sol français, près d'un siècle s'écoulera :

> Le spectateur qui, depuis vingt ans, a vu sa vie journalière se transformer considérablement au point de vue du confortable, se retrouve dès qu'il veut aller au théâtre, dans des conditions absolument inférieures à celles dont il jouit chez lui, ou dans la rue, ou à son travail. La création d'une nouvelle salle de spectacle qui satisferait à ces justes besoins est donc une nécessité logique[2].

L'histoire des salles de cinéma révèle des préoccupations semblables à celles d'Antoine et de ses successeurs, à ceci près que les metteurs en scène de la modernité naissante étaient les plus intéressés par cette transformation radicale du public auquel il fallait apprendre le silence, l'immobilité et donc l'attention à l'œuvre comme unique objectif de la séance spectaculaire. Comme on le sait, le cinéma n'a pas été doté tout de suite de lieux spécifiques et s'est accommodé pendant quelques années des salles de spectacle existantes conformes à son statut de curiosité occasionnelle. Or, aucune d'entre elles à cette époque n'était frontale.

Néanmoins, dans les années 1930, les salles de cinéma qui sortent de terre ou sont aménagées adoptent majoritairement le modèle frontal, ainsi qu'en témoigne par exemple le *Traité d'aménagement des salles de spectacle* des Établissements Leblanc[3], présentant des plans types de salles dites populaires, parmi lesquelles des cinémas

1. Francis Lacloche, *Architectures de cinéma*, Paris, Le Moniteur, 1981, p. 18.
2. André Antoine, *Le Théâtre libre, Genève*, Ressources, 1979, p. 48.
3. Georges Leblanc et Jacques Lomont, *Traité d'aménagement des salles de spectacle*, tome 1, Paris, Bureau d'études des établissements Louis Leblanc, 1939.

populaires[1]. Dans son ouvrage *Architectures de cinéma* retraçant cette histoire, Francis Lacloche nous rappelle cependant que le passage par des lieux de fortune marquera longtemps l'esthétique et la configuration des premières architectures dédiées :

> Ainsi le music-hall et plus tard le théâtre influencent considérablement la conception des salles de cinéma ; mêmes façades surchargées de statuettes et de moulures [...] ; mêmes aménagements intérieurs comprenant un hall avec sa caisse, des promenoirs, de vastes escaliers, des balcons et des mezzanines, des scènes pour les spectacles et un lourd rideau longtemps de règle[2].

Une peinture publiée dans cet ouvrage et représentant la salle du Pathé Marignan en 1933, donc à une date assez tardive, montre encore l'influence de l'architecture des théâtres sur celle des cinémas, où l'on retrouve les balcons latéraux superposés, peu confortables pour regarder un écran, mais qui correspondaient sans doute encore dans l'imaginaire collectif à une pratique sociale de la sortie au spectacle où le film, comme le spectacle vivant, n'était pas encore considéré comme une fin en soi.

Cependant, dès les années 1920, le désir de sortir de ce modèle est affirmé par ceux que la construction des cinémas concerne au premier chef : les architectes. En témoigne par exemple le luxueux ouvrage d'Émile Vergnes, *Cinémas. Vues extérieures et intérieures*[3]. Architecte technique du Syndicat des directeurs de cinématographes, l'auteur de cet ouvrage est également le maître d'œuvre de plusieurs cinémas dont il présente, parmi d'autres exemples, les plans et photographies[4]. Dans l'avant-propos qui précède les planches, Émile Vergnes explique :

> [...] en devenant plus nombreux, le public est devenu plus difficile tant pour la qualité des films que pour les cadres mêmes dans lesquels

1. Ces plans types de catalogue ne présentent aucune architecture précise, mais valorisent le modèle de salles rectangulaires, beaucoup plus profondes que larges. Ces plans qui montrent des parentés étroites entre music-hall, salles des fêtes, cinémas et théâtres encouragent la polyvalence, ces différentes activités semblant pouvoir s'implanter dans les mêmes types de bâtiments.
2. Francis Lacloche, *Architectures de cinéma, op. cit.*, p. 18.
3. Émile Vergnes, *Cinémas. Vues extérieures et intérieures. Détails, plans (avec notice sur la construction et l'aménagement des cinémas par E. Vergnes, architecte technique du Syndicat des Directeurs de Cinématographes*), ouvrage publié sous la direction de Gaston Lefol, Paris, Librairie générale de l'architecture et des arts décoratifs, [s.d, vers 1920].
4. Ces cinémas d'Émile Vergnes sont : le Danton Cinéma Palace, le Splendid Cinéma Palace et le Ménil-Palace, tous trois situés à Paris, ainsi que le Family Palace d'Aubervilliers et le Colombes-Palace de Colombes.

> on les lui présentait. Nous sommes loin maintenant des premières salles improvisées du début ; le public a voulu trouver, comme au Théâtre une salle confortable aux larges dégagements, agréablement décorée, bien chauffée, bien éclairée et surtout bien aérée[1].

Il faut relativiser ces derniers mots, car tous les témoignages sur le parc architectural des théâtres de la fin du XIXe et du début du XXe siècle en dénoncent l'inconfort voire l'insalubrité. Toutefois, Émile Vergnes prend acte d'une pratique sociale nouvelle exigeant des dispositions spécifiques. Dans l'ouverture de sa notice accompagnant les planches photographiques intérieures et extérieures, l'auteur commence par retracer les différentes configurations héritées des lieux de spectacle, y compris sportifs. Critiquant ses confrères qui ont « commis la faute grave de ne laisser voir qu'une partie de la scène », ceci ayant pour effet que les « spectateurs ne voient donc en majorité qu'une partie du spectacle »[2], Vergnes tranche sans hésiter en faveur de la frontalité : « Dans les cinémas par conséquent doit être abandonnée la forme en fer à cheval des théâtres, absolument impropre. » De là, naît un plan type jugé « parfait » :

> La forme typique est la forme trapézoïdale où l'écran est placé sur la petite base, la grande base étant légèrement incurvée et servant de directrice aux rangs de sièges qui seront concentriques. S'il y a des galeries, elles devront suivre la même courbe ; tous les regards des spectateurs convergeront ainsi naturellement vers le centre de l'écran[3].

Ce plan type « parfait » ressemble à s'y méprendre à celui que Richard Wagner initia dans son *Festspielhaus* en 1875 à Bayreuth.

Des salles égalitaires mais non démocratiques : la hiérarchisation sociale à l'œuvre

La suprématie du regard dans le spectacle cinématographique, de même que la surface de projection sans profondeur, facilite donc l'adoption d'un plan et d'une géométrie qui correspondent aux caractéristiques de la vision humaine. Mais la suite de l'ouvrage d'Émile Vergnes est tout aussi intéressante car elle nous montre que ces évidences doivent s'adapter aux « réalités du terrain », qu'il faut

1. *Ibid.*
2. *Ibid.*, p. 6.
3. *Ibid.*

comprendre aussi bien sous l'angle topologique que social. Là où Robert Mallet-Stevens, architecte du mouvement moderne, ne fait aucune concession, repoussant sans réserve l'autocontemplation du public[1], Vergnes sait en revanche flatter le goût des spectateurs fortunés : « Dans le quartier de la Madeleine, on s'adresse à un public particulièrement élégant, la richesse de décoration était commandée, tout au moins en ce qui concernait la salle[2]. »

Le principal écueil de ces pratiques voulues « populaires » par le théâtre et « rentables » par le cinéma tient précisément à l'hétérogénéité sociale générée par le nombre recherché pour satisfaire ces deux ambitions. Les salles de cinéma étant nombreuses, le tri se fait par le zonage urbain, suivant la logique et l'identité sociale des quartiers, comme le suggère la citation ci-dessus ou encore l'introduction à l'ouvrage de Michel Serceau, *Les Goûts du public, une salle de quartier dans les années cinquante* :

> Dans les années 1950 où le cinéma restait un loisir essentiellement populaire, méprisé par la bourgeoisie, rejeté par les élites intellectuelles, ces salles étaient des milliers en France. Beaucoup vivaient chichement. Elles étaient souvent inconfortables, d'aspect presque miteux. L'exclusion n'était pas un mot à la mode. La société, d'ailleurs, n'avait pas besoin de les exclure. Elles vivotaient dans leur secteur, dans leur *quartier*, et il n'était pas nécessaire de dresser des barrières pour assurer l'étanchéité des alvéoles sociales. Les riches allaient au cinéma des riches ; les pauvres au cinéma des pauvres[3].

Cependant Émile Vergnes explique aussi que les grands équipements dépassant le millier de fauteuils sont susceptibles de recevoir un vaste public issu de couches sociales diverses. Ici, l'architecte

1. « De toutes les constructions qu'on édifie de nos jours, une salle de cinéma est une de celles qui doit présenter le caractère le plus moderne [...]. Une salle de cinéma ne se construit pas comme un théâtre ou une salle de concert ; le programme que doit réaliser l'architecte est tout autre. Les premiers rangs ne sont plus les meilleurs, les fauteuils de côté établis dans les théâtres de plan circulaire, fauteuils où en regardant devant soi on aperçoit des loges élégantes, n'ont aucune valeur au cinéma ; la salle est obscure, on regarde l'écran et non le public. » Ce texte de Robert Mallet-Stevens est extrait de « Les Cinémas », *Catalogue de l'exposition de l'art dans le cinéma français*, Paris, musée Galliéra, 1924. L'auteur mentionne également par la suite les différences de conception entre le théâtre et le cinéma quant aux équipements techniques (loges des comédiens, cabines de projection) et aux espaces publics (foyers, halls), dont il ne voit plus la nécessité (cité par Francis Lacloche dans *Architectures de cinéma*, *op. cit.*, p. 140).

2. Émile Vergnes, *Cinémas. Vues extérieures et intérieures*, *op. cit.*, p. 6.

3. Michel Serceau, *Les Goûts du public. Une salle de quartier dans les années 50*, Biarritz, Atlantica, 2006, p. 12.

doit faire preuve d'habileté pour effacer les traces de la ségrégation qui s'opère malgré tout :

> Mais le plus souvent, c'est la salle même qui devra recevoir des publics différents et l'ingéniosité de l'architecte devra se dépenser pour éviter non seulement les mélanges dans la salle, mais encore les contacts dans la circulation.
> La salle devra comporter des catégories de places qui, par leur nature même, devront pouvoir trier le public.
> Une répartition judicieuse en fauteuils, loges, baignoires, en places de rez-de-chaussée et en places de galeries devra, basée sur la distance respective de ces places par rapport à l'écran, déterminer un échelonnement naturel[1].

Le cinéma le Berry, construit en 1951 par Pierre de Montaut et Adrienne Gorska à Poitiers, et dont la salle est divisée en parterre et mezzanine, illustre bien cette recommandation : « La mezzanine offre le même caractère de sélection sociale qu'un balcon (solution demandée à l'origine aux architectes étant donné le caractère bourgeois très marqué d'une partie de la population de la ville) », précise le commentaire de *L'Architecture française* (n° 157-158, 1955). Autrement dit, dans cette salle qui est en fait un hangar réaménagé, il aurait été tout à fait possible de réaliser un gradin unique, mais la commande a explicitement demandé aux architectes d'étanchéifier les classes sociales par ce dispositif[2]. Ces réflexions sur le partage du public sont très proches de celles que révèle l'histoire du théâtre populaire, et Vergnes ne manque pas de rappeler que si le public doit être ainsi réparti, il faut en revanche que tous les spectateurs disposent d'une bonne visibilité et donc qu'ils se trouvent en face de l'écran. Bien qu'il soit impossible de prouver ici une quelconque influence des uns sur les autres, on ne pourra que constater le parallèle avec les salles de spectacle projetées entre 1860 et 1920, appelant de leurs vœux une équité dans la réception, tout en maintenant dans la salle des zones différentes pour des publics différents. Les réalisations dans cette période ayant été peu nombreuses comparativement aux textes qui en évoquent les principes, on citera ici la plus exem-

1. Émile Vergnes, *Cinémas. Vues extérieures et intérieures, op. cit.*, p. 6.
2. Il convient de remarquer aussi que si le balcon permet de séparer le public, il est également propice aux grandes capacités par le recouvrement des derniers rangs de fauteuils du parterre. La mezzanine, au contraire, n'est qu'une rupture de la salle sans augmentation du nombre de spectateurs.

plaire de ce courant de pensée, le Théâtre du Peuple de Bussang, découpant la salle frontale en cinq catégories de places et donc de tarifs. La division du public caractérisait aussi les théâtres anciens dits à l'italienne, mais, comme dit plus haut, la forme de la salle favorisait des jeux de regards et de considérations réciproques que le théâtre populaire et le cinéma, sous couvert de philanthropie pour le premier et de rentabilité pour le second, vont brutalement annuler.

Les années 1950 : le modèle s'impose

Comme dit plus haut, et bien que le cinéma connaisse ensuite de grandes évolutions technologiques, l'essentiel des questions et des réponses relatives à l'accueil du public a été donné dans l'entre-deux-guerres. Au contraire du théâtre où la construction a été très limitée dans la première moitié du XXe siècle, les pensées et les actes des architectes de cinéma ont été synchronisés, donnant à l'architecture de cinéma une force que le théâtre n'a pas connu dans ces années-là. Le rapport publié par le Centre dramatique de l'Ouest en 1957, dressant un inventaire des salles visitées par cette troupe de décentralisation en charge de tout le secteur ouest, offre malgré tout un panorama désolant de la situation. Dans la plupart des villes, il n'y a plus d'autres salles que des cinémas privés, eux-mêmes vétustes et menacés par les « grands écrans » comme le montrent ces quelques extraits :

> Argentan, (8 300 habitants). Théâtre municipal détruit. Cinéma privé avec équipement inexistant, interdit par la Commission de Sécurité.
> Carhaix, (4 000 habitants). Cinéma privé, salle unique, dont la scène a été démolie pour installer un « grand écran ».
> Chateaubriand, (9 300 habitants). Salle municipale avec plateau impraticable. Cinéma privé menacé par le « grand écran ».
> Château-Gontier, (6 700 habitants). Théâtre municipal vétuste, fermé par la Commission de Sécurité. Cinéma privé équipé d'une façon rudimentaire [...]. (« Ouvriers sans outils », *Courrier dramatique de l'Ouest*, n° 25, octobre 1957)

Ce type d'inventaire[1] est précieux pour nous représenter, en dehors des grandes salles qui ont retenu l'attention des chercheurs et historiens, à quoi pouvait ressembler ce paysage d'après-guerre,

1. Nous avons limité ici la citation à quelques exemples. L'inventaire publié par le *Courrier dramatique de l'Ouest* fait référence à la situation de 25 villes, quasiment toutes sinistrées en termes d'équipement culturel.

même si quelques salles des années 1950 montrent encore l'ambition architecturale et technique qui peut accompagner certaines constructions. Cela est particulièrement visible dans le traitement des façades, où le verre feuilleté, inventé au début du siècle, trouve ses premières applications à grande échelle dans le secteur du bâtiment. Le cinéma devient un prolongement du trottoir et sa dimension publicitaire, déterminée dans les années 1920, est confortée dans ces grandes réalisations que sont par exemple le Star à Limoges, le Select à Orléans ou l'Ambassade Gaumont à Paris[1], dont les façades sont des vitrines rendues transparentes par l'éclairage artificiel. Le débat sur la priorité à accorder au cinéma ou au théâtre après la guerre est donc tendu, car les circuits de commande et de financement ne sont pas les mêmes, celui des théâtres ne pouvant qu'être public. Mais au-delà de ces questions économiques se cristallise un débat idéologique que le nombre de salles exploitées peut nous aider à comprendre. Déjà en 1945, la revue *Arts* s'inquiète de ce phénomène, soulignant que « la guerre a montré que les hommes pouvaient se passer de tout mais pas de film. Le spectacle est devenu une nécessité. Beaucoup vont au cinéma non pour voir tel film mais pour aller au cinéma[2] ». L'auteur de ces lignes s'émeut de cette accoutumance qu'il compare à celle des narcotiques.

Les hommes de théâtre ou intellectuels proches de ceux-ci, particulièrement du théâtre populaire, ont fréquemment avancé ce type de crainte. En témoigne un dialogue musclé opposant Pierre Sonrel, architecte spécialisé dans la construction des théâtres, à Pierre de Montaut, architecte spécialisé dans la construction des salles de cinéma, à l'occasion du colloque « Architecture et dramaturgie » en 1948 à la Sorbonne.

Pierre de Montaut[3] et Adrienne Gorska comptent en effet parmi les premiers architectes spécialisés dans la construction de salles de cinéma en France[4]. Un ouvrage intitulé *Vingt salles de cinéma*,

1. Ces salles sont présentées dans le n° 209-210 de *L'Architecture française* en 1960. Au contraire du précédent numéro consacré aux salles de spectacle (n° 157) celui-ci fait une large place aux salles de cinéma.
2. Cité dans Virginie Champion, Bertrand Lemoine et Claude Terreaux, *Les Cinémas de Paris : 1945-1995*, Paris, Délégation artistique de la Ville de Paris, 1995.
3. Pierre de Montaut et Adrienne Gorska avaient déjà publié un article à ce sujet : « Salles de cinéma », *L'Architecture d'aujourd'hui*, n° 9, Paris, septembre 1938, p. 49. Pierre de Montaut avait en outre publié seul *L'Architecture et le cinéma*, Centre d'études supérieures, 21 décembre 1938.
4. Citons aussi Édouard Lardilhier et Georges Peynet, dont les noms apparaissent régulièrement pour les constructions de cinéma des années 1930 et 1950, voire 1960.

paru en 1937, rassemble ainsi les salles réalisées par le duo dans les années 1930, où les « cinéacs[1] » occupent la majeure partie de leurs projets. Souvent de dimensions modestes, ces cinémas consacrés aux actualités relèvent plus de l'aménagement que d'une réflexion idéaliste sur la salle parfaite. Ceci explique peut-être la présence de ces deux architectes dans ce débat sur l'avenir des salles de spectacle après la Seconde Guerre mondiale, c'est-à-dire dans un contexte économique où il était bien difficile d'idéaliser.

À cette époque, il faut rappeler qu'aucun théâtre construit en France n'avait osé s'approprier les innovations de Richard Wagner à Bayreuth. Le colloque « Architecture et dramaturgie » organisé en 1948 tourne autour d'une crise d'identité de l'architecture des théâtres. Construire pour l'avenir, oui, mais que construire ? Dans un concert de propositions contradictoires, Pierre de Montaut préconise l'adoption de la salle frontale, mais pour des raisons avant tout d'ordre économique. Le constat de Pierre de Montaut est le suivant : puisque le théâtre n'est pas rentable, contrairement au cinéma, il faut construire des salles qui permettent d'accueillir le théâtre *et* le cinéma. La réflexion de Pierre de Montaut est surtout orientée vers la province et le contexte de la reconstruction :

> Je pense que cette concurrence éternelle entre le cinéma et le théâtre est une erreur. Je pense que financièrement, socialement, vous serez obligés, dans les théâtres neufs, dans les villes à reconstruire, de tenir compte du fait que le cinéma est plus rémunérateur que le théâtre[2].

La conséquence pour la configuration des espaces à construire sera alors la suivante :

> Il vous faut abandonner l'ancien hémicycle du théâtre antique, parce que vous serez obligé [*sic*] d'utiliser dans le théâtre futur et l'écran de cinéma et le mur de séparation de la scène à l'italienne. Cet écran, ce mur, imposent que les fauteuils soient placés dans une forme qui ne sera pas circulaire[3].

La proposition soulève immédiatement les réticences de Pierre Sonrel, qui objecte au nom du refus du spectacle :

1. Contraction entre les termes « cinéma » et « actualité », « cinéac » est une expression devenue courante en France dans l'entre-deux-guerres pour désigner des salles spécialisées dans la projection d'actualités filmées. La première salle portant ce nom a été ouverte en 1931.
2. Collectif, *Architecture et dramaturgie*, Paris, Flammarion, 1951, p. 139.
3. *Ibid.*, p. 127.

– M. Sonrel : C'est le cinéma qui prime sur le théâtre. C'est justement là où j'attends M. de Montaut. Vous avez beaucoup plus de possibilités de réaliser, en tant qu'architecte de cinéma, et c'est vous qui allez imposer au théâtre votre esthétique de cinéma et vous voulez une salle qui n'ait aucune présence !
– M. de Montaut : Je proteste avec énergie.
– M. Sonrel : Il faut qu'elle soit muette et sourde.
– M. de Montaut : Je pense que nous devons faire du spectacle.
– M. Sonrel : De la tragédie, du drame, mais pas du spectacle. C'est tout à fait autre chose. Le spectacle je vous l'abandonne[1].

Développer cette dernière phrase nous emmènerait trop loin, mais nous ramènerait aussi à notre point de départ, autrement dit à cette longue tradition de la salle non frontale favorisant des pratiques sociales qui ne soient pas uniquement dictées par la vision intégrale du spectacle proposé. La suite de l'histoire a néanmoins donné raison à Pierre de Montaut et non seulement la salle de spectacle vivant a adopté la frontalité, mais elle a aussi adopté le format panoramique pour son cadre de scène.

Lassé des tergiversations de ses contemporains, René Allio, qui, avant d'être réalisateur, a eu un rôle déterminant dans cette quête d'une architecture théâtrale contemporaine, écrit en 1955 :

> Discutait-on au temps des anciens Grecs de la forme à donner aux théâtres ? Certes, mais comme on parle aujourd'hui de la construction des salles de cinéma. Pas davantage. Pour celles-ci le besoin existe, la fonction aussi, le phénomène social est évident, et tous les jours on construit des salles de cinéma, tandis qu'une évolution logique de leur architecture est en cours, où interfèrent les données économiques, esthétiques et sociales d'un problème qui est vivant et familier[2].

René Allio sera le scénographe associé aux architectes Fabre et Perrottet, architectes du Théâtre de la Ville en 1968, premier théâtre frontal contemporain, premier aussi d'une longue série puisque ce binôme a construit depuis un nombre considérable de salles sur ce même principe. Avant de construire des théâtres, Valentin Fabre avait conçu des cinémas, mais ce serait tronquer une grande partie de l'histoire que de conclure hâtivement que cet architecte a adapté le modèle du cinéma à la salle de théâtre. Dans les faits, le dévelop-

1. *Ibid.*, p. 138.
2. René Allio, « Projet pour un théâtre polyvalent », *Le Théâtre dans le monde*, vol. 4, n° 3, 1955, p. 34.

pement du modèle frontal a été possible par l'idée communément admise que, dans la sortie au spectacle, la relation directe avec l'œuvre constitue l'essentiel. Les nuances à cette priorité accordée à l'œuvre se lisent dans les parties publiques, le hall, les foyers, restaurants, cafés et toute autre salle périphérique pouvant enrichir l'expérience ; mais le temps du spectacle est protégé de toute manifestation extérieure[1].

La construction des cinémas a imposé un modèle de configuration scène-salle au spectacle vivant. Ce modèle conforte cependant une tendance portée par les hommes de théâtre, avant même que le cinéma soit envisagé comme un art, de faire du spectacle théâtral une œuvre dont la condition première est de captiver le public. Le développement massif des salles de cinéma dans les années 1950, alors qu'on construisait encore peu de salles de théâtre, a sans doute joué un rôle déterminant dans cette modification profonde du rapport au spectacle. Mais pas plus que nous ne pouvons affirmer que la frontalité soit une solution définitivement mauvaise pour le théâtre, nous ne devons réduire la séance de cinéma à ce qu'elle est devenue aujourd'hui, comme en témoigne Jean-Charles Tacchella :

> En ces temps [...] où la télévision n'existait pas, où l'on ne partait pas en week-end et rarement en vacances, le cinéma était une merveilleuse fête populaire. D'abord les salles étaient grandes. Elles avaient en moyenne 1 200 à 1 500 places et ne désemplissaient pas, notamment du vendredi au dimanche : partout, et même à la campagne, les familles au grand complet allaient au cinéma. Une séance durait trois à quatre heures. Le programme était composé de deux films de long métrage, précédés des actualités, d'un documentaire et d'un dessin animé. Quelques salles ne présentaient qu'un film mais complétaient généralement la séance par un spectacle de music-hall[2].

Ces dernières lignes n'étonneront pas les spécialistes des études cinématographiques, mais elles restent bonnes à rappeler quand on se fixe pour objet de comprendre les pratiques sociales d'un passé encore proche.

1. Voir à ce sujet Sandrine Dubouilh, « L'entrée en salle : de la rue aux fauteuils, les lieux de la préparation du public », *Agôn, revue des arts de la scène* [en ligne], n° 5, 2013, http://agon.ens-lyon.fr
2. Jean-Charles Tacchella, cité dans Virgine Champion, Bertrand Lemoine et Claude Terreaux, *Les Cinémas de Paris*, *op. cit.* p. 123.

Delphine Chedaleux

CINÉMONDE : UN MAGAZINE CINÉPHILE DANS LA FRANCE D'APRÈS-GUERRE (1946-1958)

Dans son ouvrage sur l'histoire de la cinéphilie en France de 1944 à 1968, Antoine de Baecque évoque de la façon suivante les magazines populaires de cinéma :

> Certes, les années d'après-guerre ont connu l'éclosion d'une presse spécialisée assez touffue, naissante ou renaissante, comme *Cinémonde*, *Cinévie*, *Cinévogue* puis *Ciné-Miroir*, mais ces feuilles illustrées ne tiennent pas discours [*sic*] sur le cinéma. [...] *L'Écran français* apparaît, autour de 1948, comme un refuge pour les cinéphiles[1].

Balayés d'un trait de plume, ils sont ainsi exclus de l'histoire officielle de la cinéphilie. Plus généralement, ces magazines sont tenus en disgrâce parce qu'ils font la part belle aux stars qui sont les symboles d'une culture de masse aliénante traditionnellement associée au féminin dans la culture française[2], dans un processus de double exclusion – celle des femmes et celle des « masses » – des sphères de la culture légitime revendiquée par les hommes de l'élite bourgeoise.

À rebours de cette vision hiérarchisée, nous allons pour notre part considérer ces magazines comme parties prenantes de la cinéphilie d'après-guerre. Nous prendrons l'exemple de *Cinémonde* en nous focalisant non pas sur les stars, mais sur les postures et

1. Antoine de Baecque, *La Cinéphilie. Invention d'un regard, histoire d'une culture, 1944-1968*, Paris, Fayard, 2003, p. 99.
2. Andreas Huyssen, « Féminité de la culture de masse : l'autre de la modernité », dans Geneviève Sellier et Éliane Viennot (dir.), *Culture d'élite, culture de masse et différence des sexes*, Paris, L'Harmattan, 2004, p. 47-75.

débats traditionnellement associés à la cinéphilie « savante », telle qu'elle s'est élaborée au même moment dans les revues politiques et/ou intellectuelles qui ont contribué à légitimer le cinéma comme art. Il ne s'agit pas d'opposer pour les hiérarchiser les stars à des sujets prétendument plus sérieux – les *star studies*[1] ont largement montré à quel point il s'agit d'un sujet ô combien sérieux – mais de mettre en lumière une dimension jusqu'alors impensée de ces magazines populaires. Cette démarche nous permettra d'inscrire *Cinémonde* dans le champ des publications cinéphiles qui (re) naissent dans la France d'après-guerre, afin d'appréhender cet espace dans sa globalité, sans opérer de distinction artificielle entre cinéphilie « populaire » et cinéphilie « savante ». Un champ, au sens que Pierre Bourdieu a donné à ce concept, peut être défini comme un marché avec des producteurs et des consommateurs de biens, qui sont ici des biens culturels[2]. Dans une logique concurrentielle, les producteurs se positionnent les uns par rapport aux autres, s'affrontent afin de proposer une offre originale qui doit satisfaire les consommateurs visés par le produit, dont les goûts sont fonction de la position de classe. Ce concept nous semble opératoire pour envisager la place occupée par *Cinémonde* – qui s'adresse en majorité aux femmes et aux jeunes – dans un espace plus large qui est celui des publications cinéphiles. Il faut cependant nuancer le point de vue bourdieusien. En examinant le rôle joué par la culture dans les processus de domination sociale, le sociologue a en effet paradoxalement contribué à légitimer les classes dotées en capitaux culturels en leur octroyant le « bon goût » et à disqualifier celles qui en sont dépourvues et qui ne posséderaient pas les compétences nécessaires pour exercer un jugement de goût. À cette conception déterministe du goût cinématographique, nous préférons la conception interactionniste proposée par Laurent Jullier et Jean-Marc Leveratto[3], pour qui la distinction entre expertise[4] « savante »

1. Voir entre autres : Richard Dyer, *Le Star-système hollywoodien* [trad.], Paris, L'Harmattan, 2004 [1979] ; Ginette Vincendeau, *Les Stars et le star-système en France* [trad.], Paris, L'Harmattan, 2008 [2000].
2. Voir par exemple Pierre Bourdieu, *La Distinction. Critique sociale du jugement*, Paris, Éditions de Minuit, 1979.
3. Laurent Jullier et Jean-Marc Leveratto, *Cinéphiles et cinéphilies. Une histoire de la qualité cinématographique*, Paris, Armand Colin, 2010.
4. Le terme est compris comme la capacité de tout-e spectateur/trice à formuler consciemment un jugement de goût.

et expertise « ordinaire » renvoie à des positions sociales et non à des pratiques et aptitudes figées. Cette posture permet de dépasser l'opposition binaire, et selon nous essentialisante, entre cinéphilie « populaire » et cinéphilie « savante ». Cette dichotomie doit en effet être comprise moins comme la traduction de pratiques culturelles foncièrement différentes que comme l'effet de rapports de force ayant conduit à la légitimation de la culture cinématographique des classes dominantes au détriment des classes dominées. Les termes « savant » et « populaire » sont ici utilisés comme l'expression de cette domination symbolique. Pour autant, il ne s'agit ni de verser dans le misérabilisme (qui appréhende la culture des dominés uniquement en fonction de sa position dominée), ni de sacrifier au populisme (qui consiste à exalter la culture populaire prétendument plus authentique que la culture légitime[1]). Nous souhaitons plutôt faire émerger les articulations existant entre un magazine grand public comme *Cinémonde* et les revues plébiscitées par l'élite cultivée, afin de questionner empiriquement la distinction entre cinéphilie « savante » et cinéphilie « populaire » – nous pourrions aussi dire « ordinaire » – telle qu'elle s'est construite historiquement. Dans cette optique, nous examinerons d'abord le rôle joué par le magazine dans l'acculturation du public de cinéma « ordinaire », puis nous aborderons son activité critique, et nous terminerons en analysant le traitement dans *Cinémonde* des débats et polémiques qui agitent la sphère cinéphile de l'après-guerre.

Un rôle d'acculturation

Fondé en 1928, interrompu pendant la guerre avant de reparaître en 1946, *Cinémonde* est alors le magazine de cinéma le plus lu (en 1950, il annonce un tirage à 250 000 exemplaires) et celui qui aura la durée de vie la plus longue puisqu'il subsiste jusqu'au début des années 1970. Le magazine fait la part belle aux stars françaises et hollywoodiennes dont les visages ornent chacune des couvertures, et il vise un public large même s'il s'adresse en priorité aux femmes et aux jeunes. Chaque numéro propose : des actualités sur les stars et sur les tournages ; des portraits et des entretiens avec des acteurs

1. Voir notamment Claude Grignon et Jean-Claude Passeron, *Le Savant et le populaire. Misérabilisme et populisme en sociologie et en littérature*, Paris, Seuil, 1989.

ou (plus rarement) avec des réalisateurs ou des scénaristes ; des témoignages, enquêtes, critiques ou encore tribunes ; des pages de mode ; des articles sur l'histoire du cinéma ; des films racontés ; un courrier des lecteurs (en réalité surtout des lectrices). Plus occasionnellement, *Cinémonde* effectue des classements d'acteurs (« match » entre deux vedettes, classement annuel des acteurs français par catégories), propose des concours (comme celui de « Miss Cinémonde » à destination des jeunes filles) ainsi que des référendums qui invitent à une participation active les lecteurs et lectrices (par exemple pour décerner chaque année les « Victoires du cinéma »[1]).

Le magazine reparaît en mars 1946, au moment où les films américains arrivent sur les écrans après l'interdiction dont ils étaient frappés sous l'Occupation. De nouvelles pratiques cinéphiles se développent alors, avec la réapparition des ciné-clubs qui vont connaître un nouvel essor, ainsi que des revues « savantes » réparties grosso modo entre deux pôles : d'un côté les revues à dominante politique (principalement d'obédience communiste comme *L'Écran français*), de l'autre les revues à dominante théorique comme *La Revue du cinéma. Cinémonde* revendique de son côté sa place de « grande revue mondiale de cinéma » de qualité en jouant sur sa réputation d'avant-guerre, comme l'indique le document glissé dans le numéro de reparution envoyé aux ancien-ne-s abonné-e-s (*Cinémonde*, n° 607, 19.03.1946).

Cinémonde participe à sa façon au mouvement des ciné-clubs en relançant dès avril 1946 le « Club Cinémonde », qui existait déjà avant-guerre. Chaque dimanche, les lecteurs et lectrices sont conviée-s à une séance où sont présentés des extraits de films inédits en présence des vedettes et des réalisateurs, moyennant une invitation à retirer au siège du magazine. Ces séances sont animées par des musicien-ne-s et des chanteurs/euses, et l'ambiance y est conviviale. Le « Club Cinémonde » fait l'objet d'une rubrique qui prend la forme d'un compte-rendu invitant les lecteurs/trices (*a fortiori* ceux et celles qui habitent en province) à (re)vivre en se l'imaginant le

1. Voir Gwénaëlle Le Gras, « Les Victoires du cinéma français : une entreprise d'institutionnalisation orchestrée par *Le Film français* », dans Laurent Creton, Kira Kitsopanidou et Thomas Pillard (dir.), *Le Film français (1945-1958) : rôles, fonctions et identités d'une revue corporative*, Paris, Presses Sorbonne Nouvelle, coll. « Théorème », n° 23, 2015, p.117-127.

plaisir partagé par celles et ceux qui ont eu la chance d'assister à la séance. Il s'agit d'un instrument de fidélisation du lectorat, une stratégie qui semble fonctionner puisque le club remporte un très vif succès, le magazine évoquant les émeutes provoquées par les spectateurs et spectatrices ne pouvant assister aux séances[1].

Le « Club d'art cinématographique », dont le programme est annoncé dans *Cinémonde* de novembre 1947 à juin 1949, semble proposer une atmosphère plus solennelle. Les objectifs du club sont explicités à l'occasion d'un article relatant une séance au cours de laquelle est projeté en avant-première *Une si jolie petite plage* (Yves Allégret, 1948) en présence des membres du jury du prix Louis Delluc (dont les deux cofondateurs sont Maurice Bessy, directeur de *Cinémonde*, et Marcel Idzkowski, rédacteur en chef) :

> Le Club d'Art Cinématographique est heureux d'avoir présenté ce film qui fait honneur à notre production. C'est pensons-nous, un des buts des ciné-clubs : souligner et soutenir les efforts neufs, inhabituels – mettre l'accent sur une réussite, en valeur une tentative – révéler les œuvres inconnues (même si elles sont imparfaites) de pays trop lointains pour nous être familiers. (n° 747, 30.11.1948)

Nous ne sommes pas si loin ici de la conception du cinéma comme art populaire au service de l'éducation des masses, dans la mouvance de la Fédération française des ciné-clubs (FFCC). *Cinémonde* s'associe d'ailleurs à celle-ci dans une rubrique hebdomadaire publiée à partir de novembre 1947. D'abord intitulée « À la recherche du cinéma perdu » puis « Du côté des ciné-clubs », elle propose chaque semaine des articles pédagogiques portant prioritairement sur les acteurs et réalisateurs ayant marqué le cinéma muet (essentiellement français, hollywoodien et russe). En 1948, l'auteur de la rubrique – Paul Chwat, membre de la FFCC – est remercié, manifestement victime d'un différend avec la rédaction de *Cinémonde* qui affirme alors que la Fédération a été « créée (théoriquement) pour servir les ciné-clubs, mais […] semble, parfois, plutôt les asservir ». Robert Chazal, qui signe cette mise au point, réaffirme cependant le soutien absolu apporté aux

1. Voir Delphine Chedaleux, « Cinéma, chanson et cinéphilie populaire dans *Cinémonde* (1946-1958) », dans Sébastien Layerle et Raphaëlle Moine (dir.), *Voyez comme on chante ! Films musicaux et cinéphilies populaires en France (1945-1958)*, Paris, Presses Sorbonne Nouvelle, coll. « Théorème », n° 20, 2014, p. 59-66.

ciné-clubs par *Cinémonde* « dont l'équipe [...] se vante de compter des défenseurs désintéressés » (n° 747, 30.11.1948). On s'en doute, le conflit est d'ordre politique : tandis que la FFCC est liée au Parti communiste, *Cinémonde* refuse tout engagement partisan.

Si la rubrique s'arrête en janvier 1949, on trouve tout au long de la publication de *Cinémonde* des rubriques, des articles ou des séries d'articles à visée pédagogique. Ainsi, la « Petite histoire (en images) du cinéma » publiée d'avril 1952 (n° 924, 18.04.1952) à janvier 1953 (n° 962, 09.01.1953) invite les lecteurs/trices à suivre comme un feuilleton l'histoire du cinéma racontée en dessins. Il en va de même pour la série de six doubles pages intitulées « Cinquante ans de cinéma » (du n° 803 [26.12.1949] au n° 810 [13.02.1950]) qui présentent les films ayant marqué l'histoire du cinéma à l'aide de photographies légendées. D'une façon plus générale, la pédagogie du magazine se niche partout, y compris par exemple au sein du concours de beauté « Miss Cinémonde » qui s'adresse aux jeunes filles et réunit chaque année un jury prestigieux (on y croise entre autres Erich von Stroheim, Orson Welles ou Jean-Pierre Melville...). *A priori* dérisoire, ce concours extrêmement médiatisé dans les pages de *Cinémonde* est pourtant l'occasion d'acculturer les plus jeunes lectrices aux métiers du cinéma ainsi qu'au cinéma hollywoodien, la gagnante effectuant un prestigieux voyage outre-Atlantique[1].

L'exercice de la critique

Au moment de sa reparution, *Cinémonde* entend occuper une place à part entière dans l'espace de la critique tel qu'il se reconfigure alors. Avec « Les monologues de Mr Platon » qui paraissent chaque semaine d'octobre 1946 à février 1947, le magazine se dote d'une tribune signée par « une grande personnalité » du cinéma – il s'agit en réalité de Julien Duvivier – au ton volontiers virulent, typique de l'anarchisme de droite également représenté dans les pages de *Cinémonde* par Henri Jeanson. La rédaction annonce cette initiative comme un moyen de remédier aux défaillances de la critique française, à l'heure où l'on trouve « beaucoup de jeunes

1. Delphine Chedaleux, « J'ai rêvé d'être Miss Cinémonde : concours de beauté et cinéphilie dans *Cinémonde* (1946-1958) », communication du 28 mars 2014 au séminaire « Cinéphilies populaires », animé par Laurent Jullier, Jean-Marc Leveratto et Geneviève Sellier à l'Institut national d'histoire de l'art (Paris).

dont l'enthousiasme ne compense pas toujours l'inexpérience » (n° 639, 09.10.1946). Le magazine entend ainsi proposer à son lectorat une « grande tribune impartiale et indépendante à laquelle le public puisse se référer », telle que la décrit lui-même « Monsieur Platon » dans sa déclaration d'intention :

> Ahuri par les opinions les plus contradictoires, proférées avec une assurance souvent comique par des signataires de rubriques le plus souvent sans goût, sans culture, sans expérience ou sans probité, le public, en quête d'un guide, ne sait plus que penser. [...] Oublieuse de sa mission, la critique s'abaisse au ton de la polémique. [...] Nous voudrions, dans un papier hebdomadaire, avec franchise et fermeté, signaler les abus, rappeler à l'ordre, dire la vérité. Nous tâcherons de voir les choses de haut, de concilier le point de vue de l'artiste avec celui du public. [...] Nous signalerons l'outrecuidance de certains folliculaires, torcherons les baveux, moucherons les morveux, dégonflerons les autres. (n° 639, 9.10.1946)

À travers cette plume prestigieuse et acérée, *Cinémonde* souhaite exercer un rôle d'arbitre et asseoir une position d'autorité par rapport à ses jeunes concurrents, tout en restant en dehors des querelles de chapelle. Le choix d'une personnalité influente, autour de laquelle le mystère est savamment entretenu, apporte au magazine une forme de légitimité tout en garantissant une totale liberté de ton à l'auteur.

Cette posture n'empêche toutefois pas *Cinémonde* de collaborer avec de jeunes critiques parmi lesquels Jacques Doniol-Valcroze ou Joseph-Marie Lo Duca – fondateurs des *Cahiers du cinéma* – qui signent nombre d'articles et font partie des contributeurs réguliers de la double page hebdomadaire intitulée « Au ciné tous les deux »[1]. La rubrique change parfois de nom, mais surtout, à partir de 1950, les articles ne sont plus systématiquement signés, ce qui indique une certaine standardisation des critiques. Ce changement majeur dans la politique du magazine correspond au moment où la cinéphilie évolue plus globalement : les divisions de classes, un temps estompées par la dynamique socioculturelle de l'immédiat après-guerre, se réaffirment au tournant des années 1950 où les ciné-clubs deviennent l'apanage

1. *Cinémonde* affirme que François Truffaut a également rédigé des critiques dans le magazine (n° 1271, 18.12.1958). Cette information n'est toutefois pas vérifiable.

des classes favorisées[1]. L'activité critique de *Cinémonde* reste toutefois toujours très vivante, notamment autour de films qui sont source de désaccords et/ou jugés importants. C'est le cas d'*Othello* (Orson Welles, 1952) – Welles est un favori du magazine – qui a droit à plusieurs critiques, dont une pleine page intitulée « Orson Othello », que signe l'américanophile Maurice Bessy :

> Pour [...] mener [*Othello*] à bonne fin, il [Orson Welles] a englouti ses ressources personnelles avec une frénésie médiévale qui ne va pas sans déplaire aux ronds-de-cuir de l'art cinématographique. Orson Welles sait avoir raison seul. Il reste fidèle à cette tradition esthétique de l'anarchie où l'inspiration, le feu, le message ont plus d'importance que la vision angulaire et les paroles fardées. [...] Une nuit, sur une piazza italienne, auprès d'une Desdémone aux doigts transparents, notre amateur d'inquiétude se sentit empoisonné par une dent imperceptible. [...] *Othello* s'imposa à lui. L'événement me paraît important en un temps où le film a cessé d'être l'œuvre d'un homme seul et par là même une œuvre d'art. [...] Qu'un individu prétende encore se jeter corps et âme dans une aventure filmée [...] renoncer à l'administration et aux techniques sacro-saintes de la production ; saisir la caméra comme une hache et filmer lui-même les séquences le jour où il n'a plus d'argent pour payer son opérateur [...] n'est-ce point là une posture capitale ? (n° 934, 27.06.1952)

Cette conception romantique de l'artiste solitaire investi de façon mystique par sa mission créatrice, caractéristique de la critique élitiste et masculine[2], ne se limite donc pas aux cercles restreints de la cinéphilie « savante ». L'expertise de Bessy repose d'ailleurs très souvent sur l'adoubement du style des réalisateurs, en tête desquels Orson Welles et Alfred Hitchcock. *Cinémonde* est l'un des premiers défenseurs de ce dernier au moment où, comme le rappelle Antoine de Baecque, ses films sortent dans une relative indifférence[3]. Loin d'être rare, cette approche esthétique côtoie dans le magazine des critiques mettant sur le même plan la mise en scène et l'histoire racontée par les films, à l'instar de la double plage publiée à l'occasion de la sortie des *Sorcières de Salem* (Raymond Rouleau, 1957) :

1. Geneviève Sellier, *La Nouvelle Vague. Un cinéma au masculin singulier*, Paris, CNRS éditions, 2005.
2. Noël Burch et Geneviève Sellier, « Cinéphilie et masculinité », Iris, n° 26, automne 1998, p. 191-206.
3. Antoine de Baecque, *La Cinéphilie, op. cit.*, p. 97.

ORSON OTHELLO

Il apparaît, ouvre la bouche, et soudain l'air change de densité. On n'a retenu de lui qu'une légende absurde, ou ses visages d'aventure. On l'imagine auréolé par les insidieuses voluptés du triomphe, ou Silène captif de quelque folle Eglé.

Et l'on découvre qu'il est de ceux pour qui rien ne recommence de même, pour qui les lois sont des à-peu-près. Ogre, son appétit est immense; gourmet, il connaît la valeur de l'attente; victorieux, il refuse la routine de la gloire. Aussi bien *Othello* n'est-il que son cinquième film; pour le mener à bonne fin, il a englouti ses ressources personnelles avec une frénésie médiévale qui ne va pas sans déplaire aux ronds-de-cuir de l'art cinématographique.

Orson Welles sait avoir raison seul. Il reste fidèle à cette tradition esthétique de l'anarchie où l'inspiration, le feu, le message ont plus d'importance que la vision angulaire et les paroles fardées. Son *Othello* est né de cette lutte sourde qu'il mène incessamment contre lui-même, de cette palpitation des objets qui l'entourent, de son inconscient mais inflexible désir de prêter à la légende. Ses proches ont suivi, semaine par semaine, l'étrange envoûtement dont il fut la victime. Au sang de Shakespeare qui depuis toujours bouillonnait dans ses veines, un poison lent s'ajouta, distillé par l'amour. L'amour tel qu'on le vit et tel qu'on le subit dans cette Europe appelée à devenir pour lui, par ses victoires, une seconde patrie. Une nuit, sur une piazza italienne, auprès d'une Desdémone aux doigts transparents, notre amateur d'inquiétude se sentit empoisonné par une dent imperceptible. Le venin entra dans son corps comme le grain de raisin d'Anacréon, comme le poil dans le lait de Fabius. *Othello* s'imposa à lui.

L'événement me paraît important en un temps où le film a cessé d'être l'œuvre d'un homme seul et par là même une œuvre d'art. Qu'un individu prétende encore se jeter corps et âme dans une aventure filmée, mettre en jeu et son cœur et son argent, se livrer tout entier, entraîner ses amis dans la course la plus périlleuse, arrêter les prises de vues pendant des mois, les reprendre, les arrêter encore, recommencer certaines scènes après deux années de réflexion; renoncer à l'administration et aux techniques sacro-saintes de la production; saisir la camera comme une hache et filmer lui-même des séquences le jour où il n'a plus d'argent pour payer son opérateur; exiger tout de ceux qui l'entourent mais ne rien se pardonner à lui-même; n'est-ce point là une posture capitale ? Quoi d'étonnant si le film ainsi enfanté est un cri d'angoisse ? Ceux-là même qui voudraient éviter cet appel ne pourront y rester indifférents tant il est vrai que les hommes retrouvent souvent leur équilibre aux pensées les plus opposées aux leurs.

♣

Othello n'est pas seulement une réussite rigoureuse. C'est avant tout un film authentique.

La première grâce de Welles est d'avoir transmuté une œuvre purement scénique en une réalité filmée, de l'avoir dotée d'un contour cinématographique, d'avoir jeté un pont entre le génie théâtral de Shakespeare et l'inspiration d'auteur de film qui aurait été la sienne. N'est-ce là que virtuosité technique ? Ce serait aller vite en mauvaise foi. Il est fascinant, pour ne pas dire bouleversant, de découvrir les prolongements donnés aux êtres, la résonance de leurs paroles, l'épanouissement de leurs attitudes. Rivages et palais, oiseaux et passants, vagues et remparts participent de cette exubérance secrète. Tout se passe comme si Welles décomposait l'univers shakespearien pour en retenir et l'espace et le temps. Telle audace n'est que soumission, telle démarche, dévotion. Il y a dans *Othello* tant de ferveur dans l'invention, tant de trouble dans la découverte, que ce que nous avons appelé transmutation a un visage d'alchimie, une « unité inconfondable ». La foi, la foi seule peut être revendiquée, ferme assurance des choses que l'on espère et démonstration de celles qu'on ne voit pas.

Cette rencontre rend désormais impraticable l'attrait d'*Othello*. Le si réussi *Hamlet*, que nous avons applaudi il y a quelques mois, était un témoignage d'admiration, l'hommage d'un grand acteur à l'héritage shakespearien. Sa piété, loin de fermer une porte, nous laissait entrevoir cent éclats nouveaux dont s'enrichira la tradition. L'opulence, ici, rend immobile. *Othello* est une plante, celle dont parle le poète « envahissant l'espace, improvisant un rêve de ramure, plongeant en pleine fange et s'enivrant des sels de la terre... elle lutte pour tout changer en elle-même ».

Admirateurs et détracteurs s'apercevront tôt ou tard que cet instant d'exception s'oppose à toute autre tentative. On filmera à nouveau *Hamlet*, et aussi *Macbeth* dont Welles donna une traduction barbare. J'imagine difficilement un nouvel *Othello*; sa représentation scénique conserverait avec le film des liens invisibles, ces mêmes liens secrets que Welles a tissés entre lui et ses spectateurs et qui engendrent chez eux autant d'amour que d'inquiétude.

Libre à eux, du reste, de n'apprécier que médiocrement et *Othello* et Shakespeare. Je ne les consolerai pas en leur promettant que l'apport de Welles altère ou reforme ce jalon fondamental. Le film est conquérant, de ce gothique fleuri, de cette architecture inorganique et fluide sans lesquels Venise — ville en forme de cœur — ne serait pas pensable. Primitif, rugueux, calciné de soleil comme pourrait l'être Chypre. L'autorité, l'innocence et une singulière perfidie poudrée de charme s'y enlisent dans une même glu. Ce combat absurde où l'homme est son propre bourreau nourrit son interrogation éternelle. L'amour est à la fois sa consolation et sa perte.

♣

De cette énigmatique histoire d'amour, on a coutume de dire qu'elle est le drame parfait de la jalousie, de cette jalousie née d'un amour extrême et qui se fait des supplices de tout.

Welles a échappé à cette confusion banale forgée dans la vanité et le mauvais goût. Il sait que si l'amour sort de la jalousie comme la cendre sort du feu, la jalousie éteint l'amour comme les cendres éteignent le feu. Son *Othello* est le drame de l'homme en proie au chagrin et à la peine. Dépouillé de son amour, écorché, désespéré, il n'est plus qu'une angoisse, un cri obscur, il n'est plus qu'une mascarade de la mort.

La seconde grâce de Welles est d'avoir traduit par un mélange de surnaturel et d'humain les ravages des puissances souterraines et de nous découvrir son visage supplicié.

♣

L'amitié n'a pas grand-place dans cette poursuite. Faite de prudence et de vertu, elle accuse sa fadeur. Les réseaux qu'Orson et moi avons croisés entre nous résisteraient aux critiques et aux injures; sans doute même y gagneraient-ils une vigueur nouvelle. J'aurais voulu les éprouver, susciter une réaction violente, provoquer la querelle par quelque critique ou quelque réserve. Je donne tant quand j'aime que j'ai le droit d'exiger beaucoup. Ma joie est grande : je suis de ceux que ce film frappe, que cet homme passionne.

PAR MAURICE BESSY

Oson Welles, « Orson Othello », par Maurice Bessy, *Cinémonde* n° 934, 27 juin 1952.

Ces clairs-obscurs d'où surgissent les visages tendus, anxieux et dramatiques, ces nappes de pénombre qui estompent la lumière trop crue d'une scène dépeignent exactement le climat de ce film. Raymond Rouleau, à la façon des peintres hollandais, a volontairement usé des contrastes pour donner plus de dureté à l'œuvre qu'il composait. Ce procédé – qui est celui que Dreyer avait jadis utilisé – lui a ainsi permis de donner un relief saisissant au drame qu'il a dépeint [...]. (n° 1182, 04.04.1957)

L'esthétique n'est pas ici convoquée en elle-même pour louer la beauté transcendante des images ou le génie de l'auteur, mais parce qu'elle est au service du drame conté par le film. Notons que ce mélange de considérations esthétiques et éthiques coïncide davantage avec les positionnements culturels relevés par Geneviève Sellier chez les contributrices les plus actives du courrier des lecteurs de *Cinémonde*, dont les jugements, publiés par le modérateur de la rubrique, mêlent enjeux personnels, socioculturels, éthiques et esthétiques[1].

La primauté accordée au fond ou à la forme des films constitue un débat qui anime les cercles restreints de la cinéphilie « cultivée » comme les pages de *Cinémonde*. Les entretiens avec les réalisateurs sont singulièrement l'occasion de défendre telle ou telle posture par rapport à cette question, à l'instar de Marcel Carné qui dresse ici un portrait de Jacques Feyder au moment de la mort de celui-ci :

> Dans quelques années [...] un historiographe, se penchant sur la carrière de Jacques Feyder, parlera probablement de la « pureté » de « l'image » ou de la « puissance » de *Thérèse Raquin* ou du « sens pictural » dont faisait preuve *La Kermesse héroïque*. [...] Comme si le rayonnement d'un pionnier, tel que le fut Feyder, dans le domaine alors en friche du cinéma français, se limitait à la création d'œuvres personnelles ! (n° 724, 15.06.1948)

Même chose de la part de Claude Autant-Lara, dix ans plus tard :

> Je préfère un film mal fait et maladroit, mais dont le contenu est très important, audacieux et nouveau. [...] Ce qui m'intéresse dans une œuvre, c'est d'abord le sujet, ce que l'on a à dire, puis le style. Il y a des œuvres extrêmement attachantes dont le style n'est pas parfait, mais je me refuse à prendre le style pour le fond. Je pense que la technique doit intervenir après. (n° 1271, 18.12.1958)

À travers Carné et Autant-Lara qui font partie des réalisateurs les plus en vue dans les pages du magazine, *Cinémonde* défend ici non seulement la primauté du fond sur la forme, mais aussi une vision du cinéma comme art populaire et collectif dont la qualité est indissociable du succès public.

1. Voir Geneviève Sellier, « Le courrier des lecteurs de *Cinémonde* dans les années 50 : la naissance d'une cinéphilie au féminin », dans Noël Burch et Geneviève Sellier, *Le Cinéma au prisme des rapports de sexe*, Paris, Vrin, 2009, p. 67-90.

Débats et polémiques

Ce débat doit aussi être replacé dans un contexte plus général de défense du cinéma de qualité par le magazine. Dans *Cinémonde*, le terme de « qualité » désigne généralement des collaborations prestigieuses entre un grand scénariste et un grand metteur en scène. En 1953, au cours d'un numéro spécial consacré à l'état du cinéma mondial, le magazine répond aux « cris alarmistes qui s'élèvent dans le monde du cinéma » par une grande enquête sur l'avenir du cinéma français intitulée « Non, le cinéma n'est pas mort » (n° 993, 14.08.1953). Les visions s'affrontent : Jean Delannoy, Marcel Achard ou Pierre Fresnay défendent un « art populaire » de « qualité » et misent sur « les grands créateurs au service d'une industrie », tandis que Marcel L'Herbier prédit une transformation « en profondeur » du cinéma, qui doit mourir pour mieux ressusciter sous la forme d'un « cinéma total ». Le scénariste Pierre Laroche tranche finalement dans une double page où il plaide en faveur d'un meilleur système de financement et expose sa vision du cinéma français :

> Nous savons tous que le « cinéma-art » est la tête d'épingle surmontant le corps de géant du « cinéma-industrie ». Les producteurs ne sont pas encore décidés à sacrifier leurs capitaux pour obtenir l'approbation des terrasses du « Café de Flore » ou de la « Reine blanche ». Ils veulent plaire à tous les spectateurs possibles et, parfois, les meilleurs auteurs réussissent une conjoncture difficile dont *Quai des brumes* [Marcel Carné, 1938] et *Le Diable au corps* [Claude Autant-Lara, 1946-1947] restent les meilleurs exemples. Il y en aura d'autres, et ce sera plus facile d'y atteindre avec l'amélioration de la production moyenne. Le cinéma n'est pas un art abstrait. (n° 993, 14.08.1953)

Il s'agit ici de promouvoir un art collectif de qualité au moment où ce modèle commence à faire l'objet d'attaques en règle dans les colonnes des *Cahiers du cinéma* sous la plume du jeune François Truffaut, et ce dès 1953[1].

Lié à ce cinéma « de qualité », le « problème » de l'adaptation est un autre débat épineux qui fait couler de l'encre dans les colonnes de *Cinémonde* bien avant la publication de l'article « Une cer-

1. *Cahiers du cinéma*, n° 21, mars 1953, p. 61-63.

taine tendance du cinéma français[1] », dans lequel Truffaut déclare la guerre aux scénaristes spécialisés dans l'adaptation littéraire et représentant la « Tradition de la Qualité », terme qu'il contribuera à figer en le connotant négativement. En 1947, Michel-Claude Touchard mène l'enquête auprès d'auteurs (compris ici comme auteurs de romans) et de scénaristes chargés de donner leur avis sur l'adaptation cinématographique des œuvres littéraires à l'occasion du conflit qui oppose Jean Aurenche à Bernanos, ce dernier récusant l'adaptation de son *Journal d'un curé de campagne*[2]. Au terme de son investigation qui fait se confronter les points de vue autour de ce « problème », l'enquêteur plaide pour la liberté de l'adaptation, au nom de l'autonomie du cinéma et des spécificités de ce moyen d'expression par rapport à la littérature (n° 694, 18.11.1947). Si diverses opinions s'expriment à ce sujet dans les colonnes de *Cinémonde*, le magazine ne dévie guère de cette ligne et affirme ainsi en 1957 que « les grands romans font (souvent) les grands films », car :

> On peut toujours dire que *La Symphonie pastorale*, en passant à l'écran, a été dénaturée. Il reste que le livre de Gide, grâce au cinéma, a atteint un très large public. [...] Les « très grands », qu'ils se nomment Tolstoï ou Dostoïevski, n'ont rien perdu à être multipliés et répandus par l'image. Si bien que, si le cinéma doit beaucoup à la littérature, cette dernière peut lui vouer une certaine reconnaissance. Tous deux sont faits pour s'entendre. (n° 1170, 10.01.1957)

Il s'agit à l'évidence d'une réaction à l'article de Truffaut, tout comme l'est, en 1957, cette série de six longs entretiens avec les « grands » réalisateurs du cinéma français : Marcel Carné, Claude Autant-Lara, Jean Delannoy, Henri-Georges Clouzot, René Clair et Jules Dassin. Ces entretiens sont en effet l'occasion pour Hervé Le Boterf et Michel Aubriant de questionner les cinéastes sur leur style de mise en scène *à la manière* des jeunes critiques des *Cahiers du cinéma*, tout en les interrogeant sur leur conception de la réalisation, qui s'oppose généralement aux positions défendues par les futurs artisans de la Nouvelle Vague.

1. François Truffaut, « Une certaine tendance du cinéma français », *Cahiers du cinéma*, n° 31, janvier 1954, p. 15-29.
2. C'est l'adaptation de son roman par Robert Bresson qui sera acceptée par l'écrivain trois ans plus tard (voir F. Truffaut, « Une certaine tendance du cinéma français », *ibid.*).

Notons cet étonnant article publié dans *Cinémonde* en février 1952, intitulé « De la dynamite avant toute chose » et signé par Albert Paraz, un écrivain d'extrême droite antisyndical avec lequel *Cinémonde* prend soigneusement ses distances dans un préambule prudent. Sur un ton virulent, le polémiste règle en effet ses comptes avec les syndicats et les scénaristes :

> Avez-vous remarqué les noms des auteurs de films ? Vingt-neuf fois Sauvajon, dix-neuf fois Laroche et toute l'équipe, toujours la même, unie contre les intrus. [...] Le cinéma n'est digne de vivre que s'il est une œuvre d'art. On rougit d'avoir à le dire. Une œuvre d'art est l'œuvre d'un artiste. [...] Le progressisme irréfléchi croit protéger les travailleurs en imposant quarante et une personnes sur le plateau, il fait œuvre de conservatisme rétrograde. Et toute la corporation court au désastre. (n° 915, 15.02.1952, voir ill. page suivante)

Il poursuit en imaginant un avenir radieux où le cinéma parviendrait à se débarrasser de ses techniciens : « Alors ce sera l'auteur du film qui sera l'auteur, il ne se trouvera pas de malotrus pour le foutre à la porte des studios pour la très simple raison qu'il n'y aura plus personne dans les studios. Et alors, on pourra parler de création artistique. » La parenté avec la diatribe de Truffaut porte à croire que le jeune critique connaissait Paraz et ce texte en particulier, qui pose en outre le principe de la primauté de l'auteur repris par les « jeunes-turcs » et dont il donne à voir l'ancrage idéologique à droite.

Un autre débat agite la sphère cinéphile où pro et anti-cinéma américain s'opposent. Ces derniers, aux premiers rangs desquels certains critiques d'obédience communiste, rejettent les productions américaines tant sur le plan politique, esthétique qu'économique, ces dernières constituant une menace directe pour le cinéma français depuis les accords Blum-Byrnes en 1946. Si *Cinémonde* fonde de son côté une très large partie de son succès sur la promotion du cinéma hollywoodien, il relaie pourtant de façon étonnante les critiques virulentes qui lui sont adressées. Ainsi, de 1947 à 1949, au moins trois articles expriment des points de vue violemment antiaméricains. « Les poisons insidieux de Hollywood » (n° 694, 18.11.1947) est une diatribe contre les forces réactionnaires du cinéma hollywoodien, signée S. M. Eisenstein et parue initialement dans *Les Nouvelles soviétiques*. *Cinémonde* justifie cette

DE LA DYNAMITE AVANT TOUTE CHOSE

Cette fois, c'est contre les moulins à images du cinéma français que part en guerre le bouillant Albert Paraz. L'auteur du Gala des Vaches, de Valsez, saucisses, et d'Une Fille du tonnerre (qui va paraître d'ici quelques jours) n'est évidemment pas d'accord avec l'ensemble de ses confrères sur les solutions généralement proposées pour remédier à l'actuelle crise de notre production.

Pour lui, le cinéma français n'est pas seulement condamné à disparaître, mais encore il méritait bien de cesser d'exister !

Nous laissons, bien sûr, à l'auteur et scénariste de l'Arche de Noé, l'entière responsabilité de ses para (z) doxes, par ailleurs si réjouissants, que nous n'avons pu résister au plaisir de les publier.

PAR ALBERT PARAZ

« De la dynamite avant toute chose », par Albert Paraz, *Cinémonde* n° 915, 15 février 1952.

publication par la nécessité d'informer son lectorat, « tant il est vrai que le cinéma, comme les autres arts, est tristement obligé de "s'engager" ». Comme dans les deux autres textes relevés, *Cinémonde* prend ainsi ses distances avec l'antiaméricanisme de l'auteur tout en laissant les lecteurs/trices juger sur pièces. Notons que le cinéma russe bénéficie d'une visibilité non négligeable dans le magazine qui publie par exemple en 1953 des extraits du journal de voyage de Jacques Doniol-Valcroze en URSS (n° 993, 04.08.1953), également paru dans les *Cahiers du cinéma* quelques mois auparavant[1]. Le critique, qui souhaite dépasser le clivage entre pro et anti-cinéma stalinien – ce qu'Antoine de Baecque nomme la « crise stalinienne » de la critique française –, se trouve en effet en territoire ami dans la mesure où *Cinémonde* revendique son indépendance politique par rapport aux clivages qui agitent le milieu de la critique cinématographique.

S'adressant à un public aussi large que possible, *Cinémonde* se construit ainsi comme un lieu d'expression de toutes les opinions sur le cinéma. Si le magazine ne tient pas *un* discours sur le cinéma, on identifie toutefois des lignes de force déterminées par les sensibilités qui se côtoient au sein de la rédaction. Ainsi, la défense d'entreprises collectives de qualité cohabite avec l'adoubement du style des nouveaux cinéastes hollywoodiens. À l'opposé de la stratégie de distinction opérée par les « jeunes-turcs » des *Cahiers du cinéma* pour s'imposer dans le champ de la critique, *Cinémonde* opte pour une stratégie d'intégration en plaçant sur le même plan des conceptions et des usages du cinéma différents, sans les hiérarchiser. L'étude de *Cinémonde* au prisme de ses rapports avec la cinéphilie « savante » montre ainsi que les chercheur-e-s gagneraient à envisager la cinéphilie non comme une juxtaposition de pratiques de nature différente, mais comme un espace hétérogène au sein duquel il existe de nombreuses façons de circuler. S'il est certain qu'il existe *des* manières d'aimer et de s'approprier les films, tout comme il y a sans doute *des* manières de lire *Cinémonde*, force est de constater que ce magazine constitue après-guerre un outil dans la formation de l'expertise spectatorielle, chez les spectateurs/trices « ordinaires » comme chez ceux qui deviendront les icônes de la cinéphilie « savante ».

1. *Cahiers du cinéma*, n° 22, avril 1953, p. 19-22 ; n° 23, mai 1953, p. 33-37 ; n° 24, juin 1953, p. 41-45.

Sarah Leahy

LES VACANCES DE MLLE HUGUETTE : HENRI JEANSON, COLLABORATEUR DE *CINÉMONDE*[1]

En mars 1948, Marcel Idzkowski, rédacteur en chef de *Cinémonde*, présente aux lecteurs et lectrices une nouvelle collaboratrice qui est promise, dès sa première contribution, à une parole « en toute liberté ». Il s'agit d'Huguette ex-Micro, l'alter ego d'Henri Jeanson, et cette présentation fait allusion au départ de ce dernier du *Canard enchaîné*, suite à une brouille occasionnée par la censure d'un article de Jeanson intitulé « Aragon, Elsa Triolet, Maurice Thorez et les communistes ». Ne tolérant plus ce qu'il considère comme « la mainmise du parti sur le journal »[2], Jeanson démissionne et Huguette doit poser sa plume redoutable jusqu'à ce que l'invitation d'Idzkowski et de Maurice Bessy lui permette de la retremper dans le vitriol, un an plus tard[3]. La rubrique « Parole d'honneur » a tout pour plaire à Jeanson, qui, comme le remarque Christophe Moussé, « aimait avoir un espace de totale liberté (que cela soit "Huguette ex-Micro", le "journal d'un veau" au *Canard* ou encore "c'est l'opinion d'Henri Jeanson" à *L'Aurore*)[4] ».

1. Je remercie Myriem el-Maizi de sa lecture soigneuse et perspicace.
2. Laurent Martin, « Pourquoi lit-on *Le Canard enchaîné* ? », *Vingtième siècle. Revue d'histoire*, n° 68, octobre-décembre 2000, p. 49.
3. Bessy et Idzkowski ont tous deux exercé les métiers de scénariste et de dialoguiste, ainsi que d'autres activités liées à l'industrie cinématographique. Ils ont notamment créé le prix Louis Delluc en 1937. Bessy a également dirigé une grande partie de la presse cinématographique pendant la période d'après-guerre.
4. Christophe Moussé, *Henri Jeanson. Films/textes/références*, Nancy, Presses universitaires de Nancy, 1997, p. 19.

Jeanson : journaliste et syndicaliste

Pendant la guerre, Jeanson avait provoqué tout le monde : il est, d'une part, emprisonné à trois reprises pour des propos pacifistes et antifascistes (une première fois par Daladier, puis deux fois par les Allemands) ; il est en outre interdit de travail à partir de 1940 ; à la Libération, il reçoit un blâme de la Commission d'épuration suite à ses activités de journaliste en 1940 (il a dirigé un quotidien, *Aujourd'hui*, avant de démissionner au bout de deux mois, face à l'impossibilité de s'exprimer librement[1]). Dès la Libération, il est très sollicité. Il reprend son activité de dialoguiste (ou plutôt il recommence à signer son travail, ayant écrit des dialogues clandestinement pour bon nombre de films[2]), participant notamment à *Boule de suif* (1945) et *Un revenant* (1946), tous deux de Christian-Jaque, *Copie conforme* (Jean Dréville, 1947) et *Les Maudits* (René Clément, 1947). Il reprend également son activité de journaliste ; en septembre 1944, *Le Canard enchaîné*, qui reparaît après s'être sabordé en 1940, est parmi « les premiers à lui rendre sa signature »[3] et il signera par ailleurs des articles dans *Le Crapouillot*, *L'Aurore*, *Combat* et *Jeudi-Cinéma*[4]. En outre, en septembre 1944, Jeanson fonde le Syndicat des scénaristes dont il devient président et où il milite en faveur des « auteurs » au sens où il entend ce mot (à savoir les scénaristes, adaptateurs, auteurs

1. L'épisode d'*Aujourd'hui* a lieu entre deux séjours à la prison de la Santé. Jeanson est arrêté une première fois avant la Débâcle pour des propos antimilitaristes et antigouvernementaux exprimés dans un article publié dans *Solidarité internationale antifasciste*, et une deuxième fois en 1942, après avoir été dénoncé aux Allemands pour « faits de résistance », selon Christophe Moussé (*ibid.*, p. 12). Certains (Jean Aurenche, Moussé) affirment que Jeanson a profité de sa position pour faire travailler des Juifs et des résistants, tandis que Laurent Martin souligne que, en tant que directeur d'*Aujourd'hui*, il a pris la responsabilité d'articles de propagande vichyste et antisémite. Jeanson lui-même avoue s'être laissé séduire un moment par la rhétorique anti-établissement de Pétain, mais à la Libération, il prend soin de souligner son but de monter un journal indépendant sous le nez de l'occupant. Il sera emprisonné trois fois entre 1939 et 1943, et une fois relâché il sera interdit de cinéma et de journalisme. Il continuera néanmoins à travailler dans la clandestinité. Voir Jean Aurenche, *La Suite à l'écran*, Lyon/Arles, Institut Lumière/Actes Sud, 1993, p. 107 ; Christophe Moussé, *Henri Jeanson*, *op. cit.*, p. 12 et 145-146 ; Laurent Martin, « Collaboration "chaude" ou collaboration "froide" ? Le cas d'Henri Jeanson (1936-1947) », *Vingtième siècle. Revue d'histoire*, n° 86, avril-juin 2005, p. 91-106 ; Henri Jeanson, *Soixante-dix ans d'adolescence*, Paris, Ramsay, 1971.
2. Christophe Moussé, *Henri Jeanson, op. cit.*, p. 36.
3. Selon Pierre Bénard, le rédacteur en chef du *Canard enchaîné* à l'époque ; voir Laurent Martin « Collaboration "chaude" ou collaboration "froide" ? », art. cit., p. 104-105.
4. *Ibid.*, p. 105.

d'œuvres adaptées et dialoguistes), se trouvant souvent en conflit avec le Syndicat des réalisateurs, tout comme il le sera avec les « jeunes-turcs » de la « politique des auteurs » pendant les années 1950. Jeanson représente aussi sa profession en tant que secrétaire général de la Société des auteurs et compositeurs dramatiques (SACD), dont le président est, de novembre 1944 jusqu'en 1947, Marcel Pagnol, l'un de ses meilleurs amis, ce qui ne l'empêche pas d'être une des cibles récurrentes d'Huguette ex-Micro[1].

Pendant ce temps, les tensions syndicales augmentent autour de la question de l'auteur du film entre l'Association d'auteurs de film (AAF, dirigée par Raymond Bernard), la SACD à laquelle cette dernière est de plus en plus intégrée, et le Syndicat des scénaristes[2]. Le fait que l'AAF accueille des réalisateurs dont la représentation est assurée principalement par le Syndicat des techniciens du cinéma, organisation « plutôt hostile à l'idée du réalisateur-auteur unique »[3], constitue notamment un des points de friction. Comme l'on peut aisément l'imaginer, le Syndicat des scénaristes dirigé par Jeanson est souvent au premier plan des débats qui s'échauffent autour du droit d'auteur au cinéma – débats auxquels la polémique d'Huguette ex-Micro fait référence à plusieurs reprises pour défendre scénaristes, adaptateurs et dialoguistes face aux « trahisons » des mauvais metteurs en scène ou producteurs[4].

Si cette question du statut de l'auteur mobilise aussi bien les réalisateurs que les scénaristes pendant cette période, la grande préoccupation des milieux cinématographiques demeure néanmoins la situation internationale du cinéma français, et surtout ses rapports avec Hollywood. Les accords Blum-Byrnes, signés le 28 mai 1946, et révisés de façon unilatérale en faveur du cinéma français

1. Voir par exemple l'article « Marcel tu me fends le cœur, ou réponse au père de "la fille du puisatier" » (*Cinémonde*, n° 721, 25.05.1948), ainsi que « Ripolin de Tarascon, ou des goûts et des couleurs » (n° 748, 06.12.1948) où Huguette se montre sans pitié envers Pagnol, auteur du navet en couleurs qu'est *La Belle Meunière* et – depuis un peu plus d'un an – académicien : « Mourir si jeune, en pleine immortalité ! ».

2. René Prédal, *Le Cinéma d'auteur. Une vieille lune ?*, Paris, Éditions du Cerf, 2001, p. 42.

3. *Ibid.* Le paysage des associations et syndicats, et les rapports entre autres entre le Syndicat des scénaristes, le Syndicat des techniciens et l'AAF, sont décrits dans Jean-Pierre Jeancolas, Jean-Jacques Meusy et Vincent Pinel, *L'Auteur du film. Description d'un combat*, Lyon, Actes Sud/SACD/Institut Lumière, 1996, p. 119-171 et 128-130.

4. Huguette ex-Micro, « Fait divers », *Cinémonde*, n° 729, 20.07.1948 ; « Du temps où les bêtes ne parlaient pas encore », *Cinémonde*, n° 736, 07.09.1948 ; « Les nouveaux métèques ou pas d'étrangers sur les plateaux », *Cinémonde*, n° 749, 13.12.1948.

le 16 septembre 1948, sont à la base de ces polémiques[1]. La politique cinématographique du gouvernement français semble manquer d'engagement et révèle des incompétences (Huguette souligne, par exemple, des insuffisances dans la rédaction des termes des accords, notamment en ce qui concerne la prévision des visas pour les films étrangers). Quand la profession se mobilise contre les accords, c'est le Parti communiste français qui est au premier plan des manifestations, comme l'explique Frédéric Gimello-Mesplomb : « après la fin du tripartisme, [le PCF] mobilise ses réseaux dans les milieux culturels et se trouve à l'initiative de la création du Comité de défense du cinéma français (CDCF)[2] ».

Les relations franco-américaines évoluent donc dans le contexte des débuts de la guerre froide ; les ministres communistes sont renvoyés du gouvernement en mai 1947, mais la CGT exerce un pouvoir croissant sur les syndicats français, y compris ceux du cinéma. Jeanson prêtera volontiers sa plume au combat du CDCF contre les accords Blum-Byrnes, mais – pacifiste et anticommuniste virulent – il supporte mal l'influence de la CGT, qu'Huguette qualifie de filiale du Kominform. Il quittera temporairement la présidence du Syndicat des scénaristes pendant les années 1950 pour former un groupe dissident, ne pouvant plus tolérer les compromis idéologiques que l'affiliation à la CGT lui impose[3].

Jeanson se fraye ainsi un chemin solitaire et protège son indépendance de façon féroce, contrariant aussi souvent ses alliés que ses adversaires. Toutefois, les contradictions apparentes de son parcours ne semblent pas troubler sa capacité de critiquer les autres. Son alter ego Huguette ex-Micro symbolise en quelque sorte cette contradiction ; sobriquet féminin qui évoque l'intimité et les potins officieux, ce pseudonyme ne cache cependant en aucune manière la véritable identité de l'auteur[4]. Au contraire, pour les lecteurs de

1. Il s'agit d'une semaine de plus par trimestre pour les films français, et la réintroduction d'un quota pour l'importation des films étrangers doublés en français (121 films américains et 65 d'autres pays). Voir Frédéric Gimello-Mesplomb, « Le prix de la qualité. L'État et le cinéma français (1960-1965) », *Politix*, vol. 16, n° 61, 2003, p. 98.
2. *Ibid.*, p. 97.
3. Colin Crisp, *The Classic French Cinema, 1930-1960*, Bloomington/Indianapolis et Londres/New York, Indiana University Press/I.B. Tauris, 1997, p. 201-202.
4. Il s'agit aussi d'une référence ironique au nom d'une actrice, Huguette Duflos, qui eut son heure de gloire dans les années 1920 et 1930, et se fit appeler Huguette ex-Duflos après son divorce en 1929.

Cinémonde qui n'auraient pas été au fait de la carrière d'Huguette au *Canard enchaîné* (après tout, ces deux publications ne s'adressent pas tout à fait aux mêmes lecteurs), sa véritable identité est dévoilée dès sa première contribution par le dessin de Pol Ferjac qui accompagnera quasiment toutes les polémiques d'Huguette, ainsi que par la photo de Jeanson en bas de page, dont la légende donne à lire : « Henri Jeanson relit les papiers d'Huguette ex-Micro ![1] » (voir ill. page suivante)

Cible « numéro 1 » : le CNC, la censure et Michel Fourré-Cormeray

La lecture des trente-six interventions d'Huguette ex-Micro qui paraissent sous la rubrique « Parole d'honneur ! » révèle deux cibles principales : en premier lieu, le gouvernement français et tous ses représentants, notamment le CNC incarné par le malheureux Michel Fourré-Cormeray, son premier directeur général, ainsi que le comité de censure ; et, très proche en seconde position, le communisme, tout particulièrement l'influence de l'URSS sur le cinéma français par l'intermédiaire de la CGT et du PCF.

On décèle dans les tirades d'Huguette contre l'intervention gouvernementale dans le domaine du cinéma toute la méfiance qu'a pu provoquer la naissance du Centre national pour la cinématographie (CNC) des cendres du Comité d'organisation de l'industrie cinématographique (COIC) créé par le régime de Vichy. Michel Fourré-Cormeray est nommé directeur général du CNC en janvier 1947, ayant déjà apporté son concours à la création de cette nouvelle administration en tant que « directeur du Cinéma », poste qu'il occupe à partir du 16 mai 1945 à la suite de Jean Painlevé qui a assuré cette fonction à la Libération. Cette nomination n'impressionne personne : comme le signale Pierre Billard, « c'est moins le résistant qu'on a nommé que l'auditeur à la Cour des comptes, l'administrateur du service public, chargé de fixer les nouvelles règles de ce secteur important, turbulent, sinistré[2] ». Un fonctionnaire gaulliste, donc, qui a tout pour irriter un Jeanson anarchiste, anti-

1. Huguette ex-Micro, « La rentrée d'Huguette ex-Micro », *Cinémonde*, n° 712, 23.03.1948.
2. Pierre Billard, *L'Âge classique du cinéma français. Du cinéma parlant à la Nouvelle Vague*, Paris, Flammarion, 1995, p. 437.

LA RENTRÉE d'Huguette ex micro !

Un incident technique ! Vous savez comment c'est fait.

C'est indépendant de notre volonté... toujours.

Mais quand une journaliste perd son micro, C'est un accident.

Et c'est un accident dont nous avons été les victimes, car Huguette ex-Micro ne savait plus où mordre.

Son ami Henri Jeanson, lui, écrivit quelques chroniques dans des quotidiens, mais Huguette ex-Micro avait pris sa retraite.

Dans les Champs-Elysées, les producteurs avaient bonne mine, les acteurs se congratulaient entre eux, les exploitants souriaient aux anges...

On était sans nouvelles de Huguette ex-Micro !

Et voici que le printemps, les hirondelles et Huguette nous reviennent à la fois.

Parole d'honneur !

Après de minutieuses recherches, des parties de cache-cache et quelques annonces dans des journaux départementaux nous avons retrouvé Huguette ex-Micro.

Cinémonde est particulièrement fier d'accueillir l'enfant terrible du cinéma qui chaque semaine nous consacrera maintenant des chroniques.

— Vous remarquerez que je suis « régulière », nous lança Huguette ex-Micro. J'avais permis à Henri Jeanson de donner un article çà et là, mais depuis que j'avais abandonné ma précédente rubrique... jamais Huguette ex-Micro n'avait accepté que l'on reprît sa signature ailleurs qu'à Cinémonde, parce que j'avais juré. Et ma parole d'honneur, quand je la donne...

Mordante, brutale, spirituelle... Huguette ex-Micro a pris des forces pendant sa cure de repos.

Elle est d'attaque...

C'est une façon de parler, bien sûr !

Elle a quelques vérités à dire.

Et pas toujours bonnes.

Elle les exprimera en toute liberté.

Même si les petits copains de Cinémonde ne sont pas d'accord.

Et cela arrivera souvent.

Rien que de sentir Huguette ex-Micro dans notre salle de rédaction, toujours à l'heure, son papier à la main, nous nous mettons à aller à la ligne...

Comme si on était payé à la ligne.

Mais on peut toujours y aller.

Il n'y a qu'une Huguette ex-Micro et Cinémonde lui souhaite la bienvenue en lui offrant un micro tout neuf.

Où elle écrira !

Marcel IDZKOWSKI.

QUAND LE DIABLE AU CORPS SE FAIT ERMITE OU LE SECRET DES VERSIONS CANADIENNES

La morale est, comme chacun sait, la mère de tous les vices. Elle corrompt tout ce qu'elle touche et sert innocemment de prétexte à Tartuffe pour organiser et justifier ses tartufferies car c'est en son nom qu'il parle comme c'est en se réclamant d'elle qu'il agit.

Quand la morale est sauve, on peut bien dire que tout le reste est perdu.

Les moralistes professionels exercent leurs ravages un peu partout et plus particulièrement dans les studios de cinéma où ils châtrent les meilleurs sujets et affadissent les plus passionnantes histoires.

— S'il vous plait, changez de dénouement ! Je ne veux pas que Jouvet tue Edwige Feuillère. Au cinéma, le crime ne paie pas. Il faut qu'il l'épouse. En grande pompe, à la Madeleine, si possible.

— Ah ! non, non. Pas de suicide ! Le suicide n'est pas commercial. Si Micheline Presle se jette par la fenêtre, mon public quittera la salle mécontent... Non, non ! que la dernière scène ait lieu dans une boite de nuit, que Micheline Presle boive tristement, si vous voulez, du champagne tiède, qu'elle embrasse mélancoliquement, si vous voulez, son partenaire sur la bouche, tout en dansant, avec répugnance, si vous voulez, et en envoyant, désespérément, si vous voulez, des serpentins sur les autres couples de danseurs, mais qu'elle ne meure surtout pas ! Pour l'amour de Dieu, qu'elle survive à tant de malheurs. Soyons optimistes, que diantre !

— Quoi ! Pierre Brasseur périt dans l'incendie du Grand Hôtel. Pas de ça, Lisette. Remplacez-moi donc, de grâce, cette combustion par une promenade en barque et un quatorze juillet. Une fin heureuse, voilà tout ce que je désire !

Comme si le bonheur était une conclusion !

Le plus souvent, scénaristes et réalisateurs résistent à ces sordides assauts et refusent de modifier leur dénouement. Il est pourtant un argument devant lequel ils finissent honnêtement pas s'incliner : c'est l'argument canadien.

Quand un producteur leur dit : « Avec une fin pareille, je ne vendrai jamais votre film au Canada... », ils demandent à réfléchir.

— Hein ! quoi, pensent-ils, ai-je le droit d'empêcher, par un amour-propre démodé, mon producteur de réaliser quelques bénéfices ? Il m'a fait confiance. Il m'a donné les acteurs que je souhaitais... Il a produit mon film dans un moment difficile... Le cinéma français n'est pas tellement brillant !

Et finalement le scénariste se décide, la mort dans l'âme, à satisfaire son producteur.

Il cède donc ; il cède en écrivant un dénouement rose pâle et camomille-verveine, à l'usage des seuls Canadiens.

Henri Jeanson relit les papiers d'Huguette ex-Micro !

PAROLE D'HONNEUR !

par

HUGUETTE EX-MICRO

C'est ce qu'on appelle la version tagada... La version du mépris.

Au Canada, tous les films se terminent pour le mieux dans le meilleur des mondes : le héros embrasse la chaste héroïne, le gangster entre dans les ordres, la prostituée finit au Conseil municipal, le déserteur devient ministre de la Guerre, le corrupteur verse l'argent de la corruption aux petites sœurs des pauvres, on remet la Légion d'honneur au bon assassin, le chanteur réaliste chante un cantique, le père alcoolique se jette à l'eau, le trafiquant du marché noir crée une coopérative et abandonne sa fortune à l'Assistance publique, l'agent des mœurs ne mange pas de ce pain-là et Pépé le Moko publie ses souvenirs dans *La Veillée des Chaumières*.

C'est ainsi que Marc-Gilbert Sauvajon a écrit pour *Non Coupable* un épilogue que les spectateurs français ne verront jamais, mais qui obtient, paraît-il, tous les suffrages des Canadiens.

A la fin de *Non Coupable*, Michel Simon, trois ou quatre fois assassin, se faisait sauter la cervelle. Dans le final canadien, il ne fait rien sauter du tout. Il se livre à la police et la dernière image qu'on emporte de lui est celle d'un homme apaisé à qui les agents offrent du chocolat et des cigarettes.

Henri Decoin, qui a réalisé cet excellent film, m'a dit que la fin « chocolat-cigarettes » avait multiplié le nombre des criminels à Montréal...

Cette mode des « versions arrange tout » m'a inspiré l'idée d'un petit jeu : la voici, prenez-là pour ce qu'elle vaut...

Je me suis amusée à trouver les versions canadienne de *Madame Bovary*, de *Britannicus*, du *Roi Lear*, du *Rouge et le Noir*, d'*Œdipe-Roi*, de *Nana*, etc.

Dans ma version canadienne de *Phèdre*, Hippolyte épouse Aricie et Phèdre au lieu de s'empoisonner, ce qui est contraire aux usages, offre en guise de cadeau de mariage, le royaume d'Athènes au jeune couple. Après quoi, elle tombe inopinément amoureuse de son époux. Ce dénouement imprévu plairait énormément, j'en suis sûre, aux dames de Toronto et aux demoiselles de Québec.

Voulez-vous essayer d'imaginer avec moi la version tagada du *Diable au Corps* ?

Le film, vous vous en souvenez, commence par l'enterrement de Micheline Presle. Gérard Philipe pénètre dans la chambre mortuaire quelques instants après le départ du cortège. Il se rend à l'église et là, tandis qu'on célèbre l'office des morts, il se souvient...

Il se souvient de son idylle avec Micheline Presle ; elle était fiancée à un glorieux combattant et pourtant elle n'a pas hésité à devenir la maîtresse de cet inconscient collégien qu'était Gérard Philipe. A la fin du film, elle succombe, non sans avoir mis au monde l'enfant de l'amour et du péché réunis. C'est là une conclusion bien noire et qu'on ne saurait proposer aux âmes pures.

Ma version tagada commence par un mariage. Micheline Presle épouse le glorieux combattant. Le glorieux combattant, qui ne se doute pas de son cocuage, reconnaîtra l'enfant et Gérard Philipe qui, lui, n'a même pas été invité à la noce (là est sa punition) restera seul avec ses regrets.

Voilà une fin heureuse. Et morale...

Le glorieux combattant a été trompé, c'est entendu, mais il n'est pas de médaille sans revers et

Dieu sait s'il est décoré. C'est bien simple, il semble qu'il ait été récompensé chaque fois que Micheline Presle et Gérard Philipe se sont rencontrés — si j'ose risquer cet euphémisme d'ailleurs intraduisible en canadien.

⁂

Mais, tandis que je termine cet article, mon ami Jean Aurenche, qui écrivit avec Pierre Bost l'admirable scénario du *Diable au Corps*, mon ami Jean Aurenche, dis-je, se penche au-dessus de mon épaule et proteste :

— Huguette, tu délires !...

— Quoi ?

— Huguette, tu es folle !

— Pourquoi, chéri ?

— Un mariage ! Y songes-tu ? un mariage !

— Un mariage, c'est un charmant commencement pour une fin de film !

— Réfléchis, c'est une fin atroce. Il y a de quoi ficher le cafard à toute une population... On voit bien que tu n'as jamais été mariée, ma pauvre petite. Non, crois-moi, remets l'enterrement... Ça c'est une fin optimiste... Si Micheline Presle avait vécu, elle eût, à n'en pas douter, épousé le glorieux combattant et elle fût restée la maîtresse de Gérard Philipe dans la clandestinité... Il y aurait eu deux malheureux de plus... Tandis que là, elle meurt... C'est un mauvais moment à passer, mais les plus grands chagrins sont les plus courts, ainsi que me le faisait observer un veuf de mes amis.

Comme quoi il est difficile de contenter tout le monde et son Canadien !

Et la semaine prochaine,
Huguette ex-Micro vous parlera de :
LA FOIRE AUX FESTIVALS

3

« La rentrée d'Huguette ex micro ! », par Huguette ex-Micro, *Cinémonde* n° 712, 23 mars 1948.

conformiste et antimilitariste avant même de commencer à exercer ses fonctions… Huguette ex-Micro le désigne ainsi : « haut fonctionnaire et charmant causeur, dénué de tout ce qui, de près ou de loin, rappelle un caractère[1] ».

C'est le manque d'efficacité de cette administration que lui reproche Huguette, comme on peut le constater dans une « lettre ouverte à M. Michel Fourré-Cormeray » qui ne reçoit pas de réponse[2]. Huguette l'accuse d'incompétence quant à la gestion des soixante-cinq visas d'exploitation destinés à des films étrangers non-américains, dont aucun n'a été accordé à un film britannique alors que l'Angleterre (pour reprendre les mots d'Huguette) est le « deuxième pays producteur ».

Trois semaines plus tard, dans un article intitulé « Cent soixante-dix-sept millions deux cent trente-six mille huit cents francs » (n° 746, 23.11.1948), Huguette s'adonne à une caricature de Fourré-Cormeray comme bureaucrate trop bien rémunéré :

> L'inertie et les manques de M. Michel Fourré-Cormeray sont hors de prix cette année. […]
> Quand il était petit garçon sa bonne devait lui donner des conseils de brebis à agneau :
> « Michel mon chéri, ne te fais surtout pas remarquer ; passe inaperçu, c'est la loi du troupeau ».
> M. Michel Fourré-Cormeray, depuis qu'il sinécure, qu'il farniente, qu'il oisive, qu'il centrillonne, qu'il cormeraye, qu'il émolliente, n'a pas cessé d'obéir à sa vieille brebis. […]
> Craintif et indécis, M. Michel Fourré-Cormeray n'a qu'un souci – et nous le comprenons bien, parbleu – s'accrocher à son bureau, conserver son petit fauteuil, rester assis, ne rien risquer et garder coûte que coûte son rond de cuir. […]
> Sur la porte du Centre du Cinéma M. Fourré-Cormeray a mis cet écriteau :
>
> OUVERT
> Pour cause d'absence.
> En cas de présence

1. Huguette ex-Micro, « Nana contre Clochemerle ou prière de renvoyer la censure », *Cinémonde*, n° 719, 11.05.1948.
2. Huguette ex-Micro, « De bric et de broc », *Cinémonde*, n° 744, 09.11.1948. Le manque d'efficacité de M. Fourré-Cormeray est également évoqué dans d'autres articles d'Huguette ex-Micro : « Verboten ! ou le cinéma français au pain sec », *Cinémonde*, n° 722, 01.06.1948 ; « Les Américains sont bien gentils mais… », *Cinémonde*, n° 728, 13.07.1948.

s'adresser ailleurs.

Cette diatribe vise les prévisions du budget pour l'année 1948 établies par un CNC que Jeanson considère comme peu efficace. Il paraît en novembre 1948 ; cela n'est sans doute pas une coïncidence si la loi qui introduit la taxe spéciale additionnelle – une taxe prélevée sur les places de cinéma et administrée par un comité spécial présidé par le directeur du CNC – date du 23 septembre 1948[1]. Nous avons choisi de citer ce long passage parce qu'il est révélateur autant du style d'Huguette et de Jeanson que de l'expression véhémente d'un anarchiste envers une bureaucratie qu'il estime traître au cinéma français et à ses spectateurs. Ce style, fondé sur un humour assez cruel, se fait souvent l'expression d'une certaine fantaisie dont Huguette se sert ici pour évoquer la vie de son adversaire, et donne à voir une invention du langage (centrillonner, cormerayer, etc.) que le lecteur n'est à même de comprendre que grâce au contexte. Cette virtuosité lexicale, alliée à un rythme formel et à des redondances sémantiques, est caractéristique des articles d'Huguette, loin de toute concision habituellement associée au genre. À noter également l'adresse au lecteur – le « cher contribuable et ami » déjà interpellé plus haut (« nous le comprenons bien, parbleu ») – ainsi que la formule « coup de grâce », la pancarte que l'on n'a pas de peine à imaginer attachée à la porte de tout rond-de-cuir.

Dans son analyse du style de Jeanson – journaliste, dialoguiste et dramaturge –, Christophe Moussé souligne tous ces aspects : ce qu'il appelle l'effet « hache menu » d'articles formés de « petites phrases » et d'« à la ligne incessants » ; « la réplique “à effet” et… l'importance de la chute de la phrase (comme dans un sketch) »[2]. Quant aux phrases et paragraphes très courts, Jeanson lui-même cite Jean Quéval qui a interprété cette « désarticulation de la syntaxe et la multiplication des paragraphes [comme] un moyen d'expression influencé par le goût de l'ellipse et le cinéma américain » ; il ne cite alors cette analyse que pour la rejeter, prétendant avoir acquis cette habitude de la phrase-paragraphe pendant les années 1920 grâce au système de rémunération à *L'Œuvre* et à *Bonsoir* : « chaque fois que

1. Colin Crisp, *The Classic French Cinema*, *op. cit.*, p. 77 et p. 434 ; Susan Hayward, *French National Cinema*, Londres/New York, Routledge, 2005 [1993], p. 34-35.
2. Christophe Moussé, *Henri Jeanson*, *op. cit.*, p. 19.

j'allais à la ligne, je gagnais trois sous de plus[1] ». Quelle qu'en soit la motivation, ce style singulier s'avère fort efficace pour polémiquer.

Si Huguette s'en prend à Fourré-Cormeray au sujet de l'inefficacité de la nouvelle administration du cinéma français, elle l'attaque de façon tout aussi féroce à propos de la censure. On peut relever six articles signés d'Huguette sur la censure en général, dont trois traitent des activités du comité de la censure, et notamment de Fourré-Cormeray ainsi que de Pierre Abelin, secrétaire d'État à la présidence du Conseil, et qui selon Huguette a excédé ses pouvoirs en révoquant le visa de censure accordé à *Clochemerle* (Pierre Chenal, 1948). Abelin se trouve ainsi ridiculisé, tout d'abord par la description qu'Huguette fait de ses fonctions (« qui est M. Abelin ? Qu'est-ce que c'est que ça un Abelin, de quoi est-ce fait un Abelin ?/M. Abelin est un nouveau monsieur, comme disait Robert de Flers./ Il exerce les délicates fonctions de secrétaire à la présidence[2] »), puis par un discours qu'Huguette lui fait dire : « La liberté ne serait plus la liberté si elle n'était pas dirigée. Livrée à elle-même la liberté se laisserait aller à ses instincts d'indépendance. Elle n'est qu'une tolérance toute provisoire délivrée aux seuls ayants-droit. Il n'est pas de liberté sans discipline librement consentie[3]. » Fourré-Cormeray, pour sa part, est décrit comme quelqu'un qui s'est accoutumé à voir usurper son autorité : « M. Cormeray s'est fourré dans un drôle de huisman. Je [Abelin] tiens sa décision pour nulle et non avenue. Il ne protestera pas. Il a l'habitude[4]. » Un mois plus tard, surnommant Abelin « Aberlin, spécialiste du Verboten [...] politichien de police », Huguette raconte la suite de l'affaire *Clochemerle*, un exemple parmi d'autres de l'hypocrisie du comité de censure[5]. Contrairement à d'autres personnalités ciblées par Huguette, notamment Jean Cocteau et André Berthomieu, Fourré-Cormeray[6] ne daigne pas répondre à ses attaques.

1. Henri Jeanson, *Soixante-dix ans d'adolescence*, *op. cit.*, p. 124.
2. Huguette ex-Micro, « Nana contre Clochemerle », *Cinémonde*, n° 719, 11.05.1948.
3. *Ibid.*
4. *Ibid.* Huguette fait référence ici à Georges Huisman, fondateur du Festival de Cannes en 1939, et qui en 1948 est président du Comité de censure.
5. Huguette ex-Micro, « Verboten ! », *Cinémonde*, n° 722, 01.06.1948.
6. Il entretiendra néanmoins de très bonnes relations avec *Cinémonde* en remettant aux côtés de Marcel Idzkowski, rédacteur en chef de *Cinémonde*, et de la direction du *Film français* les Victoires du cinéma dès janvier 1948.

Il n'est pas surprenant que Jeanson, qui revendiquait toujours farouchement le droit à la liberté d'expression, cible les excès du régime en ce qui concerne la censure. Sa façon d'en décrire les procédures tout en les ridiculisant est typique de son style qui, selon Jeanne Witta, « dissimulait ses sentiments [d'indignation devant la bêtise et l'injustice] sous un éclat de rire[1] ». Mais parfois Huguette rit jaune, comme lorsqu'elle condamne, dans ce même article, la nationalisation « honteuse et larvée » du cinéma français ; une nationalisation officieuse qui se fait aussi bien par les systèmes de taxation (« l'État vole environ 40 % des recettes aux producteurs ») et de financement (« le Crédit National ; je te prête le quart de ce que je t'ai pris et tu me rendras le triple de ce que je te prête... ») que par le contrôle des sujets de films – voire des répliques – par le biais de la censure. Pour Jeanson – qui malgré tout garde une vision idéaliste, sentimentale du cinéma –, l'intervention de l'État dans l'industrie cinématographique menace de noyer la créativité sous la paperasse et, pire encore, de vendre le cinéma français au rabais aux Américains, si toutefois ce ne sont pas les Soviétiques qui remportent les enchères.

Jeanson : militant mais surtout pas communiste

Souvent qualifié de journaliste engagé à gauche, du moins à ses débuts[2], Jeanson a des relations de plus en plus difficiles avec les partis de ce bord politique, et surtout avec le PCF. Indigné éternel, il supporte mal ceux qui sont au pouvoir et encore moins ceux qui, selon lui, démissionnent de leurs responsabilités en suivant servilement la ligne du parti[3]. Si Jeanson fait partie, donc, du CDCF, et si le Syndicat des scénaristes fait partie de la Fédération CGT, cela n'empêche en aucune manière Huguette d'exprimer sa désapprobation de l'influence soviétique, en particulier quand

1. Jeanne Witta-Montrobert, *La Lanterne magique. Mémoires d'une scripte*. Paris, Calmann-Levy, 1980, p. 182.

2. Voir Christophe Moussé, *Henri Jeanson*, *op. cit.*, p. 141-142. Moussé trace la trajectoire politique de Jeanson : « qu'y a-t-il de commun entre le pacifiste virulent de ses débuts (où il était le journaliste de gauche le plus célèbre avec La Fouchardière) et le chroniqueur largement réactionnaire du très conservateur journal *L'Aurore* vers la fin de sa vie ? »

3. Toujours est-il que ses positions sans compromis le mèneront parfois à de « mauvaises fréquentations » : non seulement celle d'amis compromis pendant l'Occupation, tel Gaston Bergery, mais aussi celle de l'antisémite Paul Rassinier ; il signera notamment la préface de l'ouvrage de ce dernier, *Parlement aux mains des banques*, en 1956.

c'est la gauche intellectuelle qui s'en fait le relais. Évoquant la manifestation CDCF du 5 janvier 1948 contre les accords Blum-Byrnes, elle se gausse des stars qui y prêtent leur concours :

> La famélique Madeleine Sologne, aux pommettes saillantes, criait sa détresse ; levant son maigre poing en signe de protestation l'indigente Mme Yves Allégret [Simone Signoret] faisait peine à voir ; portant de véhémentes pancartes, Jean Marais le marmiteux et Claire Mafféi la besogneuse clamaient leur indignation[1].

Huguette dépeint les adhérents du PCF comme des dupes que Staline n'hésiterait pas à trahir pour son propre bénéfice. Ainsi, pendant que les Français, « la CGT, la Fédération du spectacle et autres succursales du Kominform », « se regardent le nombril » en se plaignant des effets des accords Blum-Byrnes, à Moscou Molotov accueille Eric Johnston, le président de la Motion Pictures Association of America (MPAA), « l'ennemi du peuple type », pour établir des accords sur la projection de films américains en URSS. Selon Huguette, Johnston fait une tournée européenne, de la Russie à l'Espagne en passant par la Yougoslavie : « Tito, Franco, Molo, ça, a-t-il dit, ce sont des chefs d'entreprises. » Johnston est une ancienne connaissance : en 1946, il avait essayé de discréditer Jeanson auprès des scénaristes américains, l'accusant de collaboration sous l'Occupation ; accusation que Jeanson avait réfutée, suggérant que Johnston lui en voulait pour son opposition aux accords Blum-Byrnes[2]. Huguette prend alors sans aucun doute sa revanche ; Johnston apparaît ici comme la caricature même du capitaliste rampant et sans scrupules[3].

Si Huguette tourne plus d'une fois en dérision la « foi aveugle » de Jean-Paul Le Chanois, Georges Sadoul (Samoule), Jean Grémillon ou Louis Daquin[4], c'est principalement par rapport à leur zèle en tant qu'épurateurs qu'elle s'en prend aux « libérateurs » du cinéma

1. Huguette ex-Micro, « Les accords Hollywood-Moscou », *Cinémonde*, n° 742, 26.10.1948. Les citations d'Huguette dans le paragraphe qui suit sont toutes tirées de cet article.
2. Laurent Martin, « Collaboration "chaude" ou collaboration "froide" ? », *art. cit.*, p. 105.
3. Huguette avait déjà présenté Johnston, « grand-maître d'Olivode », aux lecteurs de *Cinémonde* dans « Les Américains sont bien gentils, mais… », *Cinémonde*, n° 728, 13.07.1948.
4. Voir par exemple Huguette ex-Micro, « Cocasserie, caucaserie et Cie », n° 733, 17.08.1948 ; « Les accords Hollywood-Moscou », n° 742, 26.10.1948 ; « De bric et de broc », n° 744, 09.11.1948.

français ; ainsi, Le Chanois, le « double joueur du Continental-Club[1] », est particulièrement visé. D'autre part, ceux qui changent de convictions selon la mode et les circonstances sont également les cibles d'Huguette : Jean Darcante est « patron le soir, salarié le matin[2] », tandis que Renoir est « communiste à Billancourt, fasciste à Rome, démocrate en Amérique[3] ». Lorsqu'on se souvient que Jeanson a été emprisonné à trois reprises pour ses convictions, et qu'Huguette se retrouve à *Cinémonde* suite à la censure d'un article sur les communistes, il n'est pas surprenant qu'elle soit impitoyable avec ceux de ses confrères qui ne se montrent pas aussi fermes dans leurs convictions, ainsi qu'avec ceux qu'elle estime trop peu résistants à l'influence du PCF. Ce qui pourrait nous surprendre davantage, c'est quand Huguette vise les activités de certains de ses confrères pendant la guerre. André Berthomieu, qui se trouve dans la ligne de tir à cause de ses propos concernant les scénaristes qui se lancent dans la mise en scène, est ainsi tourné en ridicule. Huguette raconte assez gratuitement un épisode peu édifiant qui a eu lieu en zone libre en 1940, durant lequel Marcel Achard aurait pris en pitié un Berthomieu indigent en lui offrant un rôle dans *Jean de la Lune*, malgré son inaptitude. En évoquant la guerre, Huguette s'expose à des reproches que Berthomieu, dans sa réponse, n'hésite pas à lui faire à propos des activités de Jeanson pendant cette même période : « Quand je jouais Clo-Clo, si mal à vos dires, en zone libre, l'ami Jeanson, lui, publiait à Paris de bien savoureux articles dans *Aujourd'hui*. Mais cela est une autre histoire[4]… » En revanche, Roger Richebé, ancien codirecteur du COIC qui a agi pendant l'Occupation pour limiter les droits des auteurs[5], s'en tire plutôt à bon compte, évoqué régulièrement mais toujours « en passant »

1. Huguette ex-Micro, « Les accords Hollywood-Moscou », n° 742, 26.10.1948. Jean-Paul Le Chanois (de son vrai nom Dreyfus) est engagé par Alfred Greven comme scénariste à la Continental, tout en poursuivant des activités de résistant à partir de 1940 ; il est l'un des fondateurs du réseau de la Résistance qui deviendra le Comité de salut public du cinéma français en 1941, aussi bien que le responsable de l'activité syndicale du PCF. Voir Pierre Billard, *L'Âge classique du cinéma français*, *op. cit.*, p. 374.
2. *Ibid.*
3. Huguette ex-Micro, « Jean Renoir – souvenirs », *Cinémonde*, n° 725, 22.06.1948.
4. Voir Huguette ex-Micro, « Les nouveaux métèques », et André Berthomieu, « Ma réponse à Huguette ex-Micro », *Cinémonde*, n° 751, 27.12.1948.
5. Jean-Pierre Jeancolas, Jean-Jacques Meusy et Vincent Pinel, *L'Auteur du film*, *op. cit.*, p. 124-126.

pour ses impropriétés linguistiques : « Comme dirait Richebé, celui-là est tiré par les chevaux[1]. »

Ces « vacances » d'Huguette ex-Micro à *Cinémonde* lui ont permis de jouir d'une liberté totale aussi bien dans le choix de ses polémiques que dans son expression : cette même liberté qui a attiré Jeanson au *Canard enchaîné* où il retournera en 1955 à l'occasion des cinquante ans du journal. C'est largement grâce à cette liberté que la chronique divertit et informe à la fois : lire Huguette ex-Micro pendant cette année 1948 très mouvementée pour l'industrie cinématographique offre un aperçu du cinéma français autre que celui qui occupe la plupart des autres pages du magazine, et qui ne s'accorde pas très souvent avec les préoccupations des correspondant-e-s de « Potinons »[2]. On peut être sûr d'y trouver une perspective originale, qui ne suit la ligne d'aucun parti et n'épargne personne. Les chroniques de « Parole d'honneur » réunissent toutes les passions de Jeanson – on y retrouve le journaliste, le polémiste, le scénariste et le dramaturge. La participation continue de Jeanson à *Cinémonde* – il fournit son dernier article pour le numéro spécial de Noël en 1954[3] – nous porte à croire que si la rubrique « Parole d'honneur » n'apparaît plus de façon si régulière après la fin de 1948, c'est sans doute parce qu'il avait d'autres fers au feu, notamment la réalisation de *Lady Paname*, le seul film qu'il ait écrit et mis en scène. Mais cette collaboration souligne, avant tout, l'ouverture d'esprit de *Cinémonde*, qui n'hésite pas à offrir une place de choix – la page 3 – à la plume la plus redoutée du monde du cinéma.

1. Huguette ex-Micro, « Les chevaliers de la platitude », *Cinémonde*, n° 718, 11.05.1948.
2. Voir par exemple « De toutes les couleurs », *Cinémonde*, n° 720, 18.05.1949, où Huguette s'étonne des résultats du vote des lecteurs de *Cinémonde* pour les Victoires du cinéma 1947 (*Cinémonde*, n° 718, 04.05.1948), qui place Georges Marchal juste avant Louis Jouvet.
3. Henri Jeanson, « Dans les grandes largeurs », *Cinémonde*, n° spécial Noël, décembre 1954.

Emmanuel Plasseraud

LA RÉCEPTION FILMIQUE, ENTRE PHÉNOMÈNE COLLECTIF ET EXPÉRIENCE INDIVIDUELLE, AU PRISME DU COURRIER DES LECTEURS DE *CINÉMONDE* (1946-1958)

Ce texte a pour objectif de mettre à l'épreuve une hypothèse sur laquelle nous travaillons depuis quelques années : l'histoire de la théorisation de la réception filmique semble marquée par le basculement progressif entre un premier paradigme envisageant cette réception comme un phénomène collectif et un second la considérant plutôt comme une expérience individuelle. C'est cette dernière approche qui est adoptée généralement aujourd'hui dans les études de réception. Pour les *spectatorship studies* anglo-saxonnes, qui se sont accaparé le récit de l'histoire de la théorisation de la réception filmique, il n'y a d'ailleurs pas d'autre paradigme. Dans notre ouvrage *L'Art des foules*, nous avons tenté de montrer, en prenant l'exemple des écrits des théoriciens français des années 1920, qu'il en existait pourtant un autre, où la réception est appréhendée comme un phénomène collectif, à partir de la notion de « foule »[1]. La France n'était d'ailleurs pas un cas isolé. Les théoriciens, cinéastes ou producteurs américains, à partir de la notion de « public », les cinéastes-théoriciens soviétiques avec celle de « société sans classe », et les penseurs allemands avec celle de « masse », partaient aussi, quoique de manière différente, du

1. Emmanuel Plasseraud, *L'Art des foules. Théories de la réception filmique comme phénomène collectif en France (1908-1930)*, Lille, Presses universitaires du Septentrion, 2011.

présupposé que l'influence du cinéma sur les spectateurs était d'abord collective avant d'être individuelle.

À quel moment, pourquoi et de quelle manière (rupture ou transition) a-t-on assisté au changement qui a abouti à notre conception contemporaine de la réception filmique comme expérience individuelle ? Les *spectatorship studies*[1] donnent parfois comme date de naissance aux recherches envisageant le spectateur de cinéma dans son individualité les « théories du dispositif » françaises proposées autour de Mai 68 (Baudry, Comolli). Notre hypothèse est que ce basculement s'est opéré plus tôt, après la Seconde Guerre mondiale. Il a d'ailleurs sans doute été préparé par l'obsolescence du paradigme de la réception comme phénomène collectif lors des années 1930, due aux modifications théoriques engendrées par le passage au parlant[2]. Il se serait toutefois précipité après 1945, pour des raisons liées au contexte historique et culturel particulier de l'après-guerre.

Nous nous proposons ici de vérifier cette hypothèse, à partir d'un cas particulier : le courrier des lecteurs du magazine *Cinémonde*. Ce type de publication peut-il nous aider à discerner sous quelle forme la réception filmique fut, au moins implicitement, évaluée dans les années d'après-guerre ? Son évolution après la Seconde Guerre mondiale peut-elle être considérée comme symptomatique d'une entrée dans le paradigme de la réception filmique comme expérience individuelle ? Pour tenter de répondre à ces questions, nous avons fait le choix de consulter six numéros de l'année 1946 et six numéros de l'année 1958, un tous les deux mois pris au hasard, en nous posant la question de l'image du ou des spectateurs qui est sous-entendue dans la rubrique, afin d'évaluer leurs différences à douze ans d'écart.

1. Voir par exemple Judith Mayne, *Cinema and Spectatorship*, Londres, Routledge, 1993 ; Michele Aaron, *Spectatorship, the Power of Looking on,* Londres, Wallflower Press, 2007.

2. Un des aspects expliquant cette obsolescence réside dans le fait qu'il n'était plus possible de penser que le cinéma puisse être un langage universel s'adressant à tous de la même manière – c'est l'idée du cinéma comme « esperanto visuel », défendue à l'époque du muet – à partir du moment où le cinéma se mettait à intégrer les langues naturelles dans leur diversité.

1946 : le courrier des lecteurs comme instrument de diffusion du « savoir »

Après cinq années d'interdiction pendant l'Occupation, *Cinémonde* reparaît en mars 1946. La rubrique « Potinons », titre du courrier des lecteurs, reprend également, toujours dirigée par le dénommé Jean Talky (pseudonyme inventé au moment de la création du magazine et de la rubrique, en 1928). Sous le chapô « Jean Talky ressuscité », celui-ci affirme être prêt à « satisfaire la curiosité de [ses] *nouveaux* correspondants » (n° 607, 19.03.1946), tout en retrouvant ses amis d'autrefois. Ses fiches sont à jour, il est prêt à répondre aux « questions les plus saugrenues ». Toutefois, dans ce numéro, aucune question n'est reprise telle quelle. Les potins sont des informations, données sous la forme d'un dialogue entre Edwige Feuillère et un journaliste, des renseignements sur un accident de voiture ayant impliqué Raimu et son producteur, et des indications concernant la mise en production de quatre films – le tout sur une page. Les spectateurs sont apostrophés, mais ils sont absents. Ce numéro étant celui de la renaissance, « Potinons » ne pouvait sans doute pas encore avoir de contributions, d'où la reprise de contact à laquelle se livre Jean Talky. (voir ill. page suivante)

Un mois plus, tard, le numéro 613 (30.04.1946) propose un courrier des lecteurs plus fourni, puisqu'il prend place sur une page et demie. Cette fois, Talky répond aux lettres de ses lecteurs. À certains endroits, des extraits sont cités, en italique et entre guillemets. C'est le cas de la lettre d'un gardien de la paix expliquant qu'il rêve de devenir acteur, ainsi que de celle d'une jeune aspirante actrice. Mais dans l'ensemble, ces citations restent rares. Après avoir dispensé des conseils à ceux qui souhaitent rejoindre les rangs du milieu cinématographique, Talky discute des goûts de ses correspondants. La position qu'il occupe est claire : il est celui qui sait. Le dénommé *Michel Couillon* accuse le magazine d'avoir été dur pour Norma Shearer. Talky se dit « navré de vous décevoir » et donne ses arguments, tout en ajoutant quelques renseignements sur la biographie de l'actrice. À *Madeleine Archambaud*, il réplique que « non, mademoiselle, Gilbert Gil n'est pas marié ». Il lui arrive aussi de se moquer de ceux qui prétendent savoir à sa place, tel *Robert Verny* qui affirme « qu'il va y avoir un grand remue-ménage

POTINONS

Monsieur PLATON

(SUITE DE LA PAGE 17)

L'article incriminé reproche au cinéaste de n'avoir rien produit de bon depuis fort longtemps (on lui concède cependant quelque talent... jadis...), d'avoir quitté la France en 1940, d'être un suppôt de Vichy, d'avoir engagé Maurice Chevalier, prouvant ainsi sa sympathie pour les collaborateurs et d'être enfin considéré, en Amérique, comme un sous-Lubitsch, fabricant de films.

Que René Clair ait eu du talent avant guerre, qu'il ait représenté aux yeux du monde ce qu'il y a de plus séduisant dans l'esprit français, voilà un fait acquis une fois pour toutes dans l'Histoire du Cinéma. Il a quitté la France en 1940. Voilà qui est vrai. Avec lui partaient vers les Amériques Jean Renoir, Julien Duvivier, Pierre Chenal, Henri Diamant-Berger, Alexandre Esway, Jean-Benoît-Lévy, Léonide Moguy et d'autres. Que ces metteurs en scène aient ainsi manifesté leur refus de collaborer avec l'envahisseur, voilà qui nous semble louable. Que, s'exposant aux incertitudes de l'exil, ils aient représenté notre pays, alors bafoué, à l'étranger, voilà, s'ils l'ont fait dignement, qui ne saurait les exposer aux reproches. Nous regrettons seulement que leur nombre n'ait pas été plus grand et j'ai moi-même essayé, au cours de ces terribles années, de faciliter le départ de ceux, et ils étaient nombreux, qui désiraient se soustraire aux sollicitations allemandes.

M. René Clair était-il pro-Pétain ? Abusé, lui aussi, avec une grande majorité de Français, par l'ignoble personnalité du « vainqueur de Verdun », s'est-il mépris sur la voie dans laquelle devait s'engager la France ? Je l'ignore. Parisien 100 %, nous le croyons Français dans la même proportion. Son départ en 40 nous en semble plutôt une preuve.

Qu'a-t-il, maintenant, produit en Amérique ? *La belle Ensorceleuse* qui, projetée en dernier lieu sur nos écrans, est, dit-on, le premier film qu'il ait réalisé à Hollywood, *Ma Femme est une Sorcière* et *C'est arrivé demain*, plus un quatrième, adapté d'une pièce américaine, sur lequel nous n'avons pas de renseignements. Aucun de ces trois films ne justifie le jugement de M. Laroche. *La belle Ensorceleuse*, sans être un chef-d'œuvre, est un film charmant, plein de goût. *Ma Femme est une Sorcière* et *C'est arrivé demain* ne sont nullement indignes de l'auteur du *Million* et de *A nous la Liberté*. Nous avons pris à leur projection un réel plaisir, que le dialogue anglais amoindrissait à peine.

Nous ignorons si ces films ont été des succès dans leur pays d'origine. Il nous suffit qu'ils en aient été chez nous. S'ils avaient été des fours, outre-Atlantique, il est peu probable, comme nous connaissons les Américains, que René Clair ait continué à se voir ouvertes les portes des studios californiens. Quant à M. Lubitsch, dont nous ne méconnaissons pas la valeur, M. Lubitsch qui, dans des articles parvenus, à la Libération, au ministère de l'Information, déclarait que le cinéma américain se devait de profiter de la victoire pour éliminer, une fois pour toutes, la concurrence des écrans du monde, son nom aura disparu depuis longtemps des anthologies lorsque celui de René Clair y témoignera impérissablement de cet esprit français dont M. Laroche ne semble pas être un représentant.

Cinémonde
Directeur : MAURICE BESSY
REDACTION - ADMINISTRATION : 2, AVENUE MATIGNON, PARIS (8e)
ABONNEMENTS
PUBLICITE

« Potinons », *Cinémonde* n° 642, 19 novembre 1946.

dans la presse, avec départs, nouveaux journaux, etc. », parce qu'il a eu ces informations d'un ami. « Je vous en prie, s'il est médium, envoyez-le moi tout de suite », répond ironiquement Talky. « Il pourra peut-être me dire si je gagnerai à la Loterie Nationale ; mais s'il est seulement *bien renseigné* », ajoute-t-il, « alors ne croyez pas un traître mot de ce qu'il vous a dit ». Talky est celui qui sait, qu'il faut croire parce qu'il a ses entrées dans le milieu cinématographique. Dans le n° 622 (02.07.1946), Talky décide de donner des nouvelles du cinéma hollywoodien, car « il y a bien longtemps que nous n'y sommes allés ». Un premier paragraphe offre des informations sans répondre aux questions des lecteurs, qui viennent ensuite. Aucune lettre n'est citée textuellement. Talky use d'une figure de style qui se trouvait déjà dans le numéro précédemment étudié : « Ignorez-vous donc la mort, dans un accident d'avion, de Carole Lombard ? » L'interrogation sonne comme un reproche, semblant donner le sentiment à *Admiratrice de Fernand Gravey* qu'elle a les moyens d'en savoir autant que lui. « Elle fit pourtant, et à juste raison, grand bruit », rappelle-t-il. Ce qui différencie Talky de cette « simple » lectrice, c'est qu'il arrive à celle-ci d'oublier même le plus évident, alors qu'il se rappelle tout.

Quelques semaines plus tard (n° 631, 03.09.1946), « Potinons » s'ouvre sur un classement des acteurs et actrices préférés des lecteurs (dominé, pour l'anecdote, par Jean Marais et Madeleine Sologne). Talky prend à partie *Agnès*, une lectrice indignée qui trouve Jean Marais « quelconque ». En désaccord, il lui fait de plus remarquer qu'elle se trompe quand elle prétend que ce n'est pas Marais lui-même qui écrit à ses admiratrices. Talky se fait en effet le relais des lecteurs et lectrices qui désirent recevoir des photos dédicacées, leur enjoignant d'envoyer de quoi les recevoir et indiquant même certaines adresses d'artistes (ou plutôt de leurs agents).

« Potinons » occupe deux pages dans le numéro 642, paru le 19 novembre 1946. Deux lettres d'admiratrices de Cary Grant sont intégralement publiées. Ces dernières sont les gagnantes d'un concours d'éloge qui, comme le note Talky, n'a pas impliqué que des femmes, puisque l'acteur a aussi des admirateurs masculins. Le début de la première lettre est éloquent : « je suis bien insignifiante à côté de vous et de votre talent », écrit *madame Denielle*, ce qui est une manière d'intégrer la situation de domination de la figure de la star de cinéma vis-à-vis de son public – l'acteur fera toutefois l'obole d'une photo dédicacée aux deux gagnantes du concours. Talky corrige quelques erreurs, se désespère de devoir contredire *Babeth* en lui rappelant qu'il a déjà souvent donné l'âge de Gary Cooper, et se félicite de remplir de joie un admirateur de Gloria Jean en lui apprenant qu'elle a 18 ans. Si Cary Grant et les autres stars de l'époque font figure de dieux aux yeux de leurs admirateurs, Talky apparaît comme le gardien de l'Olympe.

C'est Noël quand sort le numéro 647 de *Cinémonde*. Avec humour, Talky se compare d'ailleurs au père Noël, à qui il « ressemble vaguement ». La rubrique est cette fois entièrement consacrée à répondre à des questions tournant autour de Jean Gabin (est-il marié ? où vit-il ?), du casting de *La Porte d'or* (*Hold Back the Dawn*, Mitchell Leisen, 1941), de l'âge de Maria Montez, etc. Talky reproche à un lecteur de Dijon de lui poser trop de questions et à *Cyrano* de l'obliger à radoter : « Si je n'ai pas donné vingt-cinq fois l'adresse d'Errol Flynn, je veux bien être pendu. *Cyrano* ! Ce n'est pas de ma faute si vous ne lisez pas "Potinons" ! » Encore une fois, l'ignorance du lecteur est mise en accusation, au motif que la connaissance lui serait accessible s'il se montrait plus fidèle à « Potinons » (et à *Cinémonde*).

1958 :
le courrier des lecteurs comme lieu de débats publics

Enjambons à présent le temps pour passer directement à l'année 1958. Le 23 janvier sort le numéro 1224 de *Cinémonde*. Le ton a changé. D'emblée, Talky fait état d'un différent entre potineurs. « *Tessa* aimerait bien que les potineurs ne fassent pas de généralités absurdes », en qualifiant notamment les vedettes d'aujourd'hui de « poupées sans talent ». Talky explique que « le potineur incriminé n'a pas nommé ces poupées », ajoutant : « (ou bien Jean Talky est intervenu prudemment) ». Il suggère ici qu'il peut agir en tant que censeur. En revanche, le débat a lieu sans lui, si ce n'est qu'il exclut d'emblée Maria Schell et Deborah Kerr de la critique du potineur. Quoi qu'il en soit, les deux potineurs ont ici droit à la parole. Talky continue, certes, à documenter ses lecteurs quand ils le souhaitent, rappelant par exemple à *Marie-Rose* que c'est Gérard Blain qui est l'ami de Gabin dans *Voici le temps des assassins* (Julien Duvivier, 1956), ou donnant des conseils à *Nicolas Koulasky* pour entrer dans le milieu du cinéma. Mais le plus souvent, il les laisse s'exprimer ou résumer leur expérience : ainsi, nous apprenons qu'*Assunta* a beaucoup admiré Marilyn dans *Le Prince et la Danseuse* (*The Prince and the Showgirl*, Laurence Olivier, 1957) – Talky cite même sa réflexion sur l'actrice, « une pauvre gosse qui a su, sans bassesse et sans méchanceté, surmonter tant d'handicaps [*sic*] ».

MAIGRIR
POTINONS
AVEC JEAN TALKY
COURS SIMON
ANNUAIRE BIOGRAPHIQUE DU CINÉMA
Cinémonde
CONSERVATOIRE INDÉPENDANT DU CINÉMA FRANÇAIS
985 frs payable après essai gratuit
9 NEGRO SPIRITUALS
LANOLIN LLL
GLYDERM

« Potinons », *Cinémonde* n°1229, 27 février 1958.

Le 13 mars 1958, dans le numéro 1231, le responsable de la rubrique commence par donner des renseignements sur Fernandel et Pierre Renoir en réponse à *Benoît* et à *J'aime la vie*. Puis, il se fait l'écho d'un débat entre *Marais for ever* et *Tessa*, pour qui Jean Marais est « une espèce de Brigitte Bardot au masculin ». Talky cite des extraits de la lettre de *Marais for ever*, qui compare son acteur favori à Van Gogh et à Gauguin pour sa « griffe » reconnaissable. Il ne prend pas parti, de même qu'il ne fait que rapporter le bouleversement vécu par *Magie du cinéma* à la vision de *Nuits blanches* (*Le notti bianche*, 1957) de Luchino Visconti. Talky se rallie toutefois lui-même à l'admiration éprouvée *par Bridge on river Kwai* devant *Le Pont de la rivière Kwaï* (*The Bridge on the River Kwai*, David Lean, 1957) ; il raconte une anecdote sur le casting, mais sans donner le sentiment d'en savoir beaucoup plus que cette potineuse.

Un nouveau débat est ouvert entre deux cinéphiles ordinaires dans le numéro 1246 du 26 juin 1958 : « *Incognito* proteste contre l'accusation de frivolité de *Brestoise* », concernant le virage « canaille » de Michèle Morgan, qu'il n'apprécie pas. Talky le cite, sans prendre parti, de même qu'il ne cherche pas à départager ni *Cactus* et *Chiribita* qui se disputent sur la série « Qu'est-ce qui ne va pas ? », ni *Passionné de cinéma* et *Miclauda* qui affirment aller au cinéma l'un pour s'enthousiasmer, l'autre pour se détendre. Ce n'est pas non plus lui qui se félicite de l'éloge de *Nuits blanches* par *Magie* mais bien *S. Mortier*, une autre lectrice, qui a ressenti les mêmes émotions. *Magie* est d'ailleurs au centre d'un autre débat. Attaqué par *Pirouettes* parce qu'il donne trop son avis sur les films, il est défendu par *Tessa*, qui déjà débattait avec *Marais for ever* lors du numéro 1231. La rubrique remplit ainsi sa principale mission, au moins sur le plan économique : fidéliser les lecteurs, qui pour suivre ces débats et y participer doivent acheter *Cinémonde* chaque semaine.

Dans le numéro 1252 (07.08.1958), *Californian sun*, une jeune lectrice âgée de 17 ans et demi, reproche à « Potinons » de « glisser peu à peu dans la niaiserie, avec ses considérations sur Mmes Brigitte Bardot, Sophia Loren, Jayne Mansfield ou Gina Lollo, etc. ». Elle déplore aussi que « les Potineurs ne s'intéressent jamais aux véritables artistes et semblent ignorer des films tels que *La Nuit des forains* (*Gycklarnas afton*, Ingmar Bergman, 1953) ». Autant d'attaques auxquelles Talky ne répond pas. Le journaliste se contente, en réponse à une question de *Californian sun* sur l'intelligence des vedettes, de citer quelques actrices hollywoodiennes, ajoutant : « je ne parle pas des Françaises ni de mes opinions personnelles par simple esprit de conservation. *Les potineurs ont la parole* » (nous soulignons).

Au début de sa rubrique dans le numéro 1260 (02.10.1958), Talky fait le constat qu'« une forte majorité s'est prononcée en faveur de certains potineurs-vedettes », si bien qu'il laisse la parole à *Passionné de cinéma* pour clore un débat engagé autour du film *Le Bal des maudits* (*The Young Lions*, Edward Dmytryk, 1958). La lettre du potineur est reproduite *in extenso*, sur quatre colonnes, proposant une véritable analyse du film, des personnages et de leurs interprètes, des choix de réalisation, de l'adaptation ainsi que de la réception critique de cette production ; elle s'achève sur une évaluation qui place le film « bien au-dessus du *Pont de la rivière Kwaï* ». *Passionné de cinéma* apparaît ici comme un potineur privilégié, au rôle prescripteur. « Après cela, admet Talky, il n'y a plus rien à dire pour ou contre le film. » Il ne lui reste d'ailleurs plus que deux colonnes pour sa rubrique qui comprend le poème d'un potineur, cité en encart, faisant écho aux nombreux débats qui agitent la rubrique : « Un jour l'on parle d'une certaine Sagan/Puis un autre, il s'agit de Michèle Morgan/Celui-ci réclame incessamment Bardot/Au contraire, celui-là en a plein le dos. »

Dans le numéro 1271 (18.12.1958), la rubrique « Potinons » reprend une forme plus démocratique. Pas de longue citation, mais des renseignements, des échos de débats entre potineurs, des témoignages de leurs jugements de goût sur les films et même l'aveu, par Talky lui-même, qu'il leur arrive d'en savoir plus que lui. Ainsi, alors que *Jeunes 58* signale qu'un incident a eu lieu mettant en cause des admirateurs de Gérard Blain, Talky admet que « Nous n'avons aucune information sur l'affaire »...

L'échantillon choisi au hasard – qui gagnerait certainement à être élargi dans le cadre d'analyses plus approfondies – semble confirmer notre hypothèse de départ. Entre 1946 et 1958, l'évolution du courrier des lecteurs de *Cinémonde* se traduit par la place de plus en plus grande qu'occupent les potineurs eux-mêmes. En 1946, ces derniers ne sont que rarement et peu cités. En 1958, ils sont largement individualisés, certains potineurs vedettes revenant de numéro en numéro pour affirmer leurs opinions, lesquelles prennent de plus en plus la forme de réelles critiques de films. Des débats se cristallisent entre eux, que Talky retranscrit le plus souvent sans donner son avis, jouant éventuellement le rôle de censeur. « Potinons » est ainsi devenu le lieu de l'exercice de l'opinion publique, alors qu'en 1946 il s'agissait surtout d'un espace d'informations dispensées par Talky, celui qui sait, à des lecteurs ignorants.

L'évolution de la posture de Talky, et de sa situation par rapport à ses correspondants, est significative. En 1946, il occupe encore une position de domination, correspondant à la conception traditionnelle et élitiste de l'art qui a accompagné les réflexions sur l'art depuis l'Antiquité. En France, et plus largement en Europe, celle-ci n'a pu qu'être reprise par ceux qui considéraient que la réception filmique est un phénomène collectif, dans la mesure où ils l'envisageaient en termes d'influence des films sur les spectateurs. Dans la théorie de l'art, cette influence avait été conceptualisée sous la forme de la catharsis (Aristote), du plaisir (Kant), de la transmission d'idées, de sentiments ou d'émotions provoquant éventuellement un effet de communion (Tolstoï), ou considérée de façon négative (Rousseau). Dans tous les cas, le créateur est en situation de domination relativement aux amateurs ordinaires des œuvres artistiques. Les commentateurs autorisés, comme les critiques, se situent eux à un échelon intermédiaire, entre les auteurs et les amateurs, mais donc également au-dessus de ces derniers.

Or, le cinéma a engendré, d'abord subrepticement puis de plus en plus clairement, une rupture par rapport à cette conception traditionnelle. Il est apparu progressivement en effet que le rapport entre films et spectateurs ne pouvait se réduire à la question de l'influence des films sur les spectateurs ; il fallait aussi admettre que les spectateurs influencent les films. Dans les années 1920-1930, l'idée était odieuse à la plupart des réalisateurs et théoriciens européens, tels Germaine Dulac, Abel Gance, Rudolf Arnheim ou Georg W. Pabst, qui y voyaient un obstacle aux aspirations artistiques des cinéastes[1]. En revanche, aux États-Unis, cette influence des spectateurs sur les films semble avoir été un moteur pour la créativité artistique. Lors de la période « muette », Cecil B. DeMille, Adolph Zukor, Mary Pickford ou Buster Keaton, entre autres, la reconnaissaient et lui trouvaient un effet bénéfique, en ce sens que les exigences du public auraient entraîné l'amélioration des films. Pour ces derniers, le fait que le cinéma soit tenu au principe de rentabilité économique étant donné son caractère industriel, et donc qu'il ait l'obligation de plaire à un large public, n'était pas

1. En 1937, la Société des Nations a commandité une étude sur l'influence du cinéma sur le public. Symptomatiquement, la plupart des contributeurs européens (Consiglio, Arnheim, Pabst, etc.) ont considéré, à leur grand regret, que c'était plutôt l'influence du public sur les films qui était notable. Au contraire, Fayette W. Allport, pour le compte de la Motion Pictures Producers and Distributors of America (MPPDA), s'en félicitait (*Le Rôle intellectuel du cinéma*, cahier 3, Paris, Société des Nations et Institut national de coopération intellectuelle, 1937).

incompatible, au contraire, avec sa dimension artistique. Quoi qu'il en soit, pour répondre aux désirs, aux goûts et aux opinions du public, il fallait bien les connaître et les prendre en compte. C'est ce que Hollywood s'est par la suite efforcé à faire dans le cadre d'études où le public n'est plus abordé comme un tout uniforme, mais à partir de paramètres différenciateurs (âge, sexe, milieu social, etc.) – des travaux de l'Audience Research Institute, fondée par George Gallup en 1940, à l'ouvrage de Leo Handel, *Hollywood Looks at its Audience*, publié en 1950[1].

À sa manière, la rubrique « Potinons » a pris acte de cette évolution entre 1946 et 1958, en devenant un lieu d'expression pour les lecteurs-spectateurs plutôt qu'un simple espace de renseignements dispensés d'un point de vue surplombant par le responsable. À la même époque, André Bazin vantait les mérites des formes filmiques (le plan-séquence, la profondeur de champ) et des cinéastes (Rossellini, De Sica, Welles) capables de laisser aux spectateurs la liberté de construire eux-mêmes le sens des films[2]. C'était là une autre manière de mettre en valeur l'individu-spectateur, fondée notamment sur le projet philosophique de l'existentialisme. À cet égard, les critiques intellectuelles de Bazin et la stratégie éditoriale de « Potinons », aussi opposées soient-elles par ailleurs, reposent sur un présupposé idéologique similaire : la promotion de l'individu-spectateur et de sa liberté de jugement, quand bien même demeurent des positions prescriptives favorisant diverses formes de communautés, des chapelles intellectuelles parisiennes aux groupes de fans qui s'expriment dans les magazines populaires. L'époque était hantée par le passé proche des masses fanatisées par le nazisme : le sociologue et psychanalyste de l'École de Francfort Erich Fromm avait diagnostiqué en 1941 que ce phénomène avait été rendu possible par une « peur de la liberté » qu'il était devenu urgent de combattre[3].

1. Leo A. Handel, *Hollywood looks at its Audience, a Report of Film Audience Research*, Chicago, University of Illinois Press, 1950.
2. André Bazin, *Qu'est-ce que le cinéma ?*, Paris, Éditions du Cerf, 1975.
3. Erich Fromm, *La Peur de la liberté*, Lyon, Parangon/Vs, 2010.

Partie 2

VEDETTES ET STARS

Gwénaëlle Le Gras

GENÈSE DE LA THÉORISATION DE LA NOTION DE STAR DANS LA FRANCE D'APRÈS-GUERRE

C'est au cours de l'après-guerre en France, période de plus haute fréquentation des salles, que les discours savants et populaires sur le vedettariat et les stars vont se développer. Les stars sont parties prenantes de la société de consommation et de communication de masse qui s'impose en France dans les années 1950 et va exercer une grande influence sur la nouvelle génération, en lui fournissant héros et modèles. En 1957, Brigitte Bardot s'impose comme la première grande star française des mass médias ; Roland Barthes publie *Mythologies*, qui voit notamment les stars comme la nouvelle mythologie des temps modernes ; et Edgar Morin fait paraître *Les Stars* qui poursuit son étude d'anthropologie sociologique du cinéma. En parallèle, la cinéphilie populaire propose, *via* les magazines qui se multiplient après-guerre, des dossiers, portraits, entretiens, classements ou encore « matches-vedettes » qui dessinent en creux une réflexion sur ce phénomène social et cinématographique. Dans *Cinémonde*, magazine populaire le plus largement diffusé à cette époque, des plumes averties comme Jean Mitry, contributeur occasionnel, Georges Beaume et Jean Vietti, piliers de la rédaction, s'intéressent à ce sujet. Je propose d'analyser la genèse de la théorisation de la notion de star dans la France d'après-guerre en comparant les discours savants et populaires qui émergent à l'époque pour mesurer les écarts et les points de convergence entre les deux, et repérer les spécificités de la conception française du vedettariat.

Je partirai de l'ouvrage d'Edgar Morin, publié en septembre 1957. La situation française au regard de cette problématique est paradoxale : c'est un sociologue français qui a produit, au plan mondial, la première réflexion consistante spécifiquement dédiée à la question des stars – le livre est traduit en anglais dès 1960 –, mais il devra attendre dix à vingt ans pour trouver une suite dans les travaux anglo-saxons[1]. Pourtant, un ouvrage de référence comme *Stardom and Celebrity. A Reader*[2] (2007) ne consacre aucun chapitre au livre de Morin qui n'est même pas présent dans la bibliographie… contrairement à Barthes, qui bénéficie de trois chapitres. Signalons cependant l'ouvrage *Star Studies. A Critical Guide*[3] (2012), qui lui, redonne sa juste valeur à l'apport de Morin.

Un ouvrage de commande, à la fois savant et populaire

Si de prime abord *Les Stars* semble être une suite logique du *Cinéma ou l'homme imaginaire*, du même auteur, sorti en 1956 aux Éditions de Minuit, il s'agit pourtant d'une commande des Éditions du Seuil, comme le confirme Morin lui-même dans le documentaire *Edgar Morin, chronique d'un regard* (Céline Gailleurd et Olivier Bohler, 2014), consacré à sa réflexion sur le cinéma[4]. Fondées à l'instigation de l'abbé Jean Plaquevent en 1935, les Éditions du Seuil sont dirigées par deux disciples de l'abbé, Paul Flamand, directeur littéraire, et Jean Bardet, directeur commercial, tous deux sans diplômes ni connaissance du milieu de l'édition, mais qui pourtant feront du Seuil une des plus prestigieuses maisons d'édition françaises. Fortement marquées par un catholicisme de gauche à leurs débuts, les Éditions du Seuil vont prendre leur essor après la Libération grâce notamment à l'amitié qui lie Flamand à Emmanuel Mounier, dont la revue *Esprit* fournira un vivier d'auteurs, le réseau et l'assise intellectuelle pour Le Seuil. L'éditeur lance notamment la collection « Esprit », dirigée par Mounier dès 1946, ou encore « Pierres vives » dirigée par une autre plume de la revue

1. Alexander Walker, *Stardom. The Hollywood Phenomenon*, Londres, Michael *Joseph, 1970 ;* Richard Dyer, *Le Star-système hollywoodien* [trad.], Paris, L'Harmattan, 2004 [1979].
2. Sean Redmond et Sue Holmes (dir.), *Stardom and Celebrity. A Reader*, Londres, Sage Publications, 2007.
3. Martin Shingler, *Star Studies. A Critical Guide*, Londres, BFI/Palgrave Macmillan, 2012.
4. Je remercie Céline Gailleurd de m'avoir permis de visionner le documentaire avant sa sortie.

Esprit, Claude-Edmonde Magny, collection dans laquelle *Mythologies* de Roland Barthes sortira également en septembre 1957[1].

Mais à côté de ces collections de prestige, Le Seuil lance des collections de vulgarisation des savoirs, dans un format de poche illustré novateur[2] de 192 pages, comme la célèbre « Écrivains de toujours », qui seront réunies ensuite sous le label « Microcosme[3] ». Cette orientation intervient au moment de la mort de Mounier. *Les Stars* paraît dans l'une des collections « Microcosme » : « Le temps qui court », et l'illustration est réalisée en partie par Chris Marker à partir de sources iconographiques comme le magazine *Cinémonde*. Les collections « Microcosme » donnent lieu en 1958 à un article dans l'*Actualité littéraire* qui tâche d'en cerner l'identité et d'en comprendre le succès :

> L'image devient dramatique, le texte et l'illustration s'imbriquent, se heurtent, entretiennent un dialogue, en bref deviennent les éléments d'un montage comme dans un film. [...] Un format pratique, un texte court, à la fois sérieux et léger, une grande liberté laissée à l'auteur pour exprimer sa personnalité : telles sont les vertus de « Microcosme »[4].

Les Stars correspond à cette description. En temps qu'ouvrage et objet, il se définit par cet aspect à la fois sérieux et léger, savant et populaire par sa forme – aux antipodes de la première édition de *Mythologies* de Barthes, en comparaison beaucoup plus proche visuellement de Gallimard ou des Éditions de Minuit –, mais aussi par son style, puisque Morin s'appuie sur son expérience personnelle de spectateur. Ce dernier écrit trois articles sur les stars en 1956, avant la sortie du livre, le premier dans *La Revue internationale de filmologie* (n° 25, janvier-mars 1956), le second dans la revue *Esprit* (novembre 1956) et le dernier sur les stars comiques dans les *Cahiers du cinéma* (n° 66, Noël 1956).

1. Auparavant, celles-ci ont été publiées en 1952 dans la revue *Esprit*, pour la première mythologie « Le monde où l'on catche », et sous forme de « petites mythologies du mois » parues entre 1954 et 1956 dans la revue *Les Lettres nouvelles*, pour les autres.
2. Hachette lance le Livre de poche en 1953.
3. « Microcosme » créé en 1956, rassemble six collections différentes : « Écrivains de toujours » (1951-1981 puis 1994-2000), « Petite planète » (1953-1981), « Maîtres spirituels » (1955-1998), « Solfèges » (1956-1983 puis 1994-1998), « Le Temps qui court » (1957-1976), « Le Rayon de la science » (1959-1969).
4. Maurice Barrois et Gilles Lapouge, « Collections de notre temps : Microcosme », *Actualité littéraire*, n° 45, avril 1958, p. 30-34.

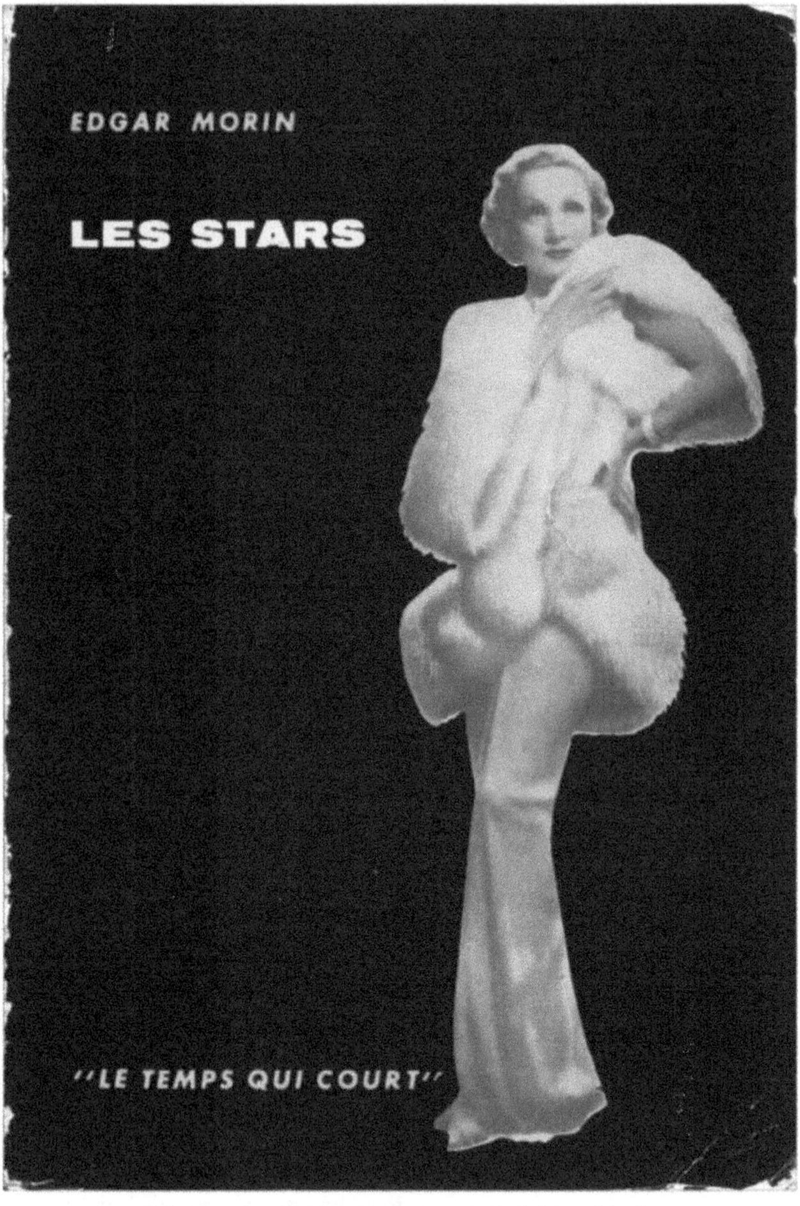

Edgar Morin, *Les Stars*, couverture de l'édition originale,
coll. « Le temps qui court », Le Seuil, 1957.

Les Stars s'inscrit donc dans cette idée d'ouvrages pour tous, qui anime Le Seuil en phase avec le grand mouvement de démocratisation culturelle de l'après-guerre. Ceci se traduit par un double postulat : l'accès de tous à la culture d'élite par le biais de collections bon marché ; l'égale dignité de toutes les cultures, comme en témoignent l'ouvrage de Morin et la publication de la série des *Don Camillo* dès 1952, autre phénomène populaire qui fera le succès du Seuil. La parution des *Stars* au Seuil suggère la proximité du sociologue avec André Bazin – catholique de gauche, collaborateur de la revue *Esprit* –, qui anime au même moment nombre de ciné-clubs confessionnels, d'entreprises ou de maisons du peuple[1]. Comme l'explique Geneviève Sellier :

> Chez Bazin plus que chez aucun autre critique ou théoricien de l'époque, on peut lire une contradiction entre la volonté de prendre en compte le cinéma comme culture populaire et le désir de le légitimer comme élément à part entière de la culture « cultivée », en le purifiant autant que possible de sa dimension sociale comme de sa dimension « féminine », celle qui a trait aux affects[2].

Mais là où Bazin décontextualise les films pour les faire accéder à une légitimité artistique, Morin, au contraire, examine le cinéma pour réduire l'écart entre culture savante et culture populaire.
Morin analyse les stars comme marchandise et comme mythe. Il développe l'idée que les stars sont des demi-dieux, bénéficiant d'une « surpersonnalité » née des échanges entre la personnalité de l'acteur et celles de ses multiples personnages. *Le Cinéma ou l'homme imaginaire*, dans le prolongement de *L'Homme et la mort* (1951), travaillait déjà l'idée de croyance, l'idée que l'homme est un être double, à la fois rationnel et irrationnel, que l'on retrouvera dans son interprétation des stars comme « demi-dieux », générant chez le spectateur l'identification ou la projection jusqu'à l'idolâtrie. Or, à l'instar des *Mythologies* de Barthes, Morin décrypte une dimension religieuse dans le phénomène des stars, et l'ouvrage est marqué par un champ lexical religieux : « liturgie stellaire », « Olympiens », « Dieux et déesses », etc. Là où Morin analyse la dimension mythique des métamorphoses de la modernité, tant au niveau de la production que de la réception, à l'aide de la sociologie, Barthes le fait avec les outils de la sémiologie. Mais il se tient à distance des

1. Dudley Andrew, *André Bazin*, Paris, Étoile/Cahiers du cinéma/Cinémathèque française, 1983.
2. Geneviève Sellier, *La Nouvelle Vague. Un cinéma au masculin singulier*, Paris, CNRS éditions, 2005, p. 21.

phénomènes qu'il étudie, tandis que Morin s'inclut dans le monde qu'il observe, comme le souligne Susan Weiner[1]. Ces travaux seront le point de départ du laboratoire de sociologie du CNRS et surtout du CECMAS (Centre d'études des communications de masse)[2], dirigé par Georges Friedmann, et animé entre autres par Roland Barthes et Edgar Morin, lequel poursuivra avec *L'Esprit du temps* (1962) son analyse de l'impact de la culture de masse.

Néanmoins, ces approches furent violemment critiquées par Pierre Bourdieu et Jean-Claude Passeron dans un article intitulé « Sociologues des mythologies et mythologies des sociologues », publié en 1963 dans *Les Temps modernes* (la revue de Jean-Paul Sartre qui faisait autorité dans le monde intellectuel) ; les auteurs proposent de « bannir de l'univers scientifique » cette « vulgate pathétique », considérant que Morin s'inscrit dans la lignée de l'École de Francfort en pensant le public comme une entité univoque et aliénée autour d'un « imaginaire de masse » :

> Par l'efficace terroriste de leur nom, « les moyens de communication de masse » condamnent sans appel les individus massifiés à la réception massive, passive, docile et crédule. Les mass médias peuvent bien véhiculer les messages les plus divers et rencontrer les audiences les plus inégalement réceptives, les massmédiologues jouant de l'effet de halo se contentent de réveiller le modèle archétypal du conditionnement par l'image publicitaire[3].

Éric Macé dénoncera ce faux procès en montrant qu'il s'agit pour Morin,

> de saisir de façon *compréhensive*, non pas *l'imaginaire des masses*, mais les logiques de production, les structures de représentations et les dynamiques de transformation (internes et externes) qui lui semblent constituer un *imaginaire commun* significatif précisément de *l'esprit du temps* de cette époque, de telle sorte que cet imaginaire commun qu'est la culture de masse n'est en aucun cas *l'imaginaire de tous*, mais *l'imaginaire connu de tous*[4].

1. Susan Weiner, « 1950s Popular Culture : Star-Gazing and Myth-Making with Roland Barthes and Edgar Morin », dans John Gaffney et Diana Holmes (dir.), *Stardom in Postwar France*, New York, Berghahn Books, 2007, p. 26-39.
2. Le CECMAS porte le nom de Centre Edgar-Morin depuis 2008.
3. Pierre Bourdieu et Jean-Claude Passeron, « Sociologues des mythologies et mythologies de sociologues », *Les Temps modernes*, n° 211, 1963, p. 1002.
4. Éric Macé, « Introduction », dans Edgar Morin, *L'Esprit du temps. Essai sur la culture de masse*, Paris, Armand Colin, 2008 [1962], p. 11.

La stigmatisation de Bourdieu et Passeron est un des éléments, associé au changement de paradigme imposé par la Nouvelle Vague, qui peut expliquer que Morin n'ait pas fait école en France, les stars étant *persona non grata* dans ce contexte intellectuel.

Le terme de star ou de vedette n'est pas nouveau dans la France d'après-guerre. Comme l'a montré Myriam Juan, « le terme de "star" – l'équivalent américain de "vedette" – se popularise pendant l'entre-deux-guerres pour désigner les célébrités de l'écran[1] ». Néanmoins, la notion de star va connaître un profond changement après-guerre, impulsé par la société de consommation ainsi que les mass médias et l'écart qui va se creuser entre le cinéma français et l'importation massive, après cinq ans de privation, du cinéma hollywoodien dont le star-système est alors en pleine mutation. De plus, la création du Festival de Cannes en 1946 va jouer un rôle majeur dans la médiatisation des stars et l'expansion du phénomène des starlettes, corrélat d'un nouveau mode de célébrité basée sur la visibilité. Dans les années 1950, des stars comme Monroe, Bardot, Dean ou Brando apparaissent plus humaines et plus proches. Objets de culte tout en devenant des modèles à imiter, elles ne sont plus des « étoiles inaccessibles mais [des] médiatrices entre le ciel de l'écran et la terre[2] ». Et Morin analyse ce phénomène de banalisation de la célébrité qu'on peut voir à l'œuvre dans la presse populaire.

Le vedettariat : une préoccupation populaire

Au moment même où l'intelligentsia commence à s'intéresser à la société de consommation, notamment à travers le cinéma, le vedettariat et la presse à grand tirage, les magazines de cinéma contribuent aussi à la réflexion sur le vedettariat.

Cette transformation, marquée par le début des Trente Glorieuses et le développement d'une culture jeune qui va creuser le fossé des générations, est à l'œuvre dans *Cinémonde* à partir de la fin des années 1950. La phase suivante s'ouvre avec la création du magazine *Salut les copains* en 1962, et correspond au déclin de

1. Myriam Juan, « La célébrité à l'heure de la reproductibilité. L'invention de la star de cinéma en France pendant l'entre-deux-guerres », *Hypothèses. Travaux de l'École doctorale d'Histoire* (université Paris 1), n° 15, 2012, p. 127-144.
2. Edgar Morin, *Les Stars*, Paris, Le Seuil, 1957, p. 31.

Cinémonde. Morin a su saisir cette mue sociologique en consacrant à chaud, dans *Le Monde* (06-07.07.1963) un article au phénomène SLC suite à « La nuit de la Nation », première manifestation de masse d'affirmation publique de la jeunesse du baby-boom.

Si le vedettariat préoccupe *Cinémonde* dès ses débuts, le sujet va devenir plus central encore après-guerre, pour diverses raisons, qui relèvent autant d'une volonté de promouvoir un cinéma national de qualité[1] que du désir d'entretenir la fascination pour le cinéma hollywoodien. On le voit dans les portraits et entretiens qui sont publiés à partir de 1946, puis sous la plume de Georges Beaume à partir de 1951. Sont mis à l'honneur Pierre Brasseur, Pierre Fresnay, Martine Carol, Tino Rossi, Jean Gabin, Maria Casarès, Jean Marais, Gérard Philipe, Michèle Morgan, Edwige Feuillère, Micheline Presle, Danielle Darrieux, Viviane Romance, Charles Boyer, mais aussi Bette Davis, Rita Hayworth, John Wayne, Gary Cooper, James Dean, Fred Astaire, Marlene Dietrich, Ava Gardner ou Marlon Brando. L'idée de « qualité » est soulignée par l'usage de beaux portraits noir et blanc, du type Harcourt. Beaume consacrera d'ailleurs un article à l'art du portrait photographique (n° 923, 11.04.1952). Cette vogue des portraits Harcourt décline au cours des années 1960. Si ces photos figent les acteurs pour en faire des mythes, comme l'analyse Barthes, le texte s'efforce la plupart du temps de souligner le travail de l'acteur, ses efforts, ses difficultés de parcours et son emploi du temps chargé, plus que son jeu d'acteur. La rédaction va développer cette double approche, en proposant de belles images d'acteurs qui les rattachent à une idée de mystère, de talent inné, à côté d'un discours sur la construction historique, sociale et culturelle de leurs carrières. Cela correspond à une volonté d'institutionnaliser et de singulariser le cinéma français à travers l'idée de qualité, pour rivaliser avec le cinéma américain. En France, on n'est pas acteur si l'on ne s'est pas fait tirer le portrait chez Harcourt et dans *Cinémonde*, et

1. Il faut entendre par « cinéma de qualité », non pas le sens dévalorisant donné par François Truffaut pour critiquer « la Tradition de la Qualité », mais un cinéma de scénaristes, de vedettes, de collaborateurs artistiques et de réalisateurs, où prime le savoir-faire. Caractérisée par un mode de production très hiérarchisé ainsi que par l'ambition de défendre une identité culturelle prestigieuse, la qualité cinématographique d'après-guerre est marquée par un goût pour le patrimoine littéraire et historique, dans le prolongement du cinéma de l'Occupation.

si possible par Georges Beaume[1]. Raymond Voinquel, qui officiait chez Harcourt, et Sam Lévin seront les principaux auteurs de ces photographies souvent marquées d'une esthétique « hors du temps ». C'est plus rarement le cas pour les acteurs étrangers et les comiques. Autre exception : Brigitte Bardot, que Georges Beaume (n° 1128, 22.03.1956) ne décrit pas comme une actrice ; il vante sa photogénie, sa plastique, sa beauté accessible, moderne et l'engouement des journalistes et du jeune public.

Cette hiérarchie et ce besoin d'affirmer un vedettariat national s'expriment dans le « Tout-Cinémonde », sorte de panthéon qui organise le monde des acteurs en les hiérarchisant par catégorie. Cette rubrique intervient dans le magazine sous forme de dossier annuel à partir de fin 1951.

Comme le précise Rodolphe-Maurice Arlaud, rédacteur à *Combat*, dans son ouvrage *Cinéma bouffe* qui figure dans la bibliographie de Morin :

> Il fut un temps où l'on appelait la vedette « étoile », mais l'analogie avec l'opéra était fâcheuse et l'on a mis le mot anglais : star, cela faisait tellement mieux et tellement cinéma. Ensuite on est revenu à vedette, probablement par sentiment national. Il y a pourtant encore des journalistes qui disent star pour marquer l'évolution, et starlet pour les graines de star ; on les voit même écrire starlette, comme tartelette[2].

Précisons que le chapitre d'Arlaud consacré aux vedettes est assez corrosif et qu'il fut un peu le Vincent Maraval de l'époque, fustigeant le salaire des vedettes comme cause de la crise du cinéma[3]. Or cette ambivalence par rapport au modèle hollywoodien se retrouve dans *Cinémonde.*

Un point s'impose, avant d'aborder le « Tout-Cinémonde ». En effet, en listant les occurrences des termes « étoile », « vedette », « star » et même « super-star » dans les titres des articles parus dans *Cinémonde*, on note une évolution sensible (voir tableau ci-dessous) avec l'apparition, ou plus exactement le retour des termes « star » et « super-star » en fin de période – 1955 marquant un tournant dans le magazine, confirmé par le « Tout-Cinémonde » –, alors qu'un

1. Devant son succès, Georges Beaume sortira une compilation de ses portraits : Georges Beaume, *Vedettes sans maquillage*, Paris, La Table ronde, 1954.
2. Rodolphe-Maurice Arlaud, *Cinéma bouffe*, Paris, Éditions Jacques Melot, 1945, p. 210.
3. Voir *L'Écran français*, n° 343, 06.02.1952.

effet de primauté nationale s'observe dans la constance de l'usage de « vedette » et d'« étoile », boostée par la Kermesse aux étoiles. Mais globalement, en dehors du « Tout-Cinémonde », les termes sont souvent interchangeables entre titre et sous-titres d'un article, ce qui souligne cette zone de flou.

	étoile-s	vedette-s	star-s	super-star-s
1946	4	13	6	
1947	4	23	1	
1948	5	24	2	
1949	9	79	2	
1950	6	80	1	
1951	5	53	0	
1952	7	48	3	1
1953	10	55	2	
1954	3	61	2	1
1955	10	55	14	
1956	9	48	16	2
1957	11	69	25	3
1958	1	49	34	2

Tableau. Occurrences des termes « étoiles », « vedettes », « stars » et « super-stars » dans les titres des articles parus dans Cinémonde *entre 1946 et 1958.*

Cependant, le « Tout-Cinémonde », qui se veut un baromètre des tendances, donc en prise avec son époque, propose une hiérarchie et des distinctions entre « star » et « vedette ». Prenons la première édition (n° 908, 29.12.1951) :

Leur nom suffit.

Les dix Grands du cinéma français. Ils ont le talent, la gloire, le succès et la fortune. Ils sont les personnages clés de notre mythologie.

Ils sont en tête d'affiche.

Ils peuvent écrire « vedette » sur leur carte d'identité. Ils ont leur photo en première page de tous les journaux. Les petits amis disent qu'ils sont « arrivés ».

Ils valent leur pesant de pellicule.
On leur confie des rôles de premier plan. Souvent, ils ont moins de popularité et plus de talent que ceux à qui ils donnent la réplique. Ils sont les valeurs sûres du cinéma.

Le fait même que le « Tout-Cinémonde » n'inclut pas les acteurs d'autres nationalités témoigne de ce nationalisme, même si une tentative de « Tout-Cinémonde » international voit le jour brièvement en 1953 et 1954, mais dans une édition à part comme pour les versions britannique et italienne en 1954 également. Ici, le talent, indiqué en premier, s'affirme comme un élément indispensable à l'accès au statut « mythologique », terme qui revient très souvent dans les portraits et dossiers consacrés aux vedettes ou stars. Ainsi les « piliers » du cinéma français, catégorie apparue en 1954 dédiée aux stars vieillissantes, sont qualifiés de « personnages clés de notre mythologie » (n° 1013, 01.01.1954). Le possessif, qu'utilise également Morin, souligne que la rédaction s'inclut dans le public dont elle parle. En 1952, un article intitulé « Le Conservatoire : entrée des artistes et des stars » (n° 910, 12.01.1952) met en évidence l'articulation forte pour la rédaction entre talent d'acteur, formation théâtrale et star. La catégorie des vedettes « ils sont en tête d'affiche » se définit par leur visibilité médiatique, par le fait que « les lecteurs de *Cinémonde* n'ignorent rien de leur vie privée » précise l'édition 1954 (n° 1013, 01.01.1954) alors que l'édition 1955 (n° 1065, 31.12.1954) ajoute qu'ils « ont une secrétaire pour répondre à leurs admirateurs. Leurs mariages et leurs divorces ont la France entière pour témoin ». La catégorie suivante, « ils valent leur pesant de pellicule », permet de comprendre que la star réunit les qualités de l'acteur à la fois populaire et de talent.

L'édition 1953 (n° 960, 26.12.1952) réaffirme ces définitions, tout en employant pour les stars le terme de « demi-dieux de notre époque », qui très certainement sut retenir l'attention d'Edgar Morin. Le statut d'« ambassadeurs les plus aimés à l'étranger » s'ajoutera à la définition de la catégorie « leur nom suffit » (n° 1065, 31.12.1954), indiquant ainsi leur rayonnement. L'édition 1956 (n° 1117, 05.01.1956) marque un tournant important, en basculant la notion antérieure de vedette au rang de star, là où les super-stars occupent celles des stars et les vedettes deviennent maintenant celles qui tournent régulièrement.

Dernière précision intéressante intervenant en 1957 (n° 1170, 10.01.1957) pour les stars : « leur vie privée et leur vie publique forment un tout indissoluble », signe d'une prise en compte grandissante de l'impact de la visibilité médiatique sur la notion de star.

D'un critère essentiel à l'autre : beauté *versus* expérience

Si Morin met l'accent sur l'importance des valeurs de jeunesse et de beauté associées aux stars, au vu des acteurs élevés au rang de super-star par *Cinémonde*, on trouve là un des points majeurs de divergences. Comme j'ai pu le montrer par ailleurs, l'expérience et le talent, selon les critères de *Cinémonde*, priment sur la jeunesse et la beauté, tout du moins pour les stars masculines sur ce dernier point[1].

Ainsi, en avril 1956 dans le dossier consacré aux « hommes de votre vie de spectatrice » (n° 1131, 12.04.1956 à n° 1141, 20.06.1956), Jean Vietti écrit :

> Pour les femmes, naturellement, la « beauté physique » intervient avec plus d'acuité… Mais regardez avec quelle intelligence, quel épanouissement perpétuel, Michèle Morgan, Edwige Feuillère, ou Danielle Darrieux ont su évoluer, ainsi d'ailleurs que Viviane Romance, Renée Saint-Cyr et autres grandes étoiles françaises, en dix ou vingt ans de travail au studio… On a trop tendance, chez nous, pour des raisons d'économie, à favoriser l'éclosion sur les écrans de fausses valeurs improvisées, en reniant très vite, en moins de quelques années, des actrices, et même des vedettes, qui, elles, sont d'authentiques comédiennes ayant fait leurs preuves. À Hollywood, les « cadres » sont sans cesse renouvelés, incontestablement, mais on laisse sur leur piédestal les rois et les reines en titre de l'écran, favorisant même à tous les âges de leur existence l'apogée de leur gloire quasi éternelle ! Faut-il citer les noms de Gary Cooper, de Clark Gable, de Tyrone Power, de

1. Voir Gwénaëlle Le Gras, « Edwige Feuillère dans le star-système français des années d'après-guerre vu par *Cinémonde* », *Studies in French Cinema*, vol. 15, n° 1, « Le cinéma populaire et ses usages dans la France d'après-guerre » sous la direction de Geneviève Sellier, 2015, p. 37-55, ainsi que Gwénaëlle Le Gras, « The Post-war French Star System (1945-1958) : Prestigious *Vedettes* and Box-Office Stars », *Contemporary French and Francophone Studies : Sites*, vol. 19, n° 1, « Stars du cinéma français d'après-guerre » sous la direction de Gwénaëlle Le Gras et Geneviève Sellier, janvier 2015, p. 6-28, où les classements des super-stars sur toute la période sont présentés en tableaux, ainsi que la structure du « Tout-Cinémonde » et des « matches-vedettes ».

> Bette Davis, de Joan Crawford, de Katharine Hepburn, etc. etc. ? La preuve est trop évidente pour qu'on s'attarde à disserter là-dessus… On peut regretter que nos mœurs cinématographiques ne soient pas comparables (dans l'intérêt des vedettes) aux mœurs d'outre-Atlantique. (n° 1133, 26.04.1956)

Dans le dossier suivant « La star à travers les âges » (n° 1164, Noël 1956 à n° 1175, 14.02.1957) qui est le pendant féminin du précédent, Vietti distingue ce qui fait la star, soit un mélange de beauté, de talent, d'instinct et de métier.

Les dossiers qui paraissent en 1955-1956, « L'album des souvenirs d'amour du cinéma français » (n° 1109, 10.11.1955 à n° 1121, 02.02.1956), puis « Lectrices de *Cinémonde*, voici les hommes de votre vie de spectatrices » et « La star à travers les âges » sont tous construits sur cette idée de continuité du prestige français avant et après-guerre. La durée des carrières va de ce fait devenir un critère primordial dans cette expertise du vedettariat. Ainsi Jean Vietti souligne :

> Sans vouloir, je l'ai dit, tenir compte des qualités de comédien de ceux-là qui furent des « favoris » des spectatrices, il est incontestable que dans le cinéma il existe deux catégories (au moins) de vedettes (féminines et masculines) : les stars, c'est-à-dire les « têtes d'affiche » de première grandeur dont la carrière ne se limite pas à quelques saisons mais dure souvent dix, quinze ou vingt ans, et puis les « vedettes B » qu'on exploite un temps et qui retombent généralement après, évoluant vers d'autres activités ! (n° 1132, 19.04.1956)

Comme le fera Morin, *Cinémonde* retrace l'évolution historique depuis les stars du muet, fatales et surhumaines jusqu'aux stars humanisées du parlant. Mais dès qu'il s'agit de faire le point sur la situation contemporaine, *Cinémonde* se montre inquiet et cherche à freiner l'évolution en marche. Vietti écrit :

> On peut être star par évidentes capacité et qualité de comédien. Ainsi Danielle Darrieux, Katharine Hepburn, Edwige Feuillère, Pierre Fresnay, Mais ces stars par... talent, si l'on peut dire, doivent cependant posséder aussi une grâce physique particulière, la star ne pouvant pas être privée d'un certain prestige directement rattaché à la morphologie. Ensuite, il y a les cas particuliers de la « mode » et de la « spécialité »… On peut être star parce qu'on ressemble à son époque, c'est le cas le plus banal. Ainsi James Dean fut-il promu star

LA STAR à travers les âges. PAR JEAN VIETTI

CHAPITRE V

NOS SUPER-STARS

(N° 5. — Voir Cinémonde depuis le numéro 1 161 du 29 novembre 1956...) Dans cette parade des plus jolies stars du cinéma français, nous allons maintenant passer en revue toutes celles qui ont été les étoiles féminines les plus célèbres depuis la naissance du parlant.

Nous avons évoqué, non sans nostalgie, les visages, trop oubliés déjà, des stars du muet et si nous l'avons fait un peu brièvement c'est parce que, malgré tout, le présent du cinéma se limite de nos jours au parlant et que l'abondance de l'actualité ne nous permet pas de trop nous étendre sur le passé, c'est-à-dire le cinéma muet.

Voyons donc, dans cette étude générale sur la Star, quelles sont les grandes stars françaises...

En 1956, on pourrait même dire à la Saint-Sylvestre de 1956, quatre noms dominent et s'imposent comme les plus fameux et les plus représentatifs dans le domaine...

Quatre noms, toujours les mêmes : Michèle Morgan, Danielle Darrieux, Edwige Feuillère et Martine Carol.

Trois d'entre eux, chronologiquement, sont entrés dans la légende et sont pratiquement « historiques » : Morgan, Darrieux, Feuillère. Mais Martine aussi appartient pour beaucoup de raisons à l'histoire du cinéma français. Elle a droit en tout cas, et c'est la seule parmi les étoiles nouvelles, à être inscrite en tête de ce tableau d'honneur de la Star française et à mériter ce titre de souveraine qu'elle partage avec le trio fameux : Morgan-Darrieux-Feuillère... Derrière Martine Carol, personnage incontestable et personnalité particulièrement attractive, on nous dira que peut-être une Simone Signoret, une Micheline Presle, une Dany Robin, voire une Françoise Arnoul ont droit aux mêmes honneurs, et cependant il est encore prématuré de les installer à titre définitif sur le trône symbolique où siège le quatuor précité... Et cela parce que le vedettariat de Simone Signoret ou de Micheline Presle n'a connu qu'un moment de « gloire suprême » et

...et nos STARS DU JOUR

MICHÈLE MORGAN (HARCOURT)

DANIELLE DARRIEUX

MARTINE CAROL

EDWIGE FEUILLÈRE

VOIR PAGES SUIVANTES

« La star à travers les âges », par Jean Vietti, *Cinémonde* n° 1168, 27 décembre 1956.

avant même d'avoir pratiquement fait ses preuves, tant il était l'image criante d'une jeunesse actuelle. Même chose pour Audrey Hepburn ou Brigitte Bardot qui, aux U.S.A. comme chez nous, représentent idéalement la féminité du début de ce second demi-siècle. Mais pour qu'une star « goût du jour » demeure, il faut évidemment qu'elle s'emploie à valoriser ensuite sa personnalité professionnelle... (n° 1164, Noël 1956)

De fait, *Cinémonde* s'affirme aux antipodes de la définition que donne André Malraux de la star[1], autre référence utilisée par Morin. Selon Malraux, « une star n'est en aucune façon une actrice qui fait du cinéma. C'est une personne capable d'un minimum de talent dramatique dont le visage exprime, symbolise, incarne un instinct collectif[2] ». Avis que partagera Morin en écrivant : « Une technique est nécessaire pour être acteur de théâtre. Nulle technique première n'est requise pour être star[3]. »

Cependant, la position de *Cinémonde* est plus complexe, car tout en regrettant la perte de mystère des stars contemporaines, le magazine ne bannit nullement la proximité qu'elles tissent avec leur public, tant qu'elles agissent conformément aux normes sociales et savent garder leurs distances (n° 1131, 12.04.1956). C'est dans ce sens que s'inscrit la rubrique, « 24h dans la vie de », comme « Jean Marais vous répond », où il s'agit de mettre en avant les valeurs dont se réclame la star et le travail qu'elle accomplit. Le titre du premier article paru en décembre 1954 est sur ce point éclairant : « 24 heures de la vie d'Eddie Constantine font mentir la légende, car le métier de vedette n'est jamais aussi doré et grisant qu'on se l'imagine ; jugez plutôt... » (n° 1062, 10.12.1954). La rubrique paraîtra jusqu'en 1958. Jean Vietti, auteur des principaux dossiers sur les stars de 1956 à 1958, déplore que les stars actuelles, qui préservent moins leur mystère, ne fassent plus autant rêver.

> C'est là une leçon pour tous nos jeunes actuels, tellement assoiffés de publicité, et sollicités, il est vrai, par une presse dévorante, et qui en deux ans deviennent pour leurs admiratrices des « objets dépréciés » parce que trop « utilisés » à des fins communes : et je montre ma maison sous toutes les coutures, et je pose des photos avec ma « petite amie » dans mes bras, et je talque les fesses du dernier-né ! Ce ne sont point là des « arguments » de « stars », et surtout de « stars masculines » ! D'ailleurs, finalement, Jean Marais, Gérard Philipe et Jean-Claude Pascal sont les trois derniers « favoris » français qui conservent le prestige des « anciens » charmeurs... (n° 1131, 12.04.1956)

---

1. André Malraux, *Esquisse d'une psychologie du cinéma*, Paris, Nouveau Monde, 2003 [1946].
2. *Ibid.*, p. 62.
3. Edgar Morin, « Les stars », *La Revue internationale de filmologie*, n° 25, janvier-mars 1956, p. 37.

Si la dimension de culte de la star est bien présente chez *Cinémonde,* celle de star marchandise est évacuée, ou tout du moins rejetée en fin de numéro dans les encarts publicitaires, notamment ceux du savon Lux, mais seuls les articles sur les liens entre les stars et la haute couture ont droit de cité.

Se dessine en creux un souci d'édifier le lectorat face au travail que représente le métier d'acteur, plus que de vedette. Volonté de mise en garde qu'on trouve déjà, sur un mode plus léger, en octobre 1951 dans le dossier « Conseils à une jeune starlette » (n° 898, 20.10.1951 à n° 907, 22.12.1951), écrit dans le même esprit que l'ouvrage *Comment devenir vedette de cinéma*, d'un obscur Guy Gentilhomme paru en 1950, et également présent dans la bibliographie de Morin. L'ouvrage ambitionne de répondre à la question : « Je voudrais devenir vedette. J'ai 17 ans (ou 13 ou 20), que faut-il que je fasse ? » La préface de Jean Marais se clôt sur ce conseil : « Non ! Ne rêvez pas d'être "Vedette". Si vous aimez ce métier, souhaitez d'être un grand Acteur. Inconnu… » Il annonce le programme, tout autant que le chapitre « Mises au point et mise en garde » contre « les couchages », « la chance », « le culot », « l'impresario », « les endroits à fréquenter ». Les concours de beauté sont aussi visés par Gentilhomme. Le concours « Miss Cinémonde » témoigne sur ce point de l'ambivalence du magazine, tentant de satisfaire son lectorat tout en essayant de lui inculquer quelques règles de prudence face à l'arrivée massive de nouveaux visages sur les écrans et face aux rêves de gloire que les nouvelles stars suscitent. L'ouvrage, très documenté sur les formations et techniques d'art dramatique de l'époque, offre une première partie théorique où Gentilhomme parle du type de vedette, mais aussi, sur un mode dépréciatif, de sa dimension marchande, car elle « se lance exactement comme une marque de savon à barbe ou d'aspirateur[1] ». L'auteur avance l'idée que la vedette existe lorsqu'il y a circulation de sens entre deux pôles, l'interprète et son personnage : « il y a vedette lorsque l'interprète prime le personnage tout en bénéficiant de celui-ci sur le plan mythique[2] », phrase citée par Morin comme

1. Guy Gentilhomme, *Comment devenir vedette de cinéma*, Paris, Éditions de l'Ermite, 1950, p. 14.
2. *Ibid.*

une excellente définition de la star[1]. Elle traverse la presse populaire, notamment dans *Cinémonde* avec Jean Mitry en 1953 puis Vietti en 1956 qui cernent très bien la dialectique standardisation/différenciation du fonctionnement de la star « à la fois un personnage et une personnalité » (n° 1164, Noël 1956).

Établis et départagés par la rédaction et le secrétariat de *Cinémonde*, les « matches-vedettes » vont être publiés de 1957 à 1961 (8 en 1957, 7 en 1958, 2 en 1959, 3 en 1960 et 2 en 1961) et achèvent cette période où *Cinémonde* pense encore pouvoir former le goût de son jeune lectorat. Le pic de cette rubrique intervient pendant les années charnières du cinéma français. Elle apparaît comme un lieu où la revue prend la température des changements de goûts qui s'opèrent au sein de son lectorat et de la jeunesse en particulier. Le match Martine Carol/Brigitte Bardot (n° 1182, 04.04.1957), qui inaugure la rubrique en octroyant une large victoire à Carol, soulèvera une bronca parmi les jeunes « potineuses » et « potineurs », qui marque l'écart grandissant entre les goûts des lecteurs et de la rédaction. *Cinémonde* a construit un star-système où l'on trouve acteurs de prestige et étoiles du box-office, où les notions de qualité, de capital culturel, de talent et de professionnalisme prédominent, tout en étant globalement représentatifs des goûts du public dans son ensemble comme j'ai pu l'analyser par ailleurs[2]. L'attachement de la rédaction à ces critères freine le changement qui va s'opérer avec l'avènement d'un nouveau type de star des mass médias : le « match-vedettes » orchestré par *Cinémonde* entre Martine Carol et Brigitte Bardot en 1957 illustre cette résistance de la rédaction au changement.

Le magazine s'ouvre bien volontiers à la jeune génération tant qu'elle ne se réclame pas de valeurs jugées « subversives » (Bardot étant le point de tension extrême), contradictions qui ralentient objectivement l'arrivée de la nouvelle génération au sein du magazine. Bardot, dont « la gloire est d'autant plus prodigieuse, écrira Morin, qu'elle précède presque la sortie de ses films[3] », bouscule la

1. Richard Dyer complétera la définition d'« acteur-personnage » développée par Morin en ajoutant l'individu et l'image publique relayée dans les médias pour définir la *persona* d'une star comme un mouvement triangulaire entre l'acteur, le personnage et l'individu. Voir Richard Dyer, *Le Star-système hollywoodien*, *op. cit.*
2. Gwénaëlle Le Gras, « The Post-War French Star System (1945-1958) », art. cit.
3. Edgar Morin, *Les Stars*, *op. cit.*, p. 29.

hiérarchie de *Cinémonde*. On notera le paradoxe de la rédaction qui laisse au même moment Georges Beaume lancer avec une grande complaisance Alain Delon dans le dossier « Comment devient-on star en 57 » (n° 1199, 01.08.1957), alors qu'il n'est pas encore sur les écrans[1]. Tout ceci traduit bien sûr des inégalités genrées, souvent en lien avec les orientations sexuelles de certains rédacteurs... Malgré la volonté de s'adapter aux évolutions de son lectorat, on comprend mieux le déclin de *Cinémonde*, qui tanguera bientôt dans les remous créés par l'arrivée fracassante de *Salut les copains*.

Les « matches-vedettes » sont tous divisés en trois parties (qualités personnelles, carrière, vie privée) auxquelles s'ajoute une présentation d'identité (âge, poids, taille, nombre de films, nombre de Victoires du cinéma français). Les Victoires du cinéma sont indiquées jusqu'en 1958, date à laquelle elles perdent leur prééminence avant de disparaître au début des années 1960[2]. Or ce détail souligne la fin d'une époque, celle de la tradition de la qualité, au profit d'un cinéma davantage tourné vers le public jeune, avec son propre vedettariat[3].

Jean Vietti reprend ces critères pour répondre à la question « Comment devient-on star en 57 » (n° 1199, 01.08.1957 à n° 1201, 15.08.1957), et le dossier « Dans l'ombre des stars : leurs éminences grises » (n° 1210, 17.10.1957 à n° 1214, 14.11.1957) vise à renforcer l'édifice hiérarchisé du milieu cinématographique, comme le dossier « Comment devenir star en 58, les stars parlent aux starlettes » (n° 1243, 05.06.1958 à n° 1255, 28.08.1958).

Chronologie des articles sur le vedettariat dans Cinémonde *après-guerre*

En reprenant la chronologie, on voit bien que ces « matches-vedettes », d'assez courte durée dans la vie du magazine, apparaissent

1. Voir Gwénaëlle Le Gras, « France's "New Don Juan": The Representation of Alain Delon's Youth », dans Nick Rees-Roberts and Darren Waldron (dir.), *Alain Delon. Style, Stardom and Masculinity*, Bloomsbury, Continuum Publishing Corporation, 2015.

2. Gwénaëlle Le Gras, « Les Victoires du cinéma français : une entreprise d'institutionnalisation orchestrée par *Le Film français* », dans Laurent Creton, Kira Kitsopanidou et Thomas Pillard (dir.), *Le Film français (1945-1958) : rôles, fonctions et identités d'une revue corporative*, Paris, Presses Sorbonne Nouvelle, coll. « Théorème », n° 23, 2015, p. 117-127.

3. Le magazine mensuel *Jeunesse Cinéma*, créé à l'automne 1957, tentera jusqu'en 1965 d'attirer ce jeune public.

à un moment où la rédaction de *Cinémonde* commence à être contestée dans ces choix par une partie de la jeunesse, ce qui se cristallise sur l'opposition Carol/Bardot, hautement significative

chronologie des articles sur le vedettariat dans *Cinémonde* après-guerre

Dès 1946 : portraits d'acteurs. Ils vont s'intensifier à partir de 1951

Septembre 1946 : 1er Festival de Cannes

Début 1947: remise des premières Victoires du cinéma français

Juin 1947 : « Hollywood kermesse de gloire » par Maurice Bessy - 10 numéros

Juillet 1951 : dossier « Hollywood a 40 ans » par Maurice Bessy - 16 numéros

Octobre 1951 dossier « Conseils à une jeune starlette » - 10 numéros

1950 *Comment devenir vedette de cinéma ?* G. Gentilhomme

Décembre 1951 : création du « Tout Cinémonde »

Septembre 1953: dossier « Cette inconnue la vedette » Jean Mitry - 6 numéros

Février 1954 *Étoiles en pantoufles*, Caro Canaille
Mai 1954 *Vedettes sans maquillage*, Georges Beaume

Novembre 1955 : dossier « L'album des souvenirs d'amour du cinéma français » par Jean Vietti - 12 numéros

Décembre 1955 dossier « Toute la vérité, rien que la vérité sur la vie secrète de la plus mystérieuse des stars: Marilyn Monroe » - 7 numéros

Février 1956 dossier presse à scandales US - 7 numéros

Avril 1956 : « Lectrices de Cinémonde, voici les hommes de votre vie de spectatrices » par Jean Vietti - 10 numéros

Août 1956 : entretien avec Brigitte Bardot - 8 numéros

Septembre 1956 : numéro spécial James Dean

Octobre 1956 : dossier « Inoubliable, inoublié, Rudolph Valentino survit à sa légende » - 8 numéros

1956 : publication des premiers articles d'Edgar Morin sur les stars dans la *Revue internationale de filmologie* (janvier-mars) et *Esprit* (novembre)

Décembre 1956 : Dossier « La star à travers les âges » par Jean Vietti - 8 numéros

Avril 1957 : 1er match-vedettes (rubrique qui dure **jusqu'en février 1961**)

Septembre 1957 : publication de l'ouvrage *Les Stars* d'Edgar Morin

Août 1957 : dossier « Comment on devient star en 1957 » par Jean Vietti - 3 numéros

Septembre 1957 : publication de l'ouvrage *Mythologies* de Roland Barthes

Octobre 1957 : dossier « Dans l'ombre des stars : leurs éminences grises » par Jean Vietti - 5 numéros

Mars 1958 : Enquête auprès du lectorat: « Qui aimez-vous et pourquoi? Interdit aux plus de 20 ans. »

Juin 1958 : « Comment devenir star en 58, les stars parlent aux starlettes » - 13 numéros

des changements de valeurs qui s'opèrent à la fin de la décennie, entre la cinéphilie des adultes et celle de la jeunesse. La réflexion de *Cinémonde* sur les vedettes peut donc être lue comme une tentative de comprendre les mutations en cours, comme on le voit dans le dossier « Interdit aux plus de 20 ans » (n° 1232, 20.03.1958) qui paraît en mars 1958. Il dresse un classement des vedettes plébiscitées par la jeunesse en fonction du nombre de lettres reçues par chaque artiste.

En définitive, *Cinémonde* reste attaché à l'idée de star comme mesure de la qualité[1], dont le professionnalisme appelle le respect. Cependant, le magazine semble prendre acte des changements :

1. Jean-Marc Leveratto, « De "l'étoile" à la "star". L'acteur de cinéma et la naissance du film de qualité », dans Vincent Amiel, Jacqueline Nacache, Geneviève Sellier et Christian Viviani (dir.), *L'acteur de cinéma : approches plurielles*, Rennes, Presses universitaires de Rennes, 2007, p. 57-79.

> Aujourd'hui, nos stars ont appris à se servir de leur corps. Ce sont même surtout des corps exposés à la contemplation collective. [...] Il est normal que la star évolue. Il est logique qu'à chaque époque elle soit différente, car finalement les rêves de la foule se concrétisent en elle. (n° 1167, 20.12.1956)

Mais *Cinémonde* n'a pas su adapter son système de valeurs et surtout son environnement culturel de référence à l'esprit du temps qu'Edgar Morin au contraire a su capter et analyser. Ses nombreuses intuitions seront reprises par les *star studies*.

L'ensemble de ces publications populaires n'est pas en reste, et à bien des égards ouvre souvent les premières pistes de réflexion qui seront développées et analysées par Morin, un des premiers à prendre au sérieux cette culture de masse. En somme, là où *Cinémonde* cherche à défendre un modèle de qualité française à travers sa conception du star-système, Morin comprend que la célébrité ne repose pas nécessairement sur le talent et les capacités professionnelles. En effet, il accorde une place bien plus importante à l'engagement émotionnel du public et à l'importance des mass médias, en centrant son propos sur Hollywood et en prenant au sérieux Bardot, tout jeune (trop jeune pour *Cinémonde*) phénomène social des temps modernes.

Loin d'analyser la culture à partir des pratiques des élites, comme le fera Bourdieu dès *Les Héritiers* en 1964, Morin prend en compte aussi les sources populaires, considérant les stars comme l'expression d'une culture commune à tous, au-delà des barrières sociales. La critique au vitriol de Bourdieu et Passeron trahit un mépris des sources populaires utilisées par Morin, accusé de « transposer en formules savantes les idées reçues du bavardage quotidien[1] », critique qui d'une certaine manière entérine en France la coupure entre la sociologie de l'art et la sociologie des médias. Cette dichotomie va également se répercuter dans les études filmiques françaises et contribuer à maintenir longtemps les stars en dehors des objets d'étude légitimes.

1. Pierre Bourdieu et Jean-Claude Passeron, « Sociologues des mythologies et mythologies de sociologues », *art. cit.*, p. 1013.

Ginette Vincendeau

DONNEZ-MOI MA CHANCE (1957) : AMBIVALENCE DU CINÉMA FRANÇAIS FACE AU VEDETTARIAT FÉMININ

Nicole (Michèle Mercier) apprend qu'elle est sélectionnée pour la finale du concours « Miss Cinémonde » dans *Donnez-moi ma chance* (Léonide Moguy, 1957).

Les années 1950, qui voient à la fois le triomphe d'un star-système hautement médiatisé et les débuts de la théorisation du vedettariat, sont aussi le moment où prolifèrent les films sur le phénomène. Hollywood produit plusieurs classiques du genre, dont *Sunset Boulevard* (Billy Wilder, 1950), *The Bad and the Beautiful/Les Ensorcelés* (Vincente Minnelli, 1952), *A Star Is Born/Une star est née* (George Cukor, 1954) et *The Barefoot Contessa/La Comtesse aux pieds nus* (Joseph L. Mankiewicz, 1954), dans lesquels la star dans la fiction est incarnée par une star réelle (Gloria Swanson, Lana Turner, Judy Garland, Ava Gardner). En Italie, les films sur le sujet se multiplient également, avec notamment *Bellissima* (Luchino Visconti, 1951), *La Signora senza camelie/La Dame sans camélia* (Michelangelo Antonioni, 1952) et *Siamo donne/Nous les femmes* (film à sketches de 1953) – autant de portraits de vedettes féminines également interprétées par des stars (Anna Magnani, Lucia Bosé, Ingrid Bergman, Alida Valli, Isa Miranda).

Les films français sur le vedettariat ont en revanche plutôt tendance à privilégier une star masculine, notamment Jean Marais dans *Futures vedettes* (Marc Allégret, 1955), où l'acteur est entouré de deux starlettes, Brigitte Bardot et Isabelle Pia, ou Fernandel dans *Sénéchal le Magnifique* (Jean Boyer, 1957). Cette dernière production, sortie la même année que le film dont il sera question ici, *Donnez-moi ma chance*, est située dans le milieu du théâtre, mais elle constitue une mise en abyme de la carrière et de la *persona* de Fernandel au cinéma ; s'adressant directement à la caméra, la star déclare : « J'ai 45 millions de spectateurs, moi. Je peux jouer tous les rôles, de Topaze à Knock. » Il faut attendre les années 1960 pour que deux réalisateurs de la Nouvelle Vague se penchent sur *la* grande star française, Brigitte Bardot : Louis Malle dans *Vie privée* (1962) et Jean-Luc Godard dans *Le Mépris* (1963), avec dans les deux cas la star jouant son propre rôle. Ces deux films ont cependant un important précurseur dans *Lola Montès*, réalisé par Max Ophuls en 1955. Derrière l'histoire d'une danseuse et courtisane du XIXe siècle, le film traite implicitement du phénomène de la star en général et de la star du film, Martine Carol, en particulier. Contrairement aux portraits ambigus certes, mais valorisants que donnent Cukor, Minnelli, Mankiewicz, Visconti ou Antonioni de leurs héroïnes, Ophuls porte sur Lola/Carol un regard particulièrement cruel qui fait de *Lola Montès*, selon Gwénaëlle Le Gras, une véritable « entreprise de destruction »[1]. *Vie privée* et *Le Mépris* dessinent des portraits de Bardot beaucoup plus nuancés, mais ces deux films, comme *Lola Montès*, sont marqués par le

1. Gwénaëlle Le Gras, « Martine au cirque, Martine au bûcher, ou le point aveugle de l'affaire *Lola Montès* », dans Marguerite Chabrol et Pierre-Olivier Toulza (dir.), *Lola Montès : lectures croisées*, Paris, L'Harmattan, 2011, p. 159.

conflit, très présent dans le contexte français des années 1950-1960, entre la vision élitiste d'un cinéaste masculin et la culture populaire incarnée par une star féminine[1].

Donnez-moi ma chance échappe *a priori* à ce travers puisqu'il émane du cinéma populaire, en vertu de son réalisateur (Léonide Moguy), de son genre (le mélodrame) et de sa mobilisation explicite du magazine *Cinémonde*. Film resté obscur malgré le fait qu'il offre à Michèle Mercier son premier grand rôle, il n'en est pas moins comparable à ses illustres contemporains italiens, en particulier *Bellissima* et *La Signora senza camelie,* dans la vision qu'il offre du *désir* de célébrité, des modalités d'accès au vedettariat ainsi que des rapports conflictuels entre la construction de l'identité féminine et le vedettariat[2].

Léonide Moguy, « découvreur de stars »

Réalisé d'après un scénario original de Léonide Moguy et Georges Tabet, *Donnez-moi ma chance* raconte l'histoire de Nicole Noblet (Michèle Mercier), une jeune provinciale qui monte à Paris pour le concours de « Miss Cinémonde », malgré l'interdiction de son père et la désapprobation de son fiancé Georges (François Guérin). Bien que jugée la meilleure des quatre finalistes, elle échoue à l'audition finale, le producteur ayant truqué les résultats pour faire plaisir à la mère d'une autre candidate. Nicole reste néanmoins à Paris, où elle loge avec deux starlettes qui deviennent ses amies, Kiki (Nadine Tallier) et Brigitte (Danik[3] Patisson). Elle est séduite par Gilbert (Ivan Desny), un attaché de presse sans scrupules qui provoque sa rupture avec Georges. Nicole prend des cours de théâtre avec une ancienne gloire de la scène, Saint-Vallier (Noël Roquevert), et entre dans la troupe de Serge (Roger Coggio), jeune réalisateur du théâtre d'avant-garde. Peinant à percer au cinéma et sans argent,

1. Geneviève Sellier et Ginette Vincendeau, « La Nouvelle Vague et le cinéma populaire : Brigitte Bardot dans *Vie privée* et *Le Mépris* », *Iris*, n° 26, automne 1998, p. 115-130.
2. Les ressemblances entre le cinéma italien et le cinéma français rendent la comparaison entre la France et l'Italie plus pertinente qu'avec le star-système beaucoup plus structuré du cinéma hollywoodien. Sur les films concernant ce dernier, voir Michel Serceau, « Derrière le miroir, la femme ou la mise en abîme de la star », dans René Prédal (dir.), *Le Cinéma au miroir du cinéma*, coll. « CinémAction », n° 124, 2007, p. 80-88.
3. Le prénom de cette actrice est parfois orthographié « Danick », mais au générique de *Donnez-moi ma chance*, il est orthographié « Danik ».

elle accepte de faire des photos de nu mais se retrouve au poste de police quand le photographe est arrêté. Au moment où un grand cinéaste, Fournier (Jacques Eyser), s'intéresse enfin à elle, l'abandon de Gilbert la pousse à se jeter sous une voiture. Georges accourt à l'hôpital et, bien que Fournier lui offre un grand rôle, elle décide d'abandonner le cinéma et d'épouser Georges.

Sorti le 30 octobre 1957 au cinéma des Variétés à Nice (ville natale de Michèle Mercier) et fin novembre à Paris, *Donnez-moi ma chance* connaît un succès honorable, frôlant le million d'entrées (984 599[1]), sans faire partie des grandes réussites de l'année. La teneur mélodramatique du film et le fait que le premier rôle soit tenu par une inconnue sont sans doute des éléments déterminants, le box-office 1957, en ce qui concerne les films français, étant dominé par les comédies et les grandes stars : Bardot dans *Une Parisienne* (Michel Boisrond), ainsi que les films de Darry Cowl, Robert Lamoureux, Noël-Noël et Fernandel (vedette de trois films figurant dans le « top 20 »).

Largement oublié aujourd'hui, Léonide Moguy était dans les années 1950 un réalisateur et producteur reconnu. Émigré juif venu de Russie en 1929, il fait carrière en France, à l'exception d'un séjour aux États-Unis pendant la guerre où il tourne deux films sur la Résistance, *Paris after Dark* (1943) et *Action in Arabia* (1944), puis un film noir, *Whistle Stop* (1946). Après la guerre il réalise deux films en Italie. Professionnel du cinéma populaire, Moguy passe d'un genre à l'autre (film d'aventures, film criminel, mélodrame, comédie) ; deux grands traits cependant se dégagent dans son parcours. Le premier est un goût prononcé pour le mélodrame « à thèse », avec entre autres *Le Mioche* (1936, sur un bébé recueilli par un directeur de pensionnat de jeunes filles), *Prison sans barreaux* (1938, plaidoyer pour des méthodes plus humaines dans les prisons pour femmes) et *Le Long des trottoirs* (1956, sur la prostitution). Le deuxième est une solide réputation de découvreur de vedettes, leitmotiv de la presse[2] au moment de la sortie de *Donnez-moi ma chance* : « De "Prisons sans barreaux" à "Donnez-moi ma chance",

1. Simon Simsi, *Ciné-Passions. 7e art et industrie de 1945 à 2000*, Paris, Dixit, 2000, p. 50.
2. Sauf indication contraire, les critiques de l'époque citées dans cet article proviennent de différentes coupures de presse (souvent sans titres ni indication du journal, non datées ou non signées) issues du répertoire d'archives LM25.B8 du fonds Léonide Moguy (coll. Cinémathèque française) conservé à la Bibliothèque du film de la Cinémathèque française.

il a découvert vingt vedettes[1]... » ; « Léonide Moguy est célèbre, en tant que “découvreur de vedettes”[2] » ; « Moguy en a lancé bien d’autres, pourquoi pas celle-là [Michèle Mercier][3] » ; « Le talent scout d’Europe[4] ». Son palmarès est aussi impressionnant que celui de l’autre grand découvreur de stars de l’époque, Marc Allégret. En effet, Moguy a donné un premier grand rôle à Madeleine Robinson, Corinne Luchaire, Ava Gardner, Pier Angeli, Rossana Podesta et Mylène Demongeot – et d’autres oubliées de nos jours, comme Etchika Choureau et Danik Patisson. Moguy aurait même conseillé à Carlo Ponti d’engager Sophia Loren[5].

Le mélodrame à thèse et la découverte d’une star convergent dans *Donnez-moi ma chance*, mais Michèle Mercier devra attendre *Angélique, marquise des anges* en 1964 pour devenir star. En 1957 le réalisateur la repère alors qu’elle n’a que 18 ans, après avoir apparemment auditionné 2 000 candidates (*Paris-Presse*, 03.04.1957). Le fait que *Donnez-moi ma chance* ne la propulse pas immédiatement au rang de star peut tenir aux critiques du film qui dans certains cas lui sont violemment hostiles – pour R.-M. Arlaud (*Combat*, 05.12.1957), elle est « le modèle exact de l’alouette au miroir, une joliesse empâtée, ne sachant ni marcher, ni parler, ni rien » –, mais aussi à la vision pour le moins ambivalente du vedettariat que donne le film. En plein essor de la *bardomanie*[6], le public de cinéma populaire a pu être déconcerté par un film qui « met les jeunes filles en garde contre les fabricants de mirages[7] » et leur dit « Attention au cinéma ! » (*Paris-Presse*, 03.04.1957). Le critique de *Cinéma 58* (n° 24, février 1958) ironise d’ailleurs : « Mais que l’âme de M. Moguy est sensible, chaste et tendre... au siècle de Brigitte ! » Comme on le verra, le film utilise B.B., non sans contradiction, comme référence ultime du vedettariat.

1. Coupure de presse non signée, non datée et sans titre, *ibid.*
2. Jacques Deltour, coupure de presse non datée et sans indication du journal, *ibid.*
3. René Quinson, « Avec *Donnez-moi ma chance*, Léonide Moguy va détruire impitoyablement les mirages du cinéma », coupure de presse datée du 10.09.1957, *ibid.*
4. René Quinson, *ibid.*
5. Coupure de presse non signée, non datée et sans titre, *ibid.* (même article qu’à la note 1).
6. Voir Ginette Vincendeau, *Brigitte Bardot*, Londres, BFI/Palgrave Macmillan, 2013.
7. Jacques Deltour, coupure de presse non datée et sans indication du journal, LM25.B8.

Le cinéma, « piège à filles »

Le prologue de *Donnez-moi ma chance* annonce un film qui « relate une histoire authentique telle qu'elle a été vraiment vécue ». Dans la presse, Moguy répète qu'il reçoit chaque mois « au moins 400 lettres, de jeunes filles pour la plupart, exposant d'impérieuses vocations cinématographiques », ce qui l'aurait incité à faire un film « qui donnera aux jeunes un aspect plus réaliste du métier de comédien[1] ». Plutôt que du documentaire, *Donnez-moi ma chance* est proche du modèle identifié par Francesco Casetti pour *Bellissima* et *La Signora senza camelie*, à savoir l'utilisation du mélodrame pour exposer le « mécanisme d'illusion et désillusion » qui caractérise le cinéma, le ton étant « naturellement critique dans chaque cas[2] ». Avant d'analyser *Donnez-moi ma chance*, il est utile d'évoquer brièvement le récit de ces deux films. Dans *Bellissima*, Maddalena (Anna Magnani) est une fan de cinéma d'un milieu populaire de Rome qui pousse sa fille de 8 ans, Maria (Tina Apicella) à participer à un concours pour décrocher un rôle. Suivent de nombreuses péripéties, y compris les tentatives de séduction d'un attaché de presse, Annovazzi (Walter Chiari). Maddalena s'obstine mais à une projection des rushes, elle voit le réalisateur et son entourage se moquer cruellement de Maria, ce qui l'amène à rejeter le contrat que la maison de production offre à la fillette. *La Signora senza camelie* est l'histoire d'une jeune vendeuse, Clara (Lucia Bosè), propulsée du jour au lendemain au rang de star. Elle épouse le producteur, Gianni Franchi (Andrea Checchi) qui lui interdit d'abord de faire d'autres films puis la fait jouer dans un « film d'art », *Jeanne d'Arc*. L'échec retentissant du film provoque la rupture du couple. Clara s'enfuit avec un diplomate, Nardo (Ivan Desny), mais la liaison est de courte durée. Ne trouvant pas de travail dans des films de qualité, elle accepte un rôle dans une comédie érotique bas de gamme. Le dernier gros plan la montre face aux photographes, les larmes aux yeux.

Donnez-moi ma chance conçoit de la même façon la trajectoire de son héroïne comme une déchéance, jusqu'à son ultime « rédemption ». Le film s'ouvre sur Nicole qui saute de joie à la lecture de

1. René Quinson, « Avec DMMC Léonide Moguy va détruire impitoyablement les mirages du cinéma », sans date ou page, *ibid.*
2. Francesco Casetti, « Cinema in the Cinema in Italian Films of the Fifties : *Bellissima* and *La Signora senza camelie* », *Screen*, vol. 33, n° 4, 1992, p. 390.

Cinémonde (il s'agit du n° 1141, 21.06.1956, avec B.B. en couverture), qui lui apprend qu'elle a été sélectionnée pour le concours de « Miss Cinémonde ». La fin du film la trouve exsangue sur un lit d'hôpital, renonçant au cinéma. Entre les deux, une série de situations et de personnages (masculins) lui font miroiter des illusions puis systématiquement les détruisent : le concours dont les règles sont truquées, le séducteur cynique, le professeur de théâtre malveillant qui sabote ses chances à une audition, le photographe vicieux et même le copain idéaliste Serge, dont l'amour du « vrai » théâtre ne l'amène qu'à jouer *Hamlet* devant une salle de banlieue vide. On comprend alors le second titre du film, *Piège à filles*[1].

Dans *Donnez-moi ma chance*, le cinéma est un « piège à filles » dans un sens d'abord purement sexuel. La star féminine est l'objet du désir masculin et les hommes du métier sont vus comme prêts à échanger faveur sexuelle contre avancement ; une mère fait l'article au producteur : « si vous saviez comme [ma fille] est bien faite ! ». Gilbert qui se sert de sa position d'attaché de presse pour séduire les starlettes, Saint-Vallier qui propose des « leçons particulières » et le photographe libidineux symbolisent la « promotion canapé ». Mais en déplaçant le blâme vers ces personnages relativement marginaux, le film dédouane les plus puissants, réalisateurs et producteurs. Lorsque Fournier donne rendez-vous à Nicole dans son appartement, Kiki fait irruption pour la protéger, car, dit-elle, « il auditionne les filles sur le divan ». L'audition se déroule en fait en tout bien tout honneur, avec Fournier entouré de sa femme et de collègues. Pourtant, on le sait, la pratique est courante dans la France des années 1950 – selon une récente biographie, même Bardot n'y aurait pas échappé[2]. D'ailleurs Fournier, qui a compris la manœuvre de Kiki, annonce complaisamment : « je constate que j'avais autrefois mauvaise réputation » et se déclare flatté qu'elle persiste. Les films italiens donnent du même phénomène une image plus complexe et moins sordide. Dans *Bellissima*, Maddalena se ruine en offrant à Annovazzi de l'argent pour son intervention en faveur de sa fille, mais elle résiste à ses avances sexuelles. Dans

1. Alors qu'il existe une version du film raconté sous ce titre (*Mon film*, n° 623, 30.07.1958), il semble cependant que le film ne soit sorti que sous le titre de *Donnez-moi ma chance*.
2. Marie-Dominique Lelièvre, *Brigitte Bardot. Plein la vue*, Paris, Flammarion, 2012, p. 52-55.

La Signora senza camelie, la sexualité est sublimée en romance. Clara n'en est pas moins l'objet du désir obsessionnel des hommes, en particulier Gianni qui l'épouse pour la contrôler et son amant Nardo (Ivan Desny donne de ce Don Juan veule une composition proche de son Gilbert dans *Donnez-moi ma chance*).

Plus généralement, le cinéma est un « piège à filles » dans le sens où le vedettariat est considéré comme un phénomène féminin lié à une culture populaire superficielle. Ce n'est pas un hasard si dans *Bellissima* et *La Signora senza camelie*, Maddalena et Clara sont d'origine modeste, ou si la doublure lumière de Clara fait des romans-photos, tout comme Kiki dans *Donnez-moi ma chance.* Nicole est d'une famille bourgeoise (son père est principal d'un collège) mais il est intéressant qu'une version du scénario la désigne comme fille de coiffeur[1]. Une certaine naïveté lui est attribuée en vertu de son origine provinciale, soulignée par son émerveillement lorsqu'elle découvre Paris. Par ailleurs, le présentateur du concours de « Miss Cinémonde » qui fait défiler les jeunes filles en maillot de bain se moque publiquement de l'ignorance de l'une des candidates, une Rouennaise qui n'a jamais entendu parler de Corneille (né à Rouen). Le film établit donc clairement un amalgame entre vedettariat, féminité et inculture, discours relayé par d'autres personnages. Georges qualifie ainsi les aspirantes au concours de « 50 000 folles » ; le père de Nicole, qui déplore qu'elle lise les journaux de cinéma, s'indigne car elle « connaît l'histoire des vedettes mieux que l'histoire de France ! » ; enfin l'inspecteur de police (Robert Dalban), qui arrête Nicole en même temps que le photographe, lui assène qu'elle est « aussi bête que les autres [...] vous croyez à toutes les idioties ».

Cette attitude méprisante n'est pas le seul fait du film puisqu'elle se retrouve chez les critiques qui décrivent les candidates en termes infantilisants et misogynes : « petites filles qui ont des rêves en forme de caméra » (*Paris-Presse*, 03.04.1957), « oies blanches victimes de leur naïveté » (*Radio-Cinéma-Télévision*, 15.12.1957), « pucelles ou assimilées » (*Combat*, 05.12.1957), « gourdes du genre Miss Cinémonde » (*Cinéma 58*, n° 24, février 1958). Le même discours se retrouve parfois aussi dans le courrier des lecteurs de *Cinémonde*, où mépris de la culture populaire et misogynie sont sous-jacents à de

1. Léonide Moguy et Georges Tabet, *Donnez-moi ma chance*, scénario de 269 feuillets (coll. Cinémathèque française), SCEN873-B264.

nombreuses critiques de Bardot[1]. Ce mépris pointe dans certaines réponses du responsable de la rubrique, Jean Talky, aux aspirantes vedettes : « Cherchez des distractions à votre portée, dans votre village et avec des gens de votre milieu » (*Cinémonde*, n° 1173, 31.01.1957). *Donnez-moi ma chance* présente aussi, en filigrane, une opposition genrée entre le vedettariat féminin et le « grand » art, représenté, même comiquement, par des hommes (Saint-Vallier, Serge). Dans *La Signora senza camelie*, un collègue de Clara, Lori (Alain Cuny), l'informe que ses films n'ont jusqu'à présent que « photographié sa beauté » et qu'elle pourrait s'améliorer en prenant des cours de théâtre. Dans *Bellissima*, le mépris des hommes de cinéma envers la fillette lors de son audition est « justifié » par le bout d'essai où elle est filmée grotesquement grimée et sans talent : elle pleure, incapable de réciter un poème (en même temps, le film dans son entier est un hymne au génie d'Anna Magnani).

Enfin, le choix offert par les films aux héroïnes, entre métier et amour/famille, recouvre une vision particulièrement conservatrice de la féminité. Les personnages féminins de *Donnez-moi ma chance* en témoignent : Brigitte sort avec de riches producteurs mais elle quitte le cinéma après avoir rencontré « l'homme de ses rêves ». Kiki surenchérit : « il ne suffit pas de réussir, mais d'être heureuse ». Nicole abandonne le cinéma et épouse Georges. À la même époque, Jean Talky prodigue des conseils semblables : à une lectrice (dont le pseudonyme est *Peut-être folle*) qui rêve de vedettariat, il suggère ironiquement de monter à Paris, faire la queue chez les régisseurs, manger des œufs durs, etc. mais, « que seront devenus entre temps le mari si gentil, la petite fille adorable… il faut choisir » (*Cinémonde*, n° 1208, 03.10.1957). Le concours de « Miss Cinémonde » lui-même valide cette vision de la féminité : Delphine Chedaleux indique en effet que si « Miss Cinémonde » est présentée par la revue comme « une jeune femme dans l'air du temps : indépendante sur le plan affectif et financier, qui fait passer sa carrière avant le reste », dans la pratique le concours s'adresse « aux jeunes femmes célibataires et bénéficiant d'une liberté de mouvement qui s'arrête

1. Voir Ginette Vincendeau, « A Star is Torn (to Pieces) : Brigitte Bardot Seen Through Readers' Letters in *Cinémonde* », *Contemporary French and Francophone Studies : Sites*, vol. 19, n° 1, numéro spécial « Stars du cinéma français d'après-guerre » sous la direction de Gwénaëlle Le Gras et Geneviève Sellier, janvier 2015, p. 90-105.

aux portes du mariage »[1]. C'est peu de dire que l'attitude des films est différente quand la star est masculine. Jean Marais, dans *Futures Vedettes*, jouit du prestige d'un ténor vedette de l'Opéra de Vienne qui attire irrésistiblement les jeunes filles et provoque l'admiration des hommes. Le couple qu'il forme avec une diva va mal car « deux vedettes dans un ménage, c'est trop », mais tout s'arrange lorsque sa femme renonce à sa carrière et revient, contrite, vers lui. Dans *Sénéchal le magnifique*, Fernandel interprète un cabotin supposé nul qui se met à briller en jouant dans la réalité les rôles qu'on lui refuse sur scène. La fin du film lui accorde la gloire sur scène, la promesse d'un grand rôle au cinéma, et l'amour d'une princesse (Nadia Gray). Contrairement aux films sur les vedettes féminines, qui doivent donc choisir entre la sphère professionnelle (Clara) et la sphère personnelle (Nicole, Maddalena), le métier chez la star masculine n'est nullement incompatible avec l'amour et la famille.

De (Miss) Cinémonde à Edgar Morin : ambivalence vis-à-vis du vedettariat

On voit donc que *Donnez-moi ma chance*, tout en étant issu du cinéma populaire, adopte une attitude dévalorisante envers le vedettariat féminin. Cette attitude paraît d'autant plus contradictoire que les liens entre Moguy et *Cinémonde*, magazine fortement investi dans les stars, sont avérés dans le film par l'intermédiaire du concours. Dans les années 1950, le réalisateur fait régulièrement partie du jury. Plus encore, dans le numéro de la revue que Nicole consulte et qui relate la « triomphale élection » de « Miss Cinémonde » 1956 (n° 1141, 21.06.1956), on relève dans le jury plusieurs membres de l'équipe de *Donnez-moi ma chance* : Moguy, le dialoguiste André Tabet et le producteur Jacques Roitfeld. L'année suivante, en avril 1957, un reportage sur le tournage de *Donnez-moi ma chance* annonce que Moguy a filmé un « vrai faux » concours « Miss Cinémonde » aux studios de Billancourt. Le concours est « pour rire », mais, comme le remarque le journaliste, les photos qui accompagnent l'article

1. Delphine Chedaleux, « "J'ai rêvé d'être Miss Cinémonde" : concours de beauté et cinéphilie populaire dans *Cinémonde* (1946-1958) », communication du 28 mars 2014 au séminaire « Cinéphilies populaires », animé par Laurent Jullier, Jean-Marc Leveratto et Geneviève Sellier à l'Institut national d'histoire de l'art (Paris).

« pourraient tout aussi bien avoir été réellement prises au cours de notre épreuve », témoignant de la « fidélité de cette reconstitution cinématographique » (*Cinémonde*, n° 1184, 18.04.1957). Pour compléter l'effet de mise en abyme, le jury, y compris Moguy, est photographié dans le public du concours tel qu'il apparaît dans le film et l'animateur, André Chanu, y joue son propre rôle.

Créé en 1938 et relancé en 1946 pour reconquérir et fédérer le lectorat féminin de la revue, le concours de « Miss Cinémonde » s'inscrit dans la vague des concours de beauté qui commence entre les deux guerres et se développe dans l'après-guerre[1]. Il se présente néanmoins, selon Delphine Chedaleux[2], comme un concours de cinéma en trois étapes : la campagne d'inscription, l'élection proprement dite, et le récit de la nouvelle vie de la gagnante, qui comporte un voyage aux États-Unis. Dans le film, la première et la troisième phase disparaissent et seuls demeurent le défilé en maillot de bain et – hors-champ – le bout d'essai filmé. On peut émettre l'hypothèse que cette décision est le résultat du projet moralisateur de Moguy : le vedettariat n'est qu'un miroir aux alouettes. En truquant le concours et donc en éliminant les chances de Nicole, il se peut aussi que Moguy n'ait pas voulu attirer l'attention sur le fait qu'aucune gagnante ou même dauphine de « Miss Cinémonde » n'est jamais devenue star. Tout au plus certaines ont fait un « beau mariage », notamment Geneviève de Séréville avec Sacha Guitry en 1939 et Nadine Tallier avec Edmond de Rothschild en 1962.

En réduisant l'événement à un concours de beauté, *Donnez-moi ma chance* en revanche confirme la remarque d'Edgar Morin sur la beauté comme « caractéristique essentielle de la star[3] ». Morin, qui publie son livre la même année que *Donnez-moi ma chance*, illustre l'argument d'une photo identique à celle du numéro de *Cinémonde* qui figure dans le film, où l'on voit « Miss Cinémonde » 1956 (Anita Treyens) en maillot de bain, tiraillée entre deux hommes d'âge mûr. Morin ne légende pas la photo mais il est précisé dans le magazine (n° 1141, 21.06.1956) : « Déjà les metteurs en scène Dréville et

1. Georges Vigarello, *Histoire de la beauté. Le corps et l'art d'embellir de la Renaissance à nos jours*, Paris, Seuil, 2004 ; voir aussi Stephen Gundle et Clino T. Castelli, *The Glamour System*, Londres, Palgrave Macmillan, 2006.
2. Delphine Chedaleux, « J'ai rêvé d'être "*Miss Cinémonde*" », *com. cit.*
3. Edgar Morin, *Les Stars*, Paris, Seuil, 1957, p. 41 (N.B. : l'édition du livre de 1972, plus courante, ne comporte plus de photographies).

Habib s'arrachent la lauréate » (en fait elle ne tournera jamais avec eux et fera une carrière insignifiante au cinéma[1]). Morin pointe aussi la contradiction au cœur de la *star quality*, entre la nécessité de la beauté et sa banalité, puisqu'il « y a tant de jolies filles[2] ». La phrase fait écho à celle de Brigitte dans le film : « des jolies filles il y en a plein Paris », parfaitement illustrée par le rang de candidates en maillot de bain.

Ainsi, le concours et son utilisation dans *Donnez-moi ma chance* focalisent les contradictions inhérentes à la notion de star que Morin commence à théoriser au même moment : l'importance des médias, la combinaison de l'exceptionnel et de l'ordinaire. Surtout, il souligne que le statut de star est *potentiellement* à la portée de toutes (son « pourquoi pas moi[3] ? » ressemble curieusement à « donnez-moi ma chance ») mais que l'espoir voisine avec la désillusion. Par ailleurs, si le physique et la chance sont des éléments déterminants, les réseaux d'influence le sont tout autant, comme le prouvent aussi bien l'obscure Nicole que la superstar Bardot. Nicole, comme B.B., est sélectionnée parmi des milliers de jeunes filles en raison de sa beauté ; un hasard va donner une impulsion à la carrière : la rencontre avec Fournier dans le bar pour Nicole, la couverture de *Elle* repérée par Marc Allégret pour Bardot. Mais cela ne suffit pas car derrière toute célébrité il y a un imprésario[4]. Bardot devra *aussi* sa carrière aux relations de son père, riche industriel parisien, puis de son mari Roger Vadim. Pour Nicole, cette loi s'illustre par la négative : le premier prix qui se dérobe à cause des relations d'une autre, l'attaché de presse qui ne protège que ses propres intérêts. Enfin le rapport ambigu que suggère le film entre le cinéma et le théâtre n'est pas sans correspondance avec la réalité. Jean Talky a beau recommander inlassablement aux « potineurs » et « potineuses » de prendre des cours de théâtre – et la revue faire régulièrement la publicité pour le Cours Simon –, Bardot est l'exemple type du triomphe de la star sans formation théâtrale. À la fin, le film illustre ce que Jean Talky répète aussi dans ses colonnes, à savoir la féroce

1. Treyens apparaîtra, pour de petits rôles, dans deux films, réalisés par André Hunnebelle et Édouard Molinaro.
2. Edgar Morin, « Les stars », art. cit., p. 42.
3. *Ibid.*, p. 51.
4. Voir Chris Rojek, *Celebrity*, Londres, Reaktion Books, 2001.

sélectivité du métier (*Cinémonde*, n° 1173, 31.01.1957), ce que Morin appelle un star-système « fermé, inaccessible[1] ».

Le regard lucide mais ambivalent que porte *Donnez-moi ma chance* sur le vedettariat contribue à expliquer le succès mitigé du film en 1957, mais on peut se demander pourquoi il est resté si obscur depuis. Nous avancerons deux hypothèses, l'une qui a trait au genre dans le sens cinématographique et l'autre au genre en termes de représentation de la féminité. Alors que les films italiens désignent les illusions du métier en filmant ironiquement (*Bellissima*) ou poétiquement (*La Signora senza camelie*) l'envers des décors de Cinecittà, *Donnez-moi ma chance* le fait en montrant une série de personnages ratés (gloires sur le retour, figurants au chômage), médiocres (Georges) ou corrompus (Gilbert entre autres). Le choix de l'actrice est également important. Michèle Mercier est belle et touchante dans le rôle de Nicole, mais elle n'a ni le « chien » d'Anna Magnani, ni le glamour de Lucia Bosé. Elle n'a pas non plus le charisme insolent de B.B., évident déjà dans *Futures vedettes* où elle interprète Sophie, une starlette séduite et abandonnée par Éric (Marais). Celui-ci rompt, affirmant qu'il n'aime que sa femme (absente) ; Sophie/B.B. verse trois larmes, puis se redresse, lui lance avec ironie « le ténor et le fantôme, un beau titre d'opéra ! » avant de partir en souriant ; la fin du film, prémonitoire, la voit triompher sur scène.

Le choix de Michèle Mercier, à la fragilité évidente, fait sens par rapport à la vision mélodramatique de Moguy dont les récits privilégient des figures de victimes en voie de rédemption. Dans les années 1930, *Prison sans barreaux* mettait cette conception de la féminité au service d'un projet politique de gauche dans la mouvance du Front populaire. Vingt ans plus tard, elle est devenue nettement réactionnaire face au mouvement d'émancipation des femmes. Le statut de victime de Nicole sous-tend son manque de pouvoir et d'autonomie. La comparaison avec *Bellissima*, en ce qui concerne le dénouement, est éclairante : Maddalena, à travers le regard des autres, comprend enfin la position aliénante qu'elle crée pour sa fille et rejette le cinéma, une décision cohérente. En abandonnant le cinéma au moment où « le meilleur » réalisateur lui offre un premier rôle,

1. Edgar Morin, *Les Stars*, *op. cit.*, p. 51.

Nicole au contraire est irrationnelle. Un curieux décalage apparaît aussi entre la moralité affichée du récit qui rétablit la vertu de Nicole après sa « chute » (Georges l'a traitée de « grue ») et la représentation des personnages féminins qui obéit aux codes érotiques du cinéma de l'époque, visibles sur certaines affiches du film. Nicole, Kiki et Brigitte portent des déshabillés transparents et des robes à décolleté pigeonnant et, dans deux scènes Michèle Mercier est brièvement dénudée. La presse ne se prive pas de le faire remarquer. Pour *Radio-Cinéma-Télévision,* « [Moguy] attire la clientèle avec ses deux inévitables plans-éclair de filles dévêtues », et *Image et Son* (octobre 1958) pense que le travail de Moguy « consiste à défendre l'orphelin et la veuve en montrant l'anatomie des filles ». Pour Delphine Chedaleux, le concours « Miss Cinémonde », malgré son implication dans le renforcement des canons de beauté, propose « des modèles de féminité basés sur d'autres normes que celles de l'épouse et de la mère de famille[1] ». En effet, c'est la promesse d'une carrière au cinéma qui donne à Nicole le courage de défier l'opinion (et la gifle) patriarcale et de monter à Paris, mais la fin du film lui retire toute velléité d'indépendance. Il faut toutefois noter que, si les hommes ne font que lui mettre des bâtons dans les roues, le film présente des rapports exceptionnellement positifs entre les femmes, à l'exception d'une brève rivalité avec une candidate, Hilda (Corinne Marchand). La mère de Nicole prend son parti et Kiki et Brigitte lui apportent un soutien moral et matériel constant.

Avec ses contradictions et ses maladresses, *Donnez-moi ma chance* témoigne, à sa manière et non sans perspicacité, de l'attitude envers le vedettariat féminin en France dans la deuxième moitié des années 1950. Bien que ses origines soient aux antipodes de la culture savante d'un Edgar Morin, les conclusions du film ne sont pas éloignées des travaux du sociologue. L'ambivalence masculine envers les dangers, mais aussi les possibilités d'émancipation pour les femmes de la profession d'actrice de cinéma, est aussi manifeste dans les travaux de Morin que dans le film de Moguy. Ce que le premier nomme une « remarquable technique d'encouragement-découragement[2] » se retrouve dans l'hésitation entre les deux titres du film, aussi significatifs l'un que l'autre : *Donnez-moi ma chance* et *Piège à filles*.

1. Delphine Chedaleux, « J'ai rêvé d'être "*Miss Cinémonde*" », *com. cit.*
2. Edgar Morin, « Les Stars », art. cit., p. 51.

Camille Beaujeault

LE DIABLE AU CORPS ET *LA CHARTREUSE DE PARME* : GÉRARD PHILIPE, PREMIÈRE MOUTURE

Gérard Philipe est aujourd'hui considéré comme un des acteurs les plus populaires du cinéma français des années 1950. Malgré sa brève carrière (1943-1959), il a joué dans pas moins de trente films associés à différents genres. Il débute au cinéma sous l'Occupation avec de petits rôles dans *Les Petites du quai aux fleurs* (Marc Allégret, 1943) et *La Boîte aux rêves* (Yves Allégret, 1943). Dès les films suivants, *Le Pays sans étoiles* (Georges Lacombe, 1945) et *L'Idiot* (Georges Lampin, 1946), Gérard Philipe décroche le premier rôle aux côtés d'actrices plus âgées, déjà célèbres dans les années 1930 et sous l'Occupation. Mais c'est avec *Le Diable au corps*, réalisé en 1947 par Claude Autant-Lara, que l'acteur devient une star.

Gérard Philipe émerge à la Libération à la faveur d'un changement des représentations. L'Occupation avait été marquée par un affaiblissement quantitatif et qualitatif des figures patriarcales, au profit de personnages féminins : entre 1940 et 1944, les actrices tiennent le haut de l'affiche dans des rôles de femmes fortes. À la Libération, les acteurs prestigieux des années 1930 reprennent la main et les actrices sont assignées à des rôles de « garces » ou à des personnages secondaires[1]. Face à cette reprise en main patriarcale, Gérard Philipe en revanche incarne un personnage d'homme-enfant qui apprend des femmes, une figure de masculinité en opposition

1. Noël Burch et Geneviève Sellier, *La Drôle de guerre des sexes du cinéma français (1930-1956)*, Paris, Nathan, 1996.

avec les normes genrées dominantes au sein de la société française et du star-système de l'époque.

Pour Ginette Vincendeau, « la masculinité est une construction sociale et culturelle, un ensemble de règles caractéristiques, comprises par ceux élevés dans notre culture. Ces traits sont susceptibles de changement dans le temps et l'espace[1] ». Élément constitutif des identités sociales, la masculinité s'inscrit dans des rapports de domination entre les sexes. La France de la Libération est un pays en reconstruction physique et morale après les dommages causés par la Seconde Guerre mondiale et l'Occupation. La défaite militaire de mai-juin 1940 et l'occupation allemande ont contribué à discréditer le patriarcat et à fragiliser l'idéal viril que l'on tente de restaurer à la Libération. En proposant un nouveau modèle masculin au cinéma – un jeune homme doux et sensible –, Gérard Philipe participe à cette reconstruction.

En 1947, *Le Diable au corps* a propulsé ce dernier au rang de star, car c'est dans ce film qu'il parvient à établir « un rapport triangulaire étroit entre acteur, homme et personnage[2] ». Philipe articule des valeurs contradictoires – désir et innocence, rébellion et soumission, élan juvénile et retenue, sensibilité et cynisme – qui posent les bases de sa *persona*, mais expriment aussi l'état des mentalités de la société française. *La Chartreuse de Parme*, réalisé l'année suivante par Christian-Jaque, achève de construire son image de star. Premier grand succès de l'acteur dans un film en costumes, il lui confère une aura de jeune premier désirable et romanesque. Aussi, c'est en nous référant au contexte de l'époque, du point de vue des rapports de génération et de sexe, que nous nous proposons d'analyser ces deux films pour comprendre de quelle manière ils construisent l'image de Gérard Philipe. Adaptations littéraires et drames en costumes, genres codés comme « féminins », ils proposent une représentation de l'identité masculine destinée à un public féminin et en décalage avec les normes dominantes (patriarcales et viriles). À travers l'analyse du personnage, du jeu de l'acteur et de la réception, nous tenterons de voir comment l'image de

1. Ginette Vincendeau, dans Claude Gauteur et Ginette Vincendeau, *Jean Gabin. Anatomie d'un mythe*, Nouveau Monde, Paris, 2006 [1993], p. 216.
2. *Ibid.*, p. 141.

Philipe participe d'un éloge de la jeunesse dans *Le Diable au corps*, et promeut une masculinité passive dans *La Chartreuse de Parme.*

Le Diable au corps : éloge de la jeunesse

Le Diable au corps sort le 12 septembre 1947 : avec 4,7 millions d'entrées en France[1], c'est le plus grand succès de Gérard Philipe depuis ces débuts au cinéma[2], mais c'est aussi le film où son image se déploie de la façon la plus complexe. Cette même année, les six autres productions françaises du « top 20 » sont : *Le Bataillon du ciel* (Alexander Esway), *Monsieur Vincent* (Maurice Cloche), *Pas si bête* (André Berthomieu), *Quai des Orfèvres* (Henri-Georges Clouzot), *Les Aventures de Casanova* (Jean Boyer) et *Le silence est d'or* (René Clair) ; toutes ont en commun de faire apparaître au générique une forte présence masculine (réalisateur, scénariste et tête d'affiche). À l'exception du *Diable au corps*, ces films mettent en scène des figures patriarcales d'hommes d'âge mûr et célibataires, incarnées par des acteurs prestigieux, qui étaient déjà vedettes avant la guerre : Pierre Blanchar, Pierre Fresnay, Louis Jouvet et Maurice Chevalier. Pour Geneviève Sellier, le cinéma français d'après-guerre renoue avec les figures de patriarches d'avant-guerre et les acteurs fonctionnent comme des instruments de réaffirmation des normes sexuées : dans la restauration de l'unité nationale qui suit la Seconde Guerre mondiale, « c'est le masculin qui est porteur de l'identité nationale, alors que le féminin n'est [...] qu'un objet de désir pour le sujet masculin[3] ». En effet, les films cités valorisent tour à tour la solidarité entre hommes et les codes de l'honneur « masculins » : le sacrifice pour la communauté et la droiture morale. Les actrices y figurent dans des rôles secondaires ou incarnent des femmes dangereuses. *Le Diable au corps* diffère de ce schéma sur plusieurs points : il propose une tête d'affiche féminine et valorise un jeune acteur encore peu connu du grand public.

1. Simon Simsi, *Ciné-Passions. 7e art et industrie de 1945 à 2000*, Paris, Dixit, 2000 (les chiffres d'entrées cumulées ont été arrondis à la centaine de milliers).
2. *La Boîte aux rêves* : non renseigné ; *Les Petites du quai aux fleurs* : non renseigné ; *Le Pays sans étoiles* : 500 000 entrées ; *L'Idiot* : 1 million d'entrées (environ).
3. Geneviève Sellier, « La réception des films de la Nouvelle Vague dans le courrier des lecteurs de *Cinémonde*. Une trace de cinéphilie féminine dans la France de 1960 », *Communication* [en ligne], vol. 32/1, novembre 2013, http://communication.revues.org/4951

Gérard Philipe y incarne François, un jeune lycéen de 17 ans qui va entretenir une liaison passionnée avec Marthe (Micheline Presle), mariée à un soldat parti au front pendant la guerre 1914-1918. La jeune femme est bientôt enceinte et leur relation assumée sans la moindre trace de culpabilité fait scandale. Le jour de l'armistice, Marthe part en province où elle espère mettre au monde son enfant loin de l'agitation parisienne mais elle meurt en couches le jour même. Le film (comme le roman de Raymond Radiguet dont il est adapté) est porteur d'un message à la fois antimilitariste et anticonformiste, et le recul historique permet d'aborder des questions sur la jeunesse, la famille et le mariage à un moment où se creuse un fossé entre les générations.

La première partie du film est focalisée sur le personnage de François qui modifie le cours des choses pour conquérir la femme qu'il aime. Il décide de manquer ses cours de classe terminale pour l'accompagner faire les magasins à Paris. Marthe, contrainte par les normes de comportement imposées aux jeunes filles, apparaît beaucoup moins libre que lui. Au café et au restaurant, le jeune homme tente diverses offensives pour séduire la jeune femme qui lui résiste. Cependant, le plaisir qu'elle manifeste quand elle mange le plat de sanglier connote son attirance pour François. Quand elle esquive un baiser, il tape du poing sur la table : « Mais bon dieu pourquoi êtes-vous ici ? ». Marthe baisse les yeux et abdique. Cet épisode correspond à l'idée traditionnelle qu'une femme doit être forcée pour consentir. Mais si François/Philipe déploie une gamme de gestes et de propos qui connotent la masculinité dominante – il ira jusqu'à choisir le lit de la chambre nuptiale, annonçant ainsi la liaison adultérine à venir –, la caméra le révèle encore jeune et fragile. Les plans rapprochés sur son visage montrent un regard adorateur plutôt qu'agressif. Lorsque Marthe pleure, il apparaît démuni, ses gestes sont moins assurés et plus tendres.

Dans la seconde partie, le film adopte le point de vue du personnage féminin. Un gros plan sur les mains de Marthe au-dessus du lavabo qui remet son alliance après les avoir lavées indique un changement de focalisation mais révèle aussi un changement de situation : elle est désormais mariée à Jacques Lacombe et apparemment rentrée dans le rang. Toutefois, Marthe va se révéler une femme autonome en prenant l'initiative d'une liaison amoureuse avec François. Elle le fait entrer chez elle, l'embrasse et l'invite à revenir chaque soir. De ce point de vue, le personnage de Marthe confirme la vision masculine traditionnelle de la femme qui par le mariage passe du statut d'oie blanche, « la fille dont l'innocence est fondée sur l'ignorance totale de son sexe et de son corps[1] », à celui de femme émancipée. Quittant le domicile parental régi par les contraintes familiales et sociales, cette femme peut vivre une liaison extraconjugale en l'absence du mari. L'immédiat après-guerre a ravivé les angoisses masculines face à l'émancipation des femmes, en partie liées aux infidélités dont les prisonniers de guerre ont la hantise durant le conflit. François de son côté est enfermé dans une idéologie patriarcale selon laquelle l'homme doit être l'initiateur, l'innocence et la virginité étant exigées pour une femme, « le conditionnement de l'être féminin au profit de l'être masculin[2] ». Alors qu'ils viennent de passer ensemble une nuit d'amour passionnée, François exprime sa frustration, obsédé par l'idée qu'il n'est pas le « premier ». Le plan qui cadre en plongée les deux amants permet de comparer leurs attitudes et de saisir leurs émotions. Gérard Philipe joue sur le registre du cynisme : les traits de son visage figé, la dureté du ton de sa voix traduisent la rigidité du personnage, puis témoignent de l'immaturité du jeune homme (il se comporte comme un enfant jaloux) et de son aliénation aux normes masculines (voir ill. page suivante).

Le personnage de François est une figure complexe et contradictoire car s'il désire devenir un homme, il n'en a ni l'apparence ni le comportement. Lorsque Marthe lui apprend qu'elle est enceinte, François perd toute maîtrise de la situation. Il redevient un adolescent qui, au-delà de la réalisation de ses fantasmes, se trouve confronté aux exigences du rôle de père. Alors qu'il dit vouloir s'engager avec Marthe, en assumant pleinement la place de l'« homme » et du père, ses gestes montrent le contraire. Les mouvements saccadés de François traduisent les angoisses du personnage. Il tremble de tout son corps, parle d'une voix chevrotante, boit deux grands verres d'eau cul sec, se mordille les ongles. Des gros plans sur son

1. Yvonne Knibiehler, Marcel Bernos, Élisabeth Ravoux-Rallo et Eliane Richard, *De la pucelle à la midinette. Les jeunes filles de l'âge classique à nos jours*, Paris, Messidor, 1983, p. 91.
2. *Ibid.*

Gérard Philipe et Micheline Presle dans *Le Diable au corps* (Claude Autant-Lara, 1947).

visage révèlent des gouttes de sueur qui confirment son incapacité à assumer un rôle d'adulte.

Dans la dernière partie du film, Marthe quitte François. Elle prend le train pour Quimper et se rend chez sa grand-mère où elle désire mettre au monde son enfant. La confrontation des deux personnages dans le train pointe différents degrés de maturité qui renvoient François à son statut d'enfant. Le plan rapproché frontal donne accès aux réactions et aux registres de jeu opposés des acteurs. Si Micheline Presle joue sur le mode unique de la sincérité et apparaît comme une femme responsable, Gérard Philipe oscille entre cynisme et extrême sensibilité. Arborant une raideur corporelle, les bras croisés, le visage dur et le regard accusateur, il montre en même temps les désirs de tendresse du personnage. Garçon perdu qui manque de confiance, François prend momentanément le masque de la froideur. Celle-ci disparaît quand il pose sa tête sur l'épaule de Marthe qui lui caresse affectueusement le visage en murmurant : « J'ai deux enfants. » Il y a dans cette scène une dimension maternelle. Les sautes d'humeur (pleurs, colères...) de François révèlent un manque de contrôle émotionnel lié à sa jeunesse. Si l'hyperémotivité, traditionnellement codée comme féminine, est perçue comme une faille dans l'idéal viril, elle est ici excusée par l'âge du personnage.

Dans *Le Diable au corps*, la mise en scène centrée en grande partie sur François invite le public à s'identifier à lui. Les plans rapprochés font partager ses émotions. Pour rendre son personnage authentique, Gérard Philipe déploie un jeu complexe : son attitude est froide et distante lorsqu'il endosse le rôle de l'homme. Il arbore un visage fermé, un regard dur, des lèvres pincées et sa gestuelle est restreinte et contrôlée. Sa voix est grave et sèche. Mais le rôle de François exige aussi une énergie juvénile. Le regard fixe, les yeux écarquillés, la bouche souriante, il admire visiblement Marthe et comme l'écrit une des lectrices de *Cinémonde* : « Avec cela, allez savoir s'il vous parle sérieusement ou s'il ne se moque pas de vous quand, de sa voix la plus douce, il vous raconte les plus invraisemblables histoires » (n° 723, 06.07.1948).

À la Libération, l'oubli des humiliations de l'Occupation passe par la réaffirmation de la virilité, une reprise en main du corps des femmes et une condamnation implicite de leur désir et de leur sexualité[1]. Les représentations filmiques se font le relais de la misogynie ambiante, surtout dans les films du réalisme noir où les hommes sont souvent victimes de femmes maléfiques[2]. Dans une société patriarcale où les hommes souhaitent retrouver leurs prérogatives d'avant-guerre, *Le Diable au corps*, en proposant une figure masculine ambivalente, semble illustrer les contradictions de la période. Le personnage de François associe la sensibilité et la fragilité de l'enfant, deux traits qui assouplissent les raideurs du modèle viril antérieur. Dans un contexte conservateur où les jeunes filles et les femmes, contraintes par des normes familiales et sociétales, font l'objet d'une surveillance accrue, l'image de Gérard Philipe peut donc sembler plus désirable à ces spectatrices.

Le Diable au corps est accueilli par la critique comme un des grands films de l'année. À l'instar de Roger Vailland dans *L'Écran français* (n° 116, 16.09.1947), on salue « le plus sensuel et le plus pathétique des films d'amour. [...] Ce film apporte, en effet, un message, qui est celui de la jeunesse éternelle, souvent en désaccord

1. Fabrice Virgili, *La France « virile ». Des femmes tondues à la Libération*, Paris, Payot, 2000.
2. Noël Burch et Geneviève Sellier, *La Drôle de guerre des sexes...*, *op. cit.*, p. 217-306.

avec les fatalités de l'histoire, mais toujours sincère, toujours naturelle, toujours pathétique ». Gérard Philipe est unanimement salué dans la presse cultivée et populaire, généraliste et spécialisée. Les propos de J.-M. Arlaud dans *L'Époque* (14.09.1947) en témoignent :

> Mais tout repose quand même sur Gérard Philipe sans qui ce drame des choses qui n'arrivent jamais ne serait pas supportable. Ce garçon grandi trop vite, ce tendre aux effarants cynismes, imposant sa volonté à une femme et se déconcertant lui-même, ce collégien au virage des jeux d'homme : ce rôle admirable et monstrueux, cette accumulation d'impondérables est si exactement traduit qu'il ferait douter des qualités de l'acteur et ferait croire à un personnage de peau, à une sorte d'auto-reportage. Comme nous avons déjà vu Gérard Philipe et qu'il n'en est plus à l'enfance qui joue le naturel sans le savoir, il faut bien reconnaître la confirmation d'un comédien complet. On peut prévoir, après le succès du film (car il aura du succès puisque l'on y pleure) que Gérard Philipe, déboulonnant les idoles actuelles, instituera un nouveau type de jeune premier assez proche du romantisme.

Cet article souligne bien l'émergence d'une *persona*. Il met en lumière l'élaboration d'un type singulier associant jeune premier et romantisme. Pour ces raisons, *Le Diable au corps* est un film charnière. Cependant *La Chartreuse de Parme*, réalisé l'année suivante, enrichit ce type en instaurant une objectivation par la mise en scène qui valorise une masculinité passive.

La Chartreuse de Parme : valorisation d'une masculinité passive

La Chartreuse de Parme sort le 21 mai 1948 sur les écrans français, totalisant 6,1 millions d'entrées, ce qui en fait un triomphe public. L'Occupation, l'après-guerre et les années 1950 témoignent d'un regain d'intérêt pour le film en costumes[1]. À la Libération, le drame en costumes constitue une part importante de la production et des succès d'audience[2]. Histoire inspirée du roman éponyme de Stendhal, *La Chartreuse de Parme* de Christian-Jaque est réalisé

1. Voir Susan Hayward, *French Costume Drama of 1950s. Fashioning Politics in Films*, Bristol, Intellect, 2010.
2. Entre 1945 et 1949, sur 447 films, 60 sont des films en costumes, ce qui représente 13,4 % de la production en France (*ibid.*, p. 18).

durant une période de reconstruction où la France tente de restaurer son identité nationale. Grâce aux adaptations littéraires, l'industrie cinématographique française espère retrouver à la fois son prestige d'avant-guerre et sa place sur le marché international. *La Chartreuse de Parme* est la plus grosse production depuis la fin de la guerre. En coproduction avec l'Italie, elle engage une équipe essentiellement française (réalisateur, acteurs, techniciens). Les films en costumes occupent une place considérable dans la carrière de Gérard Philipe et constituent ses plus gros succès[1]. *Fanfan la Tulipe* est celui qui a le plus largement contribué à l'image d'éternelle jeunesse de l'acteur, grâce à un jeu qui combine spontanéité, gaieté et humanité. Néanmoins, *La Chartreuse de Parme* pose déjà les bases du « héros romanesque »[2] et l'institue comme la star incontestée des drames costumés français. Dans les films en costumes, le corps masculin est souvent montré avec ostentation dans l'action mais aussi exhibé en tant que « corps-objet[3] ». Or dans *La Chartreuse de Parme*, le personnage de Gérard Philipe est plutôt défini par son impuissance et son inaction. Il incarne un homme doux, passif et objet de désir. La caméra se concentre sur le visage et le corps du comédien, le soumettant à une sorte de fétichisation visuelle. Cette objectivation par la mise en scène participe à l'élaboration d'une figure antipatriarcale. Gérard Philipe incarne Fabrice Del Dongo, un jeune homme de 23 ans, qui rentre à Parme après quatre années d'études chez les jésuites à Naples et après la bataille de Waterloo. Beau et séducteur, il entretient des liaisons avec des femmes mariées ou soumises à l'autorité d'un homme plus âgé. Au cours d'un duel, Fabrice tue l'un d'entre eux. Emprisonné, il tombe amoureux de la fille du gouverneur de la prison, Clélia Conti. Ils vivent une relation platonique jusqu'à l'évasion de Fabrice mais une fois ce dernier sorti, leur amour se révèle impossible. Clélia se marie sous la pression familiale, Fabrice est arrêté devant chez elle et remis en prison. Ils finiront par renoncer l'un à l'autre. Clélia part rejoindre

1. *Fanfan la Tulipe* totalise 6,7 millions d'entrées, *Les Belles de nuit* 3,4 millions, *Le Rouge et le Noir* 4,3 millions, et *Les Grandes Manœuvres* 5,3 millions.
2. Ginette Vincendeau, *Jean Gabin*, *op. cit*, p. 215.
3. Susan Hayward, « Jean Marais, icône du drame en costumes/historique : du *Comte de Monte Cristo* au *Chevalier de La Tour*, en passant par *Nez de cuir* – deux types de masculinité : corps bourreau et corps "martyrisé" », dans Gwénaëlle Le Gras et Delphine Chedaleux (dir.), *Genres et acteurs du cinéma français, 1930-1960*, Rennes, Presses universitaires de Rennes, 2012, p. 86.

son mari à Bologne et Fabrice s'enferme pour le restant de ses jours dans le couvent de la Chartreuse de Parme.

Le héros masculin de *La Chartreuse de Parme* est au cœur de toutes les stratégies narratives : les actes des autres personnages sont définis en fonction de lui. En tant que personnage principal, star et figure centrale du récit, Gérard Philipe devrait remplir le rôle du héros actif construit comme sujet du regard. Là où les codes filmiques traditionnels imposent que ce soit l'homme qui pose en premier son regard sur la femme[1], *La Chartreuse de Parme* remet en cause la hiérarchie genrée dans le champ visuel. Lors du bal d'anniversaire du prince Ernest IV, c'est Clélia Conti qui pose en premier son regard sur Fabrice. Un plan rapproché sur le visage de Renée Faure nous montre Clélia qui se retourne sur son passage. Le regard insistant, elle suit ses mouvements, Fabrice passe devant elle mais ne la remarque pas. Il s'avance vers le comte Mosca en disant avec un léger sourire : « Je crois que je n'ai pas plu au Prince » et Mosca répond : « On ne peut pas plaire à tout le monde. » Cet échange peut être perçu comme une adresse au spectateur, Fabrice/Philipe est un homme qui plaît aux femmes (et seulement aux femmes) dans le film et dans le public.

Dans les minutes qui suivent, la caméra capte dans un plan la Sanseverina et le comte Mosca qui observent Fabrice. La duchesse en disant : « Regardez-le » oriente la vision du comte et du spectateur. Nous remarquons ainsi le contraste entre le regard adorateur de la Sanseverina et le regard jalousement admirateur de Mosca. Fabrice/Philipe est donc objet du désir féminin et masculin. Le sentiment envieux des hommes est souligné par deux gros plans isolés sur les visages du comte Mosca et du prince. Ce dernier se mord les lèvres de jalousie en voyant la Sanseverina s'éloigner aux bras de Fabrice. L'alternance de plans rapprochés sur les personnages féminins et masculins qui observent et les plans larges sur Fabrice le construisent comme une source de fascination pour tous. De plus, le fait qu'il ignore leur regard renforce son pouvoir d'attraction. Comme le remarque Ginette Vincendeau dans son étude sur Jean Gabin, il s'agit de montrer combien le personnage et la star fonctionnent

1. Miriam Hansen, *Babel & Babylon. Spectatorship in American Silent Film*, Cambridge, Harvard University Press, 1991, p. 269.

comme « objet de désir universel[1] ». À l'instar de cette séquence, *La Chartreuse de Parme* construit Gérard Philipe en « homme-objet » et fait des personnages féminins le relais des spectatrices dans la fiction.

L'organisation des regards lorsque Fabrice est emprisonné et arrive dans sa cellule semblerait donc restaurer la hiérarchie traditionnelle. Le héros aperçoit Clélia du haut de la tour. La jeune femme le voit à son tour et entre dans le « pacte romantique en avouant le pouvoir de son regard[2] ». Or cette force est atténuée par l'expression de Gérard Philipe. Les gros plans sur son visage signifient la passion plutôt que le désir de conquête. Les yeux écarquillés et le sourire soulignent que Fabrice désire autant qu'il est désiré. Cette vulnérabilité face au sentiment amoureux – caractéristique codée comme féminine – est renforcée par les éléments de mise en scène : espace clos de la cellule, gros plans sur le visage de Gérard Philipe derrière les barreaux, silence, obscurité, perspective bouchée, etc. qui rappellent la dimension passive du héros masculin et soulignent de nouveau une inversion des normes de genre. Encerclé, immobilisé, impuissant et passif, Philipe propose un héros en rupture avec l'idéal masculin de force, d'autorité, de maîtrise, de pouvoir[3].

Dans *La Chartreuse de Parme*, les cadrages et éclairages dotent l'acteur d'une dimension érotique plus poussée que dans les films précédents, et singulière pour la période. Gérard Philipe bénéficie des cadrages les plus avantageux et d'un nombre de gros plans plus importants que ses partenaires féminines, un traitement généralement réservé aux actrices dans le cinéma classique. En ce qui concerne la production cinématographique française, quelques acteurs ont déjà été l'objet d'une telle fétichisation visuelle : Tino Rossi, Luis Mariano et Georges Guétary dans les comédies musicales ou dans les opérettes, Jean Gabin et Jean Marais dans des genres plus dramatiques. Les effets de surcadrage mettent en valeur les traits de son visage et sa beauté. La caméra révèle le corps de l'acteur par fragments. Les plans resserrés sont associés à des

1. Ginette Vincendeau, *Jean Gabin*, *op. cit.* p. 228.
2. Miriam Hansen, *Babel & Babylon*, *op. cit.* p. 269.
3. Régis Revenin, *Hommes et masculinité de 1789 à nos jours*, Paris, Éditions Autrement, 2007, p. 17.

plans d'ensemble qui le montrent dans des poses langoureuses. La sensualité de Gérard Philipe est renforcée par l'immobilité de son jeu silencieux ménageant des moments de contemplation érotique.

Généralement, la performance masculine doit être spectaculaire et s'exprimer en public. Lors de la séquence de l'évasion où il descend le long de la tour Farnèse, Gérard Philipe est offert aux regards. Les plans d'ensemble capturant la minuscule silhouette de l'acteur qui tient la corde à bout de bras insistent sur la prouesse de l'acte, la force physique et le courage du personnage. Or cette image d'une masculinité virile est atténuée par les plans rapprochés révélant la violence faite au corps : visage en sueur, bouche béante, yeux clignotants et mains en sang. Pour Steve Neale, cette image d'une masculinité souffrante, dans sa dimension spectaculaire, fait partie intégrante de la fétichisation visuelle des stars masculines[1]. Dans *La Chartreuse de Parme*, il est probable que ces moments de tension soient produits uniquement pour le regard du public féminin. Peut-on penser que de telles scènes suscitent la compassion des spectatrices et gênent les spectateurs en célébrant un héros masculin épuisé et blessé ? Le film est réalisé dans un contexte fortement marqué par la diffusion d'images des mutilés de guerre qui fonctionnent comme un réquisitoire contre les effets des combats sur les êtres humains[2]. La réaffirmation d'un pouvoir masculin après l'humiliation subie durant l'Occupation est donc contredite par la mise en valeur de la fragilité du héros. Dans les films en costumes, la prouesse physique est un signe rassurant de masculinité[3] mais dans cette scène le corps exhibé de l'acteur est objet de souffrance. Ces éléments masochistes placent le/la spectateur/trice dans une position sadique. C'est la vision du supplice infligé au corps de l'homme qui provoque le désir[4]. Le personnage masculin montré dans une position dominée est en contradiction avec le besoin de restaurer l'identité nationale à la Libération à travers la valorisation de l'acte héroïque, du corps conquérant et vigoureux des hommes.

1. Steve Neale, « Masculinity as Spectacle : Reflections on Men and Mainstream Cinema », dans Steven Cohan et Ina Rae Hark (dir.), *Screening the Male. Exploring Masculinities in Hollywood Cinema,* Londres, Routledge, 1993, p. 15.
2. Alain Corbin, Jean-Jacques Courtine et Georges Vigarello (dir.), *Histoire de la virilité*, tome 3 : « La virilité en crise ? XXe-XXIe siècle », Paris, Seuil, 2011, p. 201-223.
3. Susan Hayward, *French Costume Drama of 1950s*, *op. cit.*, p. 86.
4. *Ibid.*, p. 16.

Le physique androgyne de l'acteur, sa frêle et longiligne silhouette mettent aussi en valeur les vulnérabilités du corps masculin.

L'accueil réservé au film par la presse est plutôt froid : jugé à l'aune de la fidélité à l'œuvre littéraire, son succès critique semble souffrir du poids de la notoriété du roman et de son auteur. À l'image de Claude Hervin (*Paris-Presse*, 21.05.1948), la presse généraliste et sérieuse trouve :

> *La Chartreuse de Parme*... un précieux livre d'images. La *Chartreuse de Parme* de Stendhal est un pur joyau d'une incomparable beauté de style et d'une merveilleuse richesse de langue. *La Chartreuse de Parme* de Christian-Jaque est un vaste monument écrasant de solennité, de grandeur et de pompe glaciale croulant sous le luxe, les ors et la pourpre mais dépourvu d'âme et de vie. Tout y est sec et froid, les êtres et les choses semblent pétrifiés par un coup de baguette de quelques mauvaises fées.

L'histoire a été simplifiée pour que la projection du film ne dépasse pas la durée habituelle ; et elle apparaît pour Jean Fayard (*Opéra*, 26.05.1948) comme « du romantisme à la sauce existentialiste ». Les critiques désapprouvent la performance de Gérard Philipe. Sans remettre en cause le talent de l'acteur, ils n'apprécient guère son interprétation. Jean Néry (*L'Écran français*, n° 152, 25.05.1948), qui conservait un souvenir ému de sa prestation dans *Le Diable au corps*, trouve que son personnage « manque de consistance », il l'aurait voulu un peu plus « solide ». Pour Jean Fayard, « une fois de plus Gérard Philipe, très bon acteur, ne m'a nullement convaincu ». Gérard Philipe « est beau, simple et modeste » mais reste cependant « débordé par le personnage de Fabrice Del Dongo dont le souvenir l'écrase d'un bout à l'autre du film ». À l'aune de ces jugements émerge une dichotomie entre la culture savante et la culture de masse. *La Chartreuse de Parme* est un film en costumes, genre qui traditionnellement met en scène des « hommes-objets » et vise un public majoritairement féminin[1]. Pouvons-nous faire l'hypothèse que cette gêne de la part des critiques – tous des hommes issus de l'élite cultivée – vient non pas de l'interprétation de l'acteur mais plutôt de l'image de masculinité que projettent le personnage et l'acteur dans le film ?

1. Ginette Vincendeau, *Jean Gabin*, *op. cit.*, p. 216.

Le Diable au corps et *La Chartreuse de Parme* promeuvent une masculinité ambivalente, véhiculée par le jeu de Gérard Philipe et ses personnages, qui révèle les contradictions des rapports de génération et de sexe à la Libération. Comme nous avons pu le remarquer, les diverses stratégies narratives et audiovisuelles jouent sur les règles de représentation du personnage et du jeu de l'acteur. Elles proposent ainsi plusieurs niveaux de lecture qui ouvrent aux spectateurs/trices des possibilités de projection et d'identification. Les choix de mise en scène permettent l'élaboration d'un modèle alternatif à la norme virile. À une période où les jeunes générations et les femmes aspirent à une plus grande liberté, Gérard Philipe semble donc dans ces représentations filmiques incarner une forme de résistance culturelle aux injonctions qu'ils/elles subissent.

L'image de Philipe fait le lien entre les temps forts de l'Occupation et de la Libération. Alors que l'idéal masculin est le plus souvent entendu comme symbole de force et d'honneur national mobilisé chaque fois que l'avenir de la nation est en jeu, pour sa défense, son expansion ou sa reconstruction[1], la masculinité de l'acteur est décrite comme fragile et vulnérable. Dans *Le Diable au corps*, le discours est porté en grande partie sur la jeunesse comme moment acceptable de vulnérabilité (parce que provisoire). Mais *La Chartreuse de Parme* reconfigure l'image en exaltant l'impuissance et la passivité masculines. C'est aussi dans ce film que la « féminisation » de Gérard Philipe est construite par la mise en scène. Cette fétichisation visuelle devient caractéristique de la *persona* de la star et explique son succès auprès des spectatrices.

L'image de masculinité vulnérable que propose Gérard Philipe va faire l'objet d'un culte de la part d'un public plutôt jeune et féminin, comme en témoignent les commentaires parus dans le courrier des lecteurs de *Cinémonde*. Entre le tournage du *Diable au corps* et la sortie de *La Chartreuse de Parme*, 29 courriéristes écrivent sur Gérard Philipe, dont 23 femmes[2]. Ces données, bien que sommaires, semblent confirmer le succès de Gérard Philipe auprès du public féminin. Les critiques sur les films sont peu nombreuses, il est plutôt question du charme de l'acteur, de sa jeunesse et les demandes portent généralement sur sa vie privée. L'homme-

1. Régis Revenin, *Hommes et masculinité de 1789 à nos jours*, *op. cit.*, p. 17.
2. 4 de ces courriéristes sont des hommes, et 2 n'ont pu être identifiés.

réponse de la rubrique, Jean Talky, rassure les lectrices sur les qualités de ce « charmant garçon de 24 ans » (n° 660, 25.03.1947) qui « habite avec sa mère qu'il adore » (n° 710, 03.09.1948) et qui « a vraiment toutes les qualités, puisqu'il est même célibataire... » (n° 660, 25.03.1947). Le magazine préserve ainsi l'image d'un homme-enfant disponible pour les admiratrices et en décalage avec les normes patriarcales dominantes de l'époque.

Après la guerre, d'autres acteurs proposent des figures d'hommes doux : Bourvil en chanteur d'opérette ou Bernard Blier en « Français moyen ». Ils proposent une masculinité fragile, soumise ou infantile qui contraste avec la masculinité traditionnelle reposant sur le contrôle du corps. Plus proches des personnages féminins et des dominés, ils incarnent des hommes victimisés. Cependant, plus âgés, moins séduisants et désirables que Gérard Philipe, ils ne peuvent être construits en « hommes-objets ». En proposant à l'écran une figure d'homme non patriarcal, doux, susceptible d'être séduit, qui se laisse aller à la tendresse et renie les relations fondées sur des rapports de force, Gérard Philipe exprime une « virilité en crise » [1] propre au XXe siècle.

Dans les années 1950, l'acteur s'éloignera de cet idéal romantique pour incarner des séducteurs cyniques. Dans *Monsieur Ripois* (René Clément, 1954), *Le Rouge et le Noir* (Claude Autant-Lara, 1954), *Les Grandes Manœuvres* (René Clair, 1955) ou *Les Liaisons dangereuses* (Roger Vadim, 1959), il campe un nouveau type de personnage assoiffé de reconnaissance personnelle et de réussite sociale. Jeunes ambitieux manipulateurs, les héros plus sombres qu'il joue fascinent et irritent. L'image de la star à l'écran contraste avec le portrait de l'homme à la ville, qui, après son mariage avec l'ethnologue-cinéaste Nicole Fourcade le 29 novembre 1951, incarnera un amoureux fidèle, bon mari et bon père, modèle d'intégrité publique et privée. Si Gérard Philipe continue de proposer une image de masculinité non conforme aux normes patriarcales, sa *persona* se modifiera donc sensiblement.

1. Alain Corbin *et al.* (dir.), *Histoire de la virilité*, *op. cit.*

Susan Hayward

DANIEL GÉLIN : L'ÉTOILE-FILANTE DE *CINÉMONDE* (1947-1958)

La carrière cinématographique de Daniel Gélin pendant cette période de l'après-guerre (1945-1958) est composée de trois phases : avant-jeune premier ; jeune premier ; post-jeune premier. Cette composition tripartite fut en partie voulue par Gélin lui-même, et en partie dictée par la réception du public. Cependant, l'évolution qu'elle suggère se révèle moins marquée dans *Cinémonde*. Pour le magazine – pour la rédaction comme pour les lecteurs – il y eut l'époque tumultueuse des « Daniel » (Delorme et Gélin) de 1947 à 1954 jusqu'à leur divorce ; puis l'époque plus calme, rangée même, de Gélin avec sa seconde femme, l'ex-mannequin Sylvie, de 1955 à 1958. Étrangement, que ce soit le Gélin de l'époque des « Daniel » avec son mode de vie agité (alcool, drogue, nuits blanches, mariage ouvert) ou le Gélin assagi sous l'aile de Sylvie (cures de désintoxication, jus de fruits, visites éclairs aux soirées de gala, etc.), il semble que ni l'un ni l'autre n'aient véritablement séduit *Cinémonde*. Seuls quelques fans – dont les opinions paraissaient dans la rubrique du courrier des lecteurs intitulée « Potinons » – exprimaient leur admiration pour Gélin, ainsi qu'un journaliste, Georges Beaume, qui estimait le talent de cet acteur. Effectivement, ainsi que nous allons le voir, comparé à d'autres jeunes premiers de cette période comme Jean-Claude Pascal, Gérard Philipe, Raymond Pellegrin, et d'autres acteurs moins jeunes comme Jean Marais et Luis Mariano, Gélin était assez rare dans les pages de l'hebdomadaire.

Pour analyser le discours de *Cinémonde* sur Daniel Gélin, nous commencerons par faire le bilan de sa présence dans ce *fan magazine* au cours des trois époques qui constituent sa carrière pendant les douze années que comprend cette étude ; nous examinerons ensuite son image dans le courrier des lecteurs du magazine, la rubrique « Potinons ».

Les trois époques de Daniel Gélin

Gélin dans l'ombre de sa femme : 1947-1951

Pendant cette époque, Gélin tourne dix films. Il perce avec *Rendez-vous de juillet* (Jacques Becker) en 1949. Cependant, il faut attendre mai 1951 pour que *Cinémonde* commence sérieusement à lui prêter attention, et jusqu'à la fin de cette même année pour que l'hebdomadaire constate qu'il est en « tête d'affiche » et le décrive comme « une des 4 comètes au firmament de 1951 » (n° 908, 29.12.1951) – alors que Gélin a déjà tourné cinq films au succès notable : *Rendez-vous de juillet* (Jacques Becker, 1949, 1,8 million d'entrées) ; *Dieu a besoin des hommes* (Jean Delannoy, 2,7 millions d'entrées), *La Ronde* (Max Ophuls, 1,5 million d'entrées) et *Édouard et Caroline* (Jacques Becker, 1,6 million d'entrées), tous en 1950 ; ainsi que *Les Mains sales* (Fernand Rivers, 1,4 million d'entrées) en 1951[1]. Avant cette mention louangeuse, les quelques commentaires sur Gélin parlaient plutôt de lui dans l'ombre de son épouse, Danièle Delorme, qui en 1950 est célébrée pour son rôle éponyme dans *Gigi* (Jacqueline Audry, 1949) : « le pauvre Gélin, c'est embêtant » (n° 856, 30.12.1950), écrit par exemple le magazine à propos de la soirée des Victoires du cinéma, le prestigieux prix ayant été remporté par sa femme. Autrement, *Cinémonde* répertoriait ses bagarres au Quartier latin (n° 907, 22.12.1951). Pendant cette période, si mention est faite d'un film où paraît Gélin, dans un rôle même de premier plan, très souvent l'article parle à peine de sa prestation et se concentre plutôt sur son ou sa partenaire (comme par exemple avec *Dieu a besoin des hommes, Édouard et Caroline, Les Mains sales,* où on lui préfère Fresnay, Vernon et Brasseur respectivement[2]).

1. Les chiffres pour les films de Gélin proviennent de Simon Simsi, *Ciné-Passions. 7e art et industrie de 1945 à 2000*, Paris, Dixit, 2000.
2. *Cinémonde*, n° 823, 15.05.1950 ; n° 856, 30.12.1950 ; n° 877, 26.05.1951, respectivement.

Tout n'est pas sombre, cependant ! Désormais la visibilité de Gélin augmente progressivement dans *Cinémonde* (1947-1951), ainsi que le montre le tableau ci-dessous :

Année	**1947**	**1948**	**1949**	**1950**	**1951**
Nombre de films	*4*	*1*	*1*	*4*	*2*
Rubrique :					
Potinons	1	1	0	0	2
C'est arrivé cette semaine	0	0	1	0	1
Interview avec DG	1	0	0	0	0
Long article sur DG	0	0	0	0	0
Court article sur DG	0	1	0	2	5
Article/critique de film	0	0	1	3	5
Total	**2**	**2**	**2**	**5**	**13**
Photo couverture	0	0	0	0	0
Photo 2 personnes ou plus	4	1	5	16	19
Photo solo	3	1		10	17
Total	**7**	**2**	**5**	**26**	**36**

Visibilité de Daniel Gélin dans Cinémonde *(première époque, 1947-1951).*

Et à vrai dire, les premières années, on a tout lieu de croire que cela commence bien pour Gélin dans *Cinémonde.* Dans l'interview de 1947, on nous parle « d'un jeune gars de vingt-six ans [...] d'un charme fort sympathique » dont « tous les projets semblent organisés. Tout est prévu, mis au point en lui » (n° 690, 21.12.1947). Or, dès 1948, on laisse penser que Gélin est plus byronien que prince charmant. Voici son profil : « tourmenté, la mèche en bataille, un œil noir qui nous regarde révolté, [Gélin] n'a pu résister à la tentation de Barbizon[1] ; jeune, impétueux, la bouche rêveuse et déjà un métier fou » (n° 712, 23.03.1948). L'année suivante, *Cinémonde* commence à spéculer (dans la rubrique « C'est arrivé cette semaine ») sur un divorce entre « les Daniel » en faisant allusion à une troisième personne – *Cinémonde* est au courant de leur mariage « ouvert » (n° 765, 04.04.1949) – mais l'écho se termine en disant qu'il s'agit d'un « faux bruit ». Peut-être les rôles que Gélin a endos-

1. *La Tentation de Barbizon* est le titre du premier film où il a un rôle important, tourné en 1946 sous la direction de Jean Stelli.

sés pendant cette période n'ont-ils pas aidé à donner de lui une image flatteuse : un type tourmenté (*Le Mannequin assassiné*, Pierre de Hérain, 1947), un fils matricide qui se suicide (*Dieu a besoin des hommes*), un jeune existentialiste, style Saint-Germain-des-Prés (*Rendez-vous de juillet*).

En 1951, *Cinémonde* commence à mentionner Gélin un peu plus souvent – treize fois – ce qui n'est pas énorme étant donné les films importants qu'il a déjà tournés (voir ci-dessus). Il faut attendre 1952, « l'Année Gélin » selon Georges Beaume (le spécialiste des portraits dans *Cinémonde*, voir le n° 922 du 04.04.1952), l'année où l'acteur remporte sa première (et seule) Victoire, où il tourne six films et devient lui-même réalisateur pour *Les Dents longues*. Désormais, Daniel Gélin accède au statut de jeune premier.

Daniel Gélin jeune premier : 1952-1955

Ces quatre années représentent indubitablement l'époque la plus mouvementée dans la vie personnelle et professionnelle de Gélin. Le voici qui se mue en jeune premier avec une longue liste de films à succès (avec en moyenne un taux d'audience de 2,3 millions). C'est le zénith de sa carrière, certes, mais au niveau de sa vie privée c'est plutôt le trou noir. Le public ne connaît pas encore son côté autodestructeur, cependant le très perspicace Georges Beaume n'hésite pas à écrire dès 1952, dans son long article sur Gélin : « Le visage creux, ce teint livide de noctambule quêtant sa perte, ces tics de joueur, cet œil de braise sous la mèche lasse, tout un style de vie qui a fait des ravages [...] trouve en Gélin son dieu et son prophète » (*ibid.*). Beaume a peur que Gélin ne gaspille son talent. Et pour cause, car Gélin brûle la chandelle par les deux bouts, joue la carte du mariage ouvert avec Danièle Delorme tout en sachant que ce choix les chagrine tous les deux et « qu'ils se déchirent à belles dents », comme il l'avoue à Beaume[1]. Dans ce contexte, le film qu'il dirige à l'époque, *Les Dents longues* (où un journaliste très ambitieux et sans scrupules met en péril son mariage), a des accents autobiographiques, d'autant plus que le rôle de sa femme dans le film est joué par Danièle Delorme. De plus, sur les dix-sept films qu'il

1. Maria Schneider, sa fille naturelle, est née pendant cette période (1952), mais Gélin ne l'a jamais reconnue officiellement.

Daniel Gélin et Danielle Delorme (*Les Dents longues*, Daniel Gélin, 1952), couverture de *Cinémonde* n° 952, 31 octobre 1952.

tourne à cette époque, huit sont très noirs. Il se suicide dans deux d'entre eux (*La Minute de vérité*, Delannoy, 1952 et *L'Affaire Maurizius*, Julien Duvivier, 1954) ; choisit la mort après une jeunesse abjecte dans *La neige était sale* (Luis Saslavsky, 1953) ; se drogue et devient fou dans *L'Esclave* (Yves Ciampi, 1953) ; trouve la mort comme toréador, le cœur brisé dans *Sang et lumière* (Georges Rouquier, 1954) ; fuit le bonheur dans *Les Amants du Tage* (Henri Verneuil, 1955) ; tandis que dans *Rumeur publique* (Maurizio Cognati, 1954), il est – comme dans *Les Dents longues* – un journaliste sans scrupules qui (cette fois) est tué par une de ses victimes.

Voyons maintenant le bilan de sa visibilité dans *Cinémonde* :

Année	**1952**	**1953**	**1954****	**1955*****
Nombre de films	*6*	*4*	*6*	*1*
Rubrique :				
Potinons	8	23	16	9
C'est arrivé cette semaine	3	5	4	0
Interview avec DG	(3*)	0	1	0
Long article sur DG	3	0	3	0
Court article sur DG	20	14	10	1
Article/revue d'un film	5	6	7	2
Total	**39 (42*)**	**48**	**41**	**12**
Photo couverture	3	2	2	0
Photo 2 personnes ou plus	47	19	20	3
Photo solo	33	30	25	0
Total	**83**	**51**	**47**	**3**

Visibilité de Daniel Gélin dans Cinémonde *(deuxième époque, 1952-1955).*
*Trois interviews avec Danièle Delorme où celle-ci parle de Gélin. **Gélin divorce de Danièle. ***Il épouse Sylvie.

Par rapport à l'époque précédente, Gélin est donc beaucoup plus en vue dans *Cinémonde.* Impossible aussi de ne pas noter, dans ce bilan, trois années de surmenage professionnel (1952-1954), suivies d'une année, 1955, lorsqu'il épouse Sylvie, où il apparaît à peine dans le magazine. Mais si, pendant ces trois années d'activité intense, *Cinémonde* n'a de cesse de scruter cet acteur, c'est sans approfondir : sur 72 articles, seuls 6 articles longs cherchent à discuter soit de son talent d'acteur (4 articles), soit de sa vie personnelle (2 articles y compris celui portant sur l'annonce que « Les Daniel divorcent », dans le n° 1034, 28.05.195). Les articles courts se focalisent le plus souvent sur ses multiples liaisons[1]. De ses talents d'acteur on parle moins, sauf pour signaler son « goût du réalisme » (n° 960, 26.12.1952), sa volonté d'endosser des « rôles écrasants » (n° 961, 02.01.1953), ou bien pour commenter son image. Par exemple : « Devenu l'un des

1. *Cinémonde*, n° 943, 29.08.1952 ; n° 944, 05.09.1952 ; n° 945, 12.09.1952.

LA FIN D'UN ROMAN MOUVEMENTÉ : LES "DANIEL" DIVORCENT

LES GRANDS AMOURS DU CINÉMA

« La fin d'un roman mouvementé : les "Daniel" divorcent »,
Cinémonde n°1034, 28 mai 1954.

chefs de file de sa génération, il est l'incarnation aujourd'hui la plus populaire de la jeunesse intellectuelle et du romantisme rive-gauche » (n° 962, 09.01.1953). Ce label de romantisme, cette appellation de « jeune premier sombre et byronien », semble lui coller à la peau pendant cette époque. Dans ce registre, l'hebdomadaire l'accuse d'être « un mari intermittent [...] un noctambule casseur de verres, brûleur de "dur" des voyages au bout de la nuit » (n° 968, 02.02.1953). Si la rédaction de *Cinémonde* fait peu de cas de l'acteur Gélin jusque-là, nous verrons que la situation est différente dans la rubrique du courrier des lecteurs, « Potinons », au cours de la dernière période, où on semble s'intéresser à l'homme comme à l'acteur, bien que cela soit souvent pour critiquer son interprétation ; et nous remarquerons combien Gélin suscite l'intérêt de certains lecteurs et lectrices pendant ces années troubles. Même après le divorce, en 1955, une année où il est peu visible dans *Cinémonde*, les fidèles de « Potinons » continuent à parler de lui.

Daniel Gélin après-jeune premier : 1956-1958

C'est en 1956 que Gélin déclare dans *Cinémonde* (n° 1135, 10.05.1956) qu'il renonce aux rôles de jeune premier – il a alors 35 ans. On peut remarquer, dans le tableau ci-dessous, qu'il est de nouveau nettement moins visible dans le magazine, comme pendant la première époque :

Année	**1956**	**1957**	**1958**
Nombre de films	*4*	*4*	*3*
Rubrique :			
Potinons	7	1	7
C'est arrivé cette semaine	4	3	2
Interview avec DG	0	0	1
Long article sur DG	1	0	2
Court article sur DG	9	11	5
Article/revue d'un film	4	2	1
Total	**24**	**17**	**17**
Photo couverture	0	1	0
Photo 2 personnes ou plus	17	18	7
Photo solo	9	8	10
Total	**26**	**27**	**17**

Visibilité de Daniel Gélin dans Cinémonde *(troisième époque, 1956-1958).*

Gélin s'est remarié et s'est « rangé ». Cependant, les discours sur l'acteur dans *Cinémonde* demeurent ambigus. D'une part, on semble applaudir son nouveau mode de vie – par exemple : « [Gélin] a changé de femme, de genre de vie, et veut reprendre une place qu'il avait, un instant, compromise » (n° 1117, 05.01.1956) ; « Daniel n'est resté que quarante-huit heures au Festival [de Cannes] [...] Il n'a bu que du soda » (n° 1135, 10.05.1956) ; « Daniel a bu un jus de pêche (suave allusion au teint de Sylvie) » (n° 1136, 17.05.1956) ; on note aussi la « visite éclair » des Gélin à Saint-Tropez (n° 1150, 23.08.1956). Il semblerait que Sylvie le surveille de près, surtout dans les endroits où la tentation est partout présente. Dans ce contexte, l'impression donnée par *Cinémonde* est que l'ancien Daniel Gélin n'existe plus.

En revanche, à deux exceptions près où les appréciations sont laudatives, les articles portant sur les films où il est en tête d'affiche soit parlent très peu de lui et se focalisent sur les autres acteurs, soit semblent approuver sa prestation pour émettre ensuite des réserves, soit choisissent des photos peu flatteuses. Cet effacement de Gélin au profit de ses partenaires à l'écran se constate à propos de *Paris canaille* (Pierre Gaspard-Huit, 1956) et Dany Robin (n° 1131, 12.04.1956), *En effeuillant la marguerite* (Marc Allégret, 1956) et Brigitte Bardot (n° 1156, 04.10.1956), *Je reviendrai à Kandara* (Victor Vicas, 1957) et François Périer (n° 1174, 07.02.1957), *Retour de manivelle* (Denys de La Patellière, 1957) et Michèle Morgan (n° 1191, 06.06.1957). Dans d'autres cas, on trouve des remarques dévalorisantes : « Daniel a tourné (à Hollywood) *L'Homme qui en savait trop*, un film de Hitchcock, dans lequel il a quatre mots à dire » (n° 1136, 17.05.1956) ; « Agnès (B.B.) ne parvient pas à s'expliquer la sympathie qu'elle éprouve pour Daniel, le souriant et petit journaliste » (n° 1156, 04.10.1956) ; « Daniel Gélin accumule, des années durant, les héros les plus morbides, dans les films les plus noirs. Il y eut, bien sûr, *La Ronde* puis *Édouard et Caroline*, mais c'est surtout lors de sa perte de vitesse que l'on songea à lui pour de petites comédies » (n° 1195, 04.07.1957), et sur *Retour de manivelle* : « Cette histoire fait un très bon film, grâce d'abord à l'interprétation remarquable de bout en bout (Michèle Morgan et Gélin "datent" cependant, à cause de leur coiffure, sans doute) » (n° 1207, 26.09.1957). En dernier lieu, *Cinémonde* propose (suffisamment souvent pour qu'on ne puisse pas parler de hasard) des photos de plateau de l'acteur, qui suggèrent une certaine lubricité – par exemple, une photo où il est entouré de « deux ravissantes Eurasiennes » ; trois photos où B.B. « s'est amusée à "répéter" avec art une scène de baiser » avec Gélin ; une photo d'une « scène très sexy » où Gélin est torse nu dans un lit, savourant une cigarette post-coïtale[1].

Si l'on fait le bilan des trois moments de cette période de sa carrière (1947-1958), Gélin figure peu dans *Cinémonde* – seulement 224 fois sous forme d'articles, lettres et échos, soit en moyenne 18,5 fois par an. Quoi qu'il fasse, il semble que, pour le magazine, Gélin restera toujours au second rang. Quand il est jeune premier et après, *Cinémonde* déclare qu'il fait partie du groupe d'acteurs qui « ont droit à la tête d'affiche »[2] (il ne fait pas partie des stars ni des super-stars, tels Gabin, Philipe, Fresnay, Fernandel et même

1. Respectivement : *Cinémonde*, n° 1151, 30.08.1956 ; n° 1155, 27.09.1956 ; n° 1251, 31.07.1958.
2. Voir par exemple : *Cinémonde*, n° 908, 29.12.1951 ; n° 1065, 31.12.1954 ; n° 1117, 05.01.1956 ; n° 1220, 26.12.1957.

Eddie Constantine, dont les succès au box-office sont nettement plus importants). Lorsqu'on le compare avec d'autres acteurs de sa génération, le périodique a tendance à le mettre au second plan. Ainsi, bien qu'une photo de Gélin soit utilisée pour illustrer un article intitulé « Voici les hommes de votre vie de spectatrices », l'article lui-même ne parle pas de cet acteur, mais plutôt de Marais, Pascal et Philipe (n° 1131, 12.04.1956). Dans un texte sur les Don Juan français intitulé : « Depuis Marais et Philipe, les Françaises n'ont pu aimer qu'un seul nouveau Don Juan », on peut lire :

> Il semble y avoir une pénurie de « princes charmants » en France, car Eddie Constantine est un cas « spécial », tandis qu'avec Daniel Gélin, style négligé de Saint-Germain-des-Prés, on a vu le règne d'un type inattendu de séducteur ! Seul Jean-Claude Pascal a renoué avec la grande tradition des vraies « idoles » du cinéma. Il a la beauté, l'élégance et le romantisme d'un « héros » qui suscite depuis toujours l'engouement des spectatrices. (n° 1200, 08.08.1957)

La modernité de Gélin n'a pas su plaire à la rédaction de *Cinémonde*. Cependant, l'audience moyenne de ses films (2,1 millions d'entrées en moyenne) est analogue à celle des acteurs avec lesquels il est souvent comparé à l'époque : Pascal (2,1 millions), Philipe (2,6), Marchal (2,2), Marais (2,1) et Pellegrin (2,1). Par rapport à ses rivaux, il lui manque sans doute un grand succès qui le ferait sortir du lot. Voyons maintenant ce qu'en disent les cinéphiles du courrier des lecteurs.

« Potinons » discute de Gélin

Dans « Potinons », Jean Talky passe en revue les lettres reçues par la rédaction, répond à des questions, défend ses propres opinions et de temps en temps cite un extrait sans publier intégralement les lettres de ses correspondant-e-s. Ainsi, « Potinons » est une rubrique à trois voix : celle, directe, qui transmet l'opinion du/de la correspondant-e sous forme de citation plus ou moins brève ; celle, indirecte, par laquelle Talky paraphrase l'avis du/de la correspondant-e ; enfin, les propos de Talky lui-même, qui soit dialogue avec le/la correspondant-e, soit fait valoir ses propres opinions (en l'occurrence, sur Gélin).

Parmi les lecteurs/trices qui contribuent à « Potinons », *Émaux et Camées* est celle qui apprécie le plus Gélin et qui déplore régulièrement que *Cinémonde* ne parle pas assez de son « favori » : « *Émaux et Camées* est indignée. Pas le moindre petit Gélin (qui) tournait sans arrêt et [...] nous n'avons pu, à notre grand regret, faire un reportage sur lui » (n° 960, 26.12.1952). Ceci dit, elle n'écrit à son sujet (ou bien ses propos ne sont pas repris) que 25 fois au cours des douze années. Les deux années où elle revient le plus souvent sur son « favori » sont 1952 (« l'Année Gélin ») et 1953 (le zénith de sa carrière).

Elle n'est cependant pas la première à en parler. En 1947 et 1948, deux jeunes fans se déclarent intéressées par ce nouvel acteur, l'une, *Suzy*, de façon discrète (elle cherche à savoir la couleur de ses yeux : voir le n° 673 du 24.06.1947), l'autre, *Annie*, beaucoup plus effrontément :

> Voyons, *Annie*, vous avez 22 ans, vous suivez des cours d'art dramatique ; vous n'êtes donc plus une « gamine » et vous m'écrivez à propos de Daniel Gélin une lettre que n'oserait même pas signer une enfant de 15 ans ! Vous l'avez vu « une fois » et vous êtes « follement amoureuse » de lui !!! Gélin est un garçon charmant, un artiste plein de talent, mais... mais vous l'aimeriez autant si... si au lieu d'être acteur de cinéma, il était ou comptable, ou épicier par exemple ! Ce que vous aimez, voyez-vous, ce n'est au fond qu'une belle image et je m'étonne qu'une future actrice se laisse prendre à ce mirage. (n° 720, 18.05.1948)

Au total, pour les années 1947-1958, il y a 75 lettres de « potineurs » et « potineuses » portant sur Gélin dont 70 expriment une opinion sur l'acteur (les 5 restantes demandent des renseignements sur lui). Sur les 70 lettres, 39 sont favorablement disposées envers l'acteur (56 %). Cependant, lorsqu'on entre plus dans le détail, une image moins flatteuse émerge. Si les lettres d'*Émaux et Camées* (25) sont toutes favorables, elles représentent néanmoins plus de la moitié des lettres en sa faveur (64 %). Pour ce qui en est des 45 autres lettres, elles se répartissent de la façon suivante : 19 favorables ; 18 défavorables ; 8 neutres. Ainsi, sans la contribution d'*Émaux et Camées*, on peut déjà discerner que, pour les « potineurs » comme pour la rédaction de *Cinémonde*, Gélin ne figure pas parmi les vedettes plus admirées – ou tout au moins l'opinion est partagée également entre admirateurs et critiques. Lorsqu'on considère le genre (*gender*) des potineurs, une même division se manifeste : sur les 9 hommes qui ont contribué, 5 apprécient Gélin et sur les 28 potineuses, 14.

Les lettres défavorables sont les plus frappantes par la teneur de leur critique. Par exemple, *Sans-pseudo* (de Nice)

> ne s'explique pas l'engouement général pour Daniel Gélin, qu'il a vu dans *Minute de vérité* et *Adorables Créatures*, et qu'il trouve « terne et inexpressif ». Selon lui, bien d'autres spectateurs sont de cet avis et ne goûtent guère le grand jeune premier, dernier cru, à cause, justement de sa personnalité très marquée. (n° 965, 30.01.1953)

Encore plus désagréable, *L'Ardente Louisiane* s'en prend à sa personne au point que Jean Talky la réprimande : « Pourquoi souhaiter tout le mal possible à Gélin, simplement parce qu'il vous déplaît ? Ignorez-le » (n° 1078, 01.04.1955).

Certaines de ces lettres comparent Gélin à d'autres comédiens : 4 fois favorablement (Philipe 2, Marais 1, Mouloudji 1) ; 12 fois défavorablement (Auclair 3, Brando 3 pour le rôle de Napoléon[1], Marais 3, Philipe 2). On lui reproche d'être moins bon acteur et d'avoir un physique moins attrayant que d'autres : *Anna Brienne* trouve que Michel Auclair est celui qui « dit le plus "vrai" avant Reggiani et Gélin » (n° 972, 20.03.1953) ; *Manon* pense qu'Auclair et non pas Gélin est « le meilleur jeune premier de sa génération » (n° 1000, 02.10.1953) ; et *Irène* « n'arrivera jamais à prendre Gélin au sérieux. C'est physique. [...] Elle lui trouve le style 1900 et ne voit pas du tout en lui le type de la jeunesse française. De Michel Auclair "le charme fait l'homme" » (n° 1036, 11.06.1954). Sur ce même ton acerbe, *Djinn* « trouve Gélin terrible : "il ressemble aux vendeurs de journaux négro-indiens de Lima." [...] Il aime Jean Marais cependant » (n° 1041, 16.07.1954, p. 29).

Par contre, *Stalag17* trouve que « Daniel est sensationnel et surpasse de beaucoup Gérard Philipe » (n° 1944, 06.08.1954). Et parmi celles et ceux qui n'aimaient pas Gélin, deux changent d'avis. Voici que *Djinn* « s'est réconciliée avec Gélin après *Sang et Lumière* » (n° 1065, 31.12.1954). *Djinn* est une correspondante

1. Daniel Gélin incarne Bonaparte dans la première partie du *Napoléon* de Sacha Guitry (1955) ; Marlon Brando incarne Napoléon dans *Désirée*, le film américain d'Henry Koster (1954).

d'Amérique du Sud, peut-être a-t-elle été séduite par le thème du film sur la corrida. Et *A. Dream* qui « détestait Gélin sans l'avoir jamais vu à l'écran à présent l'adore après avoir vu *Sang et Lumière* » (n° 1045, 13.08.1954). Les correspondantes d'Amérique du Sud n'apprécient pas Gélin et lui préfèrent Jean Marais (un physique plus musclé sans doute), que ce soit *Djinn, Nathalie Marais* ou *Pablita alias Argentine. Nathalie* pense que quand on a vu Gélin « dans un film on l'a vu dans tous » (n° 1057, 05.11.1954), tandis que *Pablita* se plaint « que Gélin se contente de géliniser dans *Sang et Lumière* »[1] (n° 1059, 19.11.1954).

Il y a bien sûr le camp « pro-Gélin » qui trouve qu'il n'est pas suffisamment présent dans les pages de *Cinémonde* (*Émaux et Camées, Kitty, Francine d'Oran, Mistigri* et *Suissesse*). *Annabel Delorme* « vient à [sa] rescousse » lorsque (faisant allusion au film de Decoin) elle déclare : « quand on connaît Gélin, on sait qu'il n'a pas besoin des complaisances d'un scénariste pour faire la conquête de quatre adorables créatures » (n° 1000, 02.10.1953). Mais ce n'est pas dans ces lettres-là que nous trouvons des analyses de ses performances d'acteur. Pour cela, c'est vers *Émaux et Camées* qu'il faut se tourner. En premier lieu, écoutons-la lorsque, par trois fois, Talky la cite directement. Ici, c'est le physique et la performance de l'acteur que défend *Émaux et Camées.* Dès 1952, elle déclare que Gélin n'est « pas beau, mais sympathique, naturel et si jeune » (n° 915, 15.02.1952) ; elle l'admire, « il a les yeux les plus beaux qui soient. Pourtant son physique est ingrat [...]. Mais il réussit à séduire : voilà le vrai talent » (n° 953, 07.11.1952) ; en 1953, elle reprend les mêmes thèmes : « un physique ingrat est un handicap qu'il faut infiniment de talent et de personnalité pour vaincre [...] Gélin n'est pas un jeune premier, mais un acteur. Vivent la personnalité et l'intelligence » (n° 1000, 02.10.1953). Intelligence et talent qui font que, pour *Émaux et Camées,* Gélin est « criant de vérité » (comme, par exemple dans *Retour de manivelle*). Jean Talky, quand il prend la parole, est visiblement moins fan de Gélin. À plusieurs reprises il constate chez l'acteur une tendance boulimique. Ainsi, « votre favori tourn(e) sans arrêt » (n° 960, 26.12.1952), puis « Daniel Gélin a plus de projets qu'il n'en pourra

1. Elle n'est pas la seule. *Bébé Cadum* se plaint que « Gélin reste Gélin » (n° 1102, 15.09.1955).

matériellement réaliser [...]. Bravo pour lui ». Cette tendance peut être commentée en bonne part : « Rien de plus triste que les gens qui n'ont pas, dans ce domaine, les yeux plus grands que leur ventre » (n° 927, 09.05.1952). Mais d'autres commentaires sont plus ambigus : « votre cher Daniel [...] ne semble pas encore décidé à quitter l'écran » (n° 967, 13.02.1953) ; « il est normal que D. Gélin, qui n'est pas louis d'or, ne plaise pas absolument à TOUT LE MONDE et, comme il tourne sans arrêt depuis deux ans, les enthousiasmes qu'on ne marchande jamais aux débutants vont commencer à se nuancer de certaines réserves. C'est la rançon, inévitable, du succès » (n° 974, 03.04.1953). Le responsable de la rubrique rappelle à *Émaux et Camées* combien Gélin est bagarreur : « votre favori a été mêlé à une affaire déplaisante au moment du gala de *Dieu a besoin des hommes*. Il a été assez rapidement mis hors de cause et a triomphé de certaines faiblesses, provoquées chez lui par un découragement passager et un désir avide de tout connaître et de tout expérimenter » (n° 937, 18.07.1952). Apparemment, Gélin était complètement saoul et s'est battu avec certains des invités (n° 907, 22.12.1951).

Si Jean Talky est peu complaisant dans les propos ci-dessus, néanmoins, c'est lorsqu'il dialogue avec *Émaux et Camées* que le débat sur le jeu d'acteur de Gélin devient intéressant. Ainsi, il est d'accord avec elle sur la qualité de son travail :

> Ne vous excusez pas de votre gélinisme croissant ; il est fort justifié. Vous avez découvert les qualités très personnelles de Gélin alors qu'il n'avait pas encore fait toutes ses preuves. Il est toujours agréable de vérifier qu'on ne s'est pas trompé, pour la confiance qu'on a en son propre jugement (surtout pour une timide comme vous) et pour la satisfaction de voir réussir quelqu'un qui le mérite. (n° 962, 09.01.1953)

Talky reproduit en outre fidèlement son appréciation du jeu minimaliste de Gélin :

> *Émaux et Camées* s'intéresse surtout, on le sait, aux films de D. Gélin. Elle a aimé *La neige était sale*, moins *Sang et Lumière*, et beaucoup *L'Affaire Maurizius*, surtout la scène muette entre Gélin et Walbrook, après le faux témoignage de ce dernier (elle souligne que tous les films de son favori comportent une scène de ce genre où tout s'exprime par le regard). (n° 1047, 27.08.1954)

Cependant, on trouve aussi de l'ironie et du sarcasme chez Jean Talky quand il semble suggérer que Gélin fait toujours du Gélin :

> Être peintre dans un film, pianiste dans l'autre et pêcheur de sardines dans le troisième, cela ne veut pas dire qu'on se renouvelle, si tous les personnages se rejoignent par un aspect de leur caractère : faiblesse, veulerie, sensibilité maladive, comme c'est le cas des créations de Gélin. Vous considérez toutefois que son registre est bien plus étendu que celui de la plupart des autres acteurs, et vous lui faites fidèlement confiance. (n° 1013, 01.01.1954)

Talky semble douter cependant que Gélin puisse s'épanouir dans des rôles romantiques : « Gélin en Werther[1] ? J'avoue que je trouve cela… inattendu ! mais pourquoi pas ? après tout » (n° 991, 03.07.1953).

Émaux et Camées n'est pas non plus sans opinion sur la vie personnelle de Gélin, surtout à l'époque de son divorce avec Danièle Delorme où elle

> déplore le divorce des Daniel, estime que Danièle aurait dû s'effacer davantage, se contenter d'être épouse et mère, et surtout ne pas imposer à son jeune mari la ribambelle familiale. De quoi chasser de la maison un époux moins séduisant et plus patient que Daniel. (n° 1047, 27.08.1954)

Elle se dit heureuse quand Gélin reforme un couple avec Sylvie : « Vous vous réjouissez au nouveau bonheur de votre favori Daniel Gélin. » *Émaux et Camées* aura le dernier mot à ce sujet dans une lettre écrite en 1958 où elle dit avoir été bouleversée par les confidences de Gélin :

> Quelle sincérité, qui force l'estime et même l'admiration car il est plus difficile de rentrer dans le droit chemin que de ne jamais le quitter. La tragédie qui a enlevé à Daniel son enfant, l'été dernier, aurait pu le faire retomber dans ses faiblesses passées. Mais Sylvie est vraiment, comme il le dit lui-même, son bon ange. Il est plus sobre, vrai, plus sensible que jamais dans ses derniers rôles. (n° 1234, 03.04.1958)

1. Pierre Richard-Willm avait interprété le héros de Goethe dans *Le Roman de Werther* de Max Ophuls en 1938.

Conclusion : une *persona* non conformiste

Pour conclure, cette période de la carrière de Gélin fut sans aucun doute la plus couronnée de succès, mais sa trajectoire dans *Cinémonde* par rapport aux autres stars et vedettes de cette génération fut pour le moins irrégulière. Quand il était marié avec Danièle Delorme, la rédaction lui reprochait sa vie de bohême, son côté existentialiste de Saint-Germain-des-Prés ; *Cinémonde* voyait en lui l'incarnation de la jeunesse dépravée d'après-guerre symbolisée chez lui par la drogue et le mariage ouvert. Mais plus tard, lorsqu'il s'assagit dans son mariage avec Sylvie, le magazine s'intéresse encore moins à lui.

Si on le compare à une autre star non conformiste de la période, Gérard Philipe, on constate que ni l'un ni l'autre ne font partie des jeunes premiers préférés de *Cinémonde,* ceux qui préservent les apparences d'une vie sociale rangée, conforme aux normes d'une certaine respectabilité bourgeoise, que ce soit dans la sphère privée ou dans la sphère publique, comme Jean Marais, Luis Mariano, Jean-Claude Pascal (ce qui ne manque pas d'ironie, s'agissant de trois homosexuels que *Cinémonde* préserve jalousement de tout soupçon). Daniel Gélin et Gérard Philipe ont en commun de transgresser ouvertement ces normes, le premier par sa vie privée agitée, le second par son engagement public aux côtés du PCF. Pour ce qui concerne Gélin, on peut penser que des raisons morales plus qu'idéologiques ont amené *Cinémonde* à faire preuve d'une certaine réserve à son égard. Mais si Gélin fut peu apprécié par la rédaction, qui ne semblait aimer ni son physique ni sa façon de se comporter en public ou en privé, il fut néanmoins bien défendu par une petite bande de potineurs et potineuses, et surtout *Émaux et Camées*. Tandis que la rédaction de *Cinémonde* jugeait plutôt l'homme, certains lecteurs savaient apprécier l'acteur.

Alain Boillat

STAR ET PERSONNAGE DANS LA GENÈSE FILMIQUE : EDWIGE FEUILLÈRE CHEZ AUTANT-LARA (1954-1958)[1]

Dans *Adorables Créatures* (Christian-Jaque, 1952), film dont le récit est construit sur le principe de la juxtaposition de « sketches » permettant de réunir plusieurs comédiennes en suivant le « fil rouge » des amours d'André (Daniel Gélin), Edwige Feuillère interprète le rôle de Denise, une richissime veuve mondaine, exubérante et toute occupée à diverses activités de philanthropie. La galerie des « créatures » – le pluriel de ce titre renforce le phallocentrisme du terme – exhibées sur l'écran et mises à distance par de fréquentes interventions en voix *over* d'un narrateur hétéro-diégétique railleur et détaché[2], peut être envisagée comme la transposition narra-

1. Cet article s'inscrit dans le projet « Discours du scénario : étude historique et génétique des adaptations cinématographiques de Stendhal » financé par le Fonds national suisse de la recherche scientifique (projet FNS 100013_149394/1) et mené dans le cadre de la collaboration UNIL + Cinémathèque suisse. Des compléments d'information portant sur les deux films d'Autant-Lara seront disponibles sur le site suivant dès mars 2015 : www.unil.ch/cinematheque-unil. Nous remercions les trois doctorants engagés dans ce projet, Laure Cordonier, Adrien Gaillard et Julien Meyer, pour l'assistance fournie au cours de la présente recherche. Les sources utilisées sont issues du fonds Claude Autant-Lara de la Cinémathèque suisse (CSL.5) ; les cotes données pour les références aux pièces de ce fond sont celles du catalogue de cette institution. En ce qui concerne la genèse du *Blé en herbe*, une première classification a été effectuée dans le cadre d'un mémoire de maîtrise universitaire réalisé sous notre direction par Claudine Bovin et soutenu en janvier 2014.

2. Ce narrateur assure à la fois la continuité entre les épisodes et l'emprise d'un discours patriarcal sur le récit. Sans doute faut-il voir dans le prologue scénique d'*Adorables Créatures* et dans un tel usage de la voix *over* l'influence de procédés à l'œuvre chez Sacha Guitry ou Max Ophuls. À cet égard, le film de Christian-Jaque – au même titre que *La Fête à Henriette* (1952) de Julien Duvivier, production « méta-scénaristique » sortie la même année – montre que le cinéma populaire français n'est pas rétif à toute forme de réflexivité.

tive de l'image véhiculée auprès du public de l'époque par chacune des actrices principales du film : ainsi rassemblées dans une même production, Danielle Darrieux, Martine Carol, Edwige Feuillère et Antonella Lualdi interprètent des rôles qui contrastent les uns avec les autres. Les mentions du générique, qui se présentent sous la forme d'autographes singularisant chacune des actrices, sont limitées à leurs seuls noms, le narrateur interrompant cette traditionnelle séquence liminaire en s'exclamant : « Assez de générique interminable ! Le nom de l'auteur, cela ne nous intéresse pas, puis celui de la script-girl non plus ! » Ce film, nous dit-on ici, est *signé* par les comédiennes : les « créatures » du titre renvoient autant aux actrices qu'à leur personnage.

Du point de vue de la position relative de chacun des personnages féminins qui gravitent autour du jeune héros d'*Adorables Créatures*, le critère de l'âge est déterminant. En effet, si André se sépare de Denise, incarnée par Edwige Feuillère, c'est à la suite d'une révélation provoquée par une domestique jalouse qui, preuve à l'appui (un vieux passeport), dévoile au jeune homme l'âge de sa maîtresse. Après avoir discerné le trouble provoqué par cette découverte chez son amant puis s'être bassement vengée de celle qui a trahi son âge, Denise disparaît à l'issue d'une transition – un volet signifiant qu'André « tourne la page » – intervenant juste après qu'elle a déclaré avec ironie à son jeune amant : « Ce n'est pas mon âge qui nous sépare ; c'est seulement le tien ! » Cette réplique conclusive proférée par Feuillère-Denise prend acte d'une forme d'inadéquation de l'actrice avec le rôle qui lui a été attribué : l'aveu de l'âge surgit comme le retour d'un refoulé, révélant la comédienne – de quatorze ans l'aînée de Gélin – « sous » son personnage. C'est le statut d'une telle « star vieillissante » que nous proposons d'investiguer ici dans le cinéma populaire des années 1950.

Au moment où, dans *Adorables Créatures*, Feuillère apparaît pour la première fois à l'écran, le décalage entre le rôle et la personne est d'ailleurs thématisé de manière fugitivement réflexive – et par-là même désamorcé, en vertu d'un paradoxe propre à ce type d'effets de rupture qui instaurent en fait une complicité avec le public – dans un dialogue entre un spectateur et une spectatrice d'un concours organisé par un fabricant de bas. Après avoir entendu Denise, l'une des membres du jury, exprimer avec affectation son admiration à l'égard d'une réplique spirituelle d'André qui présente le show, ces deux protagonistes échangent les propos suivants :

– La Dame en gris, vous la connaissez ?
– Non… Elle ressemble à Feuillère !
– En mieux !
– Méchant, c'est à moi de le dire !

Feuillère-Denise est « en mieux » ce qu'est Edwige Feuillère l'actrice ; cette réplique, significativement absente de la version racontée parue dans le magazine *Le Film complet* où l'écrit ne convoque pas de la même manière l'apparence physique de la protagoniste[1], renvoie par métalepse (au sens de Genette) à la sublimation de l'interprète par son personnage dans la fiction. Dans ce film où les effets de l'âge sur le physique des femmes sont évoqués à plusieurs reprises de façon explicite, la présence de Feuillère s'avère fort intéressante. La dernière réplique où son personnage affirme que le jeune âge d'André est à la source de leurs problèmes postule en effet un renversement des normes – c'est, selon cette logique, la jeunesse qui serait incongrue au cinéma – qui, jusque-là dans le récit, avait réussi à s'imposer, le film tablant sur la crédibilité, pour la spectatrice et le spectateur de l'époque, de l'attirance exercée par Denise sur André. La situation-cadre du film, qui annonce puis confirme au spectateur le mariage du personnage principal (Gélin, né en 1921) avec la jeune Catherine (Lualdi, née en 1931), *contient* certes ces développements – au sens narratif (elle les enchâsse) et idéologique (elle en modère l'impact en termes de transgression des normes de représentation) –, mais ils n'en apparaissent pas moins comme des « possibles » du récit.

Les âges d'Edwige Feuillère (1954/1958)

Le statut conféré au personnage de Denise dans *Adorables Créatures* doit être à notre sens corrélé à celui de l'actrice Edwige Feuillère dans la France de l'après-guerre. C'est pourquoi notre objectif consiste ici à discuter, à partir de deux études de cas – *Le Blé en herbe* (1954) et *En cas de malheur* (1958) –, l'une des

1. On y lit en effet : « […] seule, *une jeune femme* [*sic !*] vêtue de noir, très élégante, excitait la curiosité des spectateurs qui ne savaient pas mettre un nom sur ce beau visage » (Jacques Fillier, « *Adorables Créatures* », *Le Film complet*, n° 342, 25.12.1952, p. 11).

facettes de la problématique de « l'image » de la star : celle qui a trait au rapport entre une vedette – en l'occurrence Feuillère à l'époque où elle approche la cinquantaine – et l'élaboration de son personnage dans l'écriture scénaristique, et plus généralement dans la genèse du film. La personnalité d'Edwige Feuillère, marquée par les rôles précédents de la comédienne au cinéma et sur les planches, contribue en effet à infléchir le « type » auquel le personnage issu du roman est associé. Selon le modèle proposé par André Gardies, le personnage peut être envisagé comme l'une des composantes d'une instance pluristratifiée (la « figure actorielle »), interagissant notamment avec la personne physique de l'acteur, dont « le spectateur ne connaît qu'une image, celle du signifiant filmique mais aussi celle sécrétée par l'activité d'intertextualité aussi bien que par l'imaginaire social[1] ». Certes, comme l'ont montré les *star studies* développées notamment dans le prolongement des travaux de Richard Dyer, l'étude du vedettariat demande à prendre en compte des facteurs socioculturels plus diversifiés que ceux qu'il nous est possible d'aborder dans le format du présent article ; il s'agirait pour cela d'intégrer des informations « parafilmiques » participant à la construction de l'image de la star telles que le matériel promotionnel ou la réception critique. Dans la présente étude, nous avons toutefois opté pour ne les convoquer qu'incidemment afin de mettre l'accent sur la dimension narrative.

Dans le cinéma classique hollywoodien, les actrices d'un certain âge tendent à être cantonnées à des rôles marginaux de mères, ou en tout cas de personnages dépourvus de toute sexualité[2]. Or, il était de toute évidence concevable aux yeux des deux célèbres scénaristes français des années 1950, Jean Aurenche et Pierre Bost, qu'Edwige Feuillère pût, à 46 ans, incarner une femme mûre qui affirme son désir et réussit à séduire un tout jeune homme (ainsi, comme nous le verrons, qu'une personne du même sexe), bien que cette transgression n'ait pas manqué de faire

1. André Gardies, *Le Récit filmique*, Paris, Hachette, 1993, p. 63. Sur le rapport entre personnage et star, voir Richard Dyer, *Stars*, Londres, BFI, 1998 [1979], p. 97-100.
2. Voir le bilan succinct posé par Josephine Dolan en introduction d'un texte portant sur la production actuelle (« Smoothing the Wrinkles: Hollywood, Successful Aging and the New Visibility of Older Female Stars », dans Cynthia Carter, Linda Steiner et Lisa McClaughlin (dir.), *The Routledge Companion to Media and Gender*, Londres/New York, Routledge, 2013, p. 352-363.

scandale à la sortie d'*Adorables Créatures*[1]. Dans *Le Blé en herbe*, la « Dame en gris » du film de Christian-Jaque joue désormais le rôle de la « Dame en blanc » qui, dans l'œuvre de Colette parue en 1923, entreprend l'initiation amoureuse du jeune Phil, le détournant momentanément de son amie d'enfance Vinca qu'il retrouve chaque année à l'occasion des vacances estivales et qui hésite à se donner à lui. Les interprètes de Phil et Vinca (Pierre-Michel Beck et Nicole Berger) étant novices, Edwige Feuillère est la seule comédienne dont la renommée sert la promotion du film. Une affiche d'époque signée Guy-Gérard Noël nous la montre souriante, le buste complètement dénudé mais caché au niveau de la naissance de la poitrine par la surface foncée que découpe la silhouette de Phil (sa part d'ombre, projection agrandie de lui-même qui connote le gain de maturité acquis par sa liaison avec la Dame en blanc, Mme Dalleray) : l'actrice est associée à un rapport décomplexé au corps et à l'amour. Pour la couverture d'une récente édition du film en DVD (2011), Gaumont opte d'ailleurs pour une image de Feuillère en peignoir qui ouvre les bras à Phil, l'actrice Nicole Berger n'apparaissant qu'au verso de la pochette.

À propos du personnage de Mme Dalleray, il importe de mentionner les autres actrices envisagées pour un rôle que les auteurs avaient – sur proposition de Gabin – dans un premier temps espéré confier à Marlène Dietrich[2], actrice de six ans l'aînée de Feuillère certes, mais dont l'image de « vamp » aurait crédibilisé son rôle de séductrice. Dans le contrat du 25 avril 1953 passé entre la société de production Franco-London Film et le metteur en scène Claude Autant-Lara, il est stipulé que « la vedette féminine sera Madame Edwige Feuillère, ou tout autre interprète d'égale notoriété, choisie d'un commun accord[3] ». Quelles actrices sont donc considérées, outre Dietrich, comme présentant une cote de popularité comparable à celle de Feuillère ? Elles sont nommées ailleurs : il s'agit de Viviane Romance, Micheline Presle et Madeleine

1. Voir le documentaire *Chronique d'un scandale annoncé* (Dominique Maillet, 2011) figurant en supplément de l'édition DVD de Gaumont (2011), ainsi que Freddy Buache, *Claude Autant-Lara*, Lausanne, L'Âge d'Homme, 1982, p. 60-61.
2. Les échanges entre les auteurs et l'agent de Dietrich, André Bernheim, témoignent de l'importance d'un intermédiaire comme ce dernier dans la construction de l'image de la star et dans l'adaptation des traits du personnage à celle-ci.
3. 52/4 A1.

Edwige Feuillère et Pierre-Michel Beck dans *Le Blé en herbe* (Claude Autant-Lara, 1954).

Robinson, soit des comédiennes qui sont toutes plus jeunes que Feuillère[1]. Dans un système de vedettariat où, pour les femmes, l'âge constitue souvent un facteur rédhibitoire, il n'est pas anodin que Feuillère puisse ainsi « jouer » dans la même catégorie qu'une actrice comme Micheline Presle qui a quinze ans de moins qu'elle.

Quatre ans après la sortie du *Blé en herbe*, Autant-Lara engage à nouveau Feuillère pour *En cas de malheur* (1958), adaptation du roman éponyme de Simenon. La position du personnage qu'elle interprète désormais à plus de 50 ans, dans un récit également configuré par un triangle amoureux, est totalement différente : elle y joue le rôle d'une épouse qui, dans l'abnégation la plus complète, accepte les infidélités de son mari et s'efface devant le couple interprété par Jean Gabin (54 ans) et Brigitte Bardot (24 ans) ; star montante dont le *sex appeal* constitue l'un des principaux arguments promotionnels du film, cette dernière est montrée dans une posture lascive sur l'affiche du film, alors que Gabin figure de face en plus petit et que Feuillère n'est pas représentée du tout. Dans

1. Lettre de Franco London Films à Claude Autant-Lara, datée du 07.06.1953 (52/4 A1).

l'étude menée par Gwénaëlle Le Gras sur la réception de Feuillère auprès du grand public à partir d'un dépouillement de l'hebdomadaire populaire *Cinémonde*, et en particulier de la rubrique « Tout-Cinémonde » qui proposait un classement annuel des acteurs et actrices français, la chercheuse observe que Feuillère, autrefois « super-star », passe en 1953 dans une section labellisée « Les piliers du cinéma français », et « qu'elle restera dans les sphères prestigieuses du classement jusqu'en 1958, avant d'intégrer une nouvelle catégorie, les "rois du théâtre", qui lui donne une place à part dans la revue[1] ». Les bornes temporelles que représentent les deux seuls films de Claude Autant-Lara réalisés avec Feuillère, *Le Blé en herbe* (1954) et *En cas de malheur* (1958), s'avèrent donc particulièrement adéquates pour discuter la carrière de la comédienne en fonction des rôles qui lui ont été confiés, et le passage d'un film à l'autre est emblématique d'une transition : Feuillère qui incarnait une figure associée à un mélange de frivolité mondaine, de classe aristocratique et de pouvoir exercé sur les hommes, interprète en 1958 une Mme Gobillot totalement soumise à son époux adultère.

L'académisme d'une performance (d'écriture/de jeu)

L'intérêt historiographique des discours sur les deux films précités dépasse selon nous la seule étude de la star en raison de ce qu'Edwige Feuillère représente à l'époque : en tant que professionnelle de la scène théâtrale ayant endossé des rôles clés dans des adaptations cinématographiques d'œuvres littéraires – dans *La Duchesse de Langeais* (Jacques de Baroncelli, 1942) ou *Julie de Carneilhan* (Jacques Manuel, 1949), où elle incarne déjà l'alter ego de Colette –, l'actrice, auréolée de sa carrière sur les planches, est considérée par le grand public comme une digne représentante de la culture légitime. Or le rôle qui consiste à transmettre au plus grand nombre les œuvres du patrimoine est précisément celui qu'entend jouer le réalisateur Claude Autant-Lara[2]. La comparaison est d'importance, car l'ac-

1. Gwénaëlle Le Gras, « Edwige Feuillère dans le star-système français des années d'après-guerre », Geneviève Sellier (dir.), *op. cit.*
2. Voir Monique Carcaud-Macaire et Jeanne-Marie Clerc, *Pour une lecture sociocritique de l'adaptation cinématographique*, Montpellier, Éditions du CERS, 1995, p. 39, ainsi que notre étude « L'adaptation du *Rouge et le Noir* par Claude Autant-Lara (1954) : procès, processus, procédés », dans *Écran*, revue en ligne, Christophe Gelly (dir.), « Réalisme et cinéma », http://revue-ecrans.net

trice et le célèbre duo de scénaristes Jean Aurenche et Pierre Bost qui travaillèrent à l'écriture tant du *Blé en herbe* que d'*En cas de malheur* font pareillement office d'étendard d'une tradition de qualité du cinéma français, et ont constitué à ce titre la cible des attaques de la plus jeune génération de critiques (et futurs cinéastes) prêts à en découdre avec la « Tradition de la Qualité ». On le sait, cette dernière appellation est affectée, à partir de la parution du célèbre article polémique de François Truffaut intitulé « Une certaine tendance du cinéma français[1] », d'une connotation irrévocablement négative alors que, comme l'a commenté Philippe Mary, le terme de « Qualité française » constitue préalablement à cette controverse un critère de valorisation d'un certain type de productions de l'Hexagone qui se définit notamment par sa « logique du vedettariat »[2]. La célèbre diatribe dans laquelle Truffaut épingle « Aurenche-et-Bost », parue dans les pages des *Cahiers du cinéma* un mois avant la sortie en salles du *Blé en herbe*, fait directement suite dans ce numéro à l'étude de Jacques Doniol-Valcroze menée sur un vaste corpus de films français réalisés depuis 1945. Dans cet article qu'il nous paraît intéressant d'évoquer ici, l'auteur dégageait des récurrences dans la représentation des personnages féminins, déplorant la « tendance vers la femme-objet » et l'accent mis sur les travers petits-bourgeois alors que « la Libération aurait pu être celle aussi de l'héroïne des salles obscures »[3]. L'article de Truffaut peut être mis en parallèle avec un autre texte du réalisateur des *400 coups* rédigé dans *Arts* à l'occasion du Festival de Cannes, l'année même du tournage d'*En cas de malheur* :

> Comme Renoir, je préfère entendre dire faux un dialogue juste, et je crois fermement qu'avec Françoise Rosay et Edwige Feuillère disparaîtra un style de jeu qui a été celui de tout le cinéma français depuis le parlant : battement des paupières, regards qui en disent long, diction nuancée et onctueuse, l'expression roublarde et le visage plein de l'intelligente compréhension d'un texte riche en sous-entendus[4] !

1. *Cahiers du cinéma*, n° 31, janvier 1954, p. 15-29.
2. Philippe Mary, *La Nouvelle Vague et le cinéma d'auteur*, Paris, Seuil, 2006, p. 37.
3. Jacques Doniol-Valcroze, « Déshabillage d'une petite bourgeoise sentimentale », *Cahiers du cinéma*, n° 31, janvier 1954, p. 2-14.
4. François Truffaut, « Vous êtes tous témoins dans ce procès : le cinéma français crève sous les fausses légendes », *Arts*, 15 mai 1957, repris dans *Le Plaisir des yeux*, Paris, Cahiers du cinéma, 1987, p. 221.

On le voit, le jeu de l'actrice est intimement lié au travail d'écriture – en particulier celui, très reconnu à l'époque, du dialoguiste[1] –, l'un et l'autre se gratifiant réciproquement dans un geste performatif qui affiche la subtilité supposée d'un propos. Le style décrié par Truffaut se caractérise précisément par ce que valorisent les partisans de Feuillère, qui soulignent la précision d'un jeu résultant d'un travail acharné. Ce professionnalisme attaché à la Tradition de la Qualité (et à Feuillère) vaut également pour les techniciens, en particulier pour les chefs opérateurs dont le scénariste Jean Aurenche évoque en ces termes le statut dans les années 1950 : « C'était des tyrans ; ils avaient une autorité terrible [...] ; ils passaient des heures à régler la lumière, surtout lorsqu'ils travaillaient avec certaines comédiennes comme Mme Edwige Feuillère... On soignait davantage son apparence que la scène[2]. » La logique du vedettariat exige que tous les paramètres du film soient soumis à une mise en valeur de l'actrice, dont la performance se fait l'emblème des normes de ce cinéma.

Dans le texte où il déprécie le jeu de Feuillère, Truffaut valorise par contraste celui de Brigitte Bardot[3]. *En cas de malheur* fait se côtoyer les deux comédiennes, mais elles n'occupent jamais le même espace diégétique : leurs personnages parlent l'un de l'autre sans s'entretenir ensemble (au cours d'un appel téléphonique vite abrégé, l'une des interlocutrices demeure muette). Le film exploite le contraste entre ces deux styles de jeu, comme le note Truffaut dans *Les Films de ma vie* :

> Techniquement, Autant-Lara est en progrès ; [...] sa technique se décongestionne en même temps qu'elle se « déthéatrâlise » ; le travail d'accélération sur Bardot et Gabin, de freinage sur Edwige Feuillère est parfait[4].

1. Voir Jean-Charles Tacchella, « Scénariste dans les années 1940 et 1950 », dans Alain Ferrari (dir), *Le Poing dans la vitre*, Arles, Actes Sud, 2006, p. 26. Précisons que la conception dérivée du modèle hollywoodien d'une répartition stricte du travail ne résiste toutefois pas à l'analyse des chantiers scénaristiques comme ceux où interviennent Aurenche, Bost et Autant-Lara, ainsi que le montre l'étude de l'écriture collaborative du film *Douce* (1943) menée par Adrien Gaillard et Julien Meyer, qui ont constaté que la répartition officielle des tâches constitue certes une réalité administrative, mais qui n'interdit pas, dans la pratique, des arrangements tacites favorisant une certaine souplesse (« Jean Aurenche, Pierre Bost et Claude Autant-Lara, auteurs de *Douce*. Genèse d'une pratique scénaristique », *Genesis*, n° 41, à paraître).
2. Jean Aurenche, *La Suite à l'écran : entretiens*, Lyon/Arles, Institut Lumière/Actes Sud, 1993, p. 155-156.
3. François Truffaut, « Vous êtes tous témoins dans ce procès... », *art. cit.*, p. 221.
4. François Truffaut, *Les Films de ma vie*, Paris, Flammarion, 1975, p. 194.

Variantes : romans, scénarios et films

Nous ne mènerons pas ici d'étude comparative approfondie des deux films d'Autant-Lara avec les deux romans dont ils sont issus[1], ni ne détaillerons la genèse de ces adaptations cinématographiques ; nous nous contenterons d'avancer quelques observations qui touchent aux personnages interprétés par Edwige Feuillère, en prêtant attention à certaines virtualités envisagées au cours du travail de l'adaptation. Même si certaines solutions narratives n'ont *in fine* pas été retenues, les documents relatifs à la genèse des films dessinent l'horizon de ce qui pouvait être envisagé par les auteurs comme des *possibles* en termes de construction d'un personnage prévu pour une star spécifique (ou du moins pour une certaine catégorie d'actrices à une époque donnée).

De façon générale, on notera que *Le Blé en herbe* procède à une extension de la galerie des personnages secondaires et étoffe la peinture de l'environnement social en ancrant les actions dans le contexte des vacances balnéaires à l'ère des congés payés – le récit de Colette est donc déplacé à l'époque contemporaine de la réalisation du film –, tandis que le roman est quant à lui plus resserré sur les sentiments des deux jeunes chez qui naît un amour réciproque. En particulier, Mme Dalleray n'est pas conçue dans le film comme une figure aussi évanescente que chez Colette : comme l'écrit Bazin, pour qui le respect de la notoriété de l'actrice doit dans un tel cas primer sur la fidélité à l'œuvre adaptée, « le spectateur n'aurait pas compris cette discrétion désinvolte à l'égard surtout d'Edwige Feuillère[2] ». Pour augmenter la consistance psychologique de ce personnage interprété par une vedette, Aurenche et Bost ont même introduit un personnage féminin, Dick, absent du roman mais dont les échanges avec Mme Dalleray offraient à cette dernière l'opportunité de se confier, et au spectateur celle d'accéder plus directement à ses pensées.

Quant à *En cas de malheur*, il se caractérise dans son rapport au roman éponyme de Simenon (1956) par l'abandon de la forme du journal (le titre même renvoyant à ce qui motive le person-

1. Pour ce qui est du *Blé en herbe*, nous renvoyons à la discussion des choix d'adaptation proposée de façon fort pertinente par André Bazin à la sortie du film (« Les incertitudes de la fidélité », *Cahiers du cinéma*, n° 32, février 1954, p. 37-42).
2. *Ibid.*, p. 40.

nage focal, l'avocat Gobillot, à consigner par écrit les faits[1]). Ce récit à la première personne aurait pu être transposé dans le film grâce au procédé de la voix *over* par exemple[2], mais les auteurs ont choisi de supprimer le narrateur diégétique, et par conséquent de ne pas conserver un régime dominant de focalisation interne sur le personnage de l'avocat. Le corollaire de ce changement est une atténuation de la dépréciation de l'épouse du narrateur romanesque, Viviane, interprétée par Feuillère : dans le film, elle apparaît comme la victime des frasques de son époux sans être explicitement dépeinte, comme chez Simenon, sous les traits d'une ambitieuse ayant imposé à son mari une notoriété qui ne correspond pas aux aspirations de ce dernier.

Il est évident que ce personnage de femme dont on nous dit dans le roman « qu'elle approche de la cinquantaine » et que, « habillée, sur le pied de guerre, elle reste plus belle et attire plus de regards que bien des femmes de trente ans »[3], correspond tout à fait à l'image qui a été construite de l'actrice. Il n'en demeure pas moins que la présence de Bardot-Yvette tend chez Autant-Lara à éclipser la relation conjugale des Gobillot. Ainsi, s'il a été initialement envisagé dans le scénario de faire débuter l'action par une conversation téléphonique dont Viviane était l'interlocutrice[4], le film commence lui par le méfait de la jeune voleuse interprétée par Brigitte Bardot, plaçant d'entrée de jeu celle-ci au cœur du récit.

Dick escamotée

Au cours de la genèse du *Blé en herbe*, les scénaristes inventèrent de toutes pièces un personnage féminin appelé « Dick », absent du roman de Colette. André Bazin a rapporté avoir entendu parler de l'existence de ce personnage dans une mouture provisoire du scénario :

1. Georges Simenon, *En cas de malheur*, Paris, Presses de la Cité, 2010 [1956], p. 11.
2. À un premier stade du scénario une structure en flash-back avait été envisagée (99/9 A4.1, p. 10). Une solution narrative du même type avait été proposée dans un premier temps par Aurenche et Bost dans un synopsis du *Blé en herbe* (53/6).
3. Georges Simenon, *En cas de malheur*, *op. cit.*, p. 46.
4. 99/9 A4.1. Précisons que l'écriture d'Autant-Lara n'atteste pas nécessairement que ce passage est de lui, étant donné l'obsession du cinéaste à mettre au net différentes étapes du scénario, et cela même à la main.

> Mme Dalleray était plus ou moins lesbienne et les rapports du jeune couple se doublaient pour la belle initiatrice d'une autre aventure [...]. S'il est vrai qu'il fut conseillé à Autant-Lara de supprimer cet épisode, il aurait mauvaise grâce à s'en plaindre car [cet ajout] aurait dénaturé complètement la structure du film[1].

Il n'est pas exclu que Bazin ait précisément eu accès à cette version en tant que membre de la commission de précensure qui a recommandé l'éviction de ce personnage, d'où le ton affirmatif de son propos ; la dénaturation évoquée par le critique tient sans doute moins aux modifications apportées au récit de Colette qu'elle ne résulte d'un jugement moral porté sur la bisexualité de la Dame en blanc. Cette caractéristique, pourtant, n'est pas incompatible avec l'image d'Edwige Feuillère, associée à une féminité qui suscitait l'admiration et le désir auprès des deux sexes. Dans un précédent film réalisé par Jacqueline Audry, *Olivia* (1950), Feuillère interprète en effet une charismatique codirectrice d'un pensionnat de jeunes filles ; les élèves lui vouent une admiration sans bornes, et la jeune Olivia s'éprend d'elle[2].

Un examen du matériel génétique du *Blé en herbe* révèle que la suppression de Dick (protagoniste à propos de laquelle le scénario ne fournit guère d'indications quant à l'âge, l'apparence physique, etc.) est due à l'intervention d'Autant-Lara et de son épouse Ghislaine Auboin en 1953. À Bost qui s'est plaint par lettre de l'absence de respect du cinéaste envers le travail des scénaristes[3], Autant-Lara explique que le producteur a demandé des coupes, et que la suppression de Dick en a résulté[4].

Dans le texte scénaristique, les interventions du couple Autant-Lara sont effectuées à même le document dactylographié et relié remis par Aurenche et Bost[5], dont la pagination est adaptée à la nouvelle numérotation résultant de la suppression des répliques de Dick ; cette occultation s'opère par apposition de caches collés sur la page, ou de biffures – escamotage opéré au niveau matériel même du document, devenu palimpseste –, et le plus souvent, dans l'un et l'autre cas, d'ajouts manuscrits conséquents permettant de combler l'absence du personnage et d'effectuer la transition avec ce qui

1. André Bazin, « Les incertitudes de la fidélité », *art. cit.*, p. 40.
2. Selon le descriptif d'Alain Feydeau, *Edwige Feuillère*, Paris, Henri Veyrier, 1991, p. 165.
3. 179/6 A3, lettre du 17.07.1953.
4. 179/6 A3.
5. 53/8 A4.2.

précède et suit. Dans l'exemple de la page 76 (devenue 75) (voir illustration), la discussion quelque peu embarrassée de Mme Dalleray avec Phil qui lui a apporté un télégramme était interrompue, au moment précis où la Dame en blanc évoquait le nom de Vinca, par un bruit de Dick, demeurée hors-champ jusque-là. Au moment de cette apparition, « Mme Dalleray, du ton le plus naturel, avec un geste des mains » disait simplement : « C'est Dick ». Or le personnage de l'amante, dont la présence discrète en fait une sorte d'élément du décor, est significativement remplacé par un animal appartenant à la Dame en blanc, un perroquet, dont la manifestation est prétexte à de nouveaux échanges qui thématisent la prise de parole. Cela est en particulier le cas dans une réplique qui exploite la comparaison par une tournure rhétorique emblématique des dialogues « spirituels » de ce type de film : « J'aime les perroquets qui se taisent, mais je ne déteste pas les hommes qui parlent. »

Dick introduisait une forme de perturbation ponctuelle dans la relation entre la Dame en blanc et Phil – elle incarnait une barrière morale ; elle permettait de signifier combien son amante, de toute évidence lassée d'elle, assumait de façon décomplexée sa présence à ses côtés. C'est pourquoi, avant d'être complètement évincé dans la dernière version du récit, le personnage de Dick n'apparaissait que de façon discrète, en filigrane, en tant qu'instance de désapprobation de la liaison de son amante avec le jeune homme. La représentation de la relation homosexuelle – exempte de tout désir de la part de Mme Dalleray – n'échappait cependant pas au stéréotype négatif d'une perturbation (passagère) de l'hétérosexualité.

Les interventions de Dick, motivées diégétiquement par la jalousie – argument scénaristique permettant d'accroître la tension narrative d'un récit relativement pauvre en événements –, conduisaient à l'explicitation verbale du désir sexuel dans le comportement de Denise (fait notable au vu de l'habituelle négation de ce paramètre dans des films qui mettent en scène des stars « vieillissantes » féminines). Dans la version d'Autant-Lara et d'Auboin (la participation respective de l'un et de l'autre ne pouvant être établie, il n'est pas possible d'en proposer ici une lecture genrée), la Dame en blanc est présentée comme une figure énigmatique : étant donné que nous n'accédons jamais à la verbalisation des sentiments du personnage – si nous sommes conviés dans sa villa, c'est que

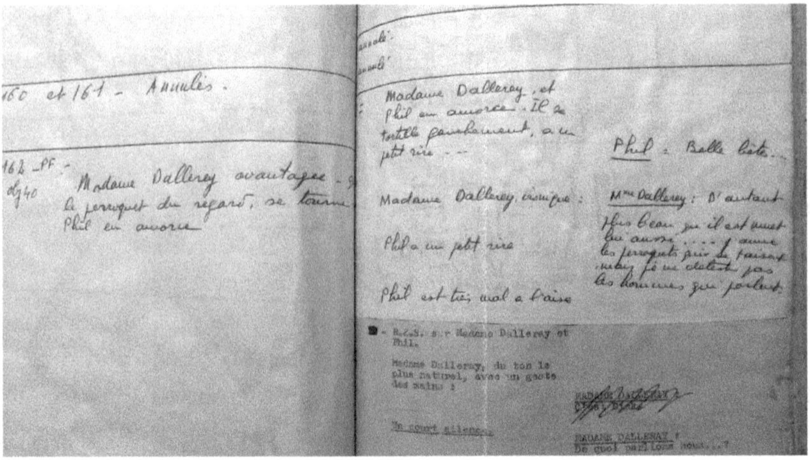
160 et 161 – Annulés.

Madame Dalleray, et Phil en amorce.

Madame Dalleray, cinique :

Phil a un petit rire

Phil est très mal à l'aise

Phil : Belle bête...

Mme Dalleray : D'autant plus beau qu'il est muet

Madame Dalleray, du ton le plus naturel, avec un geste des mains :

Un court silence.

MADAME DALLERAY :
De quoi parlions nous...?

Détail du scénario du *Blé en herbe*. La partie consacrée à Dick est dissimulée sous le collage. Fonds Claude Autant-Lara de la Cinémathèque suisse (CSL.5).

nous y avons suivi Phil[1] –, elle y est montrée comme assumant pleinement ses actes. Ainsi, par exemple, était-il initialement prévu de montrer, une fois la rupture avec Phil consommée, « Dick se lever du canapé où elle est étendue, invisible, pendant toute la scène[2] ». Après que Mme Dalleray, d'abord figée à la fenêtre en regardant Phil s'éloigner, avait regagné le salon, un « bravo ! » proféré hors-champ par Dick retentissait – voix acousmatique dont Michel Chion a bien montré qu'elle était l'apanage d'une position de pouvoir –, attestant que son amante lui avait obéi en se séparant à contrecœur du jeune homme. Le personnage qu'interprétera finalement Feuillère sera beaucoup plus volontaire, et, tout en ayant conscience de l'impasse de son amour pour Phil qu'elle aura la force de faire passer pour un caprice – la tonalité ironique que la comédienne excelle à insuffler à ses propos est utilisée ici comme un geste feint –, elle maîtrisera pleinement son destin en s'imposant à elle-même la rupture. L'actrice, par le mélange d'assurance et d'impassibilité qu'elle sait dégager, mais aussi par la noblesse qui lui est « intrinsèquement » associée par les discours de la presse qui voit en elle une grande tragédienne, peut se permettre d'interpréter ce type de per-

1. Précisons toutefois que, de manière systématique dans le film, les plans inauguraux de ces séquences sont consacrés à Mme Dalleray qui entend venir le jeune homme, et que les plans finaux, en général suivis d'un fondu au noir, sont cadrés sur elle, dont l'expression (et par-là le « point de vue ») constitue le point d'orgue de la scène.
2. 53/8 A4.2, p. 163.

sonnage. En tant que « pilier du cinéma français », Edwige Feuillère, élue « femme la plus distinguée de Paris » en 1952[1], bénéficie du piédestal que lui offre son image dans l'espace public.

L'épouse au volant

Dans *En cas de malheur*, c'est par contre désormais la « résistance muette » qui caractérise Feuillère-Viviane face à l'infidélité de son mari interprété par Jean Gabin, à propos duquel les notes de mise en scène soulignent de manière insistante la nécessité de le rajeunir à l'écran[2], tandis que les commentaires concernant l'actrice se bornent à préciser le luxe de ses tenues vestimentaires, indices de l'obstination de ce personnage ambitieux à conserver son rang social. Parmi ces mêmes notes manuscrites, on trouve une réplique intitulée « Décalage Gobillot-Viviane » qui sera intégrée à la continuité dialoguée définitive, et dont on peut estimer qu'ainsi isolée parmi des notes d'intention elle a été jugée emblématique de la relation entre les époux :

– Gobillot : « Moi, je te dis tout ».
– Viviane : « Moi aussi, je te dis tout ».
– Gobillot : « Oui, mais toi, tu n'as plus rien à me cacher ».

Incarnant un personnage situé dans une position de supériorité par rapport à sa femme, Gabin est sans nul doute celui des interprètes « vieillissants » que l'on s'évertue à mettre en valeur au détriment de Feuillère.

La séquence emblématique de l'abnégation de Viviane est celle où elle conduit elle-même en voiture son époux jusqu'à la porte du meublé qu'il a loué pour sa cliente dont il espère secrètement qu'elle devienne son amante. Cette scène dans l'habitacle d'un véhicule fait suite à une discussion au café qui constitue une transposition sous forme dialogique de phrases figurant dans le roman à la première personne, de sorte que Viviane, aucunement dupe de la liaison qui est en train de se nouer entre la jeune Yvette et son mari, est présentée comme si elle saisissait mieux les motivations de ce dernier que

1. Voir Gwénaëlle Le Gras, « Edwige Feuillère dans le star-système français… », *art. cit.*
2. 99/8 A4.1.

lui-même[1]. Comme dans le roman de Simenon, la Viviane d'*En cas de malheur* prend le volant et force son mari à reconnaître son envie irrésistible de passer la nuit auprès de la jeune fille dont il a obtenu l'acquittement. Ce passage est mis en exergue dans le film comme un morceau de bravoure reposant en grande partie sur le jeu de Feuillère, qui connote, sous la froide distance du désabusement, une déception profonde à l'égard de son mari qu'elle met à l'épreuve et dont elle constate l'absence de dignité. Jean Aurenche prend la peine de mentionner spécifiquement cette séquence dans un commentaire suggérant (faussement) qu'il s'agit là d'une invention des scénaristes[2]. Le regard rétrospectif qu'il porte sur cette scène d'*En cas de malheur* témoigne du statut particulier conféré à ce passage. Il en va de même sous la plume d'Autant-Lara à l'époque où le film est en chantier : une note manuscrite dans laquelle le cinéaste précise qu'il est indispensable « d'éviter le théâtre » mentionne l'exemple de cette scène en spécifiant qu'elle doit être tournée comme une scène muette[3]. Le jeu d'Edwige Feuillère, avec ses « regards qui en disent long » (comme disait Truffaut), fait le reste…

En dépit d'importantes différences entre les récits proposés par ces deux productions des années 1950, Feuillère incarne des figures fort similaires : elle y est une femme d'expérience dont le passé demeure énigmatique et qui, désabusée, a l'intelligence de ne pas se leurrer elle-même et de comprendre qu'elle n'est aimée qu'à la place d'une autre. Si ces personnages conservent en toutes circonstances une grandeur et une causticité qui les distinguent du conventionnalisme étroit de l'épouse incarnée par Madeleine Renaud dans *Remorques* (Jean Grémillon, 1941)[4], ils n'en sont pas moins tout aussi prisonniers d'une logique sacrificielle. La présence d'une vedette comme Feuillère a toutefois des implications sur le régime d'identification affective du spectateur : bien que ses personnages ne soient pas à

1. Le dialogue du film reprend avec précision le passage où l'avocat s'explique en disant « Pourtant, je ne l'ai pas fait exprès », certains des constats qu'il émet à propos de lui-même passant dans la bouche de Viviane (p. 47).
2. Jean Aurenche, *La Suite à l'écran*, *op. cit.*, p. 167.
3. 99/8 A4.1
4. Voir Noël Burch et Geneviève Sellier, *La Drôle de guerre des sexes du cinéma français (1930-1956)*, Paris, Nathan, 1996, p. 80-84. Les auteurs montrent à travers plusieurs films le statut particulier des personnages joués par Feuillère au cours des années 1940, femmes fortes que le récit remet à l'ordre. Dans la préface de l'ouvrage, Michelle Perrot signifie que Feuillère compte parmi ces actrices qui ont tenté « d'imposer leur marque à leur personnage » (p. 8).

proprement parler « focaux » sur le plan narratif, leur sourde résignation suscite l'empathie du spectateur et de la spectatrice. « Bourgeoise » certes, mais aucunement « petite » (pour reprendre la formule de Doniol-Valcroze)[1] : Feuillère incarne à cet âge des femmes qui pensent, regagnant ainsi par l'esprit – signifié par le jeu nuancé de l'actrice – une supériorité pourtant niée dans des récits sous-tendus par des principes patriarcaux.

1. « L'héroïne moyenne du cinéma français (d'une certaine qualité) de 1945 à 1953 est une jeune femme d'environ 25 ans, bourgeoise [...]. Nous pouvons simplifier sans trahir, à condition toutefois d'ajouter à "bourgeoise" un adjectif : "petite". [...] Le portrait de la bourgeoise à l'écran n'en retient le plus souvent que les plus petits aspects, ses manies plutôt que ses coutumes, son caquetage plus que sa pensée » (Jacques Doniol-Valcroze, « Déshabillage d'une petite bourgeoise sentimentale », *art. cit.*, p. 12). Précisons que, parmi les portraits (photographiques) qui font écho à ce texte sur la page de droite, Edwige Feuillère apparaît en premier.

Partie 3

LES GENRES

Raphaëlle Moine

LES « BIOPICS » DANS LE CINÉMA FRANÇAIS D'APRES-GUERRE : SÉRIE MASCULINE ET SÉRIE FÉMININE

Les années d'après-guerre et les années 1950 enregistrent en France un pic dans la réalisation des films biographiques. Ceux-ci sont particulièrement nombreux, proportionnellement à la production moyenne du genre, même si leur repérage est rendu difficile par le fait qu'ils ne sont pas toujours identifiés, dans la presse de l'époque comme dans les encyclopédies et bases de données contemporaines, comme des films biographiques. Toutefois, malgré l'absence d'une étiquette générique stable, les discours de présentation des films et les critiques mentionnent quasiment toujours, et parfois développent, l'itinéraire biographique « réel » du personnage central de ces récits. De même, dans « Potinons », le courrier des lecteurs/lectrices de *Cinémonde*, quelques commentaires attestent une lecture biographique : *Bella* regrette par exemple que *Il est minuit Dr Schweitzer* ne s'en soit pas « tenu à la véritable et admirable histoire de celui que l'Amérique considère comme "le plus grand des hommes vivants" » (*Cinémonde*, n° 969, 27.02.1953). Ce n'est donc pas le fruit d'un regard rétrospectif et anachronique que de considérer ce corpus comme une série de films biographiques.

Leur production est à relier à la bonne fortune du film en costumes, qui représente selon Susan Hayward 13,4 % de la production de 1945 à 1949 et 11,2 % de la production dans les années 1950 – ce qui est beaucoup si l'on considère qu'il s'agit la plupart du temps de superproductions, plutôt coûteuses[1]. Comme le film en costumes, ce que l'on ne nomme pas encore biopic apparaît alors comme un atout français – et européen du fait des nombreuses coproductions – pour contrer Hollywood sur le terrain du spectaculaire, et comme une forme de compensation nationaliste : l'Ancien Régime ou la Belle Époque proposent un refuge dans un passé prestigieux à une France d'après-guerre encore marquée par les années d'Occupation et à une France des années 1950 embourbée dans les conflits de libération coloniale (la guerre d'Indochine, puis la guerre d'Algérie) ainsi que dans l'instabilité ministérielle. De plus, comme le suggère Pascal Ory à propos du film en costumes, leur simplicité idéologique, souvent amplifiée dans le cas des biopics à cause de leur dimension téléologique et parce qu'ils se focalisent sur l'itinéraire d'un individu, est une réponse rassurante à l'opacité et à la confusion du climat politique de l'époque[2]. Un certain nombre de ces films biographiques rencontrent un grand succès au box-office : avec 7 millions d'entrées, *Monsieur Vincent* (Maurice Cloche) atteint la troisième place du box-office national en 1947 ; quelques années plus tard, *Il est minuit Dr Schweitzer* (1952) et *Lucrèce Borgia* (Christian-Jaque, 1953) rassemblent respectivement 3,3 et 3,6 millions de spectateurs[3].

Mais ce qui est remarquable dans les films biographiques de cette période, c'est l'existence de deux séries, l'une consacrée à des biographies de personnages masculins, l'autre à des biographies de personnages féminins. À peu près équivalentes en nombre de films, celles-ci sont très distinctes par le choix et le statut des personnages biographiés, par le traitement et le point de vue adopté, et par leur moment de production. Cet écart entre série masculine et série féminine servira de fil rouge à l'exploration du corpus.

1. Susan Hayward, *French Costume Drama of the 1950s. Fashioning Politics in Film*, Bristol/Chicago, Intellect, 2010, p. 18.
2. Pascal Ory, *L'Aventure culturelle des Français : 1945-1989*, Paris, Flammarion, 1989, p. 111-112.
3. Source : Simon Simsi, *Ciné-Passions. Le guide chiffré du cinéma en France*, Paris, Dixit, 2012 [2000].

Série masculine *vs* série féminine

La distribution genrée des biopics est tout d'abord manifeste sur un plan chronologique : seules sont produites dans l'immédiat après-guerre des biographies d'hommes illustres ; il faut attendre le milieu des années 1950 pour qu'émergent des biopics féminins, qui dominent alors le genre (voir tableau ci-dessous).

Année	*Titre du film* (réalisateur)	Sexe du personnage biographié	Nom et identité du (des) personnage(s) biographié(s)
1947	*Rêves d'amour* (Christian Stengel)	H/F	Frantz Liszt, compositeur et pianiste (1811-1886) et Marie d'Agoult (1805-1876)
1947	*Monsieur Vincent* (Maurice Cloche)	H	Saint Vincent de Paul (1581-1660)
1948	*Le Comédien* (Sacha Guitry)	H	Lucien Guitry (1860-1925), acteur et père de Sacha Guitry
1948	*Le Diable boiteux* (Sacha Guitry)	H	Talleyrand, homme politique et diplomate (1754-1838)
1948	*Le Sorcier du ciel* (Marcel Blistène)	H	Jean-Marie Vianney, dit le Curé d'Ars (1786-1859)
1948	*Du Guesclin* (Bernard de Latour)	H	Connétable Bertrand Du Guesclin (1320-1380)
1948	*D'homme à hommes* (Christian-Jaque)	H	Henri Dunant, fondateur suisse de la Croix-Rouge (1828-1910)
1949	*Docteur Laennec* (Maurice Cloche)	H	René-Théophile Laennec, médecin et inventeur du stéthoscope (1781-1826)
1949	*Envoi de fleurs* (Jean Stelli)	H	Paul Delmet, compositeur et chanteur (1862-1904)
1950	*La Valse de Paris* (Marcel Achard)	H/F	Jacques Offenbach, compositeur (1819-1880), et Hortense Schneider, cantatrice (1833-1920)
1951	*Deburau* (Sacha Guitry)	H	Jean-Gaspard Deburau, mime (1796-1846)
1951	*Monsieur Fabre* (Henri Diamant-Berger)	H	Jean-Henri Fabre, entomologiste (1823-1915)

1952	*Il est minuit Dr Schweitzer* (André Haguet)	H	Albert Schweitzer, théologien et missionnaire (1875-1965)
1952	*Procès au Vatican* (André Haguet)	F	Sainte Thérèse de Lisieux (1873-1897)
1953	*Lucrèce Borgia* (Christian-Jaque)	F	Lucrèce Borgia (1480-1519)
1954	*La Belle Otero* (Richard Pottier)	F	Caroline Otero, danseuse, actrice et courtisane de la Belle Époque (1868-1955)
1954	*Madame du Barry* (Christian-Jaque)	F	Madame du Barry, favorite de Louis XV (1743-1793)
1954	*Par ordre du Tsar* (André Haguet)	H/F	Princesse Carolyne de Sayn-Wittgenstein (1819-1887) et Frantz Liszt
1954	*Raspoutine* (Georges Combret)	H	Aventurier, mystique et guérisseur russe (1869-1916)
1954	*La Reine Margot* (Jean Dréville)	F	Marguerite de Navarre (1492-1549)
1955	*La Castiglione* (Georges Combret)	F	La Castiglione, courtisane italienne, agent secret et maîtresse de Napoléon III (1837-1899)
1955	*Lola Montès* (Max Ophuls)	F	Lola Montez, danseuse, actrice et courtisane (1821-1861)
1955	*Napoléon* (Sacha Guitry)	H	Napoléon Bonaparte (1769-1921)
1956	*Marie-Antoinette, reine de France* (Jean Delannoy)	F	Marie-Antoinette (1755-1793)
1958	*Montparnasse 19* (Jacques Becker)	H	Amedeo Modigliani, peintre (1884-1920)

Films biographiques produits ou coproduits par le cinéma français de 1945 à 1958.

Les biographies filmées de l'immédiat après-guerre sont dominées par des figures de Grands Hommes, présentés comme tels de manière extrêmement hagiographique. Même dans *Le Comédien*, qui entremêle au discours célébratoire et sérieux des séquences légères tirées de la pièce éponyme de Sacha Guitry, il s'agit de rendre hommage à Lucien Guitry, le titre donnant clairement le programme du film : célébrer celui qui est le Comédien par excellence, et non un comédien parmi d'autres. La seule exception à cette domination masculine du genre biographique est *Rêves d'amour* puisque ce biopic est consacré à un couple, Frantz Liszt et Marie d'Agoult, une des nombreuses maîtresses de Listz. C'est en tout cas ce à quoi la réduit le film, au détriment de son activité d'écrivain sous le pseudonyme de Daniel Stern, le centre et le Grand Homme du film étant Liszt, comme en témoigne son titre – *Rêves d'amour* est un recueil d'œuvres pour piano de Liszt – ainsi que l'affiche : la silhouette de Liszt (Pierre Richard-Willm), la main posée sur le piano, se détache en rouge sur un fond de six photographies en noir en blanc qui renvoient à différents moments du film.

Alors que la série masculine célèbre le génie et les réalisations d'hommes de guerre, de médecins, de philanthropes ou d'artistes, la série féminine est exclusivement consacrée à des belles scandaleuses, offrant le récit et le spectacle des aventures légères, érotiques ou amoureuses de reines, de princesses ou de courtisanes qui affichent une liberté amoureuse et sont prises dans les tourbillons de la passion. Seule singularité dans cet ensemble : le très catholique *Procès au Vatican*. Ce film exalte la spiritualité de sainte Thérèse de Lisieux et constitue en ce sens le pendant féminin de *Il est minuit Dr Schweitzer*, réalisé la même année par André Haguet. Pourtant, le spectacle de l'élévation spirituelle de la future sainte – ses visions, ses miracles et ses intercessions – cède régulièrement la place à celui de ses souffrances qui culminent dans une interminable agonie de 26 minutes, alors que rien ne vient jamais détourner le récit de l'élévation spirituelle du docteur Schweitzer.

L'effet de série est accentué par la présence d'acteurs récurrents dans les rôles titres. Côté masculin, Pierre Fresnay est tour à tour saint Vincent de Paul dans *Monsieur Vincent*, Offenbach dans *La Valse de Paris*, l'entomologiste Jean-Henri Fabre dans *Monsieur Fabre* et le docteur Schweitzer. La personnalité de Fresnay, né en 1897, avec une longue carrière cinématographique dans les années 1930 et 1940, ancien pensionnaire de la Comédie-Française, abonné dans les années 1950 aux rôles sérieux ainsi qu'aux voix de narrateur – *Ce siècle a 50 ans* (Denise Tual, 1950), *Vézelay* (Pierre Zimmer, 1951), *Le Pèlerin de la Beauce* (Claude Chuteau, 1954) – redouble le sérieux des personnages biographiés. De manière significative, *Cinémonde* salue chaque nouvelle performance de

Pierre Fresnay dans *Monsieur Vincent* (Maurice Cloche, 1947).
Le « plan regard » de Monsieur Vincent...

Fresnay en grand homme de commentaires élogieux qui mettent en valeur son investissement dans le personnage et son talent d'acteur. Robert Chazal écrit par exemple à propos de *Monsieur Vincent* :

> Et voici qu'après tant de métamorphoses, Pierre Fresnay incarne Vincent de Paul. Ce rôle, il désirait l'interpréter depuis dix ans, depuis qu'Anouilh lui avait "découvert ce prestigieux personnage". Il a peut-être fallu une suite de hasards pour que ce vœu se réalise, mais – et cela seul importe ! – la rencontre de Fresnay et de son personnage n'est pas fortuite. Elle est voulue. Elle est concertée. Et, de ce fait, elle est d'une exceptionnelle richesse.

Et il conclut en s'adressant directement à l'acteur :

> Après avoir vu le film je comprends mieux votre admiration et je l'éprouve moi-même. Mais permettez-moi d'en distraire un peu à votre profit, vous qui avez si bien su faire revivre, dans toute sa grandeur en même temps que son humanité, Vincent de Paul. (*Cinémonde*, n° 693, 11.11.1947)

Comme l'indique l'article « Monsieur Fresnay » publié par Georges Beaume dans le n° 906 de *Cinémonde* (12.15.1952), la

Martine Carol dans *Lucrèce Borgia* (Christian-Jaque, 1953).
et le « plan poitrine » de Lucrèce Borgia.

série masculine est ainsi dominée par la stature d'un comédien « qu'on citera dans les manuels de l'avenir lorsqu'on voudra établir, une fois de plus, la discrimination de l'acteur et du comédien ».

Côté féminin, c'est Martine Carol, star du cinéma français populaire de l'époque et *sex-symbol* de la France des années 1950 avant la révélation Brigitte Bardot, qui enchaîne les performances d'héroïnes historiques scandaleuses et à la sexualité épanouie dans *Lucrèce Borgia*, *Madame du Barry* et *Lola Montès*. Ces films reproduisent son rôle de « femme légère aux petites audaces effeuillées évoluant avec dynamisme dans les méandres de l'Histoire, armée d'un décolleté pigeonnant qui peine à contenir la fougue de ses ambitions émancipatrices[1] », inauguré dans *Caroline Chérie* (Richard Pottier, 1951). La présentation des costumes portés par Carol, aussi sophistiqués que suggestifs, et le rappel de la dimension scandaleuse des personnages qu'elle incarne sont les leitmotive de la promotion de ses films. « Les 14 plus belles robes de

1. Gwénaëlle Le Gras, « Martine au cirque, Martine au bûcher, ou le point aveugle de l'affaire Lola Montès », dans Marguerite Chabrol et Pierre-Olivier Toulza (dir.), *Lola Montès : lectures croisées*, Paris, L'Harmattan, 2011, p. 149.

Martine Carol dans *Lola Montès* » données sur quatre pages dans *Cinémonde* (n° 1095, 28.07.1955) et l'affirmation que l'équipe du film a travaillé « à faire revivre l'une des plus captivantes aventures du charme féminin » (n° 1115, 22.12.1955) sont emblématiques de la promotion habituelle des films avec Martine Carol ; il n'est guère étonnant qu'à la sortie du film, la presse dans son ensemble ait relevé l'écart entre cette promesse générique/actorielle et la réalité du film d'Ophuls. Enfin, c'est encore Martine Carol qui est convoquée par la critique pour commenter, en général avec étonnement et réserve, la performance de Jeanne Moreau et les quelques séquences déshabillées et suggestives dans *La Reine Margot*[1].

L'emploi de Fresnay d'une part et de Martine Carol d'autre part est révélateur des différences de statut et de positionnement culturel entre série masculine et série féminine. La vedette principale, les personnages biographiés, le traitement édifiant des biopics masculins en font des films sérieux, le haut du « cinéma de qualité » : *Monsieur Vincent*, qui obtient un grand nombre de récompenses internationales dont la coupe Volpi du meilleur acteur pour Fresnay au Festival de Venise en 1947, l'Oscar du meilleur film en langue étrangère en 1948 et un Oscar d'honneur en 1949, est écrit par Jean Anouilh ; *Il est minuit Dr Schweitzer* est l'adaptation d'une pièce de l'écrivain catholique Gilbert Cesbron. Les biopics féminins au contraire se présentent comme du cinéma de divertissement dont la visée est explicitement spectaculaire : ces films exploitent, outre la débauche des costumes féminins et l'érotisme, léger mais novateur, de leur actrice vedette, les ressources encore nouvelles de la couleur. Le plan fétiche récurrent de chacun de ces types de biographie propose une synecdoque frappante de ce clivage genré : alors que la série masculine pratique à l'envi le « plan regard » (un plan rapproché sur le regard visionnaire, pénétré et quasi halluciné du Grand Homme), la série féminine offre de manière récurrente à ses spectateurs la jouissance du « plan poitrine » (un plan rapproché sur les décolletés profonds de la belle scandaleuse).

1. Susan Hayward, *French Costume Drama of the 1950s*, *op. cit.*, p. 120-121.

Des célébrations patriarcales à vocation nationaliste

Les films biographiques masculins sont des œuvres hagiographiques qui font de leur héros des monuments exemplaires et admirables, ce qui est une caractéristique commune à l'ensemble des films biographiques masculins français produits dans la période classique, alors qu'à la même époque le biopic hollywoodien, quelle que soit son ambition édifiante, humanise son héros et en fait un *role model*. Ainsi *Monsieur Vincent* est-il autant structuré par une logique chronologique – le film ne donnant que peu de repères temporels – que par une économie cumulative, les épisodes de la vie de Vincent de Paul se succédant dans une surenchère de vignettes édifiantes : arrivé dans sa paroisse de Châtillon où sévit la peste, il commence par recueillir une fillette dont la mère a succombé à l'épidémie et par porter secours aux malades, malgré la peur et la colère des habitants du village qu'il ne tarde guère à rallier à sa cause ; il s'engage comme aumônier des galères royales où il partage aussitôt le sort des galériens en choisissant de ramer au milieu d'eux ; il se démunit de tous ses biens pour « aller vers de plus pauvres encore » – il partage même la masure d'un tuberculeux – et fonde un hospice à Saint-Lazare, puis la compagnie des Filles de la Charité, enfin l'œuvre des Enfants-Trouvés. Alors que des réfugiés de Lorraine passent sous la fenêtre de son hospice et que Louise de Marillac commente « Toute cette misère… », il finit sa phrase en véritable super-héros de la charité et du dévouement en ajoutant : « C'est encore pour moi. »

Un second trait frappant des biographies masculines est qu'elles traitent de grands hommes *français*, de figures nationales ou montrées comme telles. S'il est assez fréquent que les biopics privilégient les héros nationaux, toutes époques confondues, la série masculine de la fin des années 1940 et du début des années 1950 les investit d'une très forte valeur nationaliste. Les contradictions qui traversent le prologue de *Il est minuit Dr Schweitzer* sont sur ce point éloquentes. Au générique et à la dédicace du film succède une citation de Pasteur : « Je ne te demande ni ta race, ni ta religion, mais quelle est ta souffrance. » Ce carton est cohérent avec le discours pacifiste et le « colonialisme éclairé » revendiqués par le film et, de fait, le prologue enchaîne en opposant des images documentaires de guerre et de destruction à des images documentaires du village-hôpital de Lambaréné fondé par le docteur. Ce dernier est désigné par le commentaire (dit par Jeanne Moreau), en opposition à la violence des hommes oublieux du commandement « Vous ne tuerez point », comme un homme « qui a consacré toute sa vie à soulager la souffrance, à guérir, à sauver [...] seul, sans aucun appui officiel » et qui « depuis quarante ans lutte victorieusement contre la malaria, la maladie du sommeil, la fièvre jaune, la lèpre ». Son nom n'est donné qu'à la fin du commentaire : « Cet homme, ce Français, se nomme Albert Schweitzer. » Cette volonté d'affirmer la nationalité de Schweitzer est d'autant plus absurde qu'en 1912, au moment où le récit commence, Schweitzer est allemand, puisque l'Alsace est allemande. Il est de plus arrêté pour cette raison par les coloniaux français et doit quitter son hôpital lors du déclenchement de la guerre en 1914[1], l'ultimatum prenant effet à minuit, ce qui donne leur titre au film et à la pièce de Cesbron dont il est inspiré. Le discours pacifiste et humaniste s'efface devant la visée nationaliste du film, le dévouement de Schweitzer dans l'Empire français finit par fusionner avec le souci que la France prend de ces colonies (figurent au générique « les enfants noirs de la Maison des Pupilles de la Nation »), et, dans ce contexte, la référence initiale à Pasteur change de signification : Schweitzer est mis en perspective avec un autre grand homme, lui aussi français.

De plus, le fait que, dans différents biopics, un même acteur, Pierre Fresnay, prenne successivement l'accent des Landes pour jouer Vincent de Paul, celui du Midi pour incarner Jean-Henri Fabre, l'accent alsacien pour camper Schweitzer, produit non seulement un effet d'authenticité propre au genre biographique, mais réalise une sorte de tour de France des accents régionaux, qui contribue à renforcer la dimension nationaliste des films. Cette dernière est bien perçue comme telle par la presse de l'époque, de la rubrique « L'effort français » dans *Cinémonde*, pour laquelle « avec *Monsieur Vincent* le cinéma français renaissant honore comme il convient, l'un des plus émouvants parmi les grands hommes de

1. En restant vagues sur la détention de Schweitzer, placé en résidence surveillée en 1914, puis déporté et incarcéré en France métropolitaine comme prisonnier civil en 1917, la pièce comme le film évitent soigneusement le rapprochement avec les déportations et incarcérations perpétrées en France pendant la drôle de guerre et l'Occupation.

France » (numéro spécial Cannes 1947), à Georges Sadoul qui, ignorant délibérément les biographies d'hommes d'Église, écrit dans *Les Lettres françaises* (11.10.1951) :

> *Monsieur Fabre* devrait ouvrir le chemin à plusieurs vies de grands hommes. Un Descartes, un Voltaire, un Victor Hugo, un Claude Bernard seraient, nous en sommes certains, promis au grand succès, dans le monde entier. Le Cinéma Français est, nul n'en doute, en pleine crise du sujet. Notre patrimoine culturel peut nous fournir un des moyens de sortir de cette impasse.

La célébration de grands hommes dans l'immédiat après-guerre rétablit des modèles nationaux de masculinité exemplaires, et travaille ainsi à restaurer simultanément la grandeur nationale et l'ordre patriarcal mis à mal par la défaite et l'Occupation[1]. La série masculine participe ainsi sans ambivalence aucune de la remise en ordre patriarcale opérée par le cinéma français des années 1950, analysée par Noël Burch et Geneviève Sellier[2]. Il est ainsi frappant qu'un nombre important des scénarios de ces films mettent en scène un « fils », avec lequel le grand homme a une relation privilégiée ou qui continue son œuvre : Vincent de Paul trouve un alter ego dans l'abbé Pontail (Jean Carmet), lui aussi fils d'agriculteur du Sud-Ouest qui gardait les bêtes dans son enfance ; *Monsieur Fabre* insiste longuement sur les relations entre l'entomologiste et son jeune et unique fils (Patrick Dewaere) ; *Le Comédien*, un film réalisé par un fils (Sacha Guitry) sur son père (Lucien Guitry) où le fils tient les deux rôles, ne se contente pas de décrire sous un jour idyllique la collaboration théâtrale entre les deux hommes, mais il fait fusionner de manière complexe l'image de Lucien et celle de Sacha. La confusion entre auteur, acteur et personnage historique n'est pas nouvelle pour Guitry, mais elle prend en 1948 une coloration inédite de restauration patriarcale : après trois années de procès et de silence imposé sur scène et à l'écran à la Libération, *Le Comédien* lui permet, en empruntant l'identité de son père et en rappelant ses propres succès de l'entre-deux-guerres, de se réaffirmer doublement comme grande figure de la scène française et de faire l'impasse sur

1. Il est significatif que le film qui fait exception dans toute la série masculine, *Raspoutine*, avec pour héros une figure russe dont il souligne l'*ubris*, soit réalisé plus tardivement.
2. Noël Burch et Geneviève Sellier, *La Drôle de guerre des sexes du cinéma français (1930-1956)*, Paris, Nathan, 1996, p. 245-306.

les années d'Occupation, tandis que sous le masque transparent de Talleyrand dans *Le Diable boiteux*, Guitry se réhabilite en grand homme, en réalité patriote au service de la France mais injustement calomnié[1].

Dans ces films où trônent monumentalement des patriarches, les femmes sont clairement des citoyennes de seconde classe, rejetées à la marge du récit biographique, ou utilisées comme faire-valoir de la grandeur masculine. De façon caricaturale, *Il est minuit Dr Schweitzer*, suivant en cela la pièce de Cesbron, ignore purement et simplement Mme Schweitzer : elle n'existe que comme dédicataire d'un film dans lequel « son rôle irremplaçable auprès du docteur ne sera pas évoqué ». La présence féminine y est assurée par une infirmière, jouée par Jeanne Moreau qui assure aussi le commentaire du prologue, dont la fonction est de montrer la grandeur de Schweitzer, par contraste avec sa faiblesse toute féminine : elle part en Afrique non par vocation mais par dépit amoureux ; à peine arrivée au Gabon, elle demande de manière hystérique à Schweitzer de tuer une araignée et se met à pleurer. Bien que son dévouement soit réel, il reste fragile et humain, tout comme celui de Louise de Marillac auprès de Vincent de Paul.

Le spectacle des femmes scandaleuses

La série féminine pourrait aisément se définir comme le négatif point par point de la série masculine. La présence des hommes est ainsi loin d'être secondaire dans les univers d'aventures galantes et amoureuses qui servent d'écrin aux belles scandaleuses. La longue évocation des amours de Marie-Antoinette et Alex de Fersen dans le film de Delannoy permet aux magazines populaires de mettre en couverture soit Michèle Morgan, qui joue le rôle-titre, soit le couple formé à l'écran par Michèle Morgan et Richard Todd. Le film raconté de *Lucrèce Borgia* paru dans *Cinémonde* réussit le tour de force de raconter l'histoire du point de vue d'Alphonse d'Aragon, l'époux dont Lucrèce tombe sincèrement amoureuse, alors que le

1. Pour une analyse de ces deux films, voir Raphaëlle Moine, « De l'usage stratégique du théâtre : modèle théâtral, biopic et réhabilitation de soi dans *Le Comédien* et *Le Diable boiteux* (Guitry, 1948) », dans Marguerite Chabrol et Tiphaine Karsenti (dir.), *Théâtre et cinéma. Le croisement des imaginaires*, Rennes, Presses universitaires de Rennes, 2013, p. 163-175.

film de Christian-Jaque épouse le point de vue de la jeune femme, en lui confiant même le soin de raconter ses turpitudes passées dans un long flash-back (*Cinémonde*, n° 1004, 30.10.1953). Si les mondes de la série masculine sont androcentrés, ceux de la série féminine sont donc loin d'être gynocentrés. Le nationalisme porté haut et fort dans les biographies masculines n'est ni un enjeu ni une valeur ajoutée des biographies de femmes dont la sphère privée et amoureuse est, classiquement, le seul domaine d'action : plusieurs d'entre elles sont étrangères, et parfois incarnées par des actrices étrangères (Maria Félix pour *La Belle Otero*, Yvonne De Carlo pour *La Castiglione*) ; le statut de coproduction franco-italienne de la majorité de ces films empêche par ailleurs qu'elles soient investies d'une mission de restauration de la grandeur nationale, comme le sont leurs parèdres masculins.

L'érotisme, rendu acceptable par le rempart de l'Histoire et du costume, est un ingrédient central des biopics féminins, inscrit dans la liberté de mœurs des héroïnes comme dans leurs décolletés – et, parfois, dans les corps dévêtus des vedettes féminines. La belle scandaleuse est mise en scène comme attraction dans les films (le bain de Lucrèce Borgia, les numéros de la Belle Otero, l'exhibition de Lola Montès au cirque[1], etc.) et dans les magazines populaires (la débauche des costumes portés par les vedettes). Elle est offerte comme objet de spectacle là où le grand homme est proposé comme objet d'admiration. Selon un scénario récurrent, l'irruption d'un amour sincère vient mettre fin à la vie de débauche ou de dissipation de ces femmes qui font scandale, mais cette rédemption entre en conflit avec leur passé et trouve son apothéose dans une fin tragique (la mort de l'amant ou celle de la protagoniste). L'intrigue amoureuse recadre les héroïnes dans une conduite socialement et moralement plus acceptable et les emprisonne dans une trame mélodramatique, qui est une caractéristique forte de ces biopics féminins, alors que la trajectoire des héros masculins nationaux est toujours ascendante. Ce schéma mélodramatique fait succéder au spectacle du corps féminin érotisé le spectacle de la souffrance féminine, une trajectoire à laquelle n'échappe pas même *La Belle Otero*, le film pourtant le plus progressiste, comme un certain nombre

1. En dépit du dispositif de distanciation mis en place par Ophuls.

de films en costume situés à la Belle Époque[1]. On y découvre une artiste de variétés à la carrière triomphale, plus cocotte que véritable danseuse, mais aussi une femme maîtresse de son destin puisqu'elle choisit de quitter son amant pour poursuivre ses tournées – une manifestation rarissime d'*agency* dans le corpus puisque toutes les autres héroïnes sont subordonnées à un frère, un mari, et à leur passion amoureuse. Pourtant, le récit ne met pas moins *in fine* son héroïne dans une trame mélodramatique : l'amant, comprenant son erreur, décide de retrouver Caroline Otero, mais meurt dans un duel avant d'y parvenir. Cette histoire d'amour, construite à partir du point de vue du personnage féminin, exprime certes une volonté d'émancipation professionnelle et amoureuse des femmes, puisque Caroline Otero choisit sa carrière contre l'amour d'un homme volage, mais elle est également inventée pour rendre plus acceptable la liberté de Caroline. Son issue mélodramatique vient rappeler, de manière assez conventionnelle, le prix que ces héroïnes dépravées ou simplement émancipées doivent toujours payer.

La spirale descendante du destin des femmes célèbres explique le recours fréquent au flash-back, qui n'est pas beaucoup pratiqué à l'époque par le film biographique, contrairement à son usage dominant dans le *biopic* contemporain, et est inconnu dans les biographies masculines de l'époque, toutes tendues vers un futur toujours ouvert. *Lucrèce Borgia*, *Madame du Barry* et *Lola Montès*[2] en fournissent tous les trois un exemple. Dans *Lucrèce Borgia*, un long flash-back intervient lorsque la patricienne romaine raconte son passé tumultueux à Alphonse d'Aragon afin de le retenir auprès d'elle quand celui-ci, outré de son comportement, menace de la quitter. Elle lui expose sa vie de débauche, mais surtout la justifie en invoquant sa soumission aux desseins politiques de son frère. Ce long flash-back emprisonne certes Lucrèce dans un passé et une fratrie desquels elle ne peut s'abstraire, mais il est aussi l'occasion

1. Geneviève Sellier, « Les films "Belle époque" dans le cinéma français d'après-guerre. Invisibilité d'un genre "féminin" », dans Raphaëlle Moine (dir.), *Le Cinéma français face aux genres*, Paris, AFRHC, 2005, p. 151-161.
2. Je laisse ici de côté le cas *Lola Montès*, l'ayant déjà développé dans une autre publication. Voir Raphaëlle Moine, « "Lola Montès ? Cette femme ne m'intéresse pas." *Lola Montès* et le film biographique français des années 1950 », dans Marguerite Chabrol et Pierre Olivier Toulza (dir.), *Lola Montès*, *op. cit.*, p. 171-198.

d'une prise de parole féminine qui décrypte les intentions politiques de César Borgia.

Le dispositif est plus complexe et ambivalent dans *Madame du Barry* qui commence pendant la Terreur, pour raconter la vie de la courtisane entièrement en analepse, avant de revenir au Paris de 1793 et à l'exécution de la Du Barry à la toute fin du film. La dernière image du générique, un cercle lumineux sur une toile, évoquant le dispositif d'une lanterne magique, laisse la place à une image peinte représentant le serment du Jeu de paume, projetée sur la même toile. Un bateleur, habillé en sans-culotte et coiffé d'un bonnet phrygien, commente les images (la prise de la Bastille, l'exécution du roi, celle de la reine) et exhibe une réplique de la tête du gouverneur Launay sur une pique sur son stand de foire, « La République des figures de cire ». Le film plonge ensuite les spectateurs aux côtés des badauds qui dansent en farandole la Carmagnole, mangent des gâteaux, font de la balançoire, commentent avec un plaisir voyeuriste et sadique les spectacles, avant de revenir sur « La République des figures de cire », où le bateleur invite les spectateurs à venir

> faire acte de patriotisme en assistant à l'histoire de la putain royale, l'affameuse du peuple, la pourriture du régime, la comtesse du Barry. Pour vous mettre en appétit, voici cette insolente prostituée, lors de ces débuts à Paris, chez Labille dans la maison de mode où elle se livra aux excès de la plus basse galanterie.

La scène de rue que l'homme désigne sur la toile s'anime alors pour laisser la place au récit de la vie de la Du Barry, dont la carrière commence comme vendeuse dans ce magasin. Après avoir fait connaissance de la jeune femme dans la boutique, nous la suivons le soir à la foire Saint-Germain où elle goûte les mêmes divertissements que ceux présentés dans le prologue. À un détail près : le spectacle de lanterne magique s'appelle « Le Royaume des figures de cire » et le bateleur conspue « Damiens, l'infâme assassin de notre illustre roi », chante les louanges de « notre bien aimé roi » et de « notre regrettée marquise de Pompadour, protectrice regrettée des arts et des sciences ». La dernière vignette qu'il projette montre la chambre royale à Versailles où, dit-il, « chaque nuit notre auguste monarque se repose sous la protection de notre Seigneur en toute simplicité ». L'image s'anime alors suivant le même procédé que dans le prologue et le film embraye sur le coucher d'un Louis XV (André Luguet) en totale contradiction avec la harangue du bateleur, avant de raconter l'ascension de Madame du Barry et de dresser un portrait sympathique de la favorite : Martine Carol est une du Barry assez délurée mais sincèrement attachée au roi, désintéressée, bien éloignée des vices que les libelles lui prêtent et qui sont ici rejetés sur une cour corrompue.

Avant le *Lola Montès* d'Ophuls et dans le cinéma populaire, on a donc un effet de triple mise en abyme complexe, du spectacle de lanterne magique de 1793 dans le film, de la vie « réelle » de la du Barry dans le discours du bateleur de 1793, de la vie « réelle » à la cour de Louis XV dans le discours du bateleur de 1760. Ce dispositif, ainsi que la distorsion entre cette vie mise en scène comme attraction et la « vraie vie » racontée par le film, thématise, sur un mode cynique certes, l'exhibition publique de la vie d'une femme comme attraction – ce que fait précisément le film, comme tous les biopics féminins de l'époque. Mais il n'en reste pas moins que ce film typique de la « Tradition de Qualité » française, scénarisé par Albert Valentin, Christian-Jaque et Henri Jeanson, pratique une mise en abyme qui introduit une forme de distance, à la périphérie du récit toutefois. Comme le remarque Susan Hayward, « le public est alors capable de faire deux choses : s'évader de ses soucis quotidiens en contemplant le passé reconstitué sur l'écran, mais aussi réaliser que l'histoire peut travestir la réalité et que les mythes, y compris celui de la courtisane, doivent être remis en question[1] ».

Cet usage du flash-back ne remet pas en cause l'opposition entre l'hommage (aux Grands Hommes) et le scandale (du spectacle de femmes dépravées, légères, ou simplement émancipées), mais il permet de souligner les ambivalences de la série féminine qui ne se réduit pas à la mise en spectacle érotique du corps féminin et d'une dissipation rendue non inquiétante car toujours matée par l'amour ou punie. On ne peut donc exclure tout potentiel libérateur de ces films. Dans une période marquée en France par la parution du *Deuxième Sexe* de Simone de Beauvoir (1949), mais aussi par la permanence d'une sexualité féminine dominée, encadrée et contrôlée par les institutions patriarcales, ces films en costumes

1. Susan Hayward, *French Costume Drama of the 1950s*, *op. cit.*, p. 117.

offrent une échappatoire à leurs spectatrices, leur permettent de jouir imaginairement et par procuration d'une liberté qui leur est déniée, sans pour autant ébranler les relations traditionnelles entre les sexes. Même si l'*agency* de ces figures féminines est limitée, elles sont à l'image de l'actrice phare du genre, Martine Carol, dont Alastair Phillips, analysant l'ensemble de sa carrière, montre qu'elle incarne une femme sujet de ses propres désirs et en quête d'émancipation (sur le plan privé) tout en n'existant que pour et par le regard masculin[1].

De surcroît, les quelques témoignages de la réception des films biographiques des années 1950 accessibles dans la base de données constituée dans le cadre de l'ANR Cinépop50 suggèrent que les spectatrices pouvaient adopter une posture oppositionnelle, au sens de Stuart Hall, envers la série masculine comme la série féminine, concernant les enjeux de genre (*gender*). Ainsi *Assunta*, une correspondante régulière de la rubrique « Potinons » dans *Cinémonde*, est « déçue des chapeaux géants et des robes ridicules » de *La Belle Otero*, dont elle rappelle qu'« elle était danseuse et Maria Félix aussi » avant de déclarer préférer « les films dont les héroïnes ne triomphent pas par la beauté, mais par le talent » (n° 1144, 12.07.1956). Une autre correspondante, la même *Bella* sensible au discours biographique que j'ai cité en introduction, se demande à propos de *Il est minuit Dr Schweitzer* « pourquoi donc avoir escamoté sa femme ? » (n° 969, 27.02.1953). Dans « Côté cœur, côté jardin », le courrier des lecteurs du *Film complet*, *Loulou* s'insurge de son côté, à une date où domine encore sans partage le biopic masculin, que ne soit pas mise en scène « la vie des reines de théâtre comme la marquise du Parc ou la Champmeslé » (*Le Film complet*, n° 295, 31.01.1952) ; quelques années plus tard une autre correspondante, *Versailles*, prend la défense de Martine Carol dans *Lucrèce Borgia* : « Pourquoi persister à ne voir en elle qu'une Vénus impudique ? » (n° 500, 17.02.1955).

Il faut, pour conclure, revenir sur le fait que la série féminine ne coïncide pas, chronologiquement, avec la série masculine, mais lui succède. Venant après des biographies monumentales visant à restaurer l'ordre patriarcal, les biopics féminins, concentrés au milieu

1. Alastair Phillips, « La séductrice n° 1 : le cas de Martine Chérie », *Iris*, n° 26, automne 1998, p. 101-114.

des années 1950, apparaissent au moment où la France, après les années de rationnement et de reconstruction, rentre vraiment dans les Trente Glorieuses et dans une société de consommation, qui est perçue par les magazines féminins qui la promeuvent comme par ses détracteurs de tout bord comme « féminine »[1]. Les biopics féminins offrent ainsi, avec leur débauche de costumes, l'image d'une consommation désirée et à portée de main, mais un peu inquiétante, comme le sont les belles scandaleuses qu'ils mettent en scène.

1. Voir Rebecca Pulju, « Changing Homes, Changing Lives : Material Conditions, Women's Demands, and Consumer Society in Post-World War II France », *Proceedings of the Western Society for French History,* vol. 31, 2003, p. 290-307.

Myriam Juan

VINGT ANS APRÈS. REMAKES ET NOUVELLES ADAPTATIONS DANS LE CINÉMA FRANÇAIS D'APRÈS-GUERRE (1945-1958)

Alors que de nombreux travaux ont été consacrés aux remakes américains depuis la fin des années 1990[1], les déclinaisons françaises de cette pratique n'ont guère retenu jusqu'à présent l'attention des chercheurs. Ce désintérêt découle d'un constat : les cinéastes français eux-mêmes manifesteraient une faible appétence pour les remakes. Ainsi, selon Alain Masson : « Le cinéma français ne remet guère en chantier ses monuments [...]. La législation et le prestige des auteurs expliquent cette différence : nous respectons les classiques[2]. » S'appuyant sur un ensemble de dix-huit metteurs en scène, Yannick Mouren distingue pour sa part, dans les carrières de ces derniers, deux nouvelles versions de films précédemment tournés au temps du muet (*J'accuse* d'Abel Gance [1918 et 1938] et *Poil de carotte* de Julien Duvivier [1925 et 1932]), avant de

1. Parmi les principaux ouvrages parus sur le sujet : Carolyn Durham, *Double Takes. Culture and gender in French films and their American remakes*, Hanovre/Londres, University Press of New England, 1998 ; Lucy Mazdon, *Encore Hollywood. Remaking French Cinema*, Londres, British Film Institute, 2000 ; Jennifer Forest et Leonard R. Koos, *Dead Ringers. The Remake in Theory and Practice*, Albany, State University of New York Press, 2002 ; Constantine Verevis, *Film Remakes*, Édimbourg, Edinburgh University Press, 2005 ; Raphaëlle Moine, *Remakes. Les films français à Hollywood*, Paris, CNRS éditions, 2007. Plus récemment sont parues des études abordant la question du remake dans des cinématographies asiatiques (voir notamment Yiman Wang, *Remaking Chinese Cinema. Through the Prism of Shanghai, Hong Kong, and Hollywood*, Honolulu, University of Hawaii Press, 2013).

2. Alain Masson, « Améremake », *Positif*, n° 459, dossier « Le remake à Hollywood », mai 1999, p. 76.

conclure : « Les autres remakes, lorsqu'ils ne sont pas purement des films commerciaux, sont de nouvelles adaptations de romans, dont la première s'est effacée des mémoires[1]. » Que la pratique du remake soit ou non plus développée de l'autre côté de l'Atlantique, force est de relever le biais sur lequel reposent ces deux affirmations : la limitation du champ d'investigation aux seuls « monuments » du cinéma français (ou aux seules réalisations dues à des metteurs en scène auxquels est reconnu le statut d'auteur), dont le corollaire est le mépris pour les « films commerciaux ». Ce faisant, une telle perspective laisse de côté une grande partie de la production hexagonale qui, à défaut d'avoir eu les faveurs de l'histoire cinéphile[2], a néanmoins souvent fait les beaux jours des spectateurs et des spectatrices des salles obscures.

Sans établir entre eux de hiérarchie esthétique *a priori*, cette contribution propose de s'intéresser aux films français qui, entre 1945 et 1958, constituent des remakes ou de nouvelles adaptations d'œuvres déjà portées à l'écran en France dans les années 1930. Ceux-ci sont en effet très courants dans la première décennie du parlant, mais ils ne disparaissent pas par la suite. De nombreux films réalisés après la Seconde Guerre mondiale reprennent notamment des histoires déjà mises en scène durant la décennie précédente. Or si du muet au parlant, une innovation technologique pouvait expliquer ce désir de refaire des œuvres préexistantes, la période qui court du début des années 1930 à la fin des années 1950 est considérée comme un ensemble présentant une assez forte cohérence pour être désignée globalement sous l'appellation d'« âge classique » du cinéma français[3]. Cette pratique pose en particulier la question de la persistance (ou non) de la mémoire du cinéma français des années 1930 dans la période d'après-guerre. Ces productions fonctionnent-elles comme un « puissant générateur d'ou-

1. Yannick Mouren, « Remake made in France », *Positif*, n° 460, dossier « Le remake, 2e partie », juin 1999, p. 90.
2. Soit une histoire conçue comme un prolongement de l'exercice critique, opérant un tri au sein de la production cinématographique suivant des critères relevant de la « cinéphilie savante » (voir Christophe Gauthier, « Le cinéma : une mémoire culturelle », *1895*, n° 52, septembre 2007, p. 9-26).
3. Cette apparente cohérence – discutable et discutée – repose sur le partage d'une technologie (le parlant, facteur de rupture avec la période précédente), des similitudes esthétiques (liées notamment à une prédilection pour les tournages en studio) et une continuité socioculturelle (une forte fréquentation associée à un cinéma populaire articulé autour des vedettes et des genres).

bli[1] », ou contribuent-elles au contraire à raviver le souvenir d'un cinéma populaire bien souvent menacé de disparition ? Pour tenter de le savoir, nous procéderons dans un premier temps à un état des lieux du phénomène entre 1945 et 1958, puis nous nous interrogerons sur les motivations et les partis pris adoptés par les producteurs et les réalisateurs, avant d'examiner certains aspects de la réception publique et critique de ces films.

État des lieux d'une pratique

Un dépouillement des filmographies de la période permet d'évaluer quantitativement l'importance des remakes et des nouvelles adaptations dans la production française d'après-guerre. Le corpus sur lequel repose cette recherche procède au demeurant d'une double restriction : chronologique d'une part (les remakes de films muets n'ont pas été pris en compte), géographique d'autre part (les remakes de films étrangers n'ont pas non plus été retenus). Les coproductions, particulièrement fréquentes après la Seconde Guerre mondiale, représentent quant à elles 22 % du corpus établi. Les films adaptant des romans différents mettant en scène un personnage récurrent (comme le commissaire Maigret) ont en revanche été exclus. Si le corpus constitué ne prétend pas à l'exhaustivité, l'irréductible marge d'erreur ne paraît pas de nature à fausser les résultats de cette étude, qui met avant tout en évidence la part non négligeable que représentent les remakes et nouvelles adaptations au sein de la production française d'après-guerre. Avec soixante-dix-sept films identifiés entre 1945 et 1958, cette part s'élève en effet à environ 5 % (graphique 1). Ce type de production reste cependant nettement moins fréquent qu'à Hollywood où, à la même époque, « les doubles [...] atteignent ou [...] dépassent le dixième de la production[2] ».

Fort logiquement, puisque la période de référence reste inchangée, la durée qui sépare la sortie d'un film dans les années 1930 et la production d'une nouvelle version après-guerre tend à s'allonger, passant de treize ans et demi en 1945 à vingt-quatre ans en

1. Jacqueline Nacache, « Comment penser les remakes américains ? », *Positif*, n° 430, dossier « Le remake, 2e partie », juin 1999, p. 76.
2. Alain Masson, « Améremake », *art. cit.*

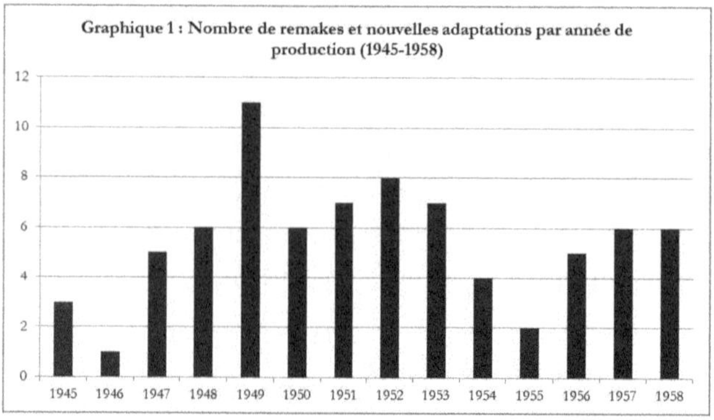

1957 (graphique 2). En moyenne sur l'ensemble de la période, il s'écoule dix-neuf ans entre un film et son remake, ce qui correspond approximativement à l'arrivée d'une – voire deux – nouvelle génération de spectateurs dans les salles. Notons encore, pour en finir avec ces éléments quantitatifs, que le cinéma français d'après-guerre refait majoritairement des films du début des années 1930, sans pour autant privilégier les tout débuts de la décennie qui correspondent au passage au parlant (graphique 3[1]). Ce sont donc « les années médiocres[2] », pour reprendre l'expression peu flatteuse de Jean-Pierre Jeancolas, qui inspirent principalement les cinéastes d'après-guerre, des années qui sont marquées par la réalisation de films populaires qui n'ont guère marqué l'histoire du cinéma.

Quantitativement important, cet ensemble présente une diversité certaine. Il est souvent malaisé de faire la part entre les remakes et les nouvelles adaptations[3], d'autant que les scénarios originaux ne sont pas foison dans le cinéma français des années 1930. Ainsi, près de 90 % des films du corpus mettent en scène une histoire empruntée initialement à la littérature ou au théâtre. La notoriété de la source première incite parfois à considérer les films comme de nouvelles adaptations davantage que comme des remakes. Toutefois, même dans ce cas, les versions précédentes peuvent jouer un rôle important dans la conception et la réception des films. Que les génériques se contentent presque toujours de faire réfé-

1. Le total est supérieur à soixante-dix-sept car quelques films avaient déjà fait l'objet d'un remake dans les années 1930, le graphique tenant compte en ce cas des deux versions précédentes.
2. Jean-Pierre Jeancolas, *Le Cinéma des Français. Quinze ans d'années trente (1929-1944)*, Paris, Nouveau Monde, 2005 [1983], p. 79-165.
3. Voir à ce sujet Raphaëlle Moine, *Remakes*, *op. cit.*, p. 10-17.

Graphique 2 : Nombre moyen d'années écoulées entre la sortie d'un film et celle de sa nouvelle version

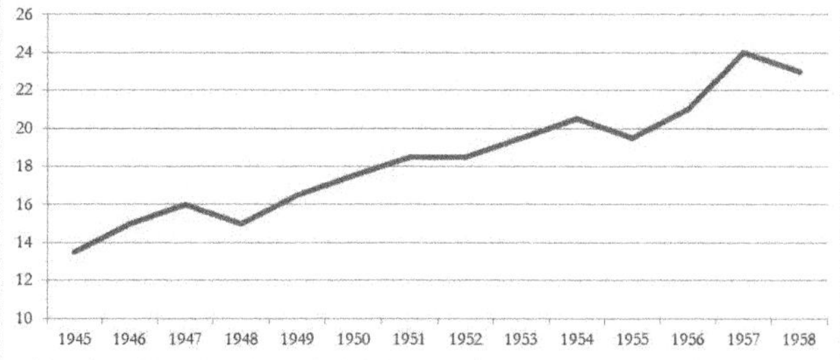

Graphique 3 : Nombre de films ayant fait l'objet d'un remake ou d'une nouvelle adaptation (par année de sortie)

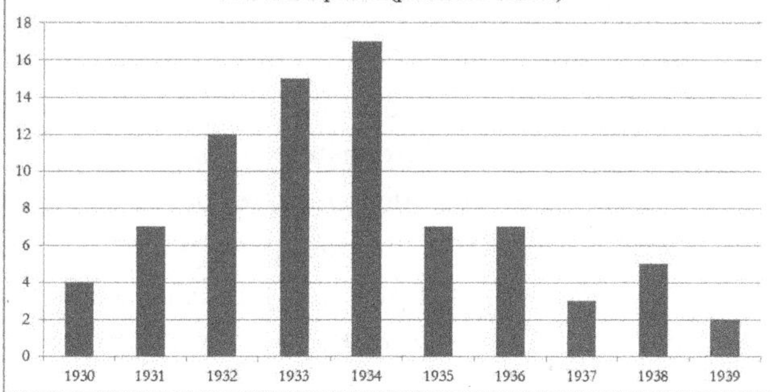

rence à une source littéraire ou théâtrale ne suffit pas par ailleurs à régler la question. Ce choix reflète en effet avant tout une situation juridique, conditionnée par la gestion des droits d'adaptation. Seul un examen au cas par cas, prenant en compte la genèse et les caractéristiques de la nouvelle version, peut permettre de trancher. Cette opération n'apparaît pas au demeurant toujours nécessaire ni même pertinente, un film pouvant se concevoir à la fois comme un remake *et* une nouvelle adaptation, dans une relation d'hypertextualité complexe.

Quelques productions (très minoritaires) peuvent cependant être considérées exclusivement et sans ambiguïté comme des remakes. Il s'agit de films reprenant des scénarios originaux, à l'instar du *Roi des resquilleurs* (Jean Devaivre, 1945), du *Grand Jeu* (Robert Siodmak, 1954) ou encore de *Club de femmes* (Ralph Habib, 1956). Encore faut-il se méfier des faux amis, comme *Violettes impériales* (1952). Le film de Richard Pottier est présenté dans un rapport du Crédit National comme un « "remake" de l'œuvre de M. Henry Roussel [*sic*][1] », sans que le document précise du reste si cette expression renvoie au film muet de 1924 ou au remake parlant qu'en réalisa Henry Roussell lui-même en 1932. Ce dernier (décédé en 1946) est crédité au scénario dans le générique du film de 1952, dont Marc-Gilbert Sauvajon signe l'« adaptation nouvelle et [les] dialogues ». L'histoire est pourtant beaucoup plus proche du livret de l'opérette éponyme de Vincent Scotto, créée début 1948 et très librement inspirée par les films d'Henry Roussell[2]. La musique et les chansons n'en sont pas moins des créations originales. *Violettes impériales* est donc au cœur d'une circulation très particulière entre différentes formes de spectacle qui, sans remettre en cause son statut de remake, complexifie ce dernier.

Remake ou nouvelle adaptation : la distinction entre les deux catégories est au demeurant loin d'être acquise pour les contemporains, qui commencent justement à se saisir du premier terme. De fait, si l'on en trouve quelques rares occurrences à la fin des années 1930, celui-ci se diffuse surtout après-guerre, doté d'emblée de connotations négatives. Rapprochée par Jean de Baroncelli de celle des « films à séries (les *Caroline*, les Peter Cheyney, les *Don Camillo*) » (*Le Monde*, 15.05.1954), la pratique du remake paraît dénuée de toute considération artistique. Dès 1948, le journaliste Hervé Le Boterf diagnostique quant à lui « la plus grave crise de scénarios dont ait jamais jusqu'alors souffert l'industrie du film » (*Cinémonde*, n° 725, 22.06.1948), situation qu'il associe à un manque d'histoires originales : « Aujourd'hui, on ne se préoccupe plus d'imaginer des sujets purement cinématographiques. On adapte, c'est plus simple. » En vérité, ne serait-ce sa dimension nostalgique, la critique est ancienne. Elle est cependant désormais associée également à la production de remakes, dont Hervé Le Boterf souligne qu'elle ne concerne pas seulement les États-Unis :

> Nous abordons ainsi le dangereux problème du « remake », tare significative de la crise actuelle de scénarios. Il ne faudrait d'ailleurs pas

1. Rapport du Crédit National, non daté [début 1952], dossier « *Violettes impériales* », CN592.
2. Le livret de l'opérette est dû à Henri Varna, Paul Achard et René Jeanne. Alors que l'héroïne des films d'Henry Roussell était une marchande de violettes interprétée par Raquel Meller (cantatrice et grande star de cinéma dans les années 1920), le personnage principal de l'opérette puis du film de Richard Pottier est un homme, dont le rôle est créé par Marcel Merkes à la scène et par Luis Mariano à l'écran.

> croire qu'il n'y ait que l'Amérique qui abuse de ce procédé, consistant à refilmer des succès déjà anciens de l'écran. La France se distingue, hélas, dans cette nouvelle compétition internationale. (*Ibid.*)

L'introduction du mot « remake », tout comme les critiques et l'inquiétude dont celui-ci fait l'objet, témoigne ainsi du développement d'une pratique dont il convient à présent d'interroger les logiques de production et les choix de réalisation.

Production : motivations et partis pris

On ne dispose pas, pour la période d'avant-guerre, de données chiffrées concernant les entrées des films. Des enquêtes parues dans la presse corporative permettent toutefois de reconstituer pour certaines années une manière de box-office. Il en ressort que nombre de remakes tournés entre 1945 et 1958 reprennent – somme toute fort logiquement – des succès des années 1930. En 1933 par exemple, *La Cinématographie française* publie une liste de films ayant réalisé les meilleures recettes au cours de l'année précédente d'après un ensemble de directeurs de salles. Sur douze titres (sortis entre 1930 et 1932), cinq ont fait l'objet d'une nouvelle version après-guerre[1]. Il est cependant difficile de savoir si les producteurs misent alors sur la réputation du film précédent pour attirer le public, sur celle de l'œuvre dont celui-ci était adapté, ou bien encore s'ils considèrent qu'une histoire ayant fait ses preuves au cinéma vaut la peine d'être portée à l'écran une seconde fois[2].

Un peu plus du quart des films concernés (26 %) est tourné en couleurs, cette part s'élevant à plus de la moitié (52,5 %) pour la période 1952-1958. Plusieurs de ces films sont adaptés de grands classiques de la littérature, comme *Les Misérables* dont chaque adaptation semble conçue pour faire date dans l'histoire du cinéma. En deux parties d'une durée initiale d'environ quatre heures, réalisé en couleurs et en Technirama (un procédé alors nouveau qui permet d'obtenir un format large avec une meilleure qualité d'image que

1. *La Cinématographie française*, n° 760, 27.05.1933. Ces films sont, par ordre de classement : *La Ronde des heures* (Alexandre Ryder, 1931), *Le Roi des resquilleurs* (Pière Colombier, 1930), *En bordée* (Henry Wulschleger et Joe Francis, 1931), *Mam'zelle Nitouche* (Marc Allégret, 1931) et *La Petite Chocolatière* (Marc Allégret, 1932).
2. Il faudrait également se pencher sur l'intérêt économique que peut représenter un remake par rapport au coût d'un scénario original.

le Cinémascope), disposant d'une distribution prestigieuse (Jean Gabin, Danièle Delorme, Bernard Blier, Bourvil…), le film de Jean-Paul Le Chanois est présenté avec emphase par *Cinémonde* en 1958 comme « le plus grand film français de tous les temps »[1]. C'est une fiction patrimoniale destinée à faire monument[2], à l'instar de la version réalisée par Raymond Bernard en 1933.

Le recours à de nouveaux procédés technologiques n'est pas au demeurant le seul moyen par lequel remakes et nouvelles adaptations se distinguent des versions antérieures. Les différences avec ces dernières sont en vérité extrêmement variables. Certains films restent très proches du précédent, tout en modifiant les noms des personnages ou quelques éléments de l'intrigue. Il arrive au contraire – plus rarement – que les scénaristes ne conservent du premier film qu'une idée et qu'ils la remanient entièrement. C'est le cas, par exemple, de *Club de femmes*, réalisé « d'après l'œuvre de Jacques Deval » suivant les termes du générique. Alors que le film de 1936 se déroulait entièrement dans une pension destinée à accueillir des jeunes filles arrivant de province à Paris, celui de 1956 aborde un tout autre problème, celui du logement étudiant. Le « Club de femmes » s'installe dès lors dans un hôtel particulier désaffecté. L'histoire ne se déroule plus en huis clos et les garçons sont nombreux à pénétrer dans le club, rompant avec ce qui faisait l'originalité du film de Deval : l'absence presque complète d'acteurs masculins[3]. Plusieurs remakes font le choix de transposer l'action après-guerre, par souci d'actualisation (comme le film de Ralph Habib), de modernisation (à l'instar de *Crime et châtiment* de Georges Lampin en 1956) ou encore, plus souvent sans doute, par commodité. Le changement d'époque peut cependant s'effectuer en sens inverse. Par exemple, Jacqueline Audry fait de *L'École*

1. Voir l'article « *Cinémonde* présente les héros du films *Les Misérables*, le plus grand film français de tous les temps » (n° 1226 et 1227, 06 et 13.02.1958), ainsi que la critique parue un mois plus tard et intitulée « Du livre le plus lu au monde au plus grand film français de tous les temps » (n° 1230, 06.03.1958).

2. Sur la notion de fiction patrimoniale, voir Pierre Beylot et Raphaëlle Moine, « Introduction. Les fictions patrimoniales : une nouvelle catégorie interprétative », dans Pierre Beylot et Raphaëlle Moine (dir.), *Fictions patrimoniales sur grand et petit écran. Contours et enjeux d'un genre intermédiatique*, Pessac, Presses universitaires de Bordeaux, 2009, p. 9-24.

3. Seule exception, Raymond Galle est du reste obligé de se travestir.

des cocottes (1958) un film Belle Époque[1], alors que les costumes de celui de Pière Colombier situaient l'action au moment de sa réalisation, au milieu des années 1930.

La distribution du film de Pière Colombier était dominée par une grande vedette (Raimu), alors que dans celui de 1958, trois acteurs voient leurs noms placés au-dessus du titre à l'affiche (Dany Robin, citée la première devant Fernand Gravey et Bernard Blier qui reprend le rôle tenu précédemment par Raimu). *L'École des cocottes* illustre à cet égard un problème commun à quatre films de la période, formulé ainsi par *Cinémonde* (n° 1014, 08.01.1947) : comment assumer le « lourd héritage » de Raimu ? Deux stratégies se font jour en la matière : substituer à ce monstre sacré un autre monstre sacré (Fernandel en 1954 dans *Mam'zelle Nitouche*, d'Yves Allégret) ; donner la vedette à un autre personnage, ou plutôt la partager entre plusieurs acteurs – ce qui est le cas de *L'École des cocottes*, mais aussi de *La Petite Chocolatière* (1949) d'André Berthomieu et des *Gaîtés de l'escadron*, coproduction franco-italienne mise en scène par Paolo Moffa et sortie en France en 1955.

Au demeurant, loin de les oublier, certaines productions prennent parfois au contraire des allures d'hommage vis-à-vis des versions précédentes. Ainsi peut-on lire dans *Cinémonde* :

> Il y a vingt ans, Jacques Feyder tournait *Le Grand Jeu*. Le film eut un beau retentissement, et c'est pour en perpétuer l'ambiance dramatique que Robert Siodmak a entrepris d'en faire une nouvelle version.
> À la Tour d'Argent, les interprètes de la première version, Françoise Rosay et Charles Vanel [...] – Marie Bell et Pierre Richard-Willm s'étaient fait excuser – entourés de quelques amis, ont souhaité bonne chance aux nouveaux : Gina Lollobrigida, Arletty, Raymond Pellegrin et J.-C. Pascal. (*Cinémonde*, n° 1005, 06.11.1953)

La référence respectueuse au film de Feyder ainsi que la rencontre entre les interprètes des deux versions font de la seconde un remake assumé et autorisé. Le souci de rappeler – pour lui rendre justice – la version précédente existe aussi parfois dans le cas de nouvelles

1. Sur la place de ce genre dans le cinéma français de la période, voir Geneviève Sellier, « Les films "Belle Époque" dans le cinéma français d'après-guerre. Invisibilité d'un genre féminin », dans Raphaëlle Moine (dir.), *Le Cinéma français face aux genres*, Paris, AFRHC, 2005, p. 151-161 ; voir également, dans le même ouvrage, l'article de Brigitte Rollet sur les films Belle Époque de Jacqueline Audry (« Question(s) de genre(s). Les réalisatrices françaises et les films en costumes », p. 163-173).

adaptations. En témoignent les entretiens accordés par Jean-Paul Le Chanois à la presse au moment de la réalisation puis de la sortie des *Misérables*. Le réalisateur y cite volontiers le film de Raymond Bernard, ce qui lui permet d'exprimer son admiration pour ce dernier tout en précisant son propre projet :

> De toutes les adaptations filmées, je n'en ai vu qu'une seule, celle dont Raymond Bernard donnait en 1934 [*sic*[1]] le premier tour de manivelle quand j'étais encore un tout petit assistant des studios Pathé-Natan. J'ai revu le film, il y a quelques semaines. J'ai admiré la ferveur, la qualité, l'esprit de recherche des auteurs et du metteur en scène, le jeu d'Harry Baur, de Charles Vanel et de tant d'autres.
> Loin de nous décourager, la réussite de nos anciens nous incite à aller de l'avant. Nous ne referons pas *Les Misérables* de Raymond Bernard. Nous referons, à notre époque à nous, *Les Misérables* de Victor Hugo[2].

Finalement, si les deux films diffèrent à la fois dans leurs choix d'adaptation et dans leur style, la version de 1958 porte néanmoins le souvenir de celle de 1934 : à travers la présence d'Émile Genevoix (interprète de Gavroche chez Raymond Bernard) dans un petit rôle crédité au générique[3] ; plus encore dans certains plans ou certains gestes, tel celui de Jean Valjean projetant une table contre ses assaillants dans la mansarde des Thénardier, là où Hugo décrit simplement le personnage « repoussa[nt] du pied la chaise, du poing la table[4] ».

La confrontation de ces deux films conduit à se pencher sur la réception des remakes et nouvelles adaptations à l'époque de leur sortie et la place qu'y occupe alors le souvenir des versions précédentes.

---

1. Les souvenirs de Le Chanois sont approximatifs, le tournage du film ayant duré de décembre 1932 à septembre 1933.
2. « Jean-Paul Le Chanois prépare la dixième version cinématographique des *Misérables* », coupure de presse sans référence issue du fonds Jean-Paul Le Chanois (coll. Cinémathèque française), LE CHANOIS 22B14.
3. Ce rôle a été coupé dans la version aujourd'hui commercialisée en DVD. Notons que dans le film de 1934, c'est Henry Krauss (Jean Valjean dans le film d'Albert Capellani en 1913) qui interprétait Monseigneur Myriel.
4. Victor Hugo, *Les Misérables*, tome 1, Paris, Éditions Garnier, 1963 [1862], p. 946.

Réception : entre souvenir lointain, réactivation de la mémoire et rapports ambigus au passé

Rares sont les films recensés dans cette étude à figurer dans les histoires du cinéma, mais nombreux sont ceux à avoir rencontré en leur temps le succès en salles. Environ 40 % réalisent entre 1 et 2 millions d'entrées (un chiffre qui n'a rien d'exceptionnel à l'époque mais paraît tout de même honorable) ; près de 30 % se situent entre 2 et 3 millions ; 20 % ont enfin attiré plus de 3 millions de spectateurs (graphique 4[1]). 22 % occupent d'ailleurs l'une des vingt premières places du box-office cumulé des films sortis la même année (voir tableau). Si certains excellents résultats ne surprennent pas (comme la deuxième place des *Misérables*[2] ou celle de *Violettes impériales*, porté par sa star Luis Mariano), d'autres sont de prime abord plus étonnants. Ainsi, les performances du *Roi des resquilleurs* ou celles de *La Ronde des heures*. Aucun de ces deux films ne dispose en effet d'une grande vedette ni d'importants moyens et, à les voir aujourd'hui, il paraît vraiment difficile de comprendre l'engouement qu'ils suscitèrent à l'époque. Le nombre d'entrées est assurément un indice de satisfaction du public, mais l'on peut émettre également l'hypothèse, dans ces cas précis, que le souvenir des versions précédentes n'est pas étranger à leurs succès. Les affiches du film de Jean Devaivre jouent du reste sur la mémoire des spectateurs en annonçant « le Roi des resquilleurs 1945 », ou encore « le nouveau Roi des Resquilleurs ».

1. Le box-office de la période est étudié d'après les informations réunies par Simon Simsi dans *Ciné-Passions. Le guide chiffré du cinéma en France*, Paris, Dixit, 2012 [2000]. Cet ouvrage compulse les entrées cumulées des films en salles entre la date de leur sortie et le 30 juin 2011. Ces chiffres doivent être distingués de ceux du box-office annuel qui ne tient pas compte des reprises et dont les résultats dépendent également de la date de sortie des films dans l'année. Les films pour lesquels nous ne disposons pas de données ne sont pas recensés dans l'ouvrage de Simon Simsi, ce qui suggère qu'ils ont réalisé un score inférieur à 500 000 entrées.
2. Le film de Le Chanois arrive même en tête du box-office de l'année 1958, devant *Les Dix Commandements* (*The Ten Commandments*, Cecil B. DeMille) qui a bénéficié par la suite de plusieurs reprises en salles.

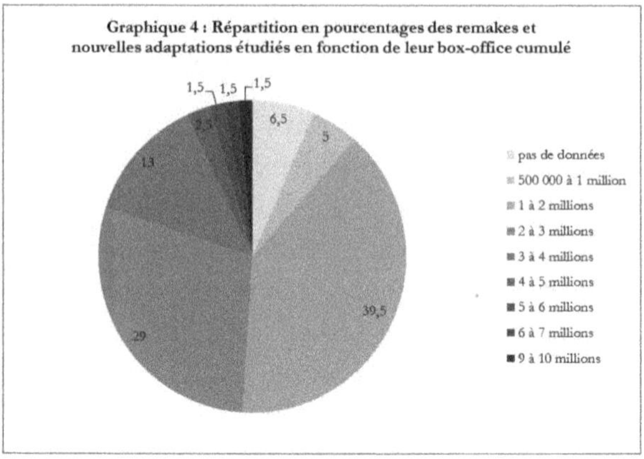

Année	Titre	Classement au box-office	Box-office cumulé
1945	*Le Roi des resquilleurs*	5e	3 679 438
1946	*Roger la Honte*	18e	3 648 758
1946	*Le Gardian*	19e	3 482 619
1948	*Le Maître de forges*	13e	3 495 717
1950	*Le Rosier de Madame Husson*	7e	4 304 624
1950	*La Ronde des heures*	19e	2 689 115
1951	*Topaze*	10e	3 184 380
1952	*Violettes impériales*	2e	8 125 766
1953	*Les Trois Mousquetaires*	7e	5 354 739
1953	*Lucrèce Borgia*	16e	3 632 139
1954	*Mam'zelle Nitouche*	13e	3 829 398
1954	*Le Grand Jeu*	14e	3 806 147
1956	*Michel Strogoff*	1er	6 920 814
1956	*Gervaise*	9e	4 109 984
1958	*Les Misérables*	2e	9 966 274
1958	*Sans famille*	11e	3 331 928
1959	*Les Bateliers de la Volga*	18e	3 109 250

Remakes et nouvelles adaptations produits entre 1945 et 1958 se plaçant dans les vingt premières places du box-office cumulé des films sortis en France la même année.

D'où vient ce souvenir ? Tout d'abord bien sûr – et principalement – de la vision des films dans les années 1930. « Tous ceux qui ont un peu plus de trente ans se souviennent du fameux film de Jacques Feyder », écrit ainsi un journaliste de *Cinémonde* (n° 1004, 30.10.1953) en préambule d'un reportage sur le tournage du remake du *Grand Jeu*. Ce souvenir tient peut-être aussi, dans des cas comme celui de *La Ronde des heures* ou du *Roi des resquilleurs*, à la popularité des chansons associées aux films (chansons qui ne sont toutefois pas reprises par les remakes). Quelques films ont par ailleurs fait l'objet d'une diffusion sur le petit écran durant la période, à l'instar des *Misérables* programmé en 1954 sous la forme d'un feuilleton quotidien de quinze minutes. L'audience de la télévision est cependant très restreinte alors, limitant *de facto* l'impact qu'a pu avoir un tel passage. Quelques reprises ou projections dans des ciné-clubs ont pu également permettre à des spectateurs de voir ou de revoir une minorité d'œuvres. Dans leur ensemble, la plupart des films des années 1930 étaient probablement invisibles du grand public durant la période.

Quoi qu'il en soit, la presse se charge bien souvent de rafraîchir la mémoire des spectateurs. Si les allusions aux versions précédentes n'y sont pas systématiques, elles sont néanmoins très fréquentes. La connaissance du passé du cinéma apparaît de fait comme une compétence requise de la part des critiques professionnels, y compris dans la presse populaire. Sa mobilisation revêt des formes et des intensités variables. Parfois minimale – « Un premier film, tourné avant la guerre, portait déjà ce titre », se contente d'indiquer *Radio-Cinéma* (23.10.1956) à propos de *Club de femmes* –, elle prend ailleurs de l'importance. Venu sur le tournage de *Mam'zelle Nitouche*, *Cinémonde* s'amuse par exemple à confronter plusieurs photographies des deux films (n° 1014, 08.01.1957) ; l'article prend soin ensuite d'évoquer sur près d'une colonne la version de 1931, avant de comparer les carrières de Raimu et de Fernandel.

L'approche au prisme des vedettes est d'ailleurs très répandue. À la veille de la sortie des *Misérables* en 1958[1], un critique se réjouit ainsi dans la revue *Cinéma* :

1. Le film de Le Chanois donne lieu par ailleurs à de nombreux articles évoquant les précédentes adaptations du roman de Victor Hugo (principalement mais pas exclusivement celle de Raymond Bernard).

> La prochaine sortie de la nouvelle version tournée par Jean-Paul Le Chanois, permettra [...] une intéressante confrontation d'acteurs. À suivre l'évolution de la carrière, du jeu, du physique même de Jean Gabin, on est frappé par la ressemblance (inconsciente ou entretenue) qu'il manifeste de plus en plus avec Harry Baur. Pour beaucoup, la scène de l'interrogatoire dans *Maigret tend un piège* a évoqué le souvenir d'une scène comparable dans le *Crime et châtiment* de 1935. (n° 25, mars 1958)

On pourrait ajouter qu'Harry Baur avait justement interprété Maigret dans les années 1930 et que son rôle dans *Crime et châtiment* venait d'être repris par Gabin. Remakes et nouvelles adaptations mettent ainsi en évidence des généalogies d'acteurs, à travers lesquelles se perpétue la mémoire du cinéma populaire.

Ils conduisent enfin parfois les journalistes à s'interroger sur ce qu'une telle pratique révèle du rapport au passé, comme l'illustre l'exemple de la réception du *Grand Jeu* de Robert Siodmak. Le remake du film de Jacques Feyder transpose l'intrigue de celui-ci du Maroc des années 1930 à l'Algérie du début des années 1950 tout en suivant une trame narrative parfaitement similaire. Un jeune avocat (Pierre Richard-Willm/Jean-Claude Pascal) qui s'est ruiné et compromis pour entretenir sa maîtresse fuit en Afrique du Nord. Celle qu'il aime ne l'ayant pas rejoint, il s'engage dans la Légion. Les années passent. Il rencontre un jour une prostituée amnésique qui ressemble de façon troublante à son ancienne maîtresse (Marie Bell, doublée vocalement pour ce second personnage/Gina Lollobrigida, qui n'est doublée dans aucun rôle, ce qui étonne alors plus d'un critique). Il doute puis se persuade qu'il s'agit bien d'elle. Démobilisé et sur le point de refaire sa vie avec cette brave fille un peu vulgaire, il croise par hasard son ancien amour. Il se réengage alors et la patronne du bistrot où il a ses habitudes (Françoise Rosay/Arletty) prédit sa mort prochaine en lui tirant les cartes. Inspiré d'un film qui fut en son temps un grand succès critique autant que populaire, *Le Grand Jeu* est annoncé en 1954 comme un événement ; il est d'ailleurs l'un des trois films français sélectionné à Cannes cette année-là. L'accueil est cependant loin d'être enthousiaste[1]. Par-delà une condamnation en règle du remake – alors en train de

1. Observation reposant sur la revue de presse consultable à la Cinémathèque française, qui réunit des articles parus dans la grande presse et la presse cinéphile au sens étroit du terme (la critique parue dans *Cinémonde* est en revanche positive).

devenir un *topos* de la critique – plusieurs journalistes soulignent la dimension anachronique du film de Siodmak. Pour André Bazin :

> *Le Grand Jeu* est l'exemple parfait du film dont le scénario est indissociable de la mise en scène et la mise en scène indissociable de l'époque qu'elle illustre. L'œuvre de Feyder est peut-être le film qui inaugure en 1934 le fameux réalisme noir caractéristique de l'école française d'avant-guerre et dont le romantisme social paraît aujourd'hui évident. (*France-Observateur*, n° 209, 13.05.1954)

Or, selon Bazin, ce romantisme était « déjà périmé en 1940 » (*ibid.*). Le remake devient ainsi l'occasion, pour la cinéphilie savante, de penser l'histoire du cinéma en identifiant en son sein des courants et des styles. Georges Sadoul relève également le caractère désuet du film, mais il l'aborde d'un point de vue politique : « Le légionnaire modèle 1934 a peu de rapports avec le légionnaire modèle 1954. Les "rebelles" nord-africains ont bien évolué d'Abd el Krim à Istiqlal, et, la Légion étrangère d'aujourd'hui ne se bat plus dans le Sahara, mais dans la jungle indochinoise » (*Les Lettres françaises*, 20.05.1954). Dans la suite de son article, Sadoul met en cause la censure – ou plutôt l'autocensure – dans l'absence de prise en compte du contexte contemporain. Quoi qu'il en soit, le recours à cette mythologie chargée de nostalgie semble bien exprimer les difficultés de la France d'après-guerre à faire le deuil d'une grandeur passée – déjà largement fantasmée dans les années 1930.

Une pratique favorisée par la visibilité éphémère des films

La pratique des remakes et nouvelles adaptations est donc fréquente dans le cinéma français d'après-guerre[1], appelant une étude approfondie dont cette recherche ne constitue que les prémisses. Si l'évolution de la mode, les progrès techniques (en particulier la couleur) et divers procédés de modernisation différencient les films des années 1945-1958 de ceux des années 1930, les éléments de continuité entre les deux époques sont par ailleurs parfois frappants. La logique de remplacement dont procèdent ces films doit au demeurant être replacée dans un

1. Seul l'examen d'autres périodes permettrait cependant d'apprécier précisément l'importance du phénomène dans les années 1945-1958.

contexte où la plupart des versions antérieures ne sont plus visibles à défaut d'être forcément oubliées. Au niveau de la réception, le degré de réminiscence apparaît pour sa part très variable. Seuls les films ayant statut de classiques ou interprétés par de grandes vedettes donnent lieu à des comparaisons poussées de la part des critiques, dont il faudrait toutefois compléter l'étude par celle de la réception des spectateurs et des spectatrices « ordinaires ». Même allusif, le souvenir du film précédent peut cependant influencer le jugement porté sur la nouvelle réalisation. Reste que, faute de relais pour les perpétuer durablement, les souvenirs réactivés par la sortie d'un remake ou d'une nouvelle adaptation sont voués le plus souvent à n'être qu'éphémères, l'oubli menaçant bientôt la nouvelle version elle-même. Ainsi, davantage encore que d'un manque de mémoire, c'est peut-être finalement d'un défaut d'inscription dans l'histoire du cinéma dont ont pâti à terme un grand nombre de ces films et leurs remakes, productions populaires restées à l'écart du panthéon de la cinéphilie savante.

Thomas Pillard

LE COURRIER DES LECTEURS DU *FILM COMPLET* (1949-1958) : UN OUTIL POUR ÉTUDIER LES RÉCEPTIONS GENRÉES DES GENRES

Si plusieurs travaux ont récemment mis en évidence l'importance des genres dans le cinéma français d'après-guerre[1], la question de savoir comment ces représentations génériques ont été perçues par les spectateurs et spectatrices contemporain-e-s demeure un chantier encore embryonnaire, ce qui s'explique par trois facteurs principaux. D'une part, les études sur la consommation cinématographique demeurent le parent pauvre de la recherche universitaire française, en raison à la fois d'un manque de sources sur le public, de la prééminence des analyses auteuristes et esthétiques, ainsi que de l'assimilation commune de la cinéphilie à la « cinéphilie savante ». D'autre part, alors que les études anglo-américaines s'intéressent de longue date aux genres en tant que vecteurs privilégiés de la construction des identités et des rapports de sexe, il reste peu fréquent en France de pratiquer une « approche genrée des genres »[2]. Enfin, l'absence dans le cinéma français d'un système générique aussi structuré qu'à Hollywood a contribué à occulter l'importance des genres dans les choix et les goûts du

1. Voir notamment Susan Hayward, *French Costume Drama of the 1950s. Fashioning Politics in Film*, Bristol/Chicago, Intellect, 2010 ; Gwénaëlle Le Gras et Delphine Chedaleux (dir.), *Genres et acteurs du cinéma français, 1930-1960*, Rennes, Presses universitaires de Rennes, 2012.
2. Raphaëlle Moine et Geneviève Sellier, « Présentation », *Cinémas*, vol. 22, n° 2-3, numéro spécial « Genre/*Gender* » sous la direction de Raphaëlle Moine et Geneviève Sellier, printemps 2012, p. 7.

public, que ceux-ci se portent sur des univers relayant un point de vue masculin (comme dans le film de guerre) ou proposant au contraire une répartition plus équilibrée des rôles sexués (comme dans le film historique) ; en conséquence, la segmentation genrée des publics des genres cinématographiques, bien connue pour le cinéma hollywoodien et le public américain, n'a encore jamais fait l'objet de recherches approfondies en France.

Cet article vise à apporter une contribution à l'étude de ce domaine, à travers une analyse des discours tenus sur deux genres marquants de l'après-guerre, que l'on associe communément à deux types de publics différents : la comédie (généralement décrite comme un genre mixte plaisant à l'ensemble du public) et le film noir (traditionnellement perçu comme un genre préféré par les hommes). Pour examiner les réceptions genrées de ces deux genres très différents, nous ferons appel au courrier des lecteurs du *Film complet*, dont la popularité phénoménale justifiait quasiment à elle seule à l'époque l'existence même de ce magazine appartenant à la catégorie des « films racontés ». Moins connu et probablement moins « prestigieux » que *Cinémonde*, qui se vantait d'être « la première revue du cinéma mondial » et bénéficiait du concours de plumes aussi « savantes » que celles d'Henri Jeanson ou de Jacques Doniol-Valcroze, *Le Film complet* est un périodique apparu dans les années 1920, qui était imprimé en noir et blanc sur un papier de faible qualité, et dont le coût minime (8 francs en début de période[1]) a contribué à renforcer la diffusion massive et le succès : il est fréquent de lire dans le courrier des lecteurs, baptisé « Côté cœur, côté jardin », que « *Film complet* est le journal de cinéma le moins cher et le plus intéressant » (*Une vésulienne S…*, n° 218, 10.08.1950). La prise en compte de ce type de ressource s'avère indispensable pour tenter de restituer les modes de fonctionnement des pratiques cinéphiles ordinaires dans les années 1950. Les avis sur les films et les genres publiés dans « Côté cœur… » fournissent un matériau d'autant plus précieux pour notre étude que la production cinématographique française de l'époque privilégie largement les « films d'hommes », visant à

1. Le prix du magazine augmente à diverses reprises à partir de mars 1950, au fur et à mesure de ses changements de format, avant de se stabiliser à 20 francs en novembre 1951. Par comparaison, le prix de *Cinémonde* et de *Ciné-Revue* oscille à l'époque entre 50 et 70 francs.

réaffirmer la suprématie de valeurs masculines et patriarcales récemment malmenées par la guerre, alors même qu'un magazine comme *Le Film complet* était très majoritairement « consommé » par de très jeunes femmes, âgées pour la plupart de 16 à 25 ans. Si cela est également vrai de *Cinémonde*, il est nécessaire, avant d'évoquer les genres et leurs réceptions, de préciser les spécificités de « Côté cœur, côté jardin » par rapport à « Potinons », le courrier des lecteurs de *Cinémonde* : pour plusieurs raisons, « Côté cœur... » constitue un outil *sans équivalent* pour évaluer la segmentation genrée de la réception des genres. Nous commencerons donc par évoquer les particularités de cette rubrique, avant de nous intéresser successivement aux discours tenus sur la comédie et le film noir.

« Côté cœur, côté jardin » : une rubrique hybride ; un terrain d'affrontement genré

Organisé autour de deux rubriques principales s'étalant sur plusieurs pages, à savoir le « film raconté » (composé en moyenne de 10 pages) et le courrier des lecteurs (qui s'étend selon les numéros sur 3 à 5 pages éparpillées dans le magazine), *Le Film complet* se distingue de *Cinémonde* qui se caractérise par une multiplicité de rubriques courtes dont le courrier des lecteurs. La coexistence dans chaque numéro d'un film présenté sous forme de novélisation et d'une discussion collective appelée à se poursuivre au numéro suivant a rapidement contribué à consolider le statut central de « Côté cœur... » : cela suggère que *Le Film complet* n'est réellement « complet » qu'avec son courrier, et que l'expérience cinématographique doit être prolongée par la lecture autant que par l'écriture pour être « complète ».

Cette dualité en matière de contenu éditorial a des implications sur la nature des discours tenus dans « Côté cœur... », puisqu'elle confronte deux traces de « réception[1] » différentes au sein du magazine : d'une part, le « film raconté » à travers lequel *Le Film complet* fournit à son lectorat la grille d'interprétation d'une œuvre de cinéma ; d'autre part, les extraits de lettres envoyées par les lecteurs et lectrices ordinaires au journaliste chargé de modérer

1. Par « réception », il faut entendre ici « les discours au sens large produits sur les films » à l'époque de leur sortie (voir Geneviève Sellier, « Implications d'une approche *gender* : repenser les corpus ; prendre en compte la réception », 2011, *Lignes de fuite, revue électronique de cinéma,* http://www.lignes-de-fuite.net/article.php3?id_article=174).

les échanges, sous le pseudonyme du « Caméraman amoureux » (CA pour les fidèles de la rubrique). Si les lettres portant sur le contenu de ces novélisations sont rares, il n'en demeure pas moins que les courriéristes définissent en partie leur identité cinéphile par rapport aux récits qui leur sont proposés : alors que ces derniers sont signés le plus souvent par les hommes, certaines lectrices décident par exemple de ne lire que les « films racontés » rédigés par « J. Mettra », la seule femme à écrire régulièrement des récits pour le magazine.

Le Film complet est probablement *le* magazine cinématographique de l'époque qui a attribué la plus grande place au courrier des lecteurs, publié le plus de lettres et laissé s'exprimer ses courriéristes le plus « librement » (malgré le contrôle exercé par le CA sur la rubrique). Non seulement « Côté cœur… » n'a eu de cesse de s'agrandir pour contenter les lecteurs (et surtout les lectrices), mais cette rubrique a pu s'épanouir grâce au rythme de parution très soutenu du magazine (jusqu'à trois numéros par semaine) ainsi qu'à une politique consistant à publier de larges extraits des lettres, bien que le CA indique qu'il les ramène à une « taille raisonnable ». Il faut ici insister sur la spécificité de « Côte cœur… » par rapport à « Potinons », dans la mesure où le CA cède la parole à ses courriéristes (en reproduisant le contenu de leurs lettres entre guillemets), alors que Jean Talky – le pseudonyme du responsable de la rubrique de *Cinémonde* – choisit le plus souvent de synthétiser leur point de vue. En conséquence, « Côté cœur… » nous offre un accès privilégié à des avis intégralement rédigés, ce qui constitue d'ailleurs une raison de son succès : les courriéristes déclarent apprécier la rubrique car elle est « exempte de style télégraphique » (*Une vésulienne S…*, n° 218, 10.10.1950).

La question de la perception genrée des genres est particulièrement pertinente, étant donné que les indicateurs de genres sont omniprésents dans le magazine et que plusieurs biais genrés caractérisent les différentes formes de « réception » que l'on peut y trouver. Tout d'abord, la consommation cinématographique dont témoigne « Côté cœur… » est en grande partie structurée autour des genres : ces derniers fournissent souvent au CA le sujet de référendums, et sont spontanément convoqués par les courriéristes dans leurs lettres. Ensuite, le courrier des lecteurs du *Film complet*

COTÉ CŒUR, COTÉ JARDIN

AVIS A NOS LECTEURS

Pour recevoir une réponse, soit par le journal, soit directement, IL EST INDISPENSABLE de joindre à votre lettre deux "bons-réponse" à découper dans les numéros de* Film Complet*, au bas de la page 3.

Pour les réponses directes, donc plus rapides, joindre en outre un timbre de 15 francs en indiquant votre adresse.

Comme je suis décidé à vous épargner, mes chers correspondants, je ne mettrai, cette semaine, aucune question épineuse sur le tapis.

Je veux seulement vous dire deux petits mots d'ordre « technique » pour répondre d'une façon particulière à un ami de la rubrique qui s'appelle Boléro, **et d'une façon plus générale à tous les autres correspondants.**

Voici ce que m'écrit Boléro **dans une de ses lettres :**

« Pourquoi vous faut-il deux mois pour préparer le Film Complet, **alors que les journaux sortent tous les matins ? »**

Comme vous le voyez, c'est court et simple. Mais c'est une question qui m'a déjà été posée, sous une forme différente, par différents lecteurs. Et comme je sens très bien que l'on s'inquiète de ce délai de deux mois que nous demandons pour la publication des réponses, il me paraît utile d'en dire un mot pour rassurer nos amis.

Vous oubliez, mon cher Boléro, **qu'un quotidien ne peut être comparé avec un hebdomadaire.**

Comme son nom l'indique, un quotidien est fait pour publier chaque jour les nouvelles et informations les plus récentes, et tout est prévu pour ce faire : le journal est tiré dans un local qui lui appartient en propre, et en « typographie », procédé très rapide ne demandant pas de mise au point aussi délicate que les autres.

Pour les hebdomadaires, il en va tout autrement. A part quelques hebdomadaires de grande information, la plupart des autres n'ont pas un caractère d'actualité. On les tire généralement en héliogravure, procédé qui demande beaucoup de soins. Dans ce cas, il est assez courant, pour des raisons techniques, de tirer plusieurs numéros à la fois (deux ou quatre). Comme, de plus, les machines sont fort encombrées dans la région parisienne, il est nécessaire d'effectuer les opérations d'impression et de tirage à date fixe et régulière. Il n'y a donc aucune raison de ne pas s'y prendre à l'avance, pour parer à toute éventualité (panne de machine, grève, coupures de courant, etc.). Cette avance, qu'ont prise tous les journaux de ce genre, est plus ou moins la conséquence de la guerre et de ses méfaits.

Je pouvais fort bien me dispenser de vous donner toutes ces explications d'ordre technique, mes chers amis, car elles ne doivent pas vous intéresser au premier chef. Mais cela vous prouvera, une fois de plus, que si nous sommes si longs à vous répondre, c'est tout simplement parce que l'imprimerie nous réclame la copie à date fixe, selon un programme de travail arrêté d'avance — et non, comme vous pourriez le croire, parce que le Cameraman a la flemme, ou un panari au doigt.

Il faut bien que je me défende un peu, quand même !

En attendant la semaine prochaine, je vous serre royalement la pince ou la cuiller, suivant l'anatomie de chacun.

LE CAMERAMAN AMOUREUX.

Réponses aux lettres :

PRINZESSE GATÉE nous a déjà dit qu'elle avait mis un Z parce que cela faisait plus original. « J'aurais aussi bien pu écrire « Prynzaisse », c'est encore plus original, mais je n'y ai pas pensé avant, tant pis. Je vous envoie ma photo pour examen. Peut-être pourriez-vous la publier, cela me ferait grand plaisir, car je vois d'avance la tête de maman si elle me trouvait dans le journal. Ne serait-il pas possible de passer un peu plus de films anglais, que j'apprécie pour leur qualité, et de films américains, car je n'aime pas les films français, à part quelques exceptions. Je vous embrasse amicalement en vous demandant de ne pas mettre de « sic » **ni de** « resic », **car maman lit le** Film Complet **et vos réponses, et elle se moque de moi. »** (Sic. Oh ! pardon ! celui-là m'a échappé !)

Prinzesse gâtée.

Réponse. — Eh bien ! vous allez voir « la tête de maman », petite *Prinzesse gâtée*, puisque voilà aussi la vôtre ! Vous êtes très sympathique, bien que vous n'ayez pas toujours bon caractère. Très bonne et très sensible, mais un peu emportée, avec de brusques colères, mais pas de rancune. Vous êtes rêveuse, et avez tendance à demander à la vie plus qu'elle ne peut donner. Travailleuse, intelligente, vous êtes très consciencieuse. Je vous crois un peu trop susceptible, et facilement jalouse, tout au moins quand vous aimerez. Vous avez le goût du commandement et de la « protection », et vous aimez davantage les êtres quand vous les sentez un peu inférieurs à vous, ou tout au moins quand ils dépendent de vous. Je vous vois aussi un peu capricieuse et très douée pour les arts. Vos petits reproches ne sont pas entièrement justifiés. Je sais que Luis Mariano s'appelle aussi Gonzalès, et je l'ai dit parfois dans le courrier. Pour Jean Marais, on dit en effet que son vrai nom est Villain, mais dans les milieux cinématographiques on affirme que ce n'est pas vrai. Je n'ai donc aucune raison de raconter des « bobards » (sic pour moi). Nous ne demandons pas mieux que de passer des films anglais, mais ils sont relativement rares. Néanmoins, vous avez pu constater que nous leur avons fait une petite place dans nos derniers numéros. Quant aux films américains, j'ai déjà répondu ici que nous en passions dans une large proportion. En vous écrivant, je prends les dix derniers numéros du *Film Complet* parus (nos 262 à 271). Je vois : cinq américains, trois français, deux anglais. Alors, de quoi vous plaignez-vous ? Et remarquez que beaucoup de lecteurs nous reprochent de ne pas publier assez de films français. Ah ! il est bien difficile de contenter tout le monde et son père ! A bientôt, gentille *Prinzesse*, vous voyez que vous n'avez pas eu trop de « sic ». D'ailleurs, entre nous, ils ne sont pas bien terribles !

THI-TUU, DE HANOI. — « Je lis régulièrement le Film Complet. **Votre « Côté Cœur » me plaît beaucoup ; je vous trouve particulièrement sincère et très sage** (oh ! là là, oui ! Comme une image !). **Aussi décidé-je de vous demander quelques renseignements sur Cornel Wilde et Robert Taylor, mes acteurs préférés. Je suis une jeune fille vietnamienne de dix-neuf ans, pianiste, poétesse — malheureusement pas bien connue — pas très belle, mais gracieuse et séduisante, d'après mes amis. J'adore beaucoup** (sic) **le cinéma. J'espère écrire à Cornel Wilde et à Robert Taylor, faire du cinéma et, si ce n'est pas impossible, tourner un film avec l'un d'eux. Je ne crois qu'aux sages et puisque vous l'êtes** (qui vous a dit cela ? Ah ! c'est moi, je l'oubliais !) **je n'hésite pas à vous demander votre sincère opinion et vos bons conseils. »**

Réponse. — Vous aussi vous êtes sage, petite amie du Vietnam. Votre écriture indique une nature très réfléchie, posée, une vive intelligence et beaucoup de dons artistiques. Vous êtes « extérieurement » assez douce, mais avec une vie intérieure intense et même ardente. Beaucoup de volonté. Le goût du « merveilleux » et de la féerie. Mais justement parce que vous êtes sage, il ne faut pas trop vous bercer d'illusions. Arriver à être vedette de cinéma est déjà très difficile, mais estimer que l'on tournera forcément avec la vedette de son choix est encore plus aléatoire ! Je ne puis vous donner aucun conseil précis, ignorant vos talents, mais je voudrais que vous m'envoyiez votre photo et je vous donnerais mon avis par lettre directe. Robert Taylor, qui a quarante et un ans, est marié depuis 1939 à Barbara Stanwick, mais on vient d'annoncer leur divorce. Vedette depuis plus de quinze ans, il a tourné autrefois : *Vivent les étudiants, Trois camarades, La Foule en délire, Trafic d'hommes, L'Enchanteresse, Le Règne de la joie, Le Roman de Marguerite Gautier*, etc., et plus récemment : *Bataan, La Valse dans l'ombre, Johny roi des gangsters, Lame de fond, Le Mur des Ténèbres*. Cornel Wilde, né à New-York le 13 octobre 1915, a fait ses études de médecine avant de devenir artiste de théâtre, puis de cinéma. Il a tourné notamment : *La Chanson du Souvenir, Le Fils de Robin des Bois, Péché mortel, Ambre, L'Homme de mes rêves, Aladin ou la lampe merveilleuse, Jenny, femme marquée*. Il a les yeux marron, les cheveux bruns, 1m,82, d'abord marié à l'actrice Patricia Knight et père d'une petite fille, il vient de divorcer et s'est remarié récemment avec Jean Wallace. A bientôt, chère petite *Thi-Tuû*, j'attends votre prochaine lettre et la photo demandée. Bonnes amitiés.

LE MORDU m'écrit souvent, c'est un vieil ami. Je m'excuse de répondre aujourd'hui à une lettre très ancienne, mais elle est accompagnée d'une photo qu'il serait dommage de « manquer ». Notre ami ajoute : « Je suis heureux et fier de savoir que j'ai une écriture « intelligente ». Si vous saviez ce qu'elle me vaut de reproches ! Dites à Miss Robert de Paris **que Philippe Lemaire est marié à une jeune starlet** (je l'ai dit déjà, mon cher ami... mais saviez-vous qu'ils divorcent ?). **Aux admiratrices des chanteurs de charme : je n'ai rien contre eux, mais je trouve qu'on en parle trop dans un courrier cinématographique. Pourtant, j'adore Tino. Aux amoureuses de vedettes — et de leur beauté surtout — je dis : attention ! Si vous les voyiez souvent, il y en a de pas mal... mais d'autres... hum ! L'écran trompe beaucoup, c'est un miroir aux alouettes. Réveillez-vous, chers oiseaux ! Cher** C. A., **je vous envoie une photo aux fins de publication. Je ne suis pas** Liana, **moi, je ne me « dégonfle pas ».**

Le Mordu.

Réponse. — Et vous avez raison, mon cher *Mordu*, car votre photo est très bien et vous vaudra des sympathies au courrier ! Je crois avoir déjà analysé votre écriture, mais je vois ici un bel esprit de décision, beaucoup de franchise et un caractère parfois emporté, mais toujours loyal. Vous devez savoir être un excellent ami... et un observateur plein de malice ! Vous avez de la chance d'habiter Cannes. J'aime beaucoup cette ville, que j'espère revoir dans quelques jours. Continuez à nous écrire, cher *Mordu*, vous êtes un fidèle et un « précieux » ! Je vous renverrai votre photo, puisque vous dites qu'elle est « destinée à quelqu'un de cher ». Mais, est-ce que je possède votre adresse ? Sinon, donnez-la-moi. Bonnes amitiés en attendant. Et encore toutes mes félicitations pour cette « binette » sympathique. Il y en a qui, comme vous, ne se vantent pas et qui auraient vraiment de quoi le faire !

SILENCE ! ON TOURNE. — « Je vous écris aujourd'hui au sujet de la lettre d'une Parisienne de Basse-Cour **à laquelle vous avez répondu dans le n° 268. Pourquoi votre réponse était-elle si froide ? Auriez-vous trouvé**

(Suite page 8.)

2

« Coté cœur, coté jardin », *Le Film complet* n°285, 22 novembre 1951.

repose sur une alternance entre des sujets de discussion « masculins » et « féminins » (liée notamment au fait qu'il arrive souvent au CA de s'adresser soit « à tous les lecteurs », soit « à toutes les lectrices »), ce qui permet d'identifier des différences en termes de préférences génériques selon le sexe des courriéristes. Enfin, et surtout, l'ensemble des discours tenus dans la rubrique s'organise selon un prisme genré, ce qui s'explique par la nature même de la rubrique.

Créée par le « Caméraman amoureux » le 15 avril 1948 dans le n° 24 du magazine *Stars et films*, qui s'apprêtait alors à changer de titre pour devenir *Deux films complets*, la rubrique « Côté cœur, côté jardin » a été conservée à l'identique au moment de la fusion de *Deux films complets* avec *Le Film complet* (qui jusqu'à cette date n'avait pas de courrier de lecteurs) le 24 février 1949. Alors que « Potinons » apparaît comme une rubrique cinématographique, « Côté cœur… » présente la particularité d'avoir été conçu dès le départ comme un espace hybride, entre courrier du cœur – à l'intérieur duquel garçons et filles sont invité-e-s à débattre des problèmes liés à l'amour et aux rapports entre les sexes – et lieu d'information et de discussion sur les films[1]. Ce positionnement spécifique permet à la rubrique de fidéliser en à peine quelques mois un très large lectorat, composé aux trois quarts de jeunes filles et de jeunes femmes âgées de 16 à 25 ans, alors que dans les premières semaines suivant sa création elle n'était suivie que d'une poignée de courriéristes, en majorité masculins. En raison à la fois de sa nature hybride et de sa rapide « féminisation », la rubrique s'est peu à peu transformée en un « terrain d'affrontement genré », c'est-à-dire en un lieu en partie organisé autour de querelles et de débats relatifs aux normes et aux injonctions de genre (*gender*), au cinéma comme dans la vie. La forte présence féminine dans le courrier ne tarde pas en effet à pousser certains hommes à « réagir », se plaignant du fait qu'elles monopolisent la parole ou les invitant à limiter leurs interventions et leur expertise à la seule sphère domestique : « Encore une piquée [*sic*] qui veut faire du cinéma. Apprenez à laver la vaisselle et à repriser les chaussettes au lieu d'écrire de pareilles âneries. Allez donc au studio Pathé : comme balayeuse, ils vous feront peut-être passer un bout d'essai ! » (*Pierrot ennemi des*

1. Voir Thomas Pillard, « Cinéphilie populaire et usages sociaux du cinéma : le courrier des lecteurs du *Film complet* dans les années 1950 », Geneviève Sellier (dir.), *Studies in French Cinema*, vol. 15, n° 1, 2015.

piquées, n° 198, 23.03.1950). Ces lettres provoquent à leur tour la dénonciation de la « domination masculine » portée par les courriéristes « vedettes » du courrier, comme « Liana beauté des îles » ou « Révolution féminine ». Tout à fait conscient de l'intérêt de son lectorat pour ces « querelles », le CA ne manque pas de l'entretenir en choisissant à dessein de lancer des référendums très orientés[1] ou de citer des courriers propres à enflammer les passions, comme le montre sa façon de présenter cette lettre d'un lecteur désireux de « défendre le sexe fort » : « vous faites preuve d'une telle ardeur misogyne que je ne puis résister au désir de vous jeter en pâture à toutes les “tigresses-maison”, qui ne tarderont pas, je le crains, à vous remettre au pas. Parler ainsi des femmes dans un courrier où elles dominent par le nombre, aïe, aïe, aïe… » (*À bas les femmes*, n° 291, 03.01.1952).

Bien sûr, la présence du CA en tant que « médiateur » constitue en soi un biais genré (et générationnel) supplémentaire, puisque celui-ci est un homme d'âge mûr (il avoue 44 ans en 1949[2]), qui apparaît à la fois comme « l'agent de liaison » entre les courriéristes, leur « meilleur ami » (surtout pour les garçons/hommes) et leur « père de substitution » (surtout pour les filles/femmes). Organisant les échanges de ses jeunes protégé-e-s tel un *pater familias*, le CA fait figure d'« autorité masculine » en raison de la condescendance misogyne qu'il manifeste vis-à-vis des jeunes lectrices… ainsi que de son avis sur les films, bien qu'il proclame régulièrement son « impartialité ». Ce dernier participe pleinement, en ce sens, des négociations pour la signification qui se font jour dans le courrier, et dont nous allons maintenant rendre compte.

Des oppositions de goût : l'exemple des films comiques

Il est légitime de se pencher dans un premier temps sur la comédie, dans la mesure où ce genre apparaît à l'époque à la fois comme le plus prolifique en terme de production[3], et comme un des

1. Un exemple parmi d'autres : « aujourd'hui, amis lecteurs, c'est vous qui avez la parole […]. Nous allons donc vous demander, messieurs, ce que vous pensez des femmes. Je ne doute pas que cette question va m'attirer un déluge de lettres, et que j'en verrai de toutes les couleurs ! » (n° 145, 17.03.1949).
2. Selon sa réponse à « Farinette de Paris » parue dans le n° 153 (12.05.1940).
3. Selon Richard Kuisel, « sur les 97 films produits en 1952, par exemple, 49 étaient des comédies » (« The Fernandel Factor : The Rivalry Between the French and American Cinema in the 1950s », *Yale French Studies,* n° 98, 2000, p. 129).

plus populaires au box-office à en juger par les scores extrêmement élevés des films interprétés par Bourvil et Fernandel, qui atteignent ou dépassent régulièrement les 5 millions de spectateurs tout au long des années 1950 – avec un pic à 12,7 millions pour *Le Petit Monde de Don Camillo* en 1952[1]. De tels succès suggèrent que ces films étaient vus en famille et qu'ils s'adressaient à un public mixte. Plus encore, à en croire certains historiens, la comédie représenterait le genre favori du public français durant les années 1950, quels que soient l'âge, le genre (*gender*) et les catégories socioprofessionnelles[2]. On trouve pourtant peu de comédies novellisées et/ou discutées dans le courrier, au grand désespoir... des courriéristes masculins. La faible représentation des films humoristiques dans le magazine pousse régulièrement ces derniers à écrire au CA pour lui demander s'il sera bientôt possible de lire le récit des récents succès de leurs stars comiques préférées, ce à quoi le CA répond presque toujours négativement, comme le montrent ces deux extraits publiés à trois semaines d'intervalle :

> *Le comique* – [...] Publiez-vous des films avec Bourvil, Fernandel, Rellys, etc.
> Réponse – Avec Fernandel, nous avons publié : *Cœur de coq* (n° 46), et avec Rellys : *Les trois cousines* (n° 64). Rien pour les autres : les films purement comiques sont généralement peu appréciés de nos lecteurs. (n° 181, 24.11.1949)
> *J.-C. Bourvil* – [...] Avez-vous publié des films de Bourvil, et lesquels ?
> Réponse – Non, nous n'avons pas encore publié de film de Bourvil. Regrets et amitiés. (n° 184, 15.12.1949)

La teneur de ces réponses est largement confirmée par le résultat de plusieurs référendums sur les préférences génériques des courriéristes, notamment ici en février 1950 :

> Nous avons déjà parlé ici des films comiques et de leur attrait sur le public. De l'ensemble des réponses reçues à ce sujet, il résulte que le film purement comique a beaucoup moins d'amateurs que les drames ou les comédies en demi-teinte. (n° 191, 22.02.1950)

1. Selon les chiffres cumulés présentés dans Simon Simsi, *Ciné-Passions. 7e art et industrie de 1945 à 2000*, Paris, Dixit, 2000.
2. Richard Kuisel, « The Fernandel Factor », *art. cit.*, p. 127-128 ; Patricia Hubert-Lacombe, *Le Cinéma français dans la guerre froide, 1946-1956*, Paris, L'Harmattan, 1996, p. 165-174.

Le fait que des lecteurs masculins demandent des novélisations de films comiques incite à penser que la comédie était surtout appréciée à l'époque par des hommes, ce qui semble cohérent au vu des représentations comiques proposées par le genre dans les années 1950. Tout au long de la période en effet, les comédies s'organisent généralement autour d'une star (masculine) qui marque le film de sa personnalité, d'un duo comique (masculin) ou bien d'une « bande de copains », n'offrant que peu ou pas de place aux femmes[1]. Bien que l'étude de « Côté cœur… » ne permette pas de tirer des conclusions générales, cette idée semble corroborée par la dizaine de courriers que nous avons pu recenser dans lesquels des lectrices du magazine expriment un fort rejet de la comédie française, telle qu'elle se déploie le plus communément sur les écrans à cette période. Dans ces lettres, le genre est généralement critiqué… pour ne s'adresser qu'au public masculin, comme le montre cette missive de *En admirant ce Caméraman :*

> N'avez-vous pas remarqué, « admiré Caméraman », que les hommes rient sincèrement et volontiers aux films dits « comiques », alors que les femmes soupirent : « Que c'est bête » et s'ennuient copieusement ? […] Que pensez-vous, par exemple, de *Branquignol* ? Je n'ai pas encore trouvé une femme qui s'y soit amusée, alors que des hommes d'âge varié et de situation allant de l'illettré à la haute magistrature ont été unanimes à me dire : « Allez-y, c'est formidable ! ». J'y suis allée et me demande anxieusement si je ne suis pas franchement idiote pour avoir trouvé cela mortellement crétin. (n° 282, 01.11.1951)

Ces propos visent un des films comiques les plus emblématiques de l'époque, qui se distingue par son univers homosocial (il raconte les aventures burlesques d'une troupe à dominance masculine) ainsi que par un comique essentiellement porté par des personnages masculins. Bien que la sévérité de ce jugement ne soit pas totalement représentative du point de vue de l'ensemble des lectrices sur *Branquignol* (nous avons trouvé quelques lettres féminines exprimant un avis plus mesuré, et parfois même positif), il n'en reste pas moins que ce sont les hommes et non les femmes

1. Il faut attendre la deuxième moitié des années 1950 pour que le genre accorde davantage de place aux personnages féminins, avec d'une part, les comédies policières sur les « pépées » (qui ne sont guère progressistes pour autant…), d'autre part, les comédies de Brigitte Bardot produites dans la foulée de *Cette sacrée gamine* (Michel Boisrond, 1956).

qui ont écrit au magazine suite à la parution de ce courrier, pour prendre la défense du film et du genre comique :

> *En admirant ce Caméraman* fait sans le vouloir, dans le n° 282, une critique de son sexe en affirmant que les femmes ne rient pas devant une situation comique, aussi « tarte à la crème », soit-elle. Savez-vous, chère madame, que le rire est une manifestation de l'intelligence ? [...] J'en déduis rapidement par syllogisme que les femmes sont sottes et sans esprit, [...] [et] que seuls les Béotiens et les *minus habens* n'ont pas ri à la projection de *Branquignol*. (*Gay à la rescousse*, n° 304, 03.04.1952)

Celui que ses résultats au box-office désignent comme la plus grande star française des années 1950 n'est pas à l'abri de la défiance manifestée par les lectrices envers les films comiques. Les comédies de Fernandel, qui sont des films totalement dominés par sa personnalité, y compris dans sa dimension genrée, figurent même parmi les œuvres qui s'attirent les critiques les plus virulentes, de nombreuses courriéristes n'hésitant pas à dire qu'elles les « détestent[1] ». Celles-ci accordent nettement leur préférence aux films dramatiques tournés par la star, dans lesquels Fernandel perd de sa superbe et se voit confronté à de (jeunes) figures féminines remettant en cause sa position de « père tranquille »[2].

Des investissements différentiels dans les « drames masculins » : le cas du film noir

Les films relevant de ce que l'on pourrait appeler les « drames masculins » suscitent fréquemment quant à eux un intérêt égal de la part des lecteurs et des lectrices, en raison de la capacité de ces dernières à interpréter ces films différemment des lecteurs du *Film complet* et du CA. Au sein de cet ensemble, le « film noir » – étiquette prise ici au sens où les courriéristes l'emploient, pour désigner les films criminels les plus sombres – constitue un cas de

1. Voir par exemple *Fleur du rivage*, n° 288, 13.12.1951 : « j'aime le genre sentimental, et déteste les films de Fernandel » ; *Tour de France*, n° 532, 29.09.1955 : « *Le Mouton à cinq pattes* est totalement ridicule. Quels sont donc les crétins qui trouvent du charme à cette misérable comédie ? »
2. Voir Thomas Pillard, « Questioning a Switch in Genres : Fernandel's Dramatic Films in the 1950s », *Contemporary French and Francophone Studies : Sites*, vol. 19, n° 1, numéro spécial « Stars du cinéma français d'après-guerre » sous la direction de Gwénaëlle Le Gras et Geneviève Sellier, janvier 2015, p. 76-89.

figure particulièrement intéressant, dans la mesure où l'on aurait pu croire ce type de film uniquement apprécié des hommes, ce que dément pourtant notre recherche.

Des films tels que *Manèges* (Yves Allégret, 1950) ou *Touchez pas au grisbi* (Jacques Becker, 1954) sont cités plus fréquemment comme des « bons films » par des lecteurs que par des lectrices, car ces œuvres expriment des « valeurs » dans lesquelles les hommes se reconnaissent. Répondant à un référendum « Pour ou contre le film noir ? », *Le lion solitaire* se livre par exemple à un éloge enflammé du genre :

> le genre noir a donné tout de même quelques chefs-d'œuvre tels que *Touchez pas au grisbi* et *Du rififi chez les hommes*, qui sont des films inoubliables et attachants, tant par la personnalité de leur héros que par la technique générale. (n° 553, 23.02.1956)

Ce type de lecture rejoint le point de vue du CA, qui exprime souvent son admiration pour certains des films les plus misogynes de ce genre, estimant par ailleurs que « les films noirs ont presque toujours une fin morale où les méchants sont punis et les bons récompensés » (n° 539, 17.11.1955). Cette affirmation est révélatrice, lorsque l'on sait que la plupart des films noirs français de cette époque associent la culpabilité aux femmes[1]. (voir ill. page suivante)

Le CA valide ici une des orientations dominantes des novélisations de ces films publiées par *Le Film complet*, consistant à valoriser le « retour à l'ordre » final consécutif à la « punition » de l'ennemi (qui se trouve souvent être *une* ennemie) du « héros ». Cela transparaît par exemple dans la novélisation de *Voici le temps des assassins* (Julien Duvivier, 1956), qui relate la manipulation diabolique orchestrée par une fille et sa mère pour s'emparer de l'argent de l'honnête restaurateur joué par Jean Gabin. La conclusion de ce film à la misogynie sans appel ne montre rien moins que le personnage de la femme malfaisante se faire dévorer vivante par un chien féroce. Loin de s'émouvoir du sort réservé au personnage féminin, l'auteur de la novélisation semble s'amuser de la confrontation entre Danièle Delorme et le chien féroce – « Mais, d'un saut, le Briard s'était élancé sur ses traces. Il ne la lâcherait plus ! » –,

1. Sur ce sujet, voir Thomas Pillard, *Le Film noir français face aux bouleversements de la France d'après-guerre (1946-1960)*, Nantes, Éditions Joseph K, 2014.

Danièle Delorme (*Le Temps des assassins*, Julien Duvivier, 1956), couverture du *Film complet* n° 591, 15 novembre 1956.

avant de conclure son récit en écrivant que « César avait vengé son maître » (Jacques Fillier, n° 591, 15.11.1956). Bien que ce film sorti en 1956 ait été un échec au box-office, avec moins d'un million de spectateurs, ce qui s'explique peut-être par cette violence extrême, il n'en demeure pas moins que des films au discours similaire ont connu un grand succès à l'époque, que le film noir dans son ensemble est valorisé en tant que genre (masculin) dans les lettres des lecteurs masculins comme dans les discours du CA ; ce type de novélisation indique bien que le ressentiment misogyne exprimé par ces productions pouvait se trouver confirmé au niveau de la réception.

À l'inverse, les courriers de (souvent jeunes) spectatrices critiquant ce genre ou expliquant qu'elles n'ont pu s'identifier aux héros masculins ne manquent pas, à l'image de cette lettre de *Vingt ans et toutes ses dents* :

> Comme film récent, j'ai vu *Du rififi chez les hommes*. Nous voilà encore dans la série noire ! Il y a vraiment trop de films français sur la pègre. [...] Le tort de ce film est de nous rendre trop sympathiques les premiers bandits. On nous les montre comme des héros dont on admire les actes : comme types de héros, ce n'est pas très relevé. » (n° 582, 13.09.1956)

Les lectrices sont ainsi plusieurs à expliquer que ces films valent par leur « effet cinématographique » (*ibid.*), et qu'il leur arrive pour cette raison d'aller en voir, mais que « dans le fond on garde une pointe de sentiment qui nous pousse à aller voir des films plus jeunes, moins "noirs" » (*L'inconnue de la 13e heure*, n° 531, 22.09.1955).

Cela dit, on ne peut réduire la réception du film noir dans *Le Film complet* à une simple opposition entre partisans masculins et détractrices féminines. Pour ne prendre ici qu'un seul exemple, citons le nombre important de courriers de lectrices exprimant un avis positif sur *Manon* (Henri-Georges Clouzot, 1949) ou demandant une novélisation de ce film – ce qui se révélera impossible en raison du refus de la maison de production. Transposition libre du roman de l'abbé Prévost dans la France de la Libération, *Manon* raconte en flash-back la passion tumultueuse entre Des Grieux (Michel Auclair), un jeune FFI, et Manon (Cécile Aubry), une jeune femme accusée d'avoir fréquenté les Allemands pendant l'Occupation, dont Des Grieux s'éprend et avec qui il décide de fuir. Au début du film, nous découvrons une « petite ville de Normandie » où les FFI font du « nettoyage de rues » sous les bombardements. Sauvée *in extremis* par le chef des FFI, alors que les villageois s'apprêtaient à la « tondre » pour « collaboration horizontale », Manon, une jeune et belle femme blonde présentée comme immorale et opportuniste – « Les Frisés v'naient tous les soirs au café, j'pouvais pas rester dans mon coin ! » – est confiée à la surveillance de Des Grieux. Après que Manon a tenté sans succès de s'évader, nous voyons les personnages regarder un « défilé » de femmes tondues, puis Des Grieux décide brusquement de cacher la jeune femme en prétendant qu'elle s'est échappée, avant de l'embrasser tout aussi subitement et de voler une Jeep pour fuir avec elle.

Tout en permettant de construire une violente charge contre l'épuration, la scène de « la tonte avortée » permet de souligner la culpabilité des femmes en général, et de Manon en particulier. Notons par exemple qu'il suffit de quelques minutes à la jeune femme pour séduire Des Grieux, ce qui rend loisible de supposer qu'elle n'a guère « attendu » pour faire de même avec les Allemands, d'autant que toute la suite du film la présente comme une femme aussi vénale que sexuellement « vorace ». *Manon* est révélateur de la violence des règlements de comptes contre les femmes dans l'immédiat après-guerre, d'autant plus que le film a été un grand succès public (3,4 millions d'entrées) et critique, salué par l'ensemble de la presse (à l'exception des journaux communistes) comme une « œuvre magistrale » (*France Soir*, 05.03.1949). Cette réussite est largement attribuée à la représentation péjorative de la féminité proposée par Clouzot : les critiques saluent le rôle de Cécile Aubry en tant que « petite bête attirante et malsaine » (*ibid.*), en allant parfois jusqu'à se réjouir du « sort cruel (qu'elle a d'ailleurs mérité) » (*Arts*, 01.04.1949) que lui réserve la fin du film (une longue agonie dans le désert).

L'examen des discours tenus sur *Manon* dans *Le Film complet* confirme que le film a été très apprécié lors de sa sortie en 1949, et qu'il a continué pendant plusieurs années d'être cité dans les palmarès recensant les films préférés des courriéristes. De nombreux lecteurs partagent le point de vue du CA, pour qui il s'agit d'un « film remarquable » (n° 437, 16.01.1954), qui nécessitait « une actrice qui soit à la fois dangereusement femme et curieusement "enfant". Je la trouve parfaite dans ce rôle » (n° 277, 27.09.1951) ; un lecteur au pseudonyme évocateur de *Terreur du sexe faible* confesse ainsi qu'il a « vers[é] des larmes » devant le film (n° 311, 22.05.1952). Il est sans doute plus surprenant de constater que plusieurs femmes jugent également le film très réussi, ce qui peut néanmoins s'expliquer par deux raisons : d'une part, la performance intense de Cécile Aubry, dont le dynamisme et la force érotique anticipent de quelques années la déflagration qu'engendrera l'apparition de Brigitte Bardot, en même temps qu'ils contrastent avec la faiblesse du « héros » joué par Michel Auclair, incapable tout au long du récit d'affirmer une quelconque autorité sur son amante ; d'autre part, la capacité du personnage de *Manon* à exprimer librement son désir et à le satisfaire comme elle l'entend (même si le film la « punit » pour cela).

Dans un contexte où certaines lectrices expliquent franchement qu'elles « préfère[nt] les rôles masculins aux rôles féminins », car « bien souvent, les femmes font garniture dans un film », tels des « bibelots d'étagère » (*Line, ennemie des sonnées*, n° 389, 01.08.1953), la curiosité manifestée par de nombreuses jeunes lectrices pour le personnage de Manon s'exprime fréquemment par des demandes de renseignements sur Cécile Aubry, par le choix de *Manon* en bonne place parmi leurs films préférés ou par une demande de novélisation du film[1]. Cet intérêt ne les empêche pas d'émettre certaines critiques, en regrettant notamment la noirceur du film et la mort finale de l'héroïne[2], ou en écrivant quelques années plus tard que *Manon* « est un bon film, mais actuellement il date, car on n'a plus du tout le même esprit qu'après la libération » (*Pour Don Carlos*, n° 522, 21.07.1955). Se lit ici la capacité des lectrices à évaluer les films selon leurs propres critères, sans ignorer leurs aspects les plus problématiques ou contestables, mais en refusant de se laisser dicter une lecture univoque.

1. Voir *Petite fleur belge*, n° 198, 23.03.1950 ; *Manon, petite princesse*, n° 208, 01.06.1950 ; *Belle Élisa*, n° 309, 08.05.1952 ; *La Bédouine aux yeux de Jais*, n° 364, 07.05.1953.
2. Voir *E. C... à Toulouse*, n° 159, 23.06.1949 ; *Miss Ouragan*, n° 259, 24.05.1951.

La démarche de cette étude exploratoire mériterait sans doute d'être appliquée à d'autres genres populaires, comme le film biographique ou le mélodrame, et ses résultats gagneraient à être croisés à la fois avec d'autres variables (les stars plébiscitées dans la rubrique, la nationalité des films cités, le profil générationnel et social des courriéristes…) et avec les discours tenus dans d'autres magazines de l'époque, comme *Ciné Revue* ou *Mon film*. La rubrique « Côté cœur, côté jardin » apparaît toutefois d'ores et déjà comme un outil précieux pour évaluer la réception des genres par les cinéphiles ordinaires dans les années 1950.

Parce qu'il s'organise autour de l'expression de points de vue genrés et de leur confrontation, qu'il vise à mêler les problèmes sentimentaux et les questions cinématographiques, qu'il octroie une grande place aux genres et qu'il donne la parole à ses courriéristes en publiant de larges extraits de leurs lettres, ce courrier constitue un observatoire privilégié pour comprendre les goûts cinématographiques des lecteurs et des lectrices. Il offre des pistes pour saisir les dynamiques d'investissement et d'interaction à travers lesquelles se négocie le sens des films pour le public ordinaire. En particulier, les discours tenus dans « Côté cœur… » révèlent l'existence de décalages parfois sensibles entre le verdict du box-office (des films « familiaux » ayant remporté des scores importants peuvent être ignorés des lectrices ou fortement critiqués par celles-ci), ce que nous croyons savoir sur certaines stars (« plus grande star française des années 1950 » au sens du box-office, Fernandel n'occupe sans doute pas cette place dans le cœur des spectatrices de l'époque) ou sur certains genres (le film noir n'était manifestement pas un genre « réservé aux hommes ») et la réalité de la consommation cinématographique durant cette époque où émerge une cinéphilie de masse. Cette réalité est bien sûr multiforme et complexe, aussi reste-t-il extrêmement difficile d'avancer des conclusions définitives sur les goûts du « public » dans son ensemble. Nous y voyons une raison supplémentaire pour poursuivre plus avant l'analyse d'un matériau, le courrier des lecteurs du *Film complet*, unique en son genre pour l'étude des réceptions genrées des genres cinématographiques.

Laurent Guido

FEMMES DE PARIS (1953) : LES SCÈNES GROTESQUES DU « FILM DE MUSIC-HALL » FRANÇAIS

Dans les années 1950, les films musicaux produits en France se sont vu infliger une forme de double peine. Aux jugements de valeurs conventionnels sur les productions spectaculaires – fustigeant leur outrance ou leur trop faible intégration narrative des numéros[1] – s'est en effet ajoutée, pour les réalisations hexagonales, une comparaison récurrente avec le modèle supérieur qu'offrirait le *musical* hollywoodien. Ce discours s'est traduit non seulement dans la réception critique, mais aussi dans la documentation constituée à cette époque pour les ciné-clubs. En témoignent notamment les fiches consacrées par l'IDHEC à quelques titres américains déjà érigés en références incontournables du film musical[2]. Ainsi le volumineux dossier dédié, dès 1958, à *Funny Face* (*Drôle de frimousse*, Stanley Donen, 1956) comporte-t-il une page spécifiquement dévolue à la question de la « comédie musicale en France » ; le propos y est accablant pour la production française, dont on souligne sans ménagement les faiblesses extrêmes face à la

1. Voir les travaux de Martin Rubin (*Showstoppers. Busby Berkeley and the Tradition of Spectacle*, New York, Columbia University Press, 1993) ; John Mueller (« Fred Astaire and the Integrated Musical », *Cinema Journal*, vol. 24, n° 1, 1984, p. 28-40) et Viva Paci (*La Comédie musicale et la double vie du cinéma*, Lyon/Udine, Aléas/Forum, 2011, p. 91-97). Sur la stigmatisation traditionnelle des « attractions », voir Henry Jenkins, *What Made Pistachio nuts ? Early Sound Comedy and the Vaudeville Aesthetic*, New York, Columbia University Press, 1992, p. 98-99.

2. Voir par exemple les fiches dédiées à *Singin in the Rain* (*Chantons sous la pluie*, Stanley Donen et Gene Kelly, 1952) ou *The Band Wagon* (*Tous en scène !*, Vincente Minnelli, 1953) (coll. Cinémathèque française).

concurrence hollywoodienne, tant au plan qualitatif qu'à celui du volume de production[1].

On ne peut nier l'influence, dès le début du parlant, de l'industrie américaine pour la production internationale de films musicaux. Mais force est de constater que la cohérence et la qualité des *musicals* américains ont frappé l'attention des commentateurs spécialisés[2] au point non seulement d'occulter les généalogies historiques dans lesquelles ces films prennent place (c'est-à-dire les rapports complexes et réciproques qui ont pu caractériser, dans la seconde moitié du XIXe siècle, la circulation transatlantique des pratiques sur les scènes dites « populaires »), mais aussi de sous-estimer la permanence, malgré la domination évidente du modèle hollywoodien, de diverses traditions européennes de genres ciné-musicaux. C'est par exemple ce qu'a permis de démontrer l'impressionnante recherche « archéologique » de Michael Wedel sur l'Allemagne de la première moitié du XXe siècle[3]. En attendant que des études d'envergure semblable viennent proposer une vue plus approfondie de la situation en France[4], il convient de s'interroger sur les termes de la comparaison récurrente avec Hollywood.

L'après-guerre constitue visiblement l'une des étapes les plus marquantes de ce discours qui trouve l'une de ses formules les plus excessives – donc révélatrice – dans la fiche de l'IDHEC sur *Funny Face*, mentionnée plus haut. On y estime en effet que la France est devenue le terrain d'expression privilégié de « fausses comédies musicales ». Cette brève formulation, qui reste implicite, est accompagnée d'exemples succinctement mentionnés, mais dont il est assez aisé de saisir les traits partagés : *Printemps à Paris* (Jean-Claude Roy, 1957), *Paris Music Hall* (ou *Entrez dans la danse*, Stany Cordier, 1957), *Folies-Bergère* (ou *Un soir au music-hall*, Henri

1. Leila Herman, « *Funny Face* », fiche IDHEC, 14.04.58, p. 32-33.
2. Cette idée traverse notamment l'historiographie française, de Henri Colpi (*Défense et illustration de la musique dans le film*, Lyon, Serdoc, 1963, p. 184) à Alain Masson (*Comédie musicale*, Paris, Stock, 1981, p. 7).
3. *Der deutsche Musikfilm : Archäologie eines Genres 1914-1945*, Munich, Edition text + Kritik, 2007.
4. Une voie vient récemment d'être ouverte par Phil Powrie (« The French Musical : Swing and Big Bands in the Cinema of the 40 secondes and 50s », *Screen*, vol. 54, n° 2, 2013, p. 152-173) et, surtout, par un collectif très stimulant autour du programme ANR Cinépop50 : Sébastien Layerle et Raphaëlle Moine (dir.), *Voyez comme on chante ! Films musicaux et cinéphilies populaires en France (1945-1958)*, Paris, Presses Sorbonne Nouvelle, coll. « Théorème », n° 20, 2014.

Decoin, 1957) et *Charmants garçons* (Henri Decoin, 1957). Les intrigues de ces films, sortis en France la même année que *Funny Face*, se déroulent toutes dans l'univers du music-hall, des boîtes de nuit et des revues, plus spécifiquement parisien. Cet ancrage diégétique justifie la présence de séquences entièrement dédiées à la captation de numéros complets, interprétés par les personnages principaux et les divers personnages qui gravitent autour d'eux. En quoi ces productions méritent-elles d'être traitées de « fausses comédies musicales », alors qu'abondent à Hollywood les *backstage musicals* centrés sur les aventures d'artistes évoluant dans le monde du spectacle ? Si l'analyse approfondie de ces titres pourra certainement nuancer les termes de leur catégorisation hâtive, on peut d'ores et déjà estimer que cette mise à l'écart procède du fait que leurs numéros ne correspondent pas à une vision normative de ce qu'est une « comédie musicale »[1]. Ils ne seraient pas reliés aux enjeux dramatiques, psychologiques des personnages, ni dans le sens des paroles, ni dans les interactions physiques (regards, gestes, déplacements...) propres aux passages chantés et/ou dansés. Intermèdes amovibles, ils feraient montre d'un décalage trop marqué vis-à-vis des segments narratifs avec lesquels ils alternent – ces derniers, symétriquement, apparaissant alors comme de simples prétextes narratifs. À ces films, les critiques reprochent en outre de se priver des multiples ressources expressives offertes par certaines modalités d'intégration, qui constituent, à leurs yeux, tout l'attrait singulier du *musical* hollywoodien (le détour onirique, les jeux sur les frontières de la diégèse, les procédés de transition). Ils sont dès lors stigmatisés en raison de leur supposé déficit de créativité artistique. C'est bien ce reproche que formule Henri Colpi en 1963 à l'encontre des films musicaux français, qu'il relie en outre à la médiocrité constitutive de la scène française qui les inspire : « Il n'est que voir la pauvreté d'invention des grands music-halls parisiens pour imaginer que leurs dérivés à l'écran ne retiendront guère l'attention[2]. »

1. L'expression consacrée en France réduit malheureusement le film musical à son association avec une forme plus explicitement narrative (la « comédie »), contrairement au terme américain de « *musical* », ouvert à la prise en compte de toutes sortes de productions fondées sur un rapport à la musique (Rick Altman, *Film/Genre*, Londres, BFI, 1999, p. 31-33).
2. Henri Colpi, *Défense et illustration de la musique dans le film*, *op. cit.*, p. 184. Voir aussi René Gilson, « Les activités non américaines de la comédie musicale », *Cinéma 59*, n° 39, août-septembre 1959, p. 110-113.

Au-delà de son appréciation négative, cette affirmation pointe judicieusement la connivence qu'un grand nombre de films musicaux entretient avec l'univers scénique, non seulement parce que ces productions y puisent leur cadre narratif, mais aussi parce que l'un de leurs principaux objectifs est bien d'importer des salles de théâtre – et d'adapter pour le cinéma – la matière vivante que constituent les « attractions » spectaculaires (comme on les désigne dans le milieu du music-hall ou des revues). Ainsi, les séquences musicales des « fausses comédies musicales » françaises listées ci-dessus s'inscrivent-elles dans une démarche maintes fois éprouvée en accordant la part belle à des vedettes de la chanson, du comique ou de la danse, auxquelles sont attribués des statuts divers (protagonistes ou « guest stars », le temps d'une séquence).

C'est bien à ce niveau-là, celui des relations croisées entre scène et écran, qu'il faut situer la réflexion si l'on veut saisir les enjeux particuliers d'une certaine tendance du film musical français de l'après-guerre, celle-là même qui est cernée, et le plus souvent dénigrée, dans la presse de l'époque. Les échanges nourris et complexes entre la France et les États-Unis qui se sont produits dans le contexte scénique, dès la seconde moitié du XIXe siècle, permettent en outre de dépasser la vue à court terme sur laquelle repose le débat comparatiste entre ces deux pays. Si les innovations les plus frappantes des scènes « populaires » à Paris, depuis la fin de la Première Guerre mondiale, sont bel et bien redevables de l'importation d'un format développé outre-Atlantique, la « revue à grand spectacle », il faut rappeler la dette contractée par les promoteurs américains de ce type théâtral auprès des grandes salles de divertissement de Paris comme de leurs équivalents londoniens ou viennois[1]. Et, avant même cette époque, le dialogue entre la France et le monde anglo-américain s'était noué, tout au long du XIXe siècle, autour de diverses formes de « théâtres d'attractions » comme le café-concert, le cabaret ou le music-hall. C'est à l'aune de telles généalogies historiques que le film musical français devrait

1. Voir les travaux de Robert Baral (*Revue. A Nostalgic Reprise of the Great Broadway Musical*, New York, Fleet Publishing Corporation, 1962, p. 243-261) et, pour le cinéma, de Rick Altman (*La Comédie musicale hollywoodienne. Les problèmes de genre au cinéma* [trad.], Paris, Armand Colin, 1992 [1987]) ; Katalin Por, « Usages de l'opérette aux débuts du parlant à Hollywood : innovations techniques et stratégies spectaculaires », *1895*, n° 72, printemps 2014, p. 65-84.

également être évalué, au lieu d'être exclusivement perçu en tant que succédané vulgaire d'un modèle américain (y compris les productions qui s'en réclament explicitement). En revenant au court texte de l'IDHEC sur la « comédie musicale française », on s'aperçoit d'ailleurs que celui-ci, dans la chronologie sommaire qu'il propose de son objet, attribue une certaine place, sans jamais pourtant la qualifier, à des personnalités certes issues du champ du divertissement musical, mais sérieusement impliquées dans l'industrie cinématographique. Outre une mention rapide du musicien, acteur, réalisateur et producteur Alfred Rode (qui a notamment signé *Boîte de nuit* en 1950, *C'est... la vie parisienne* en 1953 et *La Môme Pigalle* en 1955), la fiche accorde un rôle fondateur à *Feux de joie* (Jacques Houssin, 1938) et *Tourbillon de la vie* (Henri Diamant-Berger, 1939), deux films centrés sur Ray Ventura et son orchestre à sketches (les Collégiens, interprètes de nombreuses chansons à succès signées par le pianiste et compositeur Paul Misraki). Reconnue dans l'historiographie[1], cette présence clé de Ventura, qui s'affirme au fil des années en tant que producteur de films avec sa société Hoche Productions, se retrouve encore, dans le même document, avec la référence à deux autres films mettant en valeur les Collégiens, *Nous irons à Paris* (1950) et *Nous irons à Monte-Carlo* (1952). Tous deux sont mis en scène par Jean Boyer qui avait précédemment réalisé *Mademoiselle s'amuse* (1948, également produit et interprété par Ray Ventura).

Un ancrage explicitement spectaculaire

La liste de l'IDHEC ne signale pas un autre titre qui prend pourtant place dans ce « cycle Ventura » et qui a également été réalisé par Jean Boyer : *Femmes de Paris* (1953, écrit et produit par le chef d'orchestre). Ce film aurait tout à fait pu figurer parmi les « fausses comédies musicales » dénoncées plus haut, dans la mesure où l'intrigue (une enquête menée en amateur par un professeur d'astronomie, incarné par Michel Simon) se déroule quasi intégralement au même endroit : une boîte de nuit, *Le Ruban*

1. Henri Colpi, *Défense et illustration de la musique dans le film*, *op. cit.*, p. 185. Brièvement soulignée par Michel Chion (*La Comédie musicale*, Paris, Cahiers du cinéma, 2002, p. 63-64), cette importance a été étudiée par Phil Powrie (« The French Musical », art. cit.).

bleu, dont la scène voit successivement défiler l'humoriste Robert Lamoureux, la chanteuse Patachou, l'orchestre de Ventura associé à des chanteurs comiques (Jean-Marc Thibault et Roger Pierre ; les Quat' Jeudis), ainsi qu'une troupe régulière de girls (cabaret La Nouvelle Ève), et ceci sans que les numéros entretiennent de rapport avec la progression dramatique. Dans son étude sur les films d'orchestre swing, Phil Powrie invoque d'ailleurs cette raison pour écarter cette production de son corpus central : s'éloignant d'une « formule » centrée sur les aventures des membres de l'orchestre eux-mêmes, *Femmes de Paris* « se retranche de façon régressive derrière le format du spectacle de variétés[1] ». En réalité, par son introduction de numéros variés, le film de Jean Boyer renvoie plutôt à un autre sous-genre musical d'alors : la « comédie-poursuite » qu'identifient Sébastien Layerle et Raphaëlle Moine[2]. Les deux auteurs cernent là un ensemble de films ayant en commun la circulation entre différents lieux de divertissement de la capitale, en soulignant judicieusement à quel point ce sous-genre fait écho aux enjeux technologiques propres aux variétés radiophoniques, et même télévisuelles, de l'époque. Vis-à-vis de ce courant qui reformule pour l'écran une structure de revue bien connue, le « tour de ville », *Femmes de Paris* occupe toutefois une place singulière dans la mesure où il reste irréductiblement ancré dans un seul et même lieu.

Les enjeux principaux du débat autour du film musical français nous semblent par conséquent s'incarner à merveille dans cette production. Sa réception critique le démontre d'emblée. Ainsi la comparaison défavorable avec le *musical* hollywoodien est-elle formulée par le chroniqueur de *Radio Cinéma* (13.12.1953), pour lequel il faut « définitivement renoncer à voir un film de music-hall "made in France" capable de bien figurer à côté des productions américaines du même genre ». Dans *L'Humanité* (12.12.1953), l'on estime que les morceaux présentés dans *Femmes de Paris* se résument à « diverses chansonnettes imitées platement de la comédie musicale américaine ». Mais comme le montre ce dernier article, c'est en

1. *Ibid.*, p. 157 (« *shades back regressively into the variety show format* »).
2. « Les "comédies-poursuites", un cycle de films musicaux entre scènes de cabaret et télédiffusion naissante », dans Sébastien Layerle et Raphaëlle Moine (dir.), coll. « Théorème », n° 20, « Voyez comme on chante ! Films musicaux et cinéphilies populaires en France (1945-1958) », Presses Sorbonne Nouvelle, décembre 2014, p. 75-87.

général moins la qualité des artistes qui pose problème que la faiblesse du cadre narratif : « on nous sert une espèce de vaudeville dont on ne sait pas trop s'il a servi de prétexte aux pénibles défilés de dames dévêtues qu'on nous inflige, ou inversement ». Réapparaît alors la condamnation traditionnelle : « La mise en scène se ressent du disparate des numéros qui composent le tout. Le fil principal [...] est fréquemment coupé pour faire place à des numéros de music-hall mal rattachés au reste de l'intrigue. »

Partant de ce même constat (minceur des enjeux dramatiques et, surtout, hétérogénéité du film lui-même au plan des rapports entre ses parties), certains critiques récusent la posture de déploration adoptée par leurs confrères en pointant une logique d'organisation qui ne prend pas pour point de départ absolu le rattachement à un récit. Si les nombreux numéros qui émaillent *Femmes de Paris* ne répondent pas à une dynamique générale d'ordre narratif, ils n'en sont pas moins agencés en fonction de critères avant tout spectaculaires. Dans *Le Monde* (12.12.1953), Jean de Baroncelli rend ainsi compte, avec humour, de la « formule magique » ou de la « démonstration mathématique » situées aux fondements des « lois mystérieuses du succès », et qui procéderaient de l'accumulation d'éléments susceptibles d'attirer en eux-mêmes le public : des vedettes et des numéros attrayants. Le critique signale la nature importée de ce type de construction, en admettant que « ce film, en somme, est moins un film qu'une revue de music-hall ». La forme du « programme » – qui gouverne la soirée de music-hall et qui a constitué un modèle fondamental pour le cinéma des premiers temps, y compris dans sa période d'institutionnalisation (tant pour l'organisation des séances que pour la division du film lui-même en séquences) – est en réalité très précisément structurée. L'agencement en « numéros », qui implique un ordre donné entre les diverses attractions[1], traduit bien certains principes de progression, d'amplification, d'équilibre dans la répartition des types d'émotion, de sensations ou d'effets spectaculaires. Il serait donc possible d'évoquer la manière dont les numéros, parallèlement à leur intégration narrative, prennent place dans une forme tout

1. Une ordonnance non narrative de prestations qui peuvent par contre, individuellement, relever d'une certaine narrativité intrinsèque, à l'instar de la pantomime, du sketch comique, etc.

aussi précisément élaborée, mais à partir de schèmes rythmiques ou dynamiques (ceux-là mêmes qui gouvernent, par ailleurs, les films narratifs eux-mêmes, dans la gestion de la tension, du suspense, de l'action, des émotions, etc.).

Dans *Femmes de Paris*, les numéros sont distribués à intervalles réguliers sur l'ensemble du métrage[1] et se déroulent tous sur la même scène. Ils présentent les signes de démarcation caractéristiques de certains films-revues de la fin des années 1920, revendiquant leur ancrage scénique *via* des procédés comme l'ouverture de rideaux ou leur lancement systématique par celle que l'on désigne comme une « speakerine » (la très enjouée Nadine Tallier). Cette insistance sur l'autonomie des passages spectaculaires s'est explicitement manifestée lors des différentes étapes du scénario de *Femmes de Paris*, comme le montre l'étude des archives de production du film (coll. Cinémathèque française) conservés à la Bibliothèque du film de Paris. Certes, la présence de ces moments musicaux et comiques n'est pas du tout mentionnée dans le « résumé » programmatique d'une page envoyé au Crédit National avant le tournage, lequel est exclusivement centré sur l'enquête du professeur Buisson dans le night-club – ce qui, au passage, met à mal la thèse selon laquelle la visée première de ces films résiderait avant tout et exclusivement dans la promotion d'artistes du spectacle, au même titre que la radio ou les expériences de diffusion télévisuelle[2]. En revanche, la continuité dialoguée de 110 feuillets témoigne quant à elle très clairement de la volonté de faire alterner les segments narratifs et les passages désignés, sans plus de détails[3], sous l'identité générique de « numéro », passages pour lesquels sont assignés à chaque occurrence un nombre précis de « plans de réserves ». Seule la présence à l'écran de Ray Ventura, par ailleurs coscénariste et producteur, est spécifiquement mentionnée à ce stade du projet[4]. De même, le devis initial avant le tournage ne donne aucune précision quant à la nature des « numéros et attractions », pour lesquels on prévoit une seule et même enveloppe commune de

1. 1. Girls [6'50-8'20] ; 2. Robert Lamoureux [18'32-22'46] ; 3. Patachou [33'33-36'44] ; 4. Girls II [48'47-54'27] ; 5. « Femmes de Paris » [58'23-71'53].
2. Synopsis daté du 23.10.1952, Crédit National (CN), dossier « *Femmes de Paris* », CN1457-B646.
3. Alex Joffé, Ray Ventura, Jean Boyer et Jean Marsan, *Femmes de Paris*, scénario de 110 feuillets, 1952, SCEN1067-B319.
4. *Ibid.*, p. 79-80.

2 millions de francs[1], le détail des droits d'auteur et des cachets n'apparaissant que dans le bilan des investissements effectué au terme de la production[2]. Les attractions, pour la plupart, sont donc restées, pendant la phase d'écriture du film, des zones vierges, des blocs identifiés de manière uniforme et qui n'ont pas de rapport avec le déroulement de l'enquête du héros.

Le statut particulier des attractions est renforcé par le fait que certains artistes apparaissent sous leur véritable identité. Le retour régulier vers ces « invités d'honneur » – ainsi que le générique et l'une des affiches les désignent –, fait éprouver le sentiment de quitter temporairement l'univers fictionnel pour se rapprocher sensiblement du monde des spectateurs. Cette impression de basculement s'explique largement par le choix de modes de représentation qui insistent sur la clôture des numéros vis-à-vis des éléments narratifs, et ne font par conséquent jamais intervenir ces fluides transitions que Rick Altman qualifie de « fondus sonores ». La présence de spectateurs y est réduite à quelques rires ou applaudissements anonymes, énoncés hors-champ, et on ne trouve guère, pendant plus d'une heure, qu'un seul insert sur le public (un Buisson admiratif, comme il le sera encore dans le dernier numéro). Ce caractère composite de la construction est explicitement désigné dans le scénario par le biais de mentions comme « Ne pas oublier que le public dans l'image du professeur regarde la piste et applaudit[3] » ou encore, vers la fin, « Numéros réservés pour les plans intercalaires[4] ».

Théâtralité et renversements carnavalesques

Si les procédés filmiques à l'œuvre dans tous les premiers segments musicaux autonomes renvoient aux modalités de captation et d'adresse canoniques depuis les Phonoscènes des premiers temps ou, plus tard, les *Vitaphone Shorts* (frontalité, alternance entre prises d'ensemble et vues plus rapprochées, adresses latérales par rapport à l'objectif), l'ultime numéro, dédié à la chanson-titre « Femmes de Paris » et mettant en valeur l'orchestre de Ray Ventura, se

1. Devis définitif de *Femmes de Paris*, CN1457-B646.
2. Détail des sommes investies pour le film *Femmes de Paris*, document daté du 20.04.1955, CN1457-B646.
3. Alex Joffé *et al.*, *Femmes de Paris*, *op. cit.*, p. 53.
4. *Ibid.*, p. 257-263.

singularise à divers titres. D'une part, le filmage particulier de la présentation par la speakerine (elle est montrée de dos), permet de visualiser, depuis la scène, un public diégétique dès lors assimilé, à l'instar de tant de *musicals* hollywoodiens, à un relais pour le regard spectatoriel[1]. D'autre part, ce numéro d'une durée exceptionnelle fait éclater la stricte continuité temporelle de ses prédécesseurs. Après une première exposition par l'orchestre, le morceau se prolonge en effet sous la forme de brèves vignettes chantées (Pierre & Thibault ; les Quat' Jeudis) qui s'attachent à figurer, dans une variété de stéréotypes incarnés par les filles de la troupe, les Parisiennes qu'évoquent alors les paroles (au fil d'une certaine conception touristique de la capitale, de ses principaux quartiers et de ses activités emblématiques, comme la haute couture).

On retrouve là un type particulier de numéro, tout à fait caractéristique des revues (comme des mélodrames ou des féeries du XIXe siècle) : une mise en scène en tableaux dont la spectacularité amplifiée pouvait recourir à certains effets de machinerie, comme les scènes tournantes, les décors mobiles ou les projections de lanterne, c'est-à-dire ces aspects du théâtre que l'on a pu considérer, par un renversement téléologique, comme « pré-cinématographiques ». Si certains réalisateurs de séquences musicales, tel Busby Berkeley dans ses célèbres numéros chorégraphiques pour la Warner, ont cherché à transposer cette forme spécifique en recourant à certaines possibilités d'extension spatio-temporelle autorisées par le médium cinématographique, les auteurs de *Femmes de Paris* ont choisi, pour leur part, de maintenir à tout prix la densité de l'espace scénique diégétique, à savoir l'estrade et la piste du *Ruban bleu* (et cela alors que le tournage en studio semblait les autoriser à la dépasser, même d'une manière très modeste[2]). La présence presque continuelle de l'orchestre et des figurants incarnant le public, au fond et au premier plan de l'image, l'insistance sur les éléments de décors et les accessoires les plus minimalistes ne brident pourtant en rien la démonstration d'une certaine technicité, tant au plan des éclairages (effets d'obscurcissement de portions du champ ou illumination progressive) que du filmage (travelling rapide et fluide entre des

1. Voir Jane Feuer, *The Hollywood Musical*, Bloomington, Indiana University Press, 1982, p. 26-30.
2. Le film a été réalisé pendant l'hiver 1952-1953, chez Franstudio à Joinville.

personnages, vifs recadrages, plongées sur des groupes de danseuses) et du montage (enchaînement alerte des segments successifs, sauts temporels assumés entre les parties du numéro).

Cet attachement admirable à la densité spatiale qui caractérise la réalité scénique – c'est-à-dire son artificialité la plus prosaïque – se situe aux antipodes des débauches visuelles qui ont pu être réalisées à Hollywood pour des séquences similaires, par exemple dans certains passages – très maîtrisés en dépit de leur souci d'exacerbation théâtrale – des grands *musicals* de l'*Arthur Freed Unit*. De nombreux critiques ont pu par conséquent percevoir dans une démarche aussi ouvertement élémentaire moins un effort de stylisation qu'une forme de régression ou de simplisme regrettable. Comparé à la plasticité de l'espace, à la légèreté des corps dans les productions les plus sophistiquées de l'industrie hollywoodienne[1], le film de music-hall français afficherait dès lors son incapacité à s'émanciper d'un contexte scénique originel marqué par une certaine lourdeur, voire une grossièreté « franchouillarde ».

Ce phénomène s'observe plus particulièrement dans la manière dont *Femmes de Paris* travaille l'attraction érotique que promet la formule racoleuse du titre. Elle s'avère conforme à la « tendance lourde de la décennie » qu'identifient plus généralement Noël Burch et Geneviève Sellier[2] pour cette période d'après-guerre marquée par une « remise en ordre patriarcale » : « collectionner les images de femmes ». Incarnées par les girls, les Parisiennes célébrées dans le numéro sont réduites à des figures objectivées (conductrices faisant littéralement corps avec leur automobile) et à des professions qui impliquent une gradation dans la soumission à un pouvoir patriarcal : secrétaires, puis mannequins de mode, enfin prostituées… Les chorégraphies ne laissent aucun doute sur la manière dont toutes ces activités s'articulent autour de maîtres masculins (agent de la circulation, patron qui finit par embrasser ses employées, souteneur). Lorsqu'un guide vante l'« entrejambe » ou le « tour de taille » d'une statue hors-champ, et que les visiteurs

1. La fiche IDHEC de *Funny Face* (p. 33) plaide pour l'emploi de talents compatibles avec cette technicité états-unienne (Roland Petit, Zizi Jeanmaire, Leslie Caron, Georges Reich…) et mise sur *Paris by Night*, un projet (avorté) de Roger Vadim associant Bardot à Sinatra.

2. Noël Burch et Geneviève Sellier, *La Drôle de guerre des sexes du cinéma français (1930-1956)*, Paris, Nathan, 1996, p. 250.

sont pour leur part attirés par une jeune femme réajustant un bas, on a l'emblème du détournement des regards qu'opère le numéro à partir de son prétexte touristique, et de sa déclinaison à l'envi d'une certaine iconographie fétichiste. C'est alors que le surgissement d'une cantatrice burlesque à l'allure exhibitionniste, interprétée par la speakerine, cristallise toutes les tensions genrées de ce passage. Il signale en outre un excès de théâtralité qui l'emporte en définitive sur la simple reconduction morbide de postures standardisées.

Vers la fin de la chanson « Femmes de Paris » se produit en effet un renversement général des rapports de pouvoir : une femme siffle elle-même son taxi devant des portiers médusés ; la *gold digger* mène par le bout du nez son « mécène » ; le patron souffre sous la dictée de ses secrétaires en tailleurs stricts et allures castratrices ; c'est désormais une policière qui règle la circulation ; enfin, les souteneurs doivent rendre l'argent aux prostituées. Loin d'exprimer une quelconque émancipation féminine, ces actions traduisent plutôt une forme d'inversion comique qui ne conteste jamais l'ordre établi. Trop caricaturales pour être opératoires, ces représentations procèdent largement d'une perception masculine, mi-masochiste, mi-inquiète, qui les a temporairement libérées pour mieux les conjurer par la distance qu'instaure la moquerie. Le motif de la femme forte y apparaît comme le signe d'une perméabilité monstrueuse des catégories sexuelles, aboutissant en somme à une « interférence des séries » (Bergson) à valeur humoristique. Cette tendance se confirme avec l'outrance joyeuse où se complaisent Pierre et Thibault lorsqu'ils contrefont, dans la suite du numéro, deux couturiers efféminés s'effrayant verbalement de l'« horreur » que suscite en eux le corps féminin dévêtu. Le dévoilement général de figures indistinctes ou ambivalentes, non seulement sexuelles, mais aussi ethniques, se traduit aussi par l'apparition d'un travesti et celle d'une étrange allégorie chapeautée d'une tour Eiffel, le corps peint en noir comme une Africaine, et que la chanson fait contraster avec les paroles : « Paris, c'est une blonde ». Au moment où revient le refrain, cette logique d'inversion assume définitivement sa nature d'attraction et son régime caractéristique d'interpellation : le défilé frontal de ses protagonistes, chanteurs comme girls, joue effectivement à la fois du regard vers l'objectif et d'une interversion des voix masculines et féminines sur le playback de la chanson.

Ce dévoilement temporaire de comportements jugés obscènes, interdits ou réprimés, traverse d'autres films musicaux de la période. Ainsi d'autres réalisations de Boyer, malgré leur inscription dans d'autres sous-genres, s'avèrent-elles tourmentées par la polygamie, comme l'adaptation de l'opérette *Une femme par jour* (1949) – dont la distinction en types physiques est exploitée sans vergogne dans les mises en page de la presse spécialisée[1] –, ou par l'inceste, comme dans le film à chansons *J'avais sept filles* (1954, avec un Maurice Chevalier particulièrement égrillard). Tout ce courant rappelle l'élément carnavalesque que Bakhtine a rattaché à une certaine tradition « populaire » française, dont il a vu l'héritage dans le cirque et la culture foraine de son temps (son célèbre livre sur Rabelais a été rédigé vers 1940[2]). Ce phénomène est loin d'être nouveau dans le cinéma français. Une telle expression spontanée et archaïque d'un « grotesque » corporel avait déjà été explicitement identifiée par Ricciotto Canudo dans les bandes comiques qui dominaient la production cinématographique hexagonale des premiers temps, ces mêmes séries qui se sont vues par la suite largement réprouvées dans l'historiographie nationale, au profit du *slapstick* américain[3]. L'une des généalogies du mépris récurrent manifesté à l'encontre du cinéma français par ses propres commentateurs devrait probablement être cherchée dans le rejet permanent de cette excentricité grotesque, perçue comme trop maladroite et vulgaire face aux représentations cryptées subtilement distillées dans des productions hollywoodiennes jugées par ailleurs plus dynamiques et mieux intégrées narrativement.

Difficile, à cet égard, de ne pas être frappé par les inflexions scabreuses qui émaillent les divers numéros de *Femmes de Paris*. Jean Thevenot, le critique des *Lettres françaises* (10.12.1953), regrette ainsi la « fâcheuse tendance à glisser vers la scatologie » de Robert Lamoureux (qui aligne en effet les allusions à l'analité dans son sketch). Quant à la chanson réaliste de Patachou (*Brave Margot* de Brassens), elle est entièrement dévolue à une promiscuité équivoque entre l'humain et l'animal (un chat y tète le sein d'une

1. *L'Écran français*, n° 191, 22.02.1949 ; *Cinémonde*, n° 760, 28.02.1949.
2. Mikhaïl Bakhtine, *L'Œuvre de François Rabelais et la culture populaire du Moyen Âge et sous la Renaissance* [trad.], Paris, Gallimard, 1970 [1940], p. 350.
3. Voir à ce sujet Laurent Guido et Laurent Le Forestier, « Un cas d'école. Renouveler l'histoire du cinéma comique des premiers temps », *1895*, n° 61, 2010, p. 9-76.

jeune villageoise sous le regard excité des hommes du coin). Cette idée revient surtout dans la principale prestation des girls. Le défilé *topless* de jeunes femmes s'y voit en effet assimilé à la présentation de modèles canins dans un chenil. L'ajout d'un commentaire porté en *off* par une voix masculine ironique cerne sans détour les rapports de pouvoir qu'implique ce type de monstration « burlesque » (au sens anglo-américain du terme, celui de la parodie, du travestissement et de l'effeuillage). La critique n'a pas manqué de souligner d'ailleurs sa désapprobation envers ce numéro[1].

Produit et conçu par des spécialistes du monde du spectacle (Ventura, Boyer...), un film comme *Femmes de Paris* se réclame, plus ou moins consciemment, d'une série de conceptions du « populaire » forgées sur les planches du music-hall ou des revues. Il propose par conséquent une sorte d'alternative à la rhétorique des *musicals* hollywoodiens (où, pour reprendre les termes de Jane Feuer, la culture de masse emprunte l'apparence de l'art populaire afin de s'approprier ses mythologies de la spontanéité, du rapport immédiat au public, ou encore de la réconciliation communautaire[2]). Cette tendance apparaît comme l'un des aspects de la production française de films musicaux, dont la variété des formes procède d'un tiraillement constant entre de multiples aspirations, contraintes, influences ou héritages.

L'espace de théâtralité potentiellement ouvert par le film de music-hall dépend étroitement, on l'a vu, du maintien rigoureux des attractions à l'intérieur de séquences strictement délimitées vis-à-vis des segments narratifs. C'est cette prise d'autonomie qui permet aux numéros d'endosser leur rôle d'exutoire carnavalesque. Il ne faut pourtant pas négliger la fonction réflexive qui peut également être attribuée à ces performances lorsqu'elles s'inscrivent dans les développements dramatiques de films centrés sur les coulisses du spectacle. Dans *Femmes de Paris*, le récit ne se réduit par exemple pas totalement à un simple prétexte, puisque les trois derniers « numéros » (explicitement désignés comme tels

1. Si *L'Humanité* (12.12.1953) regrette la présence de « danseuses nues présentées avec le dernier mauvais goût », et un « détestable numéro de strip-tease », *Le Monde* (12.12.1953) souligne surtout la « vulgarité » du « commentaire qui accompagne la présentation des "Petits Chiens" ».
2. L'auteure utilise les termes de « *mass art* » et de « *folk art* » (Jane Feuer, *The Hollywood Musical*, *op. cit.*, p. 3 et p. 13).

Brigitte Aubert (*Femmes de Paris*, Jean Boyer, 1953),
couverture de *Mon Film* n° 393, 3 mars 1954.

dans le scénario) sont intégrés à l'action dramatique. Incluant des plans sur le public et entrecoupés par des scènes de dialogue, ils reposent tous sur l'effondrement des frontières entre la salle et la scène, jusque-là étanches, mais poussées à bout, on l'a vu, lors de la grande séquence mettant en valeur l'orchestre de Ray Ventura. Dès lors, l'espace de l'attraction est comme contaminé par les éléments narratifs : le professeur est d'abord entrainé sur la piste à faire une conférence improvisée ; un malfrat poursuivi par la police fait ensuite irruption au milieu de la performance d'un cow-boy tireur d'élite ; le héros vient enfin perturber le déroulement d'un périlleux lancer de couteaux où Gisèle (Brigitte Auber), l'étudiante qui l'assiste dans son enquête, se retrouve fixée en « cible vivante ». Emblématique de la reprise en main définitive du corps féminin après la parenthèse pseudo-contestataire du numéro « Femmes de Paris » comme, au fond, de la manière dont les paramètres narratifs se voient désormais soumis à la logique des attractions, ce motif sadique a d'ailleurs servi de couverture à la novellisation du film (*Mon film*, n° 393, 03.03.1954).

Cette inféodation du récit au spectaculaire (ou l'entrelacement des deux aspects) sert un discours qui, en fin de compte, valorise l'expérience théâtrale du professeur d'astronomie. Au terme de son premier déplacement dans une boîte de nuit, le personnage, symbole d'une élite intellectuelle déconnectée des réalités terrestres, avoue avoir découvert une « nouvelle planète » (c'est sur ce mot que se conclut le film). Dans le contexte d'un film tourmenté par la dialectique entre attraction et narration, cette trajectoire fait écho à la mission ambivalente qui a toujours été assignée au cinéma par le monde du spectacle : offrir aux spectateurs la visite d'une salle de spectacle, en oscillant constamment entre l'illusion d'un transport immersif au milieu d'un public privilégié et l'exhibitionnisme qu'implique la circulation dans les coulisses.

Partie 4

LES PUBLICS

Geneviève Sellier

LES GOÛTS DES SPECTATEURS ORDINAIRES : UN PAYSAGE CONTRASTÉ

Si les études sur les revues cinéphiliques sont nombreuses en France, l'analyse de la réception ordinaire des films est en revanche peu pratiquée, en partie parce que les sources sont plus rares et moins faciles d'accès, mais surtout parce que les réactions des spectateurs ordinaires ne sont pas encore considérées comme un objet digne d'intérêt. Il est vrai qu'on ne peut pas traiter le courrier des lecteurs d'un magazine populaire comme on étudie une revue savante. Mais si l'on veut comprendre de quoi parlent les films pour les spectateurs à qui ils sont destinés, il faut prendre en compte la réception ordinaire du cinéma. Je préfère utiliser le terme de spectateur « ordinaire » plutôt que « populaire », dans la mesure où ce dernier terme peut renvoyer à une notion de classe sociale, alors qu'il s'agit seulement ici de viser les destinataires d'un cinéma grand public, à une époque où la segmentation art et essai n'existe pas encore : tous les films sont destinés à tous les publics, même si tous ne les atteignent pas. La segmentation des publics est chronologique et géographique : les publics populaires et provinciaux voient les films des semaines ou des mois après le public parisien et bourgeois des salles d'exclusivité, mais tous voient globalement les mêmes films. En revanche, dès les années 1950 se met en place une segmentation de la réception, avec l'émergence des revues issues des ciné-clubs, à côté des plus anciens magazines destinés au public populaire, mais lus en fait, si l'on en juge par le courrier des lecteurs, par des couches plus larges. C'est cette réception que nous avons tenté de documenter, et que j'appelle pour cette raison « ordinaire » plutôt que « populaire ».

Un des apports les plus novateurs de notre programme ANR Cinépop50 pour la recherche française sur le cinéma est sans doute l'exhumation et l'indexation de sources nouvelles pour documenter la réception ordinaire du cinéma, sources jusqu'ici largement ignorées, malgré leur ampleur et leur diversité : les magazines populaires spécialisés, qui avant Internet étaient à la fois le véhicule privilégié des discours sur le cinéma à destination du grand public et le seul support où pouvait s'exprimer la réception ordinaire des films, *via* le courrier des lecteurs.

Après différentes utilisations de ces sources pour documenter le star-système de l'époque, l'image de telle ou telle star, les goûts du grand public, les parcours de correspondantes régulières du courrier des lecteurs[1], je propose ici une autre utilisation du courrier des lecteurs, pour documenter les goûts des spectateurs/trices ordinaires à un instant T. J'ai choisi l'année 1956 parce qu'elle se situe à un moment charnière de la France d'après-guerre : pendant les Trente Glorieuses mais avant la Nouvelle Vague. « Potinons », le courrier des lecteurs de *Cinémonde* – le plus lu des magazines spécialisés – est devenu alors un espace très dynamique d'interactions entre les lecteurs, mais il garde encore un caractère majoritairement féminin et populaire. Le dépouillement intégral du contenu de cette rubrique pendant l'année 1956 permet de dessiner le tableau des goûts des correspondant-e-s de « Potinons », à partir d'un décompte des films et des acteurs et actrices les plus souvent mentionné-e-s. Nous proposons ensuite d'analyser les débats autour du film le plus souvent mentionné cette année-là : *Les Grandes Manœuvres* de René Clair, sorti en novembre 1955. Enfin nous examinerons les réactions à un film – *Les Mauvaises Rencontres* d'Alexandre Astruc, sorti en octobre 1955 –, qui traite un sujet tabou pour la société française de l'époque : l'avortement[2].

1. Voir l'introduction de ce volume.
2. Voir Claire Duchen, *Women's Rights and Women's Lives in France, 1944-1968*, Londres, Psychology Press, 1994.

Le courrier des lecteurs : un observatoire des goûts des spectatrices ordinaires

Les films les plus mentionnés par les correspondant-e-s de « Potinons » (voir annexe 1) se démarquent en partie du box-office : parmi les films du « top 20 »[1] (voir annexe 2) qui ne sont (quasiment) pas mentionnés dans la rubrique, on trouve un western (*Vera Cruz* 0), un dessin animé (*La Belle et le Clochard/Lady and the Tramp* [W. Disney] 3), un film de guerre (*Les Évadés* [J.-P. Le Chanois] 2), quatre comédies (*La Grande Bagarre de Don Camillo* [C. Gallone] 0 ; *La Madelon* [J. Boyer] 4 ; *Pain, amour et jalousie/Pane, Amore e Gelosia* [L. Comencini] 0 ; *Ça va barder* [J. Berry] 0), un thriller (*Les Diaboliques* (H.-G. Clouzot] 4), un film d'aventures (*La Vallée des rois/Valley of the Kings* [H. Pirosh] 0). Les productions les plus fréquemment mentionnées par les potineurs et potineuses sont des films en costumes (biopic, adaptation littéraire, Belle Époque) et des drames. Ce sont donc plutôt les genres réputés « féminins » qui ont la faveur des correspondant-e-s, alors que les genres réputés « masculins » sont peu ou pas mentionnés. On remarque que les films français ont largement la préférence des spectateurs (15 sur 26) mais encore plus des correspondant-e-s de « Potinons » (14 sur 21).

Le « top 20 » des stars les plus souvent mentionnées dans « Potinons » cette année-là (voir annexe 3) privilégie aussi les stars nationales (14 sur 21) et maintient un équilibre entre les sexes (11 femmes sur 21), ce qui est significatif dans la mesure où les correspondantes sont en moyenne deux fois plus nombreuses que les correspondants. Cela indique que les stars sont plus souvent des modèles identificatoires que l'objet d'une fixation amoureuse (si l'on fait l'hypothèse que les correspondantes sont majoritairement hétérosexuelles).

Dans cette liste, les stars ayant commencé leur carrière avant la Libération sont minoritaires (6 sur 21), ce qui s'explique sans doute par la jeunesse des correspondant-e-s, et il y a autant d'hommes que de femmes dans le peloton des aîné-e-s : Edwige Feuillère, Danielle Darrieux et Michèle Morgan (respectivement 49 ans, 39 ans et 36 ans) fonctionnent pour beaucoup de jeunes lectrices comme des

1. Simon Simsi, *Ciné-Passions. 7e art et industrie de 1945 à 2000*, Paris, Dixit, 2000, p. 22-24.

modèles dans le registre élevé, alors que deux acteurs seulement – Jean Gabin, 53 ans, et Clark Gable, 55 ans – correspondent à des figures patriarcales : le troisième, Jean Marais (44 ans), est dans un entre-deux favorisé par sa silhouette athlétique et ses rôles d'aventurier (il a commencé sa carrière pendant l'Occupation, alors que les autres l'ont commencée avant-guerre). Parmi les acteurs qui ont commencé leur carrière après-guerre, Luis Mariano a le même âge que Marais, mais en avoue 6 de moins[1] : comme Jean Marais et Jean-Claude Pascal, son célibat prolongé (en fait, ils sont tous trois homosexuels) le maintient dans un statut d'homme idéal pour ses nombreuses admiratrices. Tous trois proposent une image d'« homme féminin » pour reprendre le terme employé par Denise Tual à propos de son mari Pierre Batcheff[2] : ils accordent une grande importance à leur garde-robe – Pascal et Marais recevront des prix d'élégance, et Mariano se présente comme faisant lui-même ses costumes de scène ; ils se prêtent de bonne grâce aux rituels journalistiques de *Cinémonde* (contrairement à Gérard Philipe), et s'illustrent dans des genres prisés par le public féminin : le mélodrame, le film en costumes, l'opérette (pour Luis Mariano). Précisons que Mariano est doublement présent pendant cette période, puisqu'il occupe aussi (souvent dans la même page que « Potinons ») un encart régulier : « Luis Mariano vous répond » qui lui est dédié et dont il assume la gestion avec ses propres moyens financiers[3]. Georges Guétary, autre chanteur de charme, est le 4e homme dans la liste, et à la 9e place de ce palmarès.

La 3e place de James Dean dans ce palmarès est sans doute à relativiser : sa mort accidentelle à l'âge de 24 ans, le 30 septembre 1955, lui a conféré une aura extraordinaire, au-delà de la figure de jeune « rebelle sans cause » que véhiculent ses films. Quant à Grace Kelly (16e place), c'est sans doute son mariage avec le prince Rainier (annoncé en janvier et célébré en avril 1956) qui explique en grande partie sa présence dans ce peloton de tête (elle est aussi la partenaire

1. Geneviève Sellier, « "Le chéri des midinettes" : Luis Mariano dans le courrier des lecteurs de *Cinémonde* (1949-1956) », dans Sébastien Layerle et Raphaëlle Moine (dir.), *Voyez comme on chante ! Films musicaux et cinéphilies populaires dans la France d'après-guerre (1945-1958)*, Paris, Presses Sorbonne Nouvelle, coll. « Théorème », n° 20, 2014, p. 36.
2. Cité dans Phil Powrie, *Pierre Batcheff and Stardom in 1920s French Cinema*, Édimbourg, Edinburgh University Press, 2009, p. 28-32.
3. Geneviève Sellier, « "Le chéri des midinettes" », *art. cit.*, p. 37-38.

de Cary Grant dans *La Main au collet*/*To Catch a Thief* d'Alfred Hitchcock, qui est le dernier film du « top 20 » 1955). Parmi les acteurs comiques (rappelons que la comédie est le genre français le plus populaire), seul Eddie Constantine émerge dans le « top 20 » (18e place). D'une manière générale, les acteurs comiques n'ont pas la cote parmi les correspondant-e-s de « Potinons ». Fernandel, qui pourtant figure trois fois dans le « top 20 » du box-office 1955-1956, n'émerge qu'à la 50e place de notre palmarès, tandis que Bourvil est relégué en 60e position. Leur manque de séduction en est sans doute responsable, à quoi s'ajoute pour Fernandel une image associée à des valeurs patriarcales archaïques[1].

On remarque enfin que Brigitte Bardot est la première star féminine de ce palmarès, alors même que *Et Dieu… créa la femme* ne sort qu'en décembre 1956. Cela indique que la popularité de B.B. précède largement le film de Roger Vadim, malgré le fait qu'elle soit rarement en tête d'affiche avant *Cette sacrée gamine* (Michel Boisrond), qui sort en mars 1956 avec un franc succès (4 millions d'entrées). Avant qu'elle ne devienne la star numéro 1 de *Cinémonde*[2] à partir de 1957, elle apparaît dès 1952 dans la rubrique « L'avenir leur appartient » du « Tout-Cinémonde » (*Cinémonde*, n° 960, 26.12.1952). La plupart des occurrences qui la concernent dans le magazine à cette période ne sont d'ailleurs pas associées à un film, puisque sur 9 occurrences, elle n'est mentionnée que deux fois en relation avec *Le Trou normand* (Jean Boyer, 1952), film « de » Bourvil dans lequel elle a un rôle secondaire : c'est déjà « à la ville » que B.B. défraie la chronique !

La présence des deux grandes stars féminines du cinéma italien, Sophia Loren (8e place) et Gina Lollobrigida (13e place), rappelle la popularité du cinéma italien sur les écrans français à cette période, d'autant plus que les films à gros budget sont très souvent des coproductions franco-italiennes[3]. La bataille fait rage

1. Voir Thomas Pillard, « Questionning a Switch in Genres : Fernandel's Dramatic Films in the 1950s », *Contemporary French & Francophone Studies : Sites*, vol. 19, n° 1, numéro spécial « Stars du cinéma français d'après-guerre » sous la direction de Gwénaëlle Le Gras et Geneviève Sellier, janvier 2015, p. 76-89.
2. Ginette Vincendeau, « A Star is Torn (to Pieces) : Brigitte Bardot Seen through Reader's Letters in *Cinémonde* », *ibid.*, p. 90-105.
3. Les coproductions franco-italiennes du « top 20 » 1955-1956 : *Le Comte de Monte Cristo, Les Grandes Manœuvres, La Grande Bagarre de Don Camillo, French-Cancan, Chiens perdus sans collier, Ça va barder, Le Monde du silence, La Belle des belles.*

125 000 LECTEURS DE "CINÉMONDE" ONT DÉCERNÉ LES "VICTOIRES" DU CINÉMA FRANÇAIS

PALMARÈS DU FILM FRANÇAIS

LES GRANDES MANŒUVRES

LA STRADA

MARTINE CAROL

GINA LOLLOBRIGIDA

GÉRARD PHILIPE

VITTORIO DE SICA

PALMARES DE CINEMONDE

LES GRANDES MANŒUVRES

LA STRADA

MICHÈLE MORGAN

GIULIETTA MASINA

JEAN GABIN

MARLON BRANDO

« 125 000 lecteurs de *Cinémonde* ont décerné les "Victoires" du cinéma français », *Cinémonde* n°1141, 21 juin 1956.

entre les partisan-e-s de ces deux stars dans « Potinons », avec une dimension éthique affirmée : ce qui est en jeu ici aussi, ce sont les normes du féminin.

Concernant les acteurs et actrices, on peut constater un certain décalage entre le palmarès des correspondant-e-s de « Potinons » et le référendum organisé auprès de l'ensemble du lectorat de *Cinémonde*, pour l'attribution des Victoires du cinéma : Michèle Morgan, sacrée « Meilleure actrice française » en 1956, n'arrive dans le palmarès des « potineurs » qu'en 2e place, après Brigitte Bardot. Quant à Jean Gabin, sacré « Meilleur acteur français », il n'arrive qu'à la 6e place dans le palmarès de « Potinons », après Jean Marais, Jean-Claude Pascal, Luis Mariano, Georges Guétary (pour s'en tenir ici aux acteurs français).

Les Grandes Manœuvres : un film très débattu

En revanche, le film le plus souvent mentionné dans « Potinons » (28 fois), *Les Grandes Manœuvres* de René Clair, est aussi celui qui est couronné « Meilleur film français » à la fois dans le palmarès de *Cinémonde* (n° 1141, 21.06.1956) et dans celui de l'hebdomadaire corporatif *Le Film français*. Il est sorti dans les salles d'exclusivité en novembre 1955 et sa carrière s'est prolongée toute l'année 1956. C'est l'un des grands succès du moment (5,3 millions d'entrées), aussi bien critique que public. *Cinémonde* a couvert l'événement à travers quatre articles entre juin et novembre 1955, à l'occasion du tournage (n° 1087, 02.06.1955), de la présentation du film à Venise (n° 1098, 18.08.1955), de sa sortie parisienne (n° 1107, 27.10.1955) et enfin avec une critique dithyrambique :

> Une étincelante comédie de René Clair, admirablement faite, pesée, mesurée, spirituelle, pétillante, ironique, tendre aussi, amère par instants, virevoltante, délicate, parfaite. L'évocation d'un monde où les personnages sont humains sans grossièreté, offerts sans indécence, malheureux sans impudeur, conduits par la mécanique d'un destin précis sans sortir du vaudeville. [...]
> Garnison, jolies femmes, questions d'honneur menées tambour battant, petites amours, charmants secrets, bals, hiérarchie, sottise, tout est prétexte à mille remarques, à mille malices, à mille dextérités. La couleur est très belle, et les interprètes – exquise Morgan, séduisant Philipe – sont à couvrir d'éloges. (n° 1108, 03.11.1955)

Parmi les 23 commentaires cités sur le film, 12 émanent de correspondants et 11 de correspondantes : ce grand nombre de contributions masculines est inhabituel dans une rubrique où la proportion hommes/femmes est en moyenne de un tiers/deux tiers. On trouve une quinzaine de commentaires positifs, mais 7 émettent des réserves et il y a 2 commentaires négatifs. Autrement dit, les réactions des « potineurs » à ce film sont plus nuancées que ne le suggère le palmarès de *Cinémonde*.

Les commentaires concernent d'abord la performance des deux stars, le plus souvent séparément : C'est Michèle Morgan qui est la plus souvent mentionnée : « *Marina Cal* : Vous trouvez M. Morgan [...] toujours aussi séduisante. Dans *Grandes Manœuvres* (scènes du bal et qui suivent), elle affecte un dédain ennuyé mais au fond le jeune dragon l'amuse, et elle retient toujours un sourire » (n° 1128, 15.03.1956) ; « *Mirocline* a beaucoup aimé *Grandes Manœuvres* (surtout M. Morgan pudique, douloureuse et fine) » (n° 1141, 21.06.1956) ; à côté de ces commentaires positifs faits par des femmes, les réserves sont nombreuses sur la performance de Michèle Morgan, en particulier de la part des hommes.

Par exemple : « *André Ronnet* trouve *Grandes Manœuvres* charmant "mais combien de temps encore faudra-t-il voir M. Morgan traîner son air las sur nos écrans" » (n° 1124, 23.02.1956) ; « *Renantiste acharné* trouve que le film de René Clair (…) ne convenait pas […] à M. Morgan (robes et coiffures d'époque ne lui vont pas) » (n° 1132, 19.04.1955) ; « *Cabochard* trouve qu'on a fait une faute grave en faisant jouer *Marie-Antoinette* par Michèle Morgan "aussi déplacée dans ce film que dans *Grandes Manœuvres* où il aurait fallu Danielle Darrieux" » (n° 1149, 16.08.1956). Mais les correspondantes ne sont guère plus tendres : « *Mireille Croignan* : La Michèle des *Grandes Manœuvres* vous a paru "bien fanée et changée, avec un regard morne" » (n° 1118, 12.01.1956) ; « *Danièle Daniel* : M. Morgan vous a paru centenaire dans *Grandes Manœuvres* » (n° 1146, 26.07.1956). S'il n'y a que des femmes qui semblent apprécier Michèle Morgan dans ce film, les jugements négatifs sont majoritaires et émanent des deux sexes, ce qui est en décalage avec la Victoire obtenue la même année par l'actrice.

Les commentaires sur Gérard Philipe sont également partagés et encore plus nettement clivés du point de vue genré : trois hommes émettent des réserves : « *Februarius Mensis* a aimé *Grandes Manœuvres*, bien que G. Philipe, trop remuant et superficiel dans son personnage de joli cœur de province ne lui ait pas semblé au meilleur de sa forme » (n° 1119, 19.01.1956) ; « *Christian Vidal* : Vous trouvez Gérard Philipe trop jeune pour le rôle » (n° 1133, 26.04.1956) ; « *Renantiste acharné* trouve que le film de René Clair (par ailleurs délicieux) ne convenait pas à Gérard Philipe ("pas assez séduisant pour ce rôle de Don Juan, il aurait fallu Jean-Claude Pascal") » (n° 1132, 19.04.1956) ; les deux commentaires féminins flatteurs sont sur un registre beaucoup plus subjectif : « *Le Rouge et le vert* : amoureuse de G. Philipe à quarante ans, après *Grandes Manœuvres* que vous avez vu dix fois de suite… » (n° 1137, 24.05.1956) ; « *Maguy* est femme de colonel en retraite et *Grandes Manœuvres* lui a permis de revivre sa jeunesse : "j'aimais moi aussi les lieutenants polissons et je vois avec plaisir que le prestige de l'uniforme tient toujours. On aimait beaucoup Gérard Philipe avant de l'avoir vu en dragon. Maintenant c'est l'idolâtrie" » (n° 1147, 02.08.1956) ; dans un registre plus distancié, on trouve enfin une très longue défense de Gérard Philipe de la part d'un correspondant, *Complainte corse*, qui s'élève contre les articles d'un journaliste de *Cinémonde* qu'il juge injuste vis-à-vis de l'acteur :

> Jean Vietti n'aime pas Gérard Philipe et essaie d'en dégoûter les autres. Il affirme qu'il vit sur sa réputation et c'est faux, car bien des potineurs ont déclaré ici même l'avoir découvert dans *Grandes Manœuvres* ou *Meilleure Part*. « Qu'il ait eu de la chance, c'est un fait (mais pas plus que J.C. Pascal ou Brigitte Bardot ou Michel Auclair) mais une chance qu'il a su aider et saisir. [...] Toujours le même rôle, poursuit Vietti... mais y a-t-il le moindre rapport entre le médecin ivre des *Orgueilleux* et le joli sous-lieutenant des *Grandes Manœuvres*. Gabin, par exemple, joue toujours – avec talent d'ailleurs – son propre personnage et tout le monde d'applaudir"... » (n° 1166, 13.12.1956)

Très argumentée, cette lettre (que je n'ai pas citée en entier) insiste sur l'inventivité des performances filmiques et théâtrales de Gérard Philipe, alors que *Cinémonde* (dans un match-vedettes avec Jean Marais publié en 1957) reproche à l'acteur de « ne pas faire de grands efforts pour être sympathique » et de « ne pas être très coopératif avec les journalistes » (n° 1194, 27.06.1957).

Fait plus rare, qui témoigne de la réputation de René Clair, les commentaires surtout masculins concernent explicitement le réalisateur : « *José le caravanier* a admiré la maîtrise de René Clair dans *Grandes Manœuvres* » (n° 1123, 16.02.1956) ; « *Decobert Carol* compare le René Clair de 1936 avec celui de *Grandes Manœuvres* et s'étonne que "vingt ans n'aient pas tari un humour et une fantaisie poétique parfois superficiels, mais délicieux, un aspect valable de notre cinéma national" » (n° 1131, 12.04.1956) ; « *Christian Vidal* a adoré *Grandes Manœuvres* et la maestria avec laquelle René Clair réussit à intriguer, émouvoir, égayer avec des sujets si minces » (n° 1133, 26.04.1956), mais on lui adresse aussi des reproches : « *José le caravanier* reproche à René Clair de n'avoir pas tiré parti du merveilleux regard de sa vedette » (n° 1123, 16.02.1956) ; reproche plus grave d'une correspondante : « *Daniele Daniel* : Vous n'aimez pas René Clair ni son esprit sec et trop mathématiquement calculé » (n° 1146, 26.07.1956).

Beaucoup de commentaires s'adressent au film lui-même, sans que le réalisateur soit nommé : « *Critic boy* : À votre avis, *Grandes Manœuvres* est le seul film parfait que vous ayez vu depuis longtemps » (n° 1117, 05.01.1956) ; « *Mario* : Vous avez adoré *Grandes Manœuvres*

Morgan et Philipe séparés par "Les Grandes Manœuvres", premier film en couleurs de René Clair

PETITE REVUE PARAMILITAIRE

LES AMOURS DE GÉRARD PHILIPE

« Morgan et Philipe séparés par *Les Grandes Manœuvres*,
premier film en couleurs de René Clair », *Cinémonde* n° 1107, 27 octobre 1955.

"pas une seule lourdeur et tant de travail" » (n° 1118, 12.01.1956) ; « *Donatella* a beaucoup aimé *Grandes Manœuvres* "désinvolte, charmant et si triste malgré tout" » (n° 1120, 26.01.1956) ; « *J'ai deux amours* en a un troisième : *Grandes Manœuvres* "une histoire banale mais traitée avec goût et délicatesse" » (n° 1123, 16.02.1956) ; « *André Ronnet* trouve *Grandes Manœuvres* charmant » (n° 1124, 23.02.1956) ; « *Pierrot gourmand* : *Grandes Manœuvres* a été pour vous un délice, et vous aimeriez en entendre à nouveau la musique » (n° 1132, 19.04.1956). Un correspondant émet par ailleurs des réserves sur le film, non sans une certaine misogynie : « *Michel Clèves* trouve les couleurs de *Grandes Manœuvres* rose bonbon et l'ensemble "délassant, mais manquant de suspense" » (n° 1126, 08.03.1956).

Tous ces commentaires confirment que la plupart des correspondant-e-s de « Potinons » ne se comportent pas en admirateurs/trices béat-e-s des stars, mais plutôt en expert-e-s de la qualité des films. Du point de vue genré, on peut remarquer que les appréciations négatives et réservées sont nettement plus nombreuses chez les hommes, et alors que deux femmes (toutes deux d'âge mûr d'ailleurs) manifestent pour Gérard Philipe une adoration digne d'une midinette. Les critères utilisés par les hommes et les femmes sont assez nettement différents : les premiers font des commentaires sur la qualité technique du film ou les performances d'acteur, alors que les secondes mentionnent plus souvent leurs émotions ou leur identification avec les acteurs-personnages, en y voyant un critère de qualité. Sans doute est-ce la personnalité de René Clair et la qualité technique et artistique exceptionnelle du film qui expliquent le nombre important de commentaires masculins, qui ont en commun leur registre plus intellectuel qu'affectif, plus esthétique qu'éthique. Cependant, le nombre élevé de jugements négatifs sur le film dans « Potinons » contraste avec l'évaluation dithyrambique de la rédaction, mais aussi avec les résultats du référendum auquel participe le lectorat du magazine de façon massive – le journal annonce 125 000 participants au référendum de 1956 (*Cinémonde*, n° 1141, 21.06.1956) –, y compris sans doute sa frange la plus âgée.

Les Mauvaises Rencontres : pas de tabou sur l'avortement

Les Mauvaises Rencontres d'Alexandre Astruc, sorti en octobre 1955, n'a eu qu'un succès limité (1,2 million d'entrées) et n'arrive qu'en 8e place pour le nombre de commentaires en 1956 dans « Potinons », mais son sujet (l'avortement) en fait un objet intéressant compte tenu du lectorat féminin et jeune de *Cinémonde*. Le film est construit sur des flash-back à l'occasion de l'interrogatoire de police que subit la jeune Catherine (Anouk Aimée), journaliste récemment montée à Paris, victime d'une dénonciation pour avor-

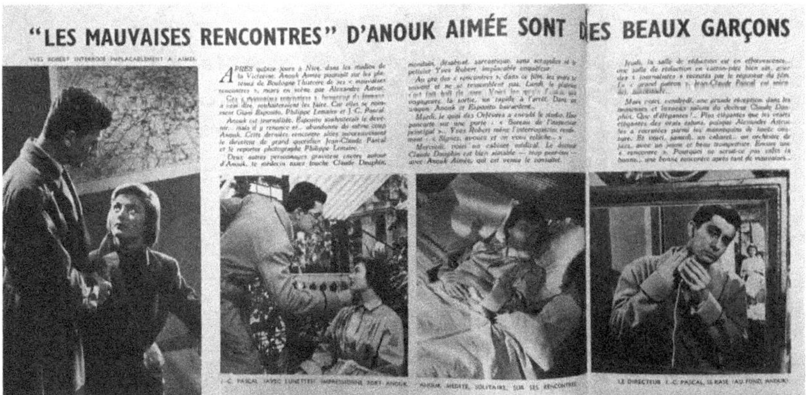
"LES MAUVAISES RENCONTRES" D'ANOUK AIMÉE SONT DES BEAUX GARÇONS

« "Les Mauvaises Rencontres" d'Anouk Aimée sont des beaux garçons », *Cinémonde* n°1082, 20 avril 1955.

tement. Adapté d'un roman[1] de Cécil Saint-Laurent (pseudonyme de Jacques Laurent), le film raconte le difficile apprentissage de la jeune journaliste dans la jungle parisienne, émaillé de rencontres avec des hommes plus ou moins scrupuleux.

Cinémonde évoque trois fois le film en 1955, par un reportage sur le tournage (n° 1082, 20.04.1955), puis lors de sa présentation à Venise (n° 1102, 15.09.1955) et enfin par une critique non signée (n° 1108, 03.11.1955). L'avortement n'est mentionné de façon très vague que dans cette notule : « [...] elle est interrogée par un homme borné, au sujet d'une affaire d'avortement. »

Dans « Potinons », *Les Mauvaises Rencontres* donne lieu à 11 commentaires en 1956, dont 10 émanent de correspondantes. Une seule, *Marianne1*, utilise le mot « avortement » (qui n'est employé dans le film que dans le carton d'avertissement en prologue). Cette correspondante développe un plaidoyer en faveur du personnage féminin, ce qui est étonnant quand on sait que l'avortement à l'époque tombe sous le coup de la loi :

> Catherine coupable ? Non pas. Elle est seulement interrogée comme témoin. Le docteur s'étant suicidé, la police convoque et interroge les personnes qui ont approché ce médecin peu recommandable. Si l'interrogatoire est long (le temps que dure le film), c'est parce qu'elle a un avortement à cacher et que la police aimerait connaître ce qu'elle s'obstine à taire... (n° 1132, 19.04.1956)

Autrement dit, cette potineuse exempte le personnage de toute culpabilité, alors qu'elle a pratiqué un avortement ; *Marianne1* réécrit d'ailleurs l'histoire puisque dans le film, le médecin est en fuite, et ce n'est qu'à la fin, quand Catherine est libérée après avoir signé, de guerre lasse, une déclaration qui dénonce le médecin, que l'inspecteur lui apprend qu'il vient de se suicider.

L'empathie avec l'héroïne traverse beaucoup des appréciations sur le film, mais sans que soit mentionné le sujet tabou de l'avortement. *Olive* y voit « un film près des jeunes et qui traduit fidèlement le besoin impérieux de sympathie qui les dévore ». Elle s'identifie à Catherine, à ses déboires sentimentaux et professionnels :

> On trouve Anouk Aimée au début un peu bécasse. Puis, au fur et à mesure que l'histoire se déroule, on prend pitié de cette jeune fille, à

1. Cécil Saint-Laurent, *Une sacrée salade*, Paris, La Table ronde, 1954.

mon avis beaucoup plus orgueilleuse qu'ambitieuse et qui ressemble à tant de jeunes gens, qui sont remplis de projets fous, veulent arriver par tous les moyens et échouent par trop de scrupules ; qui se font une morale là où l'argent peut tout acheter sauf leur âme ; qui s'aiment fraternellement pour se donner du courage et l'illusion qu'ils ne sont pas seuls contre tous (son aventure avec Philippe Lemaire est tout à fait dans ce sens, et leur premier baiser ressemble à un double sauvetage, chacun étant la bouée à laquelle se cramponne l'autre). Et la voix d'Anouk Aimée se place car elle est jeune, faible, et plusieurs fois blessée. (n° 1119, 19.01.1956)

Une autre admire la performance d'Anouk Aimée :

Donatella a découvert A. Aimée dans le film d'Astruc « et comprend maintenant l'enthousiasme de J.-Cl. Pascal à son sujet et la joie qu'il éprouve à tourner avec elle. Le film est heurté, inégal, hachuré, mais il y a la présence lumineuse d'Anouk. Quelle attachante actrice, d'une simplicité émouvante, dépourvue de toute sophistication ! » (n° 1120, 26.01.1956)

L'identification avec le personnage féminin conduit également le commentaire de *Zibeline* qui

se demande quelle a été la plus « mauvaise rencontre » faite par Catherine (Anouk Aimée) dans le film d'Astruc : celle de Blaise (J.C. Pascal), sans doute malgré les sentiments réels et profonds qu'il éprouvait pour elle. C'est à cause de lui qu'elle a poursuivi sa route jusqu'à la célébrité, jusqu'à la solitude et l'amertume. (n° 1130, 05.04.1956)

Une autre compare le livre original et l'adaptation :

Vive Michèle (F) croit que *Mauvaises Rencontres* – bien supérieur au roman de Saint-Laurent qui l'a inspiré – deviendra un classique de l'écran et regrette seulement que «parce qu'il fallait absolument une vedette, on ait mis J.C. Pascal dans un rôle qui ne lui convient pas, et où eût excellé, par exemple, Renaud Mary ». Quant à Anouk Aimée, « elle est sans cesse différente et toujours parfaite ». (n° 1145, 19.07.1956)

La prudence dont fait preuve Astruc (justement pour éviter la censure) donne à l'histoire un caractère souvent très allusif, accentué par le morcellement des flash-back, et on ne s'étonne pas outre mesure qu'une correspondante (peut-être très jeune), *Isabelle de ma jeunesse*, avoue que le film lui a paru « incompréhensible » (n° 1135, 10.05.1956).

Le seul correspondant qui commente ce film, *José le caravanier*, le fait en revanche d'une façon particulièrement distanciée : « *Mauvaises Rencontres* prouve que le cinéma noir et blanc n'est pas mort. Il a préféré les personnages épisodiques (Dauphin, Gaby Sylvia) à Lemaire (qui grossit de façon inquiétante), Pascal (trop arrogant) et A. Aimée (qui n'a pas la voix de son personnage) » (n° 1135, 10.05.1956).

Plusieurs commentaires insistent sur les qualités formelles du film, qui sont en effet remarquables : fidèle à son concept de « caméra stylo », Astruc tente de traduire formellement la dimension subjective de ce récit, même si le choix d'une voix de narrateur masculin fait plutôt écho au style de Balzac qu'à celui de Françoise Sagan. Le travail expressionniste sur la lumière, les décors et les angles de prise de vues tranche avec les habitudes plus « réalistes » du cinéma de l'époque, ce que remarque par exemple *Colombe de l'Orne* qui

> a aimé les images de *Mauvaises Rencontres*, admirables dans leur composition, leur dépouillement, leur éclairage. Logiquement, elles sont discutables puisque aucun personnage ne peut voir le bureau du commissaire du plafond ou au ras du plancher. Ceci est le point de vue d'un personnage hors de l'écran et gênant pour le spectateur. Mais par un paradoxe subtil, ce défaut sert la qualité du film : ces angles arbitraires et insolites créent un dépaysement et une tension dramatique qui est bien l'état d'âme des personnages. (n° 1118, 12.01.1956)

Toutes les correspondantes semblent admirer l'audace du film qui non seulement aborde un sujet tabou, mais manifeste de l'empathie avec le personnage féminin sans jamais la condamner, alors que la société française de l'époque est encore très loin d'accepter l'émancipation sexuelle des jeunes filles. Deux correspondantes le voient comme un « classique de l'écran » (n° 1145, 19.07.1956 et n° 1168, 27.12.1956), ce qui ne s'est pas confirmé, mais ces commentaires devraient nous inciter à réévaluer ce film.

Il est étonnant que le responsable de la rubrique, qui se fait souvent le porte-parole d'une morale assez traditionnelle[1], n'intervienne pas dans ce débat pour rappeler que l'héroïne s'est rendue coupable d'un avortement, alors qu'aucune correspondante ne semble désapprouver ces faits et gestes (elle vit déjà avec un homme au début de l'histoire et elle aura plusieurs autres liaisons). Si la fin comporte une dimension punitive (une voix off masculine annonce qu'elle va être au centre du scandale provoqué par le suicide du médecin avorteur), toute son histoire, racontée de son point de vue, la montre essayant de faire face courageusement aux embûches qui se dressent sur la route d'une jeune femme qui veut réussir professionnellement. C'est ce à quoi les correspondantes de *Cinémonde* ont été sensibles, et ces réactions font écho à la grande enquête que lancera un an plus tard Françoise Giroud sur la nouvelle génération[2]. Cela confirme, s'il en était besoin, la pertinence qu'il y a à utiliser ces sources.

Le courrier des lecteurs : un contre-pouvoir face à la rédaction ?

En conclusion, cette enquête sur une année du courrier des lecteurs de *Cinémonde* indique une autonomie de jugement des correspondant-e-s par rapport au box-office, mais aussi par rapport à la rédaction et à la masse des lecteurs/trices du journal qui s'expriment dans le référendum annuel. Le film français couronné par le journal en 1956 fait l'objet d'appréciations souvent critiques de la part des correspondant-e-s, et les grands succès du box-office ne suscitent leur intérêt que s'ils appartiennent aux genres qu'apprécie le public féminin : film en costumes, drame. Le clivage entre le grand public, le lectorat du magazine et les correspondant-e-s de la rubrique « Potinons » est à la fois générationnel et genré. Si les genres « masculins » et les figures « patriarcales » les plus populaires de la période sont peu ou pas mentionnés dans

1. Geneviève Sellier, « Le courrier des lecteurs de *Cinémonde* dans les années 1950 : la naissance d'une cinéphilie au féminin », dans Noël Burch et Geneviève Sellier, *Le Cinéma au prisme des rapports de sexe*, Paris, Vrin, 2009, p. 67-90.
2. Françoise Giroud, *La Nouvelle Vague. Portraits de la jeunesse*, Paris, Gallimard, 1958. Pour une analyse de la dimension genrée de l'ouvrage, voir Geneviève Sellier, *La Nouvelle Vague. Un cinéma au masculin singulier*, Paris, CNRS éditions, 2005, p. 11-12.

la rubrique, les jugements dévalorisants sur Michèle Morgan, la star préférée de l'hebdomadaire, témoignent également d'un clivage générationnel, confirmé par l'intérêt que suscite une jeune actrice encore peu connue, Anouk Aimée, en incarnant une figure fortement transgressive. Le courrier des lecteurs apparaît ainsi dans la deuxième partie de la décennie comme un lieu de discussion et de contestation des positions de la rédaction et du lectorat plus âgé du magazine, tant sur le plan éthique qu'esthétique.

Annexe 1 : Palmarès des films ayant fait le plus d'entrées, sortis entre le 1er janvier 1955 et mai 1956.

Les titres en gras font partie des 20 films les plus mentionnés par les correspondant-e-s de « Potinons ».

1. *20 000 lieues sous les mers/20,000 Leagues Under the Sea* (R. Fleischer)
2. ***Le Comte de Monte Cristo* (R. Vernay)**
3. ***Napoléon* (S. Guitry)**
4. ***Les Grandes Manœuvres* (R. Clair)**
5. *La Grande Bagarre de Don Camillo* (C. Gallone)
6. *Vera Cruz* (R. Aldrich)
7. ***La Strada* (F. Fellini)**
8. ***À l'est d'Eden/East of Eden* (E. Kazan)**
9. ***La Fureur de vivre/Rebel Without a Cause* (N. Ray)**
10. ***French Cancan* (J. Renoir)**
11. *La Belle des belles/La Donna Piu Bella Del Mondo* (R. Leonard)
12. *Le Couturier de ces dames* (J. Boyer)
13. ***Chiens perdus sans collier* (J. Delannoy)**
14. ***Si tous les gars du monde* (Christian-Jaque)**
15. *Les Évadés* (J.-P. Le Chanois)
16. *Papa, maman, ma femme et moi* (J.-P. Le Chanois)
17. ***Les Hommes en blanc* (R. Habib)**
18. *Les Diaboliques* (H.-G. Clouzot)
19. *La Madelon* (J. Boyer)
20. *Pain, amour et jalousie/Pane, amore e gelosia* (L. Comencini)
21. *Don Juan* (J. Berry)
22. *Ça va barder* (J. Berry)
23. *L'Enfer des hommes/To Hell and Back* (J. Hibbs)
24. *Sur les quais/On the Waterfront* (E. Kazan)
25. *La Vallée des rois/Valley of the Kings* (R. Pirosh)
26. *La Main au collet/To Catch a Thief* (A. Hitchcock)

Annexe 2 : Palmarès des films les plus mentionnés dans la rubrique « Potinons » en 1956.

Le titre du film est suivi du nom du réalisateur, de l'année de sortie en France, du nombre des occurrences, et du nombre d'entrées arrondi. Les titres en gras font partie du « top 20 » du box-office.

1. ***Les Grandes Manœuvres*** **(R. Clair 1955) 28 ; 5,3 millions d'entrées**
2. ***À l'est d'Eden/East of Eden*** **(E. Kazan 1955) 22 ; 4,2 millions**
3. ***Autant en emporte le vent/Gone with the Wind*** **(R. Fleming 1950) 18 ; 16,7 millions**
4. ***La Fureur de vivre/Rebel Without a Cause*** **(N. Ray 1956) 15 ; 4,2 millions**
5. *Si Paris nous était conté* (S. Guitry 1956) 15 ; 2,8 millions
6. *Vacances à Venise/Summertime* (D. Lean 1955) 14 ; 1,2 million
7. ***Le Comte de Monte Cristo*** **(R. Vernay 1955) 11 ; 7,7 millions**
8. *Les Mauvaises Rencontres* (A. Astruc 1955) 11 ; 1,2 million
9. ***French Cancan*** **(J. Renoir 1955) 10 ; 3,9 millions**
10. *Lola Montès* (M. Ophuls 1955) 10 ; 1,3 million
11. *Marguerite de la nuit* (C. Autant-Lara 1956) 10 ; 1,3 million
12. *Goubbiah* (R. Darène 1956) 10 ; 1,6 million
13. ***Chiens perdus sans collier*** **(J. Delannoy 1955) 9 ; 3,9 millions**
14. *Futures vedettes* (M. Allégret 1955) 9 ; 0,9 million
15. ***Napoléon*** **(S. Guitry 1955) 9 ; 5,4 millions**
16. ***La Strada*** **(F. Fellini 1955) 9 ; 4,4 millions**
17. *Elena et les hommes* (J. Renoir 1956) 8 ; 2,1 millions
18. *Désirée* (H. Koster 1955) 8 ; 1,5 million
19. *Le Chemin du paradis/Die Drei von der Tankstelle* (W. Forst 1956) 8 ; 1,2 million
20. ***Si tous les gars du monde*** **(Christian-Jaque 1956) 8 ; 3,8 millions**
21. ***Les Hommes en blanc*** **(R. Habib 1955) 8 ; 3,7 millions**

Annexe 3 : Palmarès des acteurs les plus souvent mentionnés dans la rubrique « Potinons » en 1956.

Les noms sont suivis du nombre d'occurrences dans la rubrique. Les noms en gras sont ceux des acteurs et actrices français-es.

1. **Jean Marais : 102**
2. **Jean-Claude Pascal : 91**
3. James Dean : 90
4. **Brigitte Bardot : 74**
5. **Luis Mariano : 69**
6. **Michèle Morgan : 66**

7. **Martine Carol : 57**
8. Sophia Loren : 54
9. **Georges Guétary : 40**
10. **Edwige Feuillère : 38**
11. Marlon Brando : 38
12. **Marina Vlady : 38**
13. Gina Lollobrigida : 34
14. **Danielle Darrieux : 33**
15. **Gérard Philipe : 32**
16. Grace Kelly : 29
17. **Jean Gabin : 28**
18. **Eddie Constantine : 27**
19. Marilyn Monroe : 26
20. **Dany Robin : 21**
21. Clark Gable : 21

Anthony Rescigno

DU CINÉMA DES « PERDANTS » AU CINÉMA DES « VAINQUEURS » : LES SALLES DE MOSELLE ET LEURS SPECTATEURS À LA LIBÉRATION, APRÈS CINQ ANS D'ANNEXION NAZIE

Cette étude a pour but d'examiner de quelle manière s'est produite en Moselle la transition entre le loisir cinématographique dirigé par les autorités nazies et celui proposé par la France à la Libération à partir de l'hiver 1944. Nous tenterons d'identifier les caractéristiques formelles de ce changement en analysant les films projetés dans les premiers mois de l'après-guerre ainsi que les pratiques spectatorielles des Mosellans. Si l'on observe bien une rupture culturelle dans l'offre cinématographique au moment de la Libération lorsque tous les films allemands disparaissent au profit des films français et américains, nous montrerons l'existence d'une continuité dans les goûts des spectateurs entre la fin des années 1930 et le début de l'après-guerre. Notre recherche s'appuie principalement sur quatre sources. La première est les journaux de l'époque qui contiennent à la fois les programmes des salles mais également de nombreux articles nous apportant des informations sur l'exploitation cinématographique. La seconde s'établit à partir de la programmation des salles pour créer une base de données reprenant chaque film projeté pendant la période étudiée. La troisième source est obtenue par le recueil de témoignages des spectateurs de l'époque interrogés notamment à l'aide d'entretiens de groupe. Enfin, nous utiliserons un article de Jean-Pierre Barrot paru dans *L'Écran français* en 1946 sur la situation du cinéma en Moselle et en Alsace à la Libération[1]. Ces quatre sources permettent de croiser des informations pour tenter une reconstitution aussi fidèle que possible du loisir cinématographique en Moselle à la Libération.

Le bilan cinématographique de quatre années d'annexion allemande

Après quatre années d'annexion nazie marquées par de nombreux événements répressifs et une vie quotidienne placée sous le signe de l'autoritarisme, le département de la Moselle est progressivement libéré par les soldats alliés sur une période allant de septembre 1944 à mars 1945. Les combats à Metz commencés au début de cette campagne se terminent le 22 novembre. La vie quotidienne reprend à mesure que les troupes allemandes sont repoussées vers l'est et les salles de cinéma ne tardent pas à rouvrir. Qu'étaient-elles devenues durant l'annexion nazie ? La Moselle était une province annexée au Reich, et le quotidien s'y déroulait de la même manière que dans le reste de l'Allemagne. Depuis le 2 juillet 1940, date à laquelle le premier cinéma rouvrit à Metz suite à l'entrée des troupes allemandes dans la ville le 14 juin 1940, chaque séance se déroulait de la manière suivante : une bande d'actualités suivie d'un court-métrage documentaire et enfin le film principal. Le tout était bien évidemment en langue allemande. Aucun film français, pas même ceux de la Continental[2], ne fut projeté en Moselle durant l'annexion. Les intentions des autorités étaient claires : il ne devait subsister aucune référence culturelle française. Cela allait de l'interdiction de l'usage de la langue française à celle du béret, en passant par celle du cinéma français.

Progressivement, le loisir cinématographique a gagné en popularité en Moselle pour atteindre des sommets lors de la saison 1943-

1. Repris dans Olivier Barrot, *L'Écran français, 1943-1953. Histoire d'un journal et d'une époque*, Paris, Les Éditeurs français réunis, 1979, p. 125-131.
2. Société de production créée à Paris par l'occupant en octobre 1940, avec des capitaux allemands, qui produisit une trentaine de films français jusqu'en 1944.

1944. Les films s'enchaînaient très vite dans les salles et la qualité était souvent au rendez-vous. Nous avons noté environ 1 700 séances dans les huit principales salles du département en l'espace d'une année et 224 films différents projetés[1]. Les plus grandes salles programmaient trois séances chaque jour ainsi qu'une quatrième le dimanche. Dans les salles plus petites, deux séances avaient lieu chaque jour plus une troisième le dimanche. Le nombre de tickets vendus atteint des records durant cette même période : en une année (de septembre 1943 à août 1944), 2 269 891 entrées sont enregistrées à Metz[2]. Ces caractéristiques montrent clairement l'existence d'un loisir dynamique, puissant et riche pendant la guerre. Ce succès a contribué à créer une relation solide entre les films et les spectateurs, qui se vérifie dès lors qu'on les interroge à ce sujet.

Lorsque les combats commencent en Moselle, l'activité des salles tend à faiblir mais ne s'interrompt pas. Les journaux attestent que des projections ont lieu à Metz jusqu'à une semaine avant la fin des combats[3]. La fin de l'annexion entraîne également la fin d'une hégémonie de quatre années du cinéma allemand sur les écrans de Metz.

Une transition en forme de rupture

Sauf à avoir vécu pendant plusieurs années dans un pays étranger proposant un cinéma exclusivement national avant de revenir soudainement dans une salle française, il est difficile de concevoir l'effet du passage brutal d'un cinéma national à un autre, avec d'autres genres, d'autres stars, d'autres styles. C'est pourtant ce qui se passe en Moselle au moment de la Libération. Les exploitants accentuent-ils cette rupture ou prennent-ils en compte les goûts de leurs spectateurs hérités de l'annexion, et donc aussi leurs lacunes concernant ces cinémas américain et français qu'ils découvrent ? C'est là l'enjeu principal de cette étude.

1. Anthony Rescigno, « Analyse d'un loisir de masse en temps de guerre : les cinémas en Moselle durant l'Annexion (1940-1945) », mémoire de maîtrise, université de Metz, 2011.
2. Archives municipales (AM) de Metz, Série Z, Cinémas, 2Z30.
3. Archives départementales (AD) de Moselle, Série W, Metzer Am Abend, 40PRS1944.

Ce n'est pas la première fois que les enjeux géopolitiques et socioculturels influent directement sur la programmation des salles du département. En effet, la période du début des années 1930 jusqu'à 1945 peut être divisée en quatre moments ayant chacun leurs spécificités quant à l'exploitation cinématographique en Moselle :

– De 1930 à 1934 : il s'agit des premiers temps du cinéma parlant où les salles s'adaptent à cette innovation technologique et prennent en compte les goûts de leurs spectateurs dont beaucoup ne parlent que l'allemand.

– De 1934 à 1940 : cette période est marquée par un contrôle renforcé des services de l'État sur les programmes des salles pour contenir l'afflux de films allemands en Moselle.

– De 1940 à 1945 : c'est l'annexion nazie. Il ne subsiste aucun film français (ou en français). Néanmoins, cette période ne marque pas une rupture culturelle importante, car une grande partie du public mosellan est déjà familière des productions allemandes ainsi que de leurs vedettes.

– Après 1944 : la quatrième période, celle qui nous intéresse ici, débute au moment de la Libération lorsque plus aucun film allemand n'est projeté et que les films français et américains sont de retour dans les salles. Cette fois-ci, la rupture est plus forte car le cinéma allemand qui avait su attirer les spectateurs mosellans depuis le début des années 1930 disparaît du jour au lendemain. De plus, le cinéma français a opéré quelques évolutions sous l'Occupation avec l'émergence de nouveaux réalisateurs et de nouvelles vedettes qui sont inconnus des spectateurs locaux.

Cette segmentation est la conséquence de la spécificité linguistique du département et de sa localisation dans une ère culturelle germanique. Au lendemain de la Première Guerre mondiale, après plus de quarante années de germanisation, les autorités françaises mettent en place une politique de francisation des Mosellans afin de tourner définitivement la page des années allemandes[1]. Pour les plus âgés, il s'agit d'un retour à la langue qu'ils utilisaient avant le début de la première annexion, presque cinquante ans auparavant ; toutefois une grande majorité de la population doit désor-

1. Vanessa Cieslik, « Le Cinéma en Moselle dans l'Entre-deux-guerres, 1919-1939 », mémoire de maîtrise, université de Metz, 2001.

mais apprendre le français. Le cinéma va montrer que cette transformation linguistique des Mosellans n'est pas aussi facile que les autorités françaises l'avaient espéré. L'arrivée du cinéma parlant au début des années 1930 voit de nombreuses salles opter pour une programmation majoritairement germanophone en adéquation avec les goûts des spectateurs. Par peur de l'échec d'une francisation difficile, mais également par méfiance envers le régime nazi qui vient d'accéder au pouvoir, la préfecture de Moselle décide de la mise en place d'un contingentement des films en allemand, afin d'éviter les abus[1]. En effet, certaines salles comme le Vox à Forbach proposent en 1933 plus de 80 % de films en allemand[2]. Des quotas stricts de films en allemand sont appliqués dès 1934 pour chaque salle au cas par cas, en prenant en compte les spécificités linguistiques des différentes communes de Moselle. Loin de vouloir privilégier une nation sur l'autre, les gérants des salles répondent surtout à la demande d'une population en contact plus ou moins direct avec la langue allemande. Le risque pour ces cinémas frontaliers est également de voir leurs spectateurs privilégier les salles allemandes. On comprend donc que l'enjeu du loisir cinématographique en Moselle est particulier dans l'histoire des pratiques spectatorielles en France. Cette affinité locale pour les films allemands s'explique par le fait qu'au moment de l'annexion en juin 1940, les Mosellans étaient pour la plupart des spectateurs familiers du cinéma allemand, de son style et de ses acteurs. Ils avaient d'ores et déjà développé une expertise de ces films dont ils savaient reconnaître et évaluer la qualité. C'est pourquoi la suppression des films français au début de l'annexion nazie ne constitue pas une rupture aussi importante que celle opérée en 1944, lorsque tous les films allemands sont bannis des écrans.

La programmation des salles à Metz de décembre 1944 à mars 1945

La reconstitution de la programmation des salles est un outil très utile pour comprendre la manière dont se déroule la « libération » des salles de cinéma de Moselle. Elle permet de prendre en compte

1. AD Moselle, 304 M 137, 19 février 1934.
2. Vanessa Cieslik, « Le Cinéma en Moselle dans l'Entre-deux-guerres », *op. cit.*

à la fois les films les plus récents mais aussi les productions plus anciennes qui continuent de circuler des années après leur sortie.

Afin d'étudier la programmation des salles au moment de la libération de la Moselle, nous avons reconstitué l'intégralité des programmes des salles sur une période allant du 16 décembre 1944, date à laquelle la première salle rouvre, au 30 mars 1945. Les programmes ont été restitués à partir de la presse qui paraît à la Libération. Seules les salles de Metz y figurent de manière exhaustive, c'est pourquoi cette reconstitution ne concerne que le chef-lieu de Moselle. Quarante-deux films sont projetés dans trois salles différentes (le Palace et le Rex, deux salles au centre-ville comptant plus de 1000 sièges[1], ainsi que le Lux, une salle plus modeste située en périphérie). Entre les approximations des journaux, les séances proposées en continu et les coupures d'électricité fréquentes à la fin de la guerre, il demeure difficile de comptabiliser le nombre exact de séances pour chaque film. Une moyenne relative montre que le Rex et le Palace proposent quatorze séances par film sur six jours alors que le Lux propose cinq séances réparties sur trois journées.

L'étude de la programmation laisse apparaître deux informations majeures. Alors que le premier mois d'exploitation montre une forte présence des meilleurs films français produits sous l'Occupation, leur présence diminue progressivement pour laisser place à de plus en plus de films datant de la seconde moitié des années 1930. Les productions américaines, dont la proportion dans les programmes augmente rapidement, marquent également leur retour mais uniquement avec des films d'avant-guerre.

Promouvoir le cinéma français

Les premiers films projetés à Metz sont tous français : le premier est *La Duchesse de Langeais* (Jacques de Baroncelli, 1942). À l'image de cette production, on voit se succéder des films réalisés sous l'Occupation et reconnus pour leur qualité. Alors que se déroule au même moment la Quinzaine du cinéma français, un événement destiné tout autant à honorer le cinéma hexagonal qu'à affirmer la différence avec les œuvres cinématographiques produites sous l'Occupation et le régime de Vichy, les trente premiers jours

1. AM Metz, Série Z, Cinémas, 2Z30.

de programmation proposent 4 des 15 films retenus pour cet événement[1] : *Pontcarral, colonel d'Empire* (Jean Delannoy, 1942), *Douce* (Claude Autant-Lara, 1943), *Le Mariage de Chiffon* (Claude Autant-Lara, 1942), et *Goupi mains rouges* (Jacques Becker, 1943). Cet accent mis sur les grands films des quatre dernières années suggère une volonté de promouvoir le renouveau du cinéma français incarné par des réalisateurs et des vedettes qui ont émergé depuis 1940, comme Jacques Becker. Pour les mois de décembre 1944 et janvier 1945, 11 films français sur 15 sont des productions de l'Occupation (soit 73 %). La proportion atteint 100 % au Rex ainsi qu'au Palace, et seul le Lux propose des films des années 1930. Mais pour les mois de février et mars 1945, ce ne sont plus que 9 films sortis après juin 1940 qui sont projetés sur les 18 programmés (soit 50 %) répartis plus équitablement dans les trois salles. Cela ne peut pas s'expliquer par le fait qu'il aurait été plus facile de projeter des copies récentes dès le lendemain de la Libération plutôt que quelques mois plus tard. Cette modulation s'explique plutôt par les attentes des spectateurs et leur prise en compte progressive par les exploitants. Dans une enquête de terrain effectué en 1946 pour *L'Écran français*, Jean-Pierre Barrot rapporte une préférence des exploitants alsaciens pour des films vieux d'une dizaine d'années et dont les réservations s'étendaient jusqu'en 1947. D'après les témoignages qu'il recueille alors, il constate une difficulté de la population à s'adapter « aux films actuels [...] "qui parlent trop"[2] ».

Le cinéma de l'Occupation – la future « Qualité française » – a-t-il déstabilisé les spectateurs de Moselle ? Cette hypothèse est difficilement vérifiable aujourd'hui en entretien, car ce phénomène s'observe sur une période très courte. Ce qui est probable, c'est que les spectateurs prennent plaisir à redécouvrir des films et des vedettes qu'ils avaient été contraints d'oublier depuis 1940. On retrouve dans les longs-métrages programmés des grands noms des vedettes d'avant-guerre comme Fernandel, Raimu ou Pierre Fresnay dont les journaux saluent le retour sur les écrans. Au cours du mois de mars est annoncée la réouverture imminente de la Société des films Vox, un prestataire de location local, qui annonce

1. Jean-Pierre Bertin-Maghit, « Le monde du cinéma français sous l'Occupation », Vingtième siècle. Revue d'histoire, n° 88, 2005, p. 109-120.
2. Cité dans Olivier Barrot, L'Écran français, op. cit., p. 128.

la disponibilité immédiate de plusieurs films : « LA BÊTE HUMAINE avec JEAN GABIN, PIÈGES avec MAURICE CHEVALIER ; CONFLITS et LE JOUR SE LÈVE avec JEAN GABIN, etc.[1]. » Cette sélection confirme un attrait pour les films de la fin des années 1930 ainsi que pour les vedettes d'avant-guerre.

Shirley nous revient !

La Libération marque également le retour des films américains sur les écrans de Moselle. Dès 1940, les autorités allemandes ont mis en place un embargo sur cette production, dont aucun titre n'a été projeté en Moselle depuis mai 1940. L'étude de la programmation donne des indications intéressantes quant à la progression des films américains dans les programmes. Sur les 42 films projetés durant la période étudiée, 10 sont d'origine états-unienne. D'abord sporadique, leur présence est de plus en plus grande. On trouve 1 film américain sur les 7 films projetés en décembre, 1 sur 10 en janvier, 3 sur 12 en février et enfin 5 sur 13 en mars. Ainsi la proportion passe de 12 % à la Libération à 38 % quelques semaines plus tard. Tous ces films ont été produits entre 1936 et 1939 et on se pose légitimement la question de leur provenance à ce moment précis. Un distributeur Paramount s'installe dans les locaux du cinéma Scala à Metz, mais à partir de mars 1945 seulement, pour proposer la location de ces films. Les critiques dans la presse font état de l'ancienneté des films proposés, mais sans que cela leur soit reproché. C'est plutôt la qualité de l'œuvre et le plaisir de retrouver des stars boycottées pendant quatre ans, qui sont mis en avant. On lit par exemple à propos du film *La Mascotte du régiment* (*We Willie Winkie*, John Ford, 1937) : « La réalisation de cette bande, déjà quelque peu ancienne puisque Shirley est actuellement âgée de 17 ans, est parfaite », ou encore au sujet de *Kentucky* (David Butler, 1938) : « L'action de ce beau film américain, dont la réalisation n'est pas récente, se situe principalement sur la piste. Loretta Young dont nous n'avons pas oublié l'adorable physionomie à l'écran. »
Cette montée en puissance des films produits dans la seconde moitié des années 1930 paraît correspondre à une attirance des spectateurs pour des références filmiques datant de cette époque. L'étude de la

1. Les titres de films et les noms des acteurs apparaissent en majuscule dans la publicité.

programmation et des articles en rapport avec le cinéma dans la presse nous montre que c'est le plaisir de retrouver des anciennes stars qui semble le principal motif des sorties au cinéma. Il s'agit de comprendre comment les goûts cinématographiques soumis aux aléas culturels de l'annexion s'adaptent durant la période étudiée. En effet, si dans un premier temps la programmation fait la part belle à un cinéma plus ancien, l'objectif des exploitants reste de faire connaître aux spectateurs les nouveautés.

Le recueil des témoignages[1] des spectateurs ayant vécu cette période vise à faire émerger leurs souvenirs. Le but de ces entretiens est autant de restituer des détails qui caractérisent les séances à la Libération que de comprendre comment les goûts de ces spectateurs se sont adaptés aux changements de la programmation. Compte tenu des années écoulées, seule l'expérience des spectateurs qui étaient adolescents ou jeunes adultes à la Libération peut être restituée, mais pour ce public le cinéma avait une dimension sociale importante.

Le devenir des goûts des spectateurs

Les souvenirs de leur expérience

C'est le public adolescent qui semble avoir subi de la manière la plus violente le bouleversement de la Libération en matière de programmation. Ils ont vécu leur première expérience cinématographique au début de l'annexion et ont donc construit leur culture cinéphilique avec les codes du cinéma allemand et ses vedettes. Les entretiens menés à propos du cinéma pendant

1. Trois entretiens de groupe ont été exploités dans le cadre de cette étude. Ils se sont déroulés à Forbach en Moselle en présence de plusieurs participants. L'entretien de groupe a principalement deux avantages : le premier est de permettre à chaque participant de profiter des souvenirs des autres pour entrer à son tour dans un processus de remémoration, le second est de pouvoir recréer un contexte d'interactions sociales utile pour identifier les significations partagées et les expressions de désaccords. Les participants ont à chaque fois été mis en présence d'objets médiatiques et audiovisuels en rapport avec le cinéma sous l'annexion nazie. Chaque objet a permis de démarrer des échanges permettant d'en savoir plus sur les pratiques spectatorielles de cette époque.
Le premier entretien a eu lieu en janvier 2013 avec 12 participants (10 femmes, 2 hommes, nés entre 1923 et 1935) dans les locaux de l'association Barrabino (en charge de l'organisation d'activités pour les seniors de l'agglomération forbachoise).
Le second s'est déroulé en juin 2013 avec 3 participants (2 hommes nés en 1926 et 1927, 1 femme née en 1928) au domicile de l'un des participants.
Le troisième entretien a été réalisé en décembre 2013 avec 2 participantes (nées en 1926) à nouveau dans les locaux de l'association Barrabino.

l'annexion avec les témoins de l'époque font apparaître de nombreux processus d'identification de ces jeunes Mosellans à certaines stars allemandes ainsi que des pratiques cinéphiliques typiques des amateurs (collection de portraits, listes des films vus[1]). Que se passe-t-il lorsque toutes leurs références culturelles leur sont interdites à la Libération ? Lorsqu'on les interroge sur cette période, ils expriment presque tous la même opinion, à savoir que le cinéma de la Libération ne leur procure pas la même excitation que celui de l'annexion. Ils semblent alors dépourvus de souvenirs, sans doute à cause d'une expérience du cinéma moins facile à mémoriser que celle de la période précédente :

> – Discutant : Et donc après-guerre il n'y avait plus de films allemands ?
> – Raymond : Non, non. Enfin si, ils en projetaient de temps en temps pour les anciens.
> – Discutant : Quand je parle de l'après-guerre, je parle de tout de suite après la libération.
> – Raymond : C'était fini !
> – Alice : On était content de voir des films français, mais j'y allais moins...
> – Discutant : Vous avez des souvenirs des premiers films que vous avez vus ?
> – Alice : Pas trop, à croire que ça m'a moins marquée !

La discussion en groupe fait bénéficier chacun du processus de remémoration des autres et permet de faire ressurgir petit à petit les détails des pratiques spectatorielles. On découvre ainsi que certains de ces jeunes gens participaient à des séances offertes par l'armée américaine :

> Lucien : J'ai vu des Américains tout de suite après-guerre, ils avaient un truc d'aide pour les Français et ils ont ouvert un foyer près du parking du *Match*. Il y avait un foyer de jeunes, on buvait du *Coca-Cola*, et il y avait une table de ping-pong. Et une fois ils ont mis un film mais lequel je ne sais pas !

Mais c'est surtout l'introduction d'autres références cinématographiques par le discutant qui permet de faire ressurgir des souvenirs de plus en plus précis :

1. Sur les pratiques cinéphiles, voir Laurent Jullier et Jean-Marc Leveratto, *Cinéphiles et cinéphilies. Une histoire de la qualité cinématographique*, Paris, Armand Colin, 2010.

– Discutant : *La Belle et la Bête*, vous l'avez vu ?
– Raymond : Oui, après la guerre.
– Alice : Oui, oui.
– Raymond : Et puis *Les Enfants du paradis* !
– Lucien : *La Bataille du rail...*
– Anthony : *Les Enfants du paradis* est sorti en 1945.
– Raymond : Il a été tourné pendant la guerre alors avec Arletty.
– Lucien : *La Bataille du rail*, je me souviens, et un film aussi avec... *La Grande Illusion.*
– Alice : Ça, ça devait être avant-guerre.
– Raymond : Après la guerre, on a vu beaucoup de films avec Stroheim.

Le reste de la discussion met en évidence les vedettes ayant laissé le plus de souvenirs dans les esprits des témoins présents. Leurs références cinématographiques sont liées à une culture populaire héritée autant du cinéma des années 1930 que de celui des années 1950. Les témoins citent notamment Ray Ventura, Marcel Pagnol, Raimu ou encore Jean Gabin. Aucun nom associé de manière plus étroite au cinéma de l'Occupation n'est cité.

Les formes de continuité au sein des pratiques spectatorielles

Loin d'avoir fait l'impasse sur leur culture cinématographique, les spectateurs interrogés aujourd'hui dévoilent des formes de prise en compte de leur expérience cinématographique à l'époque de l'annexion pour appréhender le cinéma de l'après-guerre. Le fait qu'ils utilisent des vedettes françaises d'après-guerre pour évoquer des vedettes allemandes de l'annexion est une première indication d'un mécanisme de transposition de leurs goûts entre ces deux époques. Ainsi, la vision d'un portrait de Benjamino Gigli, ténor italien à l'affiche de nombreux films durant la guerre, leur rappelle tout d'abord Tino Rossi. De la même manière, une dame dont l'idole fut Marika Rökk, une actrice célèbre du cinéma nazi, se sert d'Annie Cordy pour décrire ses qualités :

– Discutant : Vous l'avez vue souvent ?
– Thérèse : Oui, je ne loupais aucun film de Marika Rökk.
– Discutant : D'accord.
– Thérèse : C'est au-dessus de tout pour moi. Elle a plus de tempérament qu'Annie Cordy, elle a tellement de punch, de tempérament. Elle sait chanter, danser...

– Discutant : Et vous l'avez connue...
– Thérèse : Par les films.
– Discutant : Après-guerre ?
– Thérèse : Pendant la guerre, et avant la guerre.

Ce type de transposition se retrouve dans la plupart des entretiens où les témoins créent d'eux-mêmes ces paires de vedettes. On peut voir là une stratégie des spectateurs qui utilisent leur mémoire des noms qui leur sont précieux pour évoquer leur propre culture cinématographique mais aussi leurs critères de jugement des œuvres.

L'analyse approfondie des entretiens révèle toutefois que les souvenirs les plus forts concernent les films musicaux projetés pendant et après la guerre. Les entretiens autour du cinéma nazi dévoilent déjà l'importance de ce type de films dont les grandes vedettes sont régulièrement citées :

– Raymond : Ils avaient des films de grande revue !
– Alice : Oh ça, c'était le spectacle !
– Lucien : Quelle était la chanson fétiche de la Zarah ? « Es wird ein Wunder geschehn ? »
– Raymond et Alice : « Es Wird einmal ein Wunder geschehen ». *Ils chantonnent la musique.*
Apparition du titre de l'extrait 2 « Frauen Sind Doch Bessere Diplomaten » [*La Belle Diplomate*, Georg Jacoby, 1941]
– Raymond : Ah ça c'est avec Marika Rökk, et en couleurs !
Début de l'extrait, Marika Rökk commence à chanter.
Raymond et Alice chantonnent.
– Lucien : Pour ça, ils étaient forts les Allemands !

Bien qu'eux-mêmes n'expriment pas clairement leur attirance pour ce type de films après la Libération, on remarque qu'ils sont capables de se remémorer les films musicaux américains projetés après-guerre.

– Lucien : On s'intéressait aux actualités pour la fin de la guerre, il y avait plusieurs films américains d'actualités.
– Alice : Il y avait quand même des Jean Gabin !
– Lucien : On voyait des films sur les colonies.
– Raymond : Un des premiers films américains que j'ai vu c'était *Swing out the Blues.*
Rire
Raymond : On trouvait ça bien parce qu'on connaissait pas.

Marika Rokk dans *Hallo Janine !* (Carl Boese, 1939).

Swing out the Blues est un film américain de Malcolm St. Clair, sorti en 1943 avec l'acteur Bob Haymes. Il s'agit d'une comédie avec des numéros musicaux. Dans un autre entretien, nous avons utilisé le titre de ce film pour voir s'il signifiait quelque chose pour d'autres témoins :

– Discutant : *Swing out the Blues*, ça vous rappelle quelque chose ?
– Adèle : Non, ça ne me dit rien...

– Thérèse : Non.
– Adèle : Moi, si, il y a eu les, euh... *In the Mood*... Quand il y a eu les musiques avec euh...
– Thérèse : *In the Mood* ? Avec euh...
– Adèle : Oui...
– Thérèse : Oh ! Oh ! *(elle tape dans ses mains)*
– Adèle : Vous voyez ? Ça vous dit quelque chose ?
– Discutant : Je ne le connais pas.
– Adèle : C'est quand le *swing* est venu là, on était enragés. Et...
– Thérèse : Oh celui qui est mort, il est mort... Il est tombé, l'avion s'est écrasé en mer... Il faisait de si belles musiques... Hmm ?
– Adèle : Oui... Je cherche...

L'utilisation de ce titre de film a permis d'entamer un échange au sujet de la chanson *In the Mood*, jouée dans le film musical américain *Sun Valley Serenade* (*Tu seras mon mari*, H. Bruce Humberstone) sorti en 1941. Thérèse se souvient très bien de cette chanson qui semble lui rappeler beaucoup de souvenirs. Sans être capable de donner son nom, elle identifie son interprète Glenn Miller, mort au cours d'un accident d'avion dans la Manche en 1944.

Les souvenirs reconstitués des films musicaux semblent se jouer des ruptures qui se sont produites dans la programmation des salles de Moselle. Que ce soit à travers des films allemands avec Zarah Leander ou Marika Rökk, des opérettes françaises ou italiennes avec Beniamino Gigli ou Tino Rossi, ou encore des films américains de *swing*, le genre des films musicaux constitue une part importante des éléments que les témoins sont capables de se remémorer.

La rupture qui se produit à la Libération lorsque les films allemands sont remplacés par les films français et américains n'est pas aussi brutale que ce qu'elle semblait être. Bien que les spectateurs interrogés aient construit leur goût pour le cinéma et leurs critères de jugement des œuvres en grande partie avec le cinéma de la période nazie, ils ont su mettre en place à la Libération des automatismes destinés à remplacer des vedettes dès lors bannies des salles par d'autres de nationalité française et américaine. Bien qu'il soit difficile de déterminer précisément les détails des pratiques spectatorielles à la fin de la guerre, l'exemple des films musicaux montre qu'il existe des formes de continuité dans ces pratiques. Les témoins interrogés se souviennent très bien des grands films allemands d'opérette ou de revue et les films musicaux de l'après-guerre car ils s'inscrivent dans une même perspective. Cet attrait pour les films musicaux s'observe encore aujourd'hui avec une attirance très prononcée de ces personnes pour les grands bals autrichiens retransmis à la télévision.

Les traces du cinéma de l'annexion

Il demeure difficile d'estimer précisément ce que devient le loisir cinématographique dans les mois qui suivent la période étudiée dans cet article. La reconstitution des programmes messins pour le mois de décembre 1945 nous donne des indications qu'on ne peut considérer comme représentatives de toute la période. Outre une programmation plus équilibrée entre les films de la période de l'Occupation et celle des années 1930 ainsi qu'une proportion de films américains d'environ un quart, notre regard est attiré par la présence d'une production autrichienne, *Le Charme de la Bohème* (*Zauber der Boheme*). Il s'agit d'un film sorti en 1937, réalisé par Géza von Bolzary avec Theo Lingen et Paul Kemp, trois noms que l'on retrouve beaucoup dans la programmation des salles de Moselle durant l'annexion. Les goûts des spectateurs ne sont jamais bien loin lorsqu'on s'intéresse aux choix qui motivent une programmation : il s'agit à nouveau d'un film musical. Bien qu'il n'ait pas été produit par l'Allemagne et qu'il ne date pas des années de l'annexion, il n'en demeure pas moins un film de l'époque nazie. Theo Lingen est l'un des acteurs les plus cités dans les entretiens sur le cinéma nazi et Paul Kemp figure dans de nombreux films marquants de cette époque. Pourtant le programme affiché dans *Le Républicain lorrain* n'indique pas leur nom, une manière implicite de rejeter le cinéma de l'annexion nazie et d'entamer un déni total des pratiques spectatorielles des Mosellans durant la guerre. Soixante-dix ans plus tard, les spectateurs, en confiant leurs souvenirs de ces années, montrent l'existence d'une cohérence dans leurs parcours.

Mélisande Leventopoulos

LA CONSTRUCTION CINÉPHILIQUE DES IDENTITÉS DE SEXE DANS LES MOUVEMENTS FÉMININS DE JEUNESSE CHRÉTIENNE

Les catholiques français se rallient au cinéma populaire de l'après-guerre lors de la réception de *Monsieur Vincent* (Maurice Cloche, 1947). Ce film donne lieu à une rencontre inédite entre cinéma religieux et succès de box-office[1], tant et si bien que le monde confessionnel voit dans le jeu de Pierre Fresnay l'icône d'un catholicisme moderne. Il n'y a pas pour autant de restriction au champ du sacré et, alors qu'il se caractérise de plus en plus par son pluralisme, le monde catholique français paraît se saisir des cinéphilies populaires durant la seconde moitié des années 1940. De toute évidence, cette interaction est motivée par la promotion d'une éducation populaire au goût du jour. La jeune génération catholique semble défendre l'initiation à la culture cinématographique en passant outre le conservatisme moral de ses aînés. C'est ainsi que des membres des mouvements masculins de Jeunesse agricole, étudiante et ouvrière chrétienne (JAC, JEC et JOC) fondent, courant 1946, la Fédération loisirs et culture cinématographique (FLECC). L'application dans le champ cinématographique de la célèbre devise missionnaire de la JOC, « voir, juger, agir » – qui avait déjà incité, dans l'entre-deux-guerres, les mouvements ouvrier et étudiant à entreprendre un premier effort critique[2] –, s'en trouve

1. Simon Simsi, *Ciné-Passions. 7e art et industrie de 1945 à 2000*, Paris, Dixit, 2000, p. 6.
2. Sur l'activité cinéphilique des mouvements masculins de jeunesse catholique avant 1945, voir Mélisande Leventopoulos, *Les Catholiques et le cinéma. La construction d'un regard critique (France, 1895-1958)*, Rennes, Presses universitaires de Rennes, 2015.

renouvelée. Avant d'évoluer vers une fédération de ciné-clubs à part entière, la FLECC se présente comme le service technique des mouvements constitutifs de l'Association catholique de la jeunesse française (ACJF). Elle appelle les élites populaires à l'engagement pour que le cinéma « devienne toujours plus totalement le moyen d'expression et l'instrument d'une nouvelle culture des masses répondant techniquement et spirituellement aux possibilités et aux besoins de notre temps [...] à destination de la grande foule des spectateurs » (*Télé-ciné*, n° 21, 1950). On se situe là au cœur de l'alternative culturelle chrétienne qui révolutionne cinquante ans d'action cinématographique catholique.

Or, les jeunes femmes catholiques sont absentes de l'initiative quand bien même les Jeunesses agricole, étudiante et ouvrière chrétiennes féminines (JACF, JECF, JOCF) font partie intégrante de l'ACJF au même titre que les mouvements masculins[1]. Cette absence explique sans doute en partie que leurs pratiques cinéphiles de l'après-guerre soient restées dans l'ombre malgré tout l'intérêt d'étudier les réceptions catholiques féminines, souligné par Béatrice de Pastre dans un travail pionnier[2]. Aussi les mouvements féminins de jeunesse chrétienne constituent-ils selon nous un observatoire privilégié pour l'étude des cinéphilies populaires après 1945 car ils envisagent frontalement ces dernières comme un domaine potentiel d'intervention militante. Ce chapitre propose ainsi d'explorer la rencontre entre engagements confessionnels féminins et pratiques spectatorielles de masse dans la France de l'après-guerre (1945-1953) à travers la presse des organisations. Il s'agit d'interroger la mise en place d'une interface militante dans le champ cinématographique au sein de magazines confessionnels féminins à grand tirage qui se développent après-guerre et s'adressent non pas uniquement aux militantes mais au grand public. Cela permettra de proposer un décentrement de l'étude des cinéphilies hors de la presse spécialisée tout

1. Pour une présentation des mouvements catholiques de jeunesse, voir Gérard Cholvy, *Histoire des organisations et mouvements chrétiens de jeunesse en France (XIXe-XXe siècle)*, Paris, Éditions du Cerf, 1999.
2. Béatrice de Pastre, « Militantisme ou apologétique ? Le cinéma et les jeunes filles noëlistes (1922-1929) », communication au congrès de la Society of Cinema and Media Studies (SCMS), Londres, 2 avril 2005.

en optant pour le prisme du genre (*gender*[1]). Trois modèles distincts d'intervention – agricole, étudiant et ouvrier – seront établis pour cerner les modalités d'une construction cinéphilique des identités de sexe dans un monde confessionnel en voie de modernisation[2].

Une cristallisation culturelle pour *Jeune rurale*

À la Jeunesse agricole catholique féminine, qui fut particulièrement réactionnaire sous Vichy, la revendication d'un cinéma rural surgit brusquement dès 1945. Celle-ci est portée par des objectifs de conservation axiologique s'imposant à ce mouvement féminin qui demeure, à l'inverse de son homologue masculin, assez étranger à la politique agricole. La JACF, qui se désintéressait antérieurement du cinéma, prend soudainement conscience de l'imprégnation des campagnes par le loisir cinématographique et tente alors d'y répondre au sein de *Jeune rurale*, son organe à destination des masses paysannes[3]. Car « on va beaucoup au cinéma » dans les bourgs et même depuis les hameaux durant l'hiver, apprend-on dans *Jeune rurale* (n° 15, juin 1946) qui consacre un entretien d'une page à Paulette, jeune commerçante :

> – En effet dans le bourg cela [aller au cinéma] devient une habitude, l'hiver s'entend car l'été on peut faire une promenade. Ma foi, c'est un peu comme en ville, un moyen de passer la soirée. On reste l'après-midi au coin du feu, et on part après souper tous ensemble ; mais la jeunesse des hameaux y vient presque aussi souvent.
> […]
> – Quels sont les films préférés ?

---

1. Sur les approches genrées du cinéma, voir Geneviève Sellier, « *Gender studies* et études filmiques », *Cahiers du genre*, n° 38, 2005, p. 63-85 ; Geneviève Sellier, « *Gender studies* et études filmiques : avancées et résistances françaises », *Diogène*, n° 225, 2009, p. 126-138 ; Geneviève Sellier, « Le courrier des lecteurs de *Cinémonde* dans les années 1950 : la naissance d'une cinéphilie au féminin », dans Noël Burch et Geneviève Sellier, *Le Cinéma au prisme des rapports de sexe*, Paris, Vrin, 2009, p. 67-90 ; Raphaëlle Moine et Geneviève Sellier (dir.), numéro spécial « Genre / *Gender* », *Cinémas*, vol. 22, n° 2-3, printemps 2012.
2. Sur les relations entre genre et religion, voir Florence Rochefort (dir.), *Le Pouvoir du genre. Laïcités et religions 1905-2005*, Toulouse, PUM, 2007 ; Florence Rochefort et Eleonora Sanna (dir.), *Normes religieuses et genre. Mutations, résistances et reconfiguration (XIXe-XXIe siècle)*, Paris, Armand Colin, 2013.
3. Le tirage de *Jeune rurale* ne nous est pas connu à cette date (il atteint 80 000 abonnées dans les années 1950). Voir Jean Conq, « De la JAC au MRJC », *JAC/MRJC origines et mutations*, Lyon, Chronique sociale, 1996, p. 190.

– C'est difficile de vous répondre ; pour ma part, je préfère les films de belles aventures, ceux qui vous font vibrer, ceux où il y a beaucoup d'héroïsme, de l'amour du risque.
– Vos compagnes pensent-elles comme vous ?
– Non. Je discutais avec Colette qui, elle, préfère les films d'amour, sentimentaux, qui font pleurer : elle avait apporté trois mouchoirs pour *Le Secret de Madame Clapain* [André Berthomieu, 1943].
– Oh ! Oh ! Est-ce que ces films ont une grosse influence sur les jeunes filles ?
– Certainement, pensez-vous. On vit seule, sans voir grand'chose de nouveau. Je m'imagine qu'à Paris, le métro, la rue, sont déjà des films constamment renouvelés. Ici, il y a des filles qui ne voient pas plus de dix personnes dans leur journée. C'est une fenêtre ouverte sur un monde inconnu… Rien que la toilette, le genre, les attitudes. Puis l'histoire qu'on ne saisit pas toujours parce que pour nous rurales, elle a un déroulement trop rapide, faisant allusion à des choses que nous ne connaissons pas.
– Est-ce que l'effet du cinéma se prolonge, ou pour être plus claire, est-ce qu'on revient sur ce qu'on a vu ?
– Je le crois ! Surtout quand on a un travail solitaire. Par exemple, pour moi qui suis toujours avec les clients, cela passe vite, mais pour Germaine qui fait son jardin à longueur de journée, elle me dit que cela lui revient d'un dimanche à l'autre.
– Et quelles sont les scènes qui reviennent ?
– Les scènes d'amour. L'imagination travaille et aussi la sensibilité.
– Est-ce qu'on peut réagir ?
– Oui, surtout quand on peut en reparler. Chez nous, on y va en famille, alors c'est le sujet de la conversation du lendemain. On juge, on critique, on se débarrasse des impressions. Mais dans beaucoup de familles, on ne parle à table que du travail, et elles gardent pour elles tout ce qu'elles ont ressenti.
– Apprécie-t-on les documentaires ?
– Ceux sur la guerre, oui ; mais pas les autres. On les passe toujours au début alors qu'on est impatient de voir le film principal, il faudrait une intrigue.
– Ne trouvez-vous pas que c'est dommage ?
– Si, mais il faudrait une éducation.

Probablement fictif, cet entretien n'en est pas moins précieux : il révèle en effet la conception que se fait le mouvement des pratiques spectatorielles féminines en zone rurale, tout en prenant la forme d'une enquête sociologique dont les mouvements spécialisés de jeunesse catholique sont traditionnellement friands. Afin de pallier les perturbations émotives dont souffriraient les jeunes femmes, l'adaptation des formes cinématographiques au monde rural s'impose selon la JACF. Elle est revendiquée à plusieurs reprises, comme dans une lettre de la jaciste normande Colette L'Hermette adressée à l'émission radiophonique « La Demi-heure du cinéma » et publiée par *Jeune rurale* (n° 6, juillet 1945). La jeune femme y accuse le cinéma « citadin » de favoriser la désertion des campagnes, de répandre « un modernisme » (terme confondu ici avec « modernité » ou « vie citadine moderne ») jugé peu adapté aux besoins des ruraux et de ne pas dépeindre les campagnes sur un ton réaliste (« Peut-il y avoir un cinéma rural ? », *Jeune rurale*, juillet 1945). Aussi faudrait-il des « films paysans, des films faits exprès pour nous, avec de vrais héros, de vraies paysannes et aussi des documentaires intéressant plus directement notre vie. [...] ce serait passionnant » (« Le cinéma et les jeunes », *Jeune rurale*, n° 15, juin 1946).

Au demeurant, ces considérations ruralistes ne cloisonnent pas la JACF dans une démarche cinéphobe ni dans une posture cinématographique d'opposition systématique à la production courante. Sous le nouveau titre de *Promesses*, le mensuel – qui parle de mode, de couture, de cuisine, de garçons – accorde une place grandissante au cinéma à partir de la fin des années 1940. Signée par des militantes sans doute membres de la rédaction, la critique de cinéma, avec pour seule fin la promotion (aucune critique défavorable n'est publiée), se déploie en accord avec la ligne directrice du périodique. Les cotes officielles de la Centrale catholique du cinéma et de la radio (CCR) ne sont jamais mentionnées, ce qui atteste de la liberté d'action dont jouissent alors les mouvements d'action catholique féminins comme masculins au sein de la constellation catholique. La critique prend appui sur la sensibilité cinéphilique des lectrices pour proposer un éclairage sur des productions commerciales, insistant sur les films « où l'on s'amuse beaucoup » du type *La Course au mari* (*Every Girl Should be Maried*, Don Hartman, 1950) qui permettra aux spectatrices de comprendre « pourquoi les jeunes filles ne demandent-elles pas les garçons en mariage ? » (*Promesses*, n° 59, mai 1950). Cependant, il s'agit aussi d'étendre leur intérêt, tant en fonction de leur position sociale et culturelle que des spécificités supposées de leur sexe, avec une exigence particulière à l'égard des mélodrames. C'est ainsi qu'en avril 1950, dans le numéro 58, une page entière est consacrée à *La Cage aux filles* (Maurice Cloche, 1950) sur l'éducation surveillée, combinant la critique signée par la jaciste Simone Verdier et, pour la première fois, le film raconté, pensé propice à une meilleure compréhension de la trame filmique pour des rurales peu accoutumées aux rythmes de la narration cinématographique. Le format magazine prédispose aussi *Promesses* à accorder une large place aux illustrations. Ceci facilite l'introduction iconographique du cinéma en couverture à partir de 1950 et confère progressivement au cliché cinématographique une portée cristallisatrice pour le périodique. Le recours au matériel filmique vient d'abord renouveler la galerie de portraits féminins figurant communément en couverture de la revue. Elle est alors spirituellement justifiée : la photo de Danièle Delorme ouvrant le numéro d'avril 1950 est ainsi légendée : « Micheline dans *La Cage aux filles*. Image de notre âme qui appelle la résurrection. »

Quand bien même la revue – devenue bimensuelle – refuse la spécialisation, une ligne éditoriale cinéphile de plus grande ampleur tâche de concilier valeurs morales et stars de l'écran (y compris masculines) à partir de 1953. D'une part, le traitement du cinéma oriente le sens même attribué à l'éducation populaire des rurales au point que le profil de la jeune paysanne conçu par la JACF intègre une cinéphilie maîtrisée quoique rudimentaire. La revue introduit d'ailleurs la question cinématographique dans son grand concours posant des questions de mode, de culture générale, de politique internationale et d'économie, d'organisation et de gestion du foyer, auquel répondent près de 45 000 jeunes femmes début 1953 (*Promesses*, n° 97, 15.02.1953). Aussi le quiz « êtes-vous à la page ? » de mars 1953 qui demande entre autres de nommer trois cinéastes en dix secondes, permet-il d'inciter les lectrices ayant les meilleurs scores dans la section cinéma à lire l'hebdomadaire d'obédience dominicaine *Radio-Cinéma-Télévision*[1], qui fait alors référence dans le monde catholique, en vue d'un approfondissement (*Promesses*, n° 98, 01.03.1953). De la sorte, le cinéma paraît susceptible de contribuer à l'ouverture des femmes rurales à la sphère publique

1. Hebdomadaire créé en 1950, qui deviendra en 1960 *Télérama*.

promue par le mouvement en 1953[1]. D'autre part, le jugement filmique catholique est ici infiltré par les formes ordinaires de la cinéphilie populaire sur un mode totalement inédit. Jean Marais fait ainsi la couverture de *Promesses* à l'occasion de la publication du récit de *Julietta* (Marc Allégret, 1953). Le film raconté, qui s'organise dans ce cas en un ensemble de résumés séquentiels sur un seul numéro (alors que d'autres courent sur plusieurs), occupe une place de choix. Seules quelques mises en garde en exergue sont ajoutées par la rédaction considérant que « les jeunes filles romanesques de dix-huit ans ne manquent pas, certes, mais il est rare que leur imagination les conduise par la main, comme *Julietta*, au seuil du bonheur » (*Promesses*, n° 119, 15.01.1954). Cette cinéphilie encadrée semble permettre à la revue d'asseoir sa légitimité auprès de son lectorat, sans inquiéter les aumôniers. Or ce phénomène reste sans équivalent au sein de la JAC masculine. Si *Jeunes forces rurales* – l'équivalent masculin de *Promesses* – s'intéresse pourtant au cinéma sur un ton parfois plus politique et revendicatif, son format journal ne se prête pas à la cristallisation cinématographique en couverture. Malgré la création d'une rubrique régulière, la rencontre avec la cinéphilie populaire se fait peu : des militants du Tarn avancent l'idée que les jeunes hommes seraient moins sensibles au cinéma que les filles, préférant largement le bal[2]. Il n'est donc pas surprenant que l'action cinématographique devienne un terrain d'investissement militant d'abord féminin au sein de la Jeunesse agricole avant que le mouvement masculin ne s'engage, à partir de 1954, dans une politique d'implantation de ciné-clubs itinérants.

La Jeunesse étudiante chrétienne féminine entre cinéphilie éclairée et moralisme ecclésial

Les membres de la Jeunesse étudiante chrétienne féminine peuvent paraître *a priori* plus enclines que leurs camarades paysannes à embrasser les pratiques cinéphiles de leurs contemporaines

1. Martyne Perrot, « La jaciste : une figure emblématique », dans Rose-Marie Lagrave (dir.), *Celles de la terre. Agricultrice : l'invention politique d'un métier*, Paris, EHESS, 1987, p. 33-60.
2. Archives nationales (AN), fonds du Mouvement rural de la jeunesse chrétienne (MRJC), 20030070 168, Rapport de Julien Coutouly sur les tournées rurales dans le Tarn, 10 avril 1955.

du fait que la FLECC et son organe, la revue *Télé-ciné*, sont d'abord portés par des militants de la JEC. À la Libération, la cinéphilie éclairée qui se développe dans le catholicisme français est empreinte de la conviction de se mettre « au service de la culture populaire » qu'ont relayée sous l'Occupation les militants de la JEC[1]. On en trouve d'ailleurs la trace dans la longue série de chroniques cinématographiques signée par Jean d'Yvoire, de même que dans un article sur les clubs de spectateurs parus au sein de la revue *Étudiantes* en février 1948. Lancé par la JECF en janvier 1946, ce périodique permet en outre à deux militantes de forger leurs premières armes critiques : Paule Sengissen ainsi que Claude-Marie Tremois[2] y publient des articles parfois organisés à la façon des fiches filmographiques de *Télé-ciné*, avant de rejoindre l'équipe nationale de la fédération et de devenir journalistes à *Radio-Cinéma-Télévision*.

Cette impulsion n'est pas directement relayée par *Christiane*, « magazine de la jeune fille moderne » à destination des classes aisées, également publié par la JECF. Celui-ci – qui participe du renouvellement de la presse catholique féminine au même titre que *Jeune rurale/Promesses* – est plus proche de l'Office familial de documentation artistique (OFDA, organisation de culture cinématographique catholique lyonnaise créée sous les auspices de Vichy en 1942, productrice de *Monsieur Vincent*) que de la FLECC (*Christiane*, février 1947). *Le Carrefour des enfants perdus* (Léo Joannon, 1944) inaugure ici une série de récits romancés d'après des films. Une rubrique cinématographique fait aussi partie intégrante de la revue à partir de 1948. La principale critique, Rose Mimat, n'hésite pas à être autoritaire avec ses lectrices, leur imposant d'aller voir entre autres *Louisiana Story* (Robert Flaherty, 1948), *Le Sorcier du ciel* sur le curé d'Ars (Marcel Blistène, 1949) et *Jour de fête* (Jacques Tati, 1949) afin d'« inciter les réalisateurs à persévérer dans la voie où ils se sont engagés non sans mérite » (*Christiane*, n° 36, février 1950). Sans parler de la *Jeanne d'Arc* de Victor Fleming (1949) : « il n'est pas une d'entre nous qui ayant la possibilité d'aller voir *Jeanne d'Arc* n'ait le droit de manquer une telle occasion de revivre quelques pages de notre histoire et de s'enrichir au contact de cette humble fille de

1. Alain-René Michel, *La Jeunesse étudiante chrétienne face au nazisme et à Vichy*, Lille, Presses universitaires du Septentrion, 1988, p. 250 et suivantes.
2. Entretien avec Claude-Marie Trémois, Paris, 28.10.2011.

chez nous » (*Christiane*, n° 37, mars 1950). La tonalité moraliste, de même que les critères axiologiques déterminant directement le jugement de goût et la prédilection pour les films religieux, reflète ici l'allure générale de la revue. Son besoin de distinction socioculturelle renforce le caractère puritain de ses choix filmiques. De toute évidence, le rapport s'instituant ici avec les cinéphilies ordinaires est donc distancié alors que la fonction du cinéma demeure celle d'un instrument de propagande accessoire dont il ne faudrait pas abuser. Cette conviction semble d'ailleurs prédominer à la JECF qui s'engage en 1948 dans le financement d'un film confessionnel de Maurice Cloche qui ne sera pas réalisé : *Ondessonk*[1].

En février 1949, les lectrices de *Christiane* sont appelées à répondre à un questionnaire pour jauger le danger qu'elles encourent au cinéma. Une esquisse prosopographique, établie par la rédaction et constituée de cinq portraits archétypiques de femmes, est censée leur permettre d'évaluer leurs pratiques spectatorielles. Traduisant la persistance d'une conception de l'écran fascinateur, celles-ci sont abordées en termes d'intoxication, d'immersion et de dépendance :

> Lola. Une petite brune. À l'affut de toutes les nouveautés. Entichée de cinéma. Elle voit tous les films qui passent, au rythme de trois par semaine. Elle lit des magazines de cinéma, raffole de tous les potins colportés sur les vedettes et leur vie sentimentale. Sa chambre est tapissée de photos de vedettes… ses toilettes, comme son allure, sont inspirées de celles de ses artistes préférées. C'est une intoxiquée de la pellicule.
> Gisèle. Grande. Forte. Bien balancée. Avec des yeux très vifs derrière les lunettes à monture d'écaille. Intelligente, sentimentale. Elle aussi ingurgite tous les films qui passent. Ce qui l'intéresse surtout c'est le scénario. Elle raffole des sujets sombres et lourds d'angoisse. Sur la vie, elle tient des propos pessimistes et désabusés. Elle a pourtant des qualités, mais trop marquée par les idées du jour, elle risque fort de se laisser entraîner par le courant. C'est une intellectuelle qui a eu trop de confiance en elle et qui, sous prétexte de juger de tout, se laisse influencer.
> Marie-Paule. Une fille très sympa. D'autant plus qu'elle se trouve victime d'une situation familiale pénible. Elle a lutté pour ne pas se laisser démoraliser. Un temps elle est parvenue à dominer sa souffrance. Et puis, lasse de réagir, cédant à l'entraînement d'une copine, elle a cherché dans le cinéma une occasion de s'évader. Elle utilise les films à la manière d'un stupéfiant. Les aventures sentimentales vues à l'écran

1. Centre national des archives de l'Église de France (CNAEF), 12 LA 36.

> lui fournissent un thème de rêveries dont elle use très largement. Sa vie scolaire s'en ressent. Sa vie sentimentale aussi. Parviendra-t-elle à remonter la pente ? Pour le moment, elle descend…
> Janine. Une qui n'aime pas le cinéma. Elle n'y va jamais. Même pas pour voir un très beau film. Elle prétend que c'est du temps gaspillé.
> Nicole. Déjà une personnalité accusée. La fierté de ses parents. Une des meilleures élèves du collège. Très aimée de ses camarades. Intelligente, serviable. Toujours de bonne humeur. Sans souffrance à partager, d'un réconfort à donner. Le cinéma ? Elle l'aime. Elle y va. Se tenant au courant de la production cinématographique, elle choisit les films qui sont à voir. Elle se renseigne sur eux avant qu'ils ne passent. Devant l'écran, elle n'est pas passive. Elle juge et réagit. Elle utilise le cinéma pour sa culture intellectuelle et sa formation morale. Si elle apprécie le jeu des acteurs, la qualité des photos, la valeur du fonds sonore, elle s'attache surtout à l'idée qu'illustre un film, cherchant ce qu'il y a à glaner pour son enrichissement. […]
> Et vous ? Vous ne vous êtes pas reconnue ni en Lola, ni en Gisèle, ni en Marie-Paule, ni en Janine, ni en Nicole ? Peut-être tout de même chez l'une ou l'autre avez-vous constaté quelque trait commun avec vous. Regardez attentivement. Analysez-vous loyalement. (*Christiane*, n° 26, février 1949)

« Choisir, juger, réagir » devient obsédant au point que la rédaction fait appel dans une sorte de retranchement générationnel à Jean Morienval – un pionnier du journalisme cinématographique confessionnel, actif depuis les années 1920 – pour reprendre la rubrique cinéma en 1953. Mais le caractère sclérosé de *Christiane* n'empêche pas, en 1954, les militantes jécistes de l'enseignement secondaire d'avoir pour consigne l'organisation de débats sur des films dans les classes et la réalisation de tableaux d'affichage à partir d'articles découpés, entre autres, dans *Cinémonde*[1].

Évangéliser la cinéphile ouvrière

À la Libération, la conception du cinéma criminogène est sans doute plus prégnante encore à la Jeunesse ouvrière chrétienne féminine. En binôme avec le mouvement masculin, la JOCF est partie prenante de contestations impulsées localement courant 1945 contre *Cargaison blanche* (Robert Siodmak, 1937), *La Bête humaine* (Jean

1. Voir Mijo de Saint Mard, « 7e Art », *Vivre*, n° 6, mars 1954.

Renoir, 1938) ou encore *J'ai 17 ans* (André Berthomieu, 1945)[1]. Bagarres et manifestations dans les salles de spectacle ne sont pas alors l'apanage des seuls militants. C'est ainsi que dans le XIVe arrondissement de Paris, des jeunes filles interrompent seules la projection de *La Tour de Nesle* (Gaston Roudès, 1937), ce qui leur vaut de passer la nuit au commissariat. Le principal enjeu paraît être de préserver la jeunesse laborieuse des productions jugées immorales, d'où l'explicitation de ces positionnements censoriaux dans *Sillage*, le « magazine des jeunes travailleuses » créé en 1945 par la JOCF à des fins missionnaires. Au demeurant, ces contestations – qui s'inscrivent en outre dans des réflexes censoriaux hérités de la période de Vichy – n'impliquent pas le déni des pratiques spectatorielles populaires. À l'inverse, la condamnation d'un cinéma jugé ancien semble alimenter le formidable mouvement d'immersion dans le cinéma contemporain que la rédaction de *Sillage* entend promouvoir. C'est ainsi que, dans son premier numéro (février 1945), le périodique inaugure la rubrique « Le billet de l'ouvreuse » avec la présentation, signée Anniel, d'*Elle et Lui* (*A Love Affair*, Leo McCarey), jugé comme « un film jeune, un film propre » même s'il date de 1939. Mais l'engagement moraliste de *Sillage* semble non conforme aux prescriptions hiérarchiques et reste par là même incompris de la Centrale catholique du cinéma. En décembre 1944, la rédaction met fin à la collaboration de l'abbé André Guérin à sa rubrique cinématographique car ce dernier a, depuis la CCR, formulé des réserves à l'égard du projet de publier des interviews d'acteurs et des potins de studios dans *Sillage*[2]. Dans la double page dévolue au cinéma dès lors que *Sillage* devient bimensuel, des réserves axiologiques sont cependant maintenues. La rédaction dénonce ainsi « "l'étalage de cuisses" de tant de magazines cinématographiques » (*Sillage*, n° 15, août-septembre 1946), sans avoir recours à la publication des cotes morales officielles. Ceci permet d'ailleurs d'opérer quelques écarts vis-à-vis du barème catholique d'évaluation des films en défendant *Le Diable au corps* (Claude Autant-Lara, 1947) qui fait alors débat au sein du monde confessionnel (*Sillage*, n° 39, 21.10.1947[3]). L'originalité de

1. Archives départementales des Hauts-de-Seine (ADHS), JOC, 44J46.
2. CNAEF, 2 CE 5.
3. Sur la réception catholique du *Diable au corps*, voir Mélisande Leventopoulos, « Une Église moderne en images : la cause cinématographique du père Raymond Pichard (1947-1954) », *1895*, n° 63, 2011, p. 70-89.

Sillage ne s'arrête cependant pas là. La rédaction poursuit un important effort d'immersion dans la cinéphilie ordinaire du lectorat dès la période 1945-1947 qui voit le tirage de la revue augmenter jusqu'à 120 000 exemplaires[1]. Le traitement interactif dont le cinéma est l'objet dans *Sillage* est inédit à notre connaissance dans le monde confessionnel, JOC masculine comprise. Ici on ne se limite pas à décrire des types de comportements observés ou fantasmés par le mouvement. La rédaction se dit désireuse – dès les premiers mois d'existence du magazine – de partir à la rencontre de véritables spectatrices. Elle propose d'« "ausculter" des ferventes du cinéma » (*Sillage*, n° 5, novembre 1945), avant qu'Anniel, de crainte d'écrire des articles par trop techniques, ne s'adresse directement aux lectrices pour leur demander des suggestions (*Sillage*, n° 15, août-septembre 1946). Tout article est susceptible de nourrir le dialogue qui s'établit de numéro en numéro entre la critique, dont les textes sont très individualisés, et les lectrices. Durant l'année 1947-1948, l'interface se trouve en outre renforcée par la mise en visibilité des lectrices qui « ont la parole », comme se plaît à le souligner le périodique (*Sillage*, n° 45, 20.01.1948). Même s'il est reconstruit par la rédaction, un discours critique se voulant non initié fait irruption. Monique – « l'une d'entre nous », vingt ans, sténodactylo à Paris, qui va souvent l'hiver au cinéma – propose ainsi son point de vue sur le début de la saison cinématographique (*Sillage*, n° 39, 21.10.1947). Il suit celui du magazine, comme en atteste notamment la défense d'*Antoine et Antoinette* (Jacques Becker, 1947) au nom d'un réalisme de ton et surtout de la posture de Claire Maffei, « cette petite personne nous ressemblant comme une sœur », saluée quelques numéros plus tard sous la plume d'Anniel (*Sillage*, n° 43, Noël 1947). Puis, à partir du concours « choisissez vos films » lancé le 4 novembre 1947, la promotion d'un jugement de la base (ou du moins présenté comme tel) prend de l'ampleur. Guidées par un questionnaire, les lectrices sont invitées à préciser leurs goûts cinématographiques par écrit et des photos de vedettes dédicacées sont promises pour récompenser les meilleurs envois (*Sillage*, n° 40, 04.11.1947). Vingt-deux gagnantes ainsi que deux gagnants – dans un espace pourtant clairement délimité par les normes confessionnelles de sexe – les recevront (*Sillage*,

1. ADHS, JOC, 45J167.

n° 45, 20.01.1948). Si les critères exacts d'évaluation de ces essais ne sont pas connus, la défense d'un cinéma « vrai », social, paraît prioritaire pour *Sillage*. Ceci n'est pas sans soulever une antinomie entre la promotion du vedettariat à laquelle le magazine se prête volontiers et ses ambitions militantes. Au demeurant, certainement en vue de meilleurs résultats missionnaires, la rédaction semble assumer cette dualité. Ainsi privilégie-t-elle un ton comique et gentiment moqueur pour qualifier l'engouement sentimental ressenti par ses lectrices à l'égard de Gérard Philipe (*Sillage*, n° 68, 26.01.1949).

Le 22 mars 1949, la parution du numéro 72 de *Sillage*, visant à célébrer le quatrième anniversaire du périodique, constitue le point d'orgue de cette ouverture de l'expression critique en direction du lectorat. Elle dépasse alors très largement le cinéma : le numéro entier est réalisé à partir d'une sélection de textes envoyés par les lectrices sollicitées au préalable par la rédaction. Le cinéma occupe une place centrale. Élue « reine de l'industrie de Chalon-sur-Saône », l'ouvrière Paulette Ratoueix à laquelle la couverture est dédiée tient en main un portrait de Gérard Philipe, acteur pour lequel, indique la légende, elle aurait « un faible » (voir ill. page suivante).

Or cette mise en abyme de la cinéphilie de ses lectrices va être corroborée *a posteriori* par un important sondage, aujourd'hui conservé dans les fonds de la JOCF aux archives départementales des Hauts-de-Seine. Ce sondage est commandé au printemps 1949 par la direction du périodique à des fins de promotion commerciale, alors que les ventes baissent du fait de l'imposante concurrence de la presse de cœur. Pointant la faible part d'ouvrières dans un lectorat principalement composé d'employées, l'étude de la société Dorset – qui constitue une source à maints égards exceptionnelle malgré les précautions à prendre vis-à-vis de ce type de document – révèle les limites d'une presse féminine missionnaire (43 % des 300 interviewées reconnaissent faire partie de la JOCF). Elle confirme aussi la ferveur cinéphile de la communauté des lectrices dont 88,7 % vont au cinéma, pour plus d'un tiers de ce total chaque semaine. Un quart de ces 300 lectrices consultent régulièrement la rubrique cinéma et 65,5 % disent avoir lu intégralement la critique du dernier numéro[1]. Par la suite, dans

1. ADHS, JOC, 45J166.

Couverture de *Sillage* n° 72, 22 mars 1949.

le courant des années 1949-1953, les tâtonnements de la revue en vue d'améliorer son attractivité missionnaire et renforcer « sa place dans la vie des jeunes travailleuses » s'expriment aussi à propos du cinéma dont le traitement paraît particulièrement malléable. Il semble en effet cristalliser les attentes des lectrices les plus jeunes et les plus populaires qui seraient, d'après les résultats du sondage, les principales consommatrices de films. Fin 1952, le mot d'ordre de *Sillage* devient ainsi « faire du cinéma ». Un numéro spécial « Voulez-vous faire du cinéma ? » sort fin 1952, alors qu'en mai 1953 une bande dessinée avec pour titre « Je ferai du cinéma » est lancée (*Sillage*, n° 172, 07.05.1953). Cependant, ces efforts ne suffisent pas, quand bien même un nouveau sondage réalisé en 1954-1955 atteste de l'augmentation des lectrices ouvrières d'usines. À cette date, seul un huitième du lectorat est non chrétien. Le magazine cesse de paraître en janvier 1956[1].

La puissance du phénomène cinéphile dans l'histoire sociale et culturelle de l'après-guerre réside aussi dans sa capacité de circulation hors des espaces qui lui sont propres. Trois types distincts d'action cinématographique féminine se dégagent de cette étude de la presse des organisations. *Sillage* place l'interaction cinéphilique au cœur de la rencontre missionnaire ; dans *Jeune rurale/Promesses*, le traitement du cinéma vient cristalliser les objectifs de modernisation de la condition féminine en milieu rural ; enfin, *Christiane* ne développe pas d'interface participative et cantonne la cinéphilie de ses lectrices au stade de la représentation religieuse traditionnelle et des prescriptions axiologiques. Cependant, par-delà leurs différences fondamentales, les trois cas révèlent la mise en place d'une plateforme inédite pour la construction sociale des identités de sexe au sein du catholicisme français des années 1945-1953. Le regard des mouvements féminins sur le cinéma s'efforce ainsi d'encadrer les normes confessionnelles de genre tout en renouvelant, grâce à un complexe dispositif critique non unifié, le compromis avec la société laïque. L'avènement dans ces mouvements d'un processus de moralisation alternative, porteur de compromis, paraît donc être nourri par l'appropriation conjointe de la médiation militante du magazine moderne et des cinéphilies populaires. L'encadrement de l'évaluation des films dans ses formes les plus ordinaires contribue, en cela, à la sécularisation culturelle des jeunes femmes catholiques de l'après-guerre. Autrement dit, le pluralisme cinéphile de la période 1945-1953 vient alimenter un nouveau sas de sécularisation de la société française.

1. ADHS, JOC, 45J167.

Partie 5

LE GOÛT DE L'ÉTRANGER

Camille Gendrault

LE GOÛT DE L'ITALIE, DE STENDHAL À DON CAMILLO

Le cinéma italien occupe après-guerre une place considérable sur les écrans français. En témoignent les chiffres d'exploitation : si les cinématographies françaises et américaines dominent très nettement le marché national, le cinéma de la Péninsule se hisse progressivement au troisième rang[1]. Or cette forte présence est nouvelle. Il est frappant de constater en effet le petit nombre de films italiens distribués en France entre 1930 et 1945, qui se limite à un total de 82 titres quand à l'inverse celui des films français distribués en Italie s'élève pour les mêmes années à pas moins de 408 titres[2]. On peut donc s'interroger : comment la cinématographie italienne a-t-elle pris peu à peu, dans les goûts du public français, cette place importante qui est la sienne dans les années 1950 ?

Les magazines de cinéma de l'époque constituent une source privilégiée pour le comprendre, offrant un éclairage précieux sur les modalités de réception de ces films étrangers et les médiations qui ont permis leur appropriation. Nous utiliserons ici l'hebdomadaire *Cinémonde*, qui est alors l'un des plus lus, pour questionner le rôle joué dans ce processus par la politique de coproduction instaurée entre les deux pays. Mise en place dès 1946, celle-ci a connu un essor significatif à partir de 1952, aussi bien en termes de quantité

1. Voir Simon Simsi, *Ciné-Passions. 7e art et industrie de 1945 à 2000*, Paris, Dixit, 2000.
2. Chiffres fournis par Jean A. Gili, « L'accueil du cinéma français en Italie pendant l'époque fasciste (1930-1945) », dans Jean-Baptiste Duroselle et Enrico Serra (dir.), *Il vincolo culturale tra Italia e Francia negli anni trenta e quaranta*, Milan, Franco Angeli, 1986, p. 304-329.

de films produits[1] qu'en termes de succès d'audience[2]. *Le Petit Monde de Don Camillo* (Julien Duvivier, 1952) en est sans doute le meilleur exemple, se situant l'année de sa sortie à la toute première place du box-office.

Ces « films parlant français réalisés à l'étranger », comme on les désigne encore en 1952[3], sont autant d'occasions pour les rédacteurs de *Cinémonde* et leurs lecteurs de tourner le regard de l'autre côté des Alpes. Cela est manifeste en particulier à travers les nombreux articles dont fait l'objet tout au long de l'année 1947 le tournage de *La Chartreuse de Parme* (Christian-Jaque, 1948). Les pages qui suivent visent à mieux saisir le goût pour l'Italie qui se développe alors, tel que les coproductions non seulement le mobilisent mais contribuent à le redéfinir.

La Chartreuse de Parme, vecteur de médiation

Peu présente dans les *Cinémonde* de l'immédiat après-guerre[4], l'Italie le devient davantage à partir de 1947. Il peut alors arriver d'y lire la critique d'un film italien ; cela reste toutefois assez exceptionnel. À plusieurs reprises, en revanche, le magazine propose des articles consacrés à l'actualité des tournages en Italie. Ceux-ci se présentent sous la forme de reportages, réalisés sur place par des envoyés spéciaux et en particulier par Pierre Leprohon, alors principal préposé de *Cinémonde* aux affaires italiennes. En les considérant plus attentivement, on constate cependant bien vite que ces reportages concernent surtout les Français qui se trouvent alors en Italie pour le tournage de films

1. Après avoir oscillé entre 2 et 11 films les années précédentes, le nombre de films coproduits s'élève à 17 en 1952, 33 en 1953, 54 en 1954 (d'après les chiffres établis par Aldo Bernardini, *Filmografia delle comproduzioni italo-francesi, 1947-1993*, Annecy, Rencontres du cinéma italien d'Annecy, 1995, p. 419).
2. Jusqu'en 1952 les coproductions franco-italiennes sont rares parmi les 20 premiers titres au box-office français. À partir de cette date, en revanche, on trouve au moins 6 coproductions dans le top 20 chaque année et on frise même la dizaine en 1959. Voir Simon Simsi, *Ciné-Passions*, *op. cit.* (les coproductions n'y sont pas toujours identifiées – ce que nous avons corrigé ici ; et il s'agit de chiffres cumulés jusqu'en 2000, ce qui peut fausser quelque peu les perspectives pour les films ayant donné lieu à des reprises).
3. C'est sous cet intitulé, et en ne précisant qu'entre parenthèses leur statut franco-italien, qu'on classe ces films pour le prix *Cinémonde*, qui chaque année propose à ses lecteurs de voter pour celui qu'ils ont le plus apprécié (« Les Victoires du cinéma français, grand prix de *Cinémonde* », *Cinémonde*, n° 912, 25.01.1952).
4. Suspendu en 1940 comme tous les périodiques français, *Cinémonde* reparaît en mars 1946.

coproduits, bien plus que le cinéma italien lui-même. Ce n'est que très progressivement et par le biais de ces coproductions – les stars féminines érigées en ambassadrices que seront Silvana Mangano d'abord, Gina Lollobrigida et Sophia Loren ensuite, n'ont pas encore fait leur apparition – qu'on en vient à aborder les films de la Péninsule.

La série des trois articles publiés entre avril et mai 1947 sous l'intitulé « *Cinémonde* en Italie » est, sous cet angle, significative. Le premier de ces reportages (n° 662, 08.04.1947) est consacré au tournage, à Venise, du film franco-italien interprété par Sophie Desmarets et Pierre Brasseur, *Rocambole* (Jacques de Baroncelli, 1948). Le deuxième (n° 664, 22.04.1947) concerne le tournage à Rome de *La Chartreuse de Parme*, tout en proposant dans un encadré une interview de Marcello Pagliero, alors à Paris pour jouer dans *Les jeux sont faits* (Jean Delannoy, 1947). Il met ainsi en relief les circulations croisées. Quant au troisième de ces articles (n° 666, 06.05.1947), il livre un panorama plus large et davantage orienté vers le cinéma italien, mentionnant plusieurs films alors en tournage dans le pays dont certains seulement sont des coproductions.

La double page qui paraît sous le même intitulé quelques mois plus tard (*Cinémonde*, n° 690, 21.10.1947) adopte une démarche tout à fait similaire : celle de gauche est consacrée au *Carrefour des passions* (Ettore Giannini, 1948), coproduction tournée à Rome avec Viviane Romance ; celle de droite a pour titre : « De *La Chartreuse de Parme* à *L'Honorable Angelina* » mais l'article concerne uniquement le tournage de *La Chartreuse de Parme*. Des cinq photos qui l'accompagnent, une seule toutefois se rapporte au film de Christian-Jaque : toutes les autres ont trait au cinéma italien, comme leurs légendes le précisent, longues souvent de toute une liste d'interprètes.

Souligner la place primordiale qu'occupent les coproductions dans ce type d'articles, et la fonction de médiation qui est la leur, conduit à relativiser quelque peu le rôle qu'on a souvent attribué, dans la diffusion du cinéma italien à l'étranger, au succès – critique plus que public – des films néoréalistes. Cette thèse est défendue notamment par le chercheur britannique Christopher Wagstaff : « Le prestige qu'avait acquis le film italien sur le marché du cinéma d'art aidait

De g. à dr. : Pierre Véry, l'adaptateur et dialoguiste, Christian-Jaque, le metteur en scène, Renée Faure, l'interprète.

Avec les Français de Rome

(De notre envoyé spécial : Pierre LEPROHON.) (I)

Toute l'ancienne équipe de *Carmen* est aujourd'hui en Italie. J'ai laissé Jean Marais à Milan pour aller retrouver à Rome Christian-Jaque et Viviane Romance qui s'emploient sur des studios différents, à tourner des films dont le « pourcentage français » est, en fait, assez inégal. Pour *La Chartreuse de Parme*, on sait que l'équipe technique tout entière est française. Elle est beaucoup plus réduite dans *Le Carrefour des Passions*, surtout depuis qu'Henri Calef, qui l'avait commencé, a dû prendre le chemin du retour à la suite d'incidents dont nous vous entretiendrons la semaine prochaine...

On a beaucoup parlé du « vérisme » italien. On pouvait croire pourtant que les deux scènes fameuses de *Quatre pas dans les nuages* — celle du train et celle de l'autocar — étaient quelque peu « chargées »... Le voyage de Milan à Rome — 665 kilomètres en 15 heures ! — m'a permis de juger que Blasetti n'a rien exagéré. On ne prend pas les trains italiens. On s'y entasse, on s'y parque, on y assiste à de furieux débats d'un pittoresque 100 % sonore... Quant à la scène de l'autocar, elle nous fut offerte sur le parcours San Gimignano-Florence, le jour du 15 août : un chauffeur complètement ivre — per la Madonna — conduisant à « tombeau ouvert », sur les routes en lacets de Toscane, des passagers épouvantés — femmes défaillantes, enfants en larmes...

Il y a, bien sûr, l'avion et le pullmann et même les cars de grands parcours, parfaitement organisés. Mais la parcimonie des devises ne permet pas toujours d'en user, et comment connaître un pays sans se mêler à la vie du peuple ?

Quand Christian-Jaque et Renée Faure ne sont plus que Monsieur et Madame au bord de la mer.

Qu'on excuse cette diversion sur les incidents du voyage. Aussi bien, ceux-ci sont-ils oubliés quand, après une nuit détestable, apparaissent la vallée du Tibre, les collines et les pins parasols, sous la blanche lumière de Rome...

C'est là, que depuis cinq mois, Christian-Jaque, ses techniciens, ses interprètes, travaillent et vivent pour donner à l'œuvre de Stendhal — ce grand Français d'Italie — des images qui soient à la fois belles et vraies. J'ai mieux compris encore, au cours de ce second voyage à Rome, combien il était indispensable que *La Chartreuse de Parme* fût tournée en Italie. Ce n'est pas seulement l'œuvre d'un romancier qu'il s'agit de concrétiser, c'est aussi un « climat »... Christian-Jaque le savait. Il connaissait l'Italie pour y avoir tourné *Carmen* pendant plus d'un an, et pour y avoir beaucoup voyagé. Il savait que *La Chartreuse* ne pouvait être située ailleurs. Il m'avait dit, à Paris, il y a un an ou deux, le plaisir qu'il aurait à tourner de nouveau à Rome. *La Chartreuse* répond à ce désir et à cette nécessité.

En avril dernier j'avais laissé nos cinéastes parmi de somptueux décors et des meubles authentiques empruntés au Quirinal. Je les retrouve cette fois, en extérieurs et dans un cadre plus familier... Ce sera là le double aspect de *La Chartreuse*, son côté San Severina aristocratique, seigneurial, hautain ; son côté Fabrice, volontiers populaire, libéral, ironique...

...Cinq mois déjà ! Il a fallu s'adapter à la vie du pays. Mais c'est surtout une vie de travail. On tourne chaque jour, et parfois aussi la nuit. Hors de cela, peu de loisirs et la nécessité d'un repos que la chaleur et le travail exigent. Le dimanche, on va à la plage... Christian-Jaque et sa jeune épouse sont des habitués d'Ostie, la plage la plus voisine de Rome où chaque dimanche ils vont s'ébattre comme de simples citadins romains. Détente ? Est-ce bien sûr ? Un film ne se quitte pas comme un rayon de bonneterie. Entre deux bains, sous l'ardent soleil, Christian-Jaque écoute les suggestions de son scénariste-dialoguiste Pierre Véry, revenu lui aussi à Rome pour y travailler au « développement » de *La Chartreuse* qui formera, on le sait, un film en deux époques...

Quand elle ne tourne pas, Renée Faure reste parfois dans son appartement, derrière la Villa Borghèse, pour lire ou faire la

(Suite pages 14 et 15.)

Le meilleur moment de la journée pour Renée Faure : la douche.

(Photos Aldo.)

CHRISTIAN-JAQUE ACHÈVE...

« Avec les Français de Rome », tournage de *La Chartreuse de Parme* (Christian-Jaque, 1948), *Cinémonde* n° 683, 2 septembre 1947.

le film populaire à conquérir sa place sur les autres marchés[1]. » Il ne s'agit pas de réfuter totalement cette idée : tout au long des années 1946 et 1947, quand il est question de cinéma italien dans *Cinémonde*, c'est effectivement le plus souvent à propos de films relevant de ce que l'on appelle alors « l'école italienne actuelle », *Rome ville ouverte* (*Roma città aperta,* Roberto Rossellini, 1945) et *Païsa* (*Paisà*, Rossellini, 1946) en premier lieu. En lisant le magazine cependant, on constate combien l'intérêt grandissant pour le cinéma italien populaire, en France du moins, prend surtout appui sur les coproductions.

Mieux, les films néoréalistes eux-mêmes, quand ils sont abordés dans *Cinémonde*, le sont souvent par le biais d'articles sur les coproductions. Tel est le cas par exemple dans la page précédemment citée, qui mentionne le film d'Aldo Vergano sur les épreuves de la guerre dans la plaine lombarde,

1. Christopher Wagstaff, « Il cinema italiano nel mercato internazionale », dans Gian Piero Brunetta (dir.), *Identità italiana e identità europea nel cinema italiano*, Turin, Edizioni della Fondazione Giovanni Agnelli, 1996, p. 150 : « *Il prestigio acquistato dal film italiano sul mercato d'arte aiutava il film popolare a conquistarsi un posto negli altri mercati.* »

Le soleil se lèvera encore (*Il sole sorge ancora*, 1948[1]), par le détour de *La Chartreuse de Parme*. De même pour la double page publiée dans le numéro spécial Pâques de 1947, encadrée d'un bandeau « Italie d'hier et d'aujourd'hui », qui relie deux films pourtant assez différents : la page de gauche est consacrée à *La Chartreuse de Parme* ; celle de droite à *Païsa*. Une fois encore, donc, c'est une coproduction qui introduit un film italien. Et une fois encore, c'est à *La Chartreuse de Parme* qu'incombe ce rôle.

Le filtre de la grande culture

Puisque la médiation par le film de Christian-Jaque est récurrente, examinons plus précisément quelle Italie prend forme dans les articles écrits à son propos. On remarque tout d'abord combien la référence à Stendhal, et plus spécifiquement à une Italie stendhalienne, est présente. Il n'y a guère lieu de s'en étonner : non seulement le film est l'adaptation de l'un de ses romans, mais l'écrivain fait partie des auteurs les plus mentionnés par les intellectuels français de l'époque quand il s'agit d'aborder l'Italie, comme l'a souligné l'historien Olivier Forlin[2]. Les rédacteurs de *Cinémonde* ne font pas exception.

Ainsi, dans son article d'avril 1947 sur le tournage de *La Chartreuse de Parme*, Leprohon relève qu'il a fallu, pour préparer le film, accomplir « tous les pèlerinages stendhaliens qu'impliquait une telle entreprise, même ceux qui semblaient inutiles », avant de poursuivre : « Il fallait là aussi trouver le style des régions, chercher dans les paysages cet accent que je découvre déjà dans les somptueux décors d'Eaubonne[3] » (*Cinémonde*, n° 664, 22.04.1947). Les bribes de l'entretien avec Christian-Jaque citées dans l'article que proposait déjà sur le film le numéro spécial Pâques de la même année visaient elles aussi à insister sur cet aspect : « Nous avons déjà fait plusieurs voyages d'étude[s] sur place. L'Italie s'est découverte à travers Stendhal et c'est à travers lui que nous voulons aussi l'exprimer. » Est-ce pour cette raison que l'image de l'Italie qui traverse ces articles est celle d'un pays-musée qu'il fait bon visiter ?

1. Nous indiquons ici les dates de sortie en France.
2. Voir Olivier Forlin, *Les Intellectuels français et l'Italie (1945-1955). Médiation culturelle, engagements et représentations*, Paris, L'Harmattan, 2006, p. 289.
3. Jean d'Eaubonne était le chef décorateur du film.

Dans le reportage de Pierre Leprohon, par exemple, on lit encore : « Gérard Philipe est arrivé hier. Il va poursuivre son entraînement de cavalier avant de devenir Fabrice del Dongo. Mais il ne se contente pas de faire de l'équitation. Je le rencontrerai ce dimanche des Rameaux dans l'admirable nef de Saint-Pierre, pestant contre l'usage qui cache aujourd'hui à nos regards la fameuse *Pieta* [*sic*] de Michel-Ange » (*Cinémonde*, n° 664, 22.04.1947). Le pays qu'on nous présente est l'Italie de la grande culture, des œuvres artistiques admirées par Stendhal et avant lui par les voyageurs distingués du Grand Tour.

Or, dans *Cinémonde*, ce registre est loin d'être réservé à ce seul film. Du moins quand il s'agit de l'Italie ou de films italiens. La critique de *Monte Cassino* (Arturo Gemmiti, 1948), revenant sur la reconstitution des bombardements dans le film, se conclut par exemple par ces phrases : « Les angles de prises de vues sont adroits et les images magistrales atteignent souvent – en extérieurs surtout – à une beauté singulière. [...] Il y a aussi une ruée de la foule sur les marches du monastère : on dirait un Titien » (*Cinémonde*, n° 723, 08.06.1948). Même s'il y est moins explicite, le filtre pictural est également tout à fait sensible dans la façon dont Pierre Leprohon appréhende et décrit les lieux dans son sixième reportage. Après un court paragraphe d'introduction, il commence par évoquer son voyage en se référant à *Quatre pas dans les nuages* d'Alessandro Blasetti (sorti en 1942 en Italie et en 1947 en France) et plus précisément à certains de ses moments comiques, pourtant peu représentatifs de la tonalité d'ensemble de ce film, dont le récit se noue autour de l'éprouvant retour auprès de sa famille d'une jeune femme séduite et abandonnée, bientôt mère :

> On pouvait croire [...] que les deux scènes fameuses de *Quatre pas dans les nuages* – celle du train et celle de l'autocar – étaient quelque peu « chargées »... Le voyage de Milan à Rome – 665 kilomètres en 15 heures ! – m'a permis de juger que Blasetti n'a rien exagéré. On ne prend pas les trains italiens. On s'y entasse, on s'y parque, on y assiste à de furieux débats d'un pittoresque 100 % sonore... Quant à la scène de l'autocar, elle nous fut offerte sur le parcours San Gimignano-Florence, le jour du 15 août : un chauffeur complètement ivre – per la Madonna – conduisant à « tombeau ouvert », sur les routes en lacets de Toscane, des passagers épouvantés – femmes défaillantes, enfants en larmes... [...] Qu'on excuse cette diversion sur les incidents du voyage. Aussi bien

> ceux-ci sont-ils oubliés quand, après une nuit détestable, apparaissent la vallée du Tibre, les collines et les pins parasols, sous la blanche lumière de Rome… (*Cinémonde*, n° 683, 02.09.1947)

On ne saurait mieux exprimer le soulagement de l'esthète qui, après son immersion dans un monde pittoresque, populaire, en arrive enfin au paysage s'offrant à sa contemplation ! Un paysage empreint de sérénité qui renvoie fortement à tous ceux qu'ont pu peindre, par le passé, les peintres français lors de leurs séjours en Italie : on croit voir un Corot.

Le même principe est à l'œuvre dans un texte plus tardif, et cette fois signé par Georges Beaume, le spécialiste des portraits d'acteurs dans *Cinémonde* (n° 946, 19.09.1952). Là encore, une Italie contemporaine décrite comme bruyante et pittoresque se confronte aux images anciennes, issues de toute une culture picturale et littéraire. L'article, écrit de façon brillante et qui s'étend sur une double page très dense, rapporte la rencontre entre son auteur et l'acteur Aldo Fabrizi. Beaume ouvre son texte par une longue description des lieux : un monastère jésuite, occupé au moment du reportage par un tournage et où il retrouve Fabrizi. Voici le portrait qu'il nous livre alors de ce dernier :

> C'est qu'il est haut en couleurs [*sic*] le personnage ; et truculent comme un enluminé du Moyen Âge. Il a la voix qui porte, le verbe éclatant, le geste ample. […] À chaque pas, d'un coup de reins qui le déhanche et lui donne la démarche dansante du pachyderme, il projette en avant sa bedaine glorieuse.

Mais Beaume a ensuite le souci de replacer cette figure étonnante, chargée, sur une toile de fond beaucoup plus convenue :

> Il m'entraîne au fond du jardin. Sur un banc, il se laisse choir. Et s'éponge longuement, sur le front, sur la nuque, d'un large mouchoir blanc. À nos pieds, Rome tangue dans le soleil cru comme un navire en perdition. Fabrizzi [*sic*], d'une main toujours s'épongeant, de l'autre désigne, derrière nous, Saint-Pierre, le dôme michelangesque, le jardin du Saint-Père ; devant nous, la ville dorée.

Pour notre propos, une phrase encore retient l'attention, à la fin de ce très long article. Il y est question de « la Rome des bas quartiers ; celle – grisante – du Trastevere : où le peuple n'est formé que d'aristocrates ». Ne peut-on voir, ici encore, la résurgence d'une conception toute stendhalienne ? L'auteur de *Rome, Naples et Florence* avait en effet contribué à fixer durablement le lieu commun d'un peuple esthète, n'hésitant pas à expliquer, après avoir précisé qu'il s'adressait aux « personnes nées avec un certain tact pour les beaux-arts », car ce qui retenait son attention étaient ces choses « invisibles au vulgaire » et qui même « l'irritent » : « En Italie, ce vulgaire est le petit nombre : il est l'immense majorité en France »[1]. Sous cet aspect également, le texte de Georges Beaume s'inscrit de façon manifeste dans le sillage d'un goût cultivé de l'Italie solidement établi dans la tradition française et très présent dans les pages de *Cinémonde*, surtout en début de période.

Le passage d'une « Italie d'hier » à une « Italie d'aujourd'hui », pour reprendre l'intitulé du bandeau encadrant certains des articles cités plus haut, semble effectivement avoir appelé assez rapidement d'autres médiations. À partir de l'automne 1951, on voit ainsi apparaître dans le magazine le nom d'un correspondant permanent à Rome, Georges Zottola – signe aussi de la place de plus en plus considérable qu'y occupe le cinéma italien. Ses articles, en prise directe avec l'actualité cinématographique et la culture italiennes, sont d'une teneur très différente. Ils cherchent à familiariser le lectorat avec les goûts du public italien – et dans ce sens, Georges Zottola peut être considéré comme un véritable passeur culturel –, beaucoup plus qu'ils ne sont l'expression d'un goût français de l'Italie. C'est pourquoi l'on n'y trouve jamais ces généralisations sur les Italiens ou sur leur pittoresque que l'on peut repérer, souvent, dans les autres textes. Pittoresque dont nous souhaiterions maintenant préciser les contours.

Le pittoresque de « l'italianité » : Don Camillo et le néoréalisme rose

Dans *Cinémonde*, du moins dans les pages qui concernent l'Italie, c'est essentiellement à propos des comédies que la notion de « pittoresque » est utilisée[2]. En raison de leur très grand succès, nous reviendrons en particulier sur celles qui mettent en scène Don Camillo ; sans toutefois nous y limiter puisqu'il s'agit aussi d'envi-

1. Stendhal, *Rome, Naples et Florence*, Paris, Gallimard, 1987 (coll. « Folio classique »), p. 67.
2. De même que la notion de « folklorique » est généralement réservée à ces films italiens que l'on qualifie le plus souvent de « drames populaires », tels que *Le Loup de la Sila* (Duilio Coletti, 1949) ou *La Fille du fleuve* (Mario Soldati, 1954).

sager dans quelle mesure ce personnage a pu constituer une figure médiatrice pour rendre les films du voisin italien plus proches.

« Voici notre petit monde, quelque part en haut de l'Italie. [...] L'hiver, c'est le royaume des eaux et l'été, l'empire du soleil. Il tape sur les crânes, il exaspère les passions, mais sous sa grande lumière les conflits gardent un air de gentillesse et parfois de comédie. » On aura peut-être reconnu dans ces phrases le texte prononcé au tout début du *Petit Monde de Don Camillo*. Tel qu'il l'est en tout cas dans la version française du film, car dans sa version italienne le propos est sensiblement différent. Si le commentaire introductif y souligne de même le rôle du soleil qui échauffe les esprits, il se poursuit en revanche de la façon suivante : « Ici, les passions *politiques* explosent *de façon violente* et *la lutte est dure*, mais les hommes restent des hommes et il arrive ici des choses qui n'arriveraient nulle part ailleurs[1]. » Aucune mention donc, dans la version italienne, de cet « air de gentillesse » et « de comédie » qu'annonçait la voix off française. Cela peut ne sembler qu'un détail ; il est pourtant révélateur de la clé de lecture qu'on adopte alors en France lorsqu'il s'agit de l'Italie et de ses comédies, qu'elles soient coproduites ou non : une clé de lecture qui supprime toute âpreté.

On le constate notamment à travers les propos que suscite dans *Cinémonde* une autre de ces comédies qui a eu des deux côtés des Alpes un très grand succès au cours de notre période, le film italien *Pain, amour et fantaisie* (Luigi Comencini, 1954)[2]. Si ce film a autant attiré les foules, c'est sans aucun doute en raison du rôle important qu'y tient Gina Lollobrigida, extrêmement populaire en France depuis *Fanfan la Tulipe* (Christian-Jaque, 1952), coproduction où elle est la partenaire de Gérard Philipe. Ce que confirme le choix des photographies qui, dans différents numéros, illustrent *Pain, amour et fantaisie* dans le magazine en mettant systématiquement l'actrice en avant. Certes, relève-t-on, la star est dans ce film vêtue de « haillons » ; il n'empêche, « sous le soleil d'Italie, tout finit par

1. « *Qui le passioni politiche esplodono violente et la lotta è dura, ma gli uomini rimangono sempre gli uomini e qui accadono cose che non possono accadere da nessun'altra parte.* »

2. De même que le premier film mettant en scène Don Camillo a été à l'origine d'un cycle (avec, au cours de notre période, *Le Retour de Don Camillo* en 1953 puis *La Grande Bagarre de Don Camillo* en 1955, cette fois réalisé par Carmine Gallone), le succès du film de Comencini a trouvé ses prolongements dans *Pain, amour et jalousie* en 1955, puis en 1956 dans *Pain, amour, ainsi soit-il*, réalisé par Dino Risi.

de l'amour et des romances » (*Cinémonde*, n° 1033, 21.05.1954). On n'accorde ainsi que bien peu d'attention au contexte d'extrême pauvreté, et même de misère, dans lequel se développe la fiction et qui est au cœur même du récit.

Cette donnée y est pourtant rendue tout à fait explicite, par exemple dans les dialogues entre le maréchal des carabiniers nouvellement nommé dans le village (Vittorio De Sica) et le prêtre de la paroisse auprès duquel il vient s'informer de la situation. Ce dernier lui explique alors combien la vie y est dure, que le village se meurt à petit feu, que la terre n'est que cailloux et qu'elle est par ailleurs régulièrement secouée par de graves et destructeurs tremblements de terre. Rien de tout cela dans les comptes-rendus de *Cinémonde*, et la lecture édulcorante appliquée au film conduit sous cet angle à de véritables contresens. Je voudrais revenir ici sur la scène, courte et filmée en un seul plan, qui suit immédiatement celle de l'église à peine citée et qui vient appuyer encore les propos du prêtre. Nous y voyons le carabinier traverser la place du village et s'arrêter pour échanger quelques mots avec un homme qui, assis sur un muret, lui a souhaité un bon dimanche. Le maréchal lui demande, avec sympathie : « Qu'est-ce que tu es en train de manger ? » ; « – Du pain, monsieur le maréchal » ; « – Et qu'est-ce que tu y mets dans ton pain ? » ; réponse, prononcée dans un sourire mais dont la teneur est tout de même assez sombre : « De la fantaisie, maréchal. » C'est donc ce bref morceau de dialogue qui donne son titre au film. Mais celui-ci prend un tout autre sens dans les articles de *Cinémonde*. Voici ce qu'on peut lire, par exemple, dans le numéro 1033 du 21.05.1954 : « Du pain ? C'est peut-être celui que grignote l'homme étendu sur le sol (ô farniente italien !) à qui De Sica demande : "Pourquoi manges-tu ce pain ? – Bah… fantaisie !" » Le numéro suivant nous livre une autre interprétation encore, où comme plus haut pour *Le Petit Monde de Don Camillo*, le motif de la gentillesse est appelé à adoucir le tableau : « Le film est comme une fable : la fable fraîche et gentille des pauvres carabiniers enfermés dans un village piailleur et qui savent se nourrir d'un peu de pain avec beaucoup d'amour et de fantaisie » (*Cinémonde*, n° 1034, 28.05.1954).

Le même constat d'une lecture édulcorante s'impose quand on lit les critiques de *Deux sous d'espoir* (Renato Castellani, 1952), autre film italien souvent mentionné dans le magazine (13 occurrences,

Gina Lollobrigida et Vittorio De Sica dans *Pain, amour et fantaisie* (Luigi Comencini, 1953), *Cinémonde* n°1033, 21 mai 1954.

liées en partie au fait que le film a remporté le Grand Prix au Festival de Cannes de 1952), y compris pour lui associer *Pain, amour et fantaisie*. Je me contenterai de citer certains extraits de l'une d'elles, particulièrement symptomatique. L'article commence ainsi :

> *Deux sous d'espoir*, c'est quatre-vingt-dix minutes de vérité. Mais, alors que d'une façon générale, lorsqu'on parle de vérité, de *vérisme*, ancien ou néo, on se réfère immédiatement à une vision artistique du monde, amère, désespérée, la vérité de Renato Castellani est une vérité rose, souriante, et bon enfant.

Le critique, plus bas, précise son propos : « les héros sont de petites gens sans fortune », ils « sont nés pauvres dans leurs petites maisons aux murs nus : ils mourront pauvres. Et pourtant ils ne sont pas tristes. Ils rient. Ils chantent. Ils aiment » (*Cinémonde*, n° spécial Noël, décembre 1952). La joie de vivre semble donc, en Italie, ne se laisser freiner par aucun désagrément – celui, par exemple, de donner son sang jour après jour à une employeuse exigeante comme le fait le héros masculin du film pour survivre économiquement, en état de perpétuel épuisement. Ce n'est pas l'unique point de cette critique qui retient ici l'intérêt. Celle-ci permet aussi, en effet, de constater que dès 1952 la nouvelle veine du cinéma italien qui apparaît alors et que l'on a qualifiée de « néoréalisme rose » est bien identifiée dans les pages de *Cinémonde*.

En Italie comme en France ?

On a désigné par l'expression « néoréalisme rose » ces films italiens qui, comme *Deux sous d'espoir*, s'inscrivaient dans le sillage du néoréalisme mais en se situant « à mi-chemin entre l'étude sociale et le divertissement[1] ». Fabrice Montebello relevait en 2005 : « D'une certaine manière, la série très populaire des *Don Camillo* en fait partie[2]. » Mais en fait-elle partie pour ceux qui écrivent dans *Cinémonde* et pour leurs lecteurs ? Quel lien fait-on à l'époque, en France, entre les *Don Camillo* et ces films ? Manifestement aucun. Quand, à propos de *Pain, amour et fantaisie*, on fait référence à d'autres films, c'est à des films italiens uniquement, et surtout à *Deux sous d'espoir* qui revient de façon insistante. Seul un article, en 1954, propose un parallèle dans son titre : « Grâce à *Pain, amour et fantaisie*, De Sica bat *Don Camillo* avec l'aide de Lollobrigida. » On

1. Pierre Sorlin, « Ce qu'était un film populaire dans l'Europe des années cinquante », dans Jean-Pierre Bertin-Maghit (dir.), *Les Cinémas européens des années 50*, Paris, AFRHC, 2000, p. 34.
2. Fabrice Montebello, *Le Cinéma en France depuis les années 1930*, Paris, Nathan, 2005, p. 47-48.

peut supposer qu'il s'agit ici de comparer les chiffres d'audience, mais rien ne le précise ensuite dans le texte, qui ne fait plus état des films de Duvivier. De même, inversement, on ne trouve jamais aucune référence à des films italiens dans les articles sur *Le Petit Monde de Don Camillo* ou sur *Le Retour de Don Camillo* l'année suivante. Ces différents films semblent donc être considérés comme relevant d'ensembles tout à fait distincts. On en saisit mieux la raison si l'on examine les articles qui paraissent alors autour du *Petit Monde de Don Camillo* : la donnée italienne du film est presque totalement gommée dans sa réception française. En effet, il est reçu comme un film national et aucunement comme la coproduction à majorité italienne qu'il est pourtant. La critique que *Cinémonde* publie sur le film en mai 1952 (n° 930, 30.05.1952) en témoigne : on n'y fait que très peu de cas du fait qu'il a été tourné en Italie, de même qu'on n'évoque quasiment pas ses acteurs italiens, qui constituent cependant l'immense majorité de la distribution à quatre exceptions près. Seul Gino Cervi, qui joue Peppone, est mentionné très brièvement. Car toute l'attention se porte sur Fernandel.

Par son interprétation du rôle de Don Camillo, ce dernier a bien sûr favorisé l'appropriation du film par le public français. Son nom appelle, dans ce texte comme dans d'autres, un cortège de références. Pour qualifier sa prestation, on cite différents écrivains ; tous relèvent du patrimoine national. Le livre italien dont le film est l'adaptation, pourtant best-seller international[1], est en revanche totalement passé sous silence. Ainsi peut-on lire, toujours dans le même article : « Alphonse Daudet aurait reconnu en [Don Camillo interprété par Fernandel] son curé de Cucugnan passé de l'autre côté des Alpes. » Dans le numéro qui sort quinze jours après, c'est cette fois le nom de Marcel Pagnol qui est convoqué : « *Le Petit Monde de Don Camillo* se rattache à cette pure tradition méditerranéenne dont Pagnol fut le premier poète et Rossellini le doué copiste » (n° 932, 13.06.1952). Quelques lignes plus bas, la référence se fait plus précise : « Les démêlés du maire communiste Peppone et du curé don Camillo font désormais partie d'un répertoire de la

1. Lawrence Venuti signale qu'il a été traduit en anglais dès 1950 et que cette traduction a connu aux États-Unis un succès immédiat, recensée parmi les meilleures ventes dans un grand nombre de journaux (*The Scandals of Translation. Towards an Ethics of Difference*, Londres, Routledge, 1998, p. 127-128).

brouille, style Pagnol-Raimu[1]. » Dans les commentaires sur le film à sa sortie, c'est donc sa dimension bien française qui est soulignée – et même, plus spécifiquement, sa dimension provençale.

Il est vrai que l'accent avec lequel, dans la version française, parlent non seulement Fernandel mais l'ensemble des personnages y incite très fortement. De tels choix de doublage rendent manifeste la tendance à considérer alors l'Italie comme un prolongement du sud de la France. Et ce, d'autant plus que cet accent n'est pas réservé à Don Camillo et son entourage mais adopté plus largement pour l'ensemble des films italiens. C'est le cas par exemple dans la version française de *Pain, amour et fantaisie*, où Gina Lollobrigida s'exclame avec des « Bonne mère ! » un peu surprenants pour le spectateur d'aujourd'hui, de même que l'accent marseillais avec lequel parlent tous les habitants de ce village imaginaire du centre de l'Italie et les régionalismes récurrents dans les dialogues tels que « tu me rendras fada ! ».

L'Italie est ainsi rendue plus proche et même familière au public français, amené à la percevoir à travers les stéréotypes appliqués, à l'échelle hexagonale, aux Méridionaux[2]. C'est là précisément ce qui permet aux *Don Camillo* d'utiliser la méridionalité de Fernandel[3] pour en faire une figure médiatrice entre la France et l'Italie. On peut considérer qu'au cours de la période l'acteur remplit cette fonction dans trois autres coproductions au moins : dans *Le Boulanger de Valorgue* (Henri Verneuil, 1953), où son personnage n'hésite pas à franchir les Alpes sur les traces de sa future belle-fille, d'origine italienne ; dans *Sous le ciel de Provence* (Mario Soldati, 1957), remake du film *Quatre pas dans les nuages* où il reprend le rôle précédemment incarné par Gino Cervi : bien que la fiction ait été transposée dans un contexte provençal, il est conduit, à la demande d'une inconnue, à se faire passer pour son mari auprès d'une famille qui, elle, comme dans le film source, est italienne ;

1. Rappelons que dans *La Femme du boulanger* (Pagnol, 1938), l'instituteur laïc et le curé, adversaires traditionnels, vont unir leurs efforts pour ramener Ginette Leclerc, la femme du boulanger, à son mari Raimu, laquelle a fugué avec un berger italien ! Ce film est au sommet du box-office pour l'année 1938.

2. Sur les stéréotypes de la méridionalité, voir Claudette Peyrusse, *Le Cinéma méridional. Le Midi dans le cinéma français (1929-1944)*, Toulouse, Eché, 1986.

3. Pour une analyse approfondie des usages de la régionalité de Fernandel et de l'évolution de sa *persona*, voir Ginette Vincendeau, « Fernandel : de l'innocent du village à "Monsieur tout le monde" », dans Gwénaëlle Le Gras et Delphine Chedaleux (dir.), *Genres et acteurs du cinéma français, 1930-1960*, Rennes, Presses universitaires de Rennes, 2012, p. 133-155.

Fernandel en Italie dans *Le Boulanger de Valorgue* (Henri Verneuil, 1953).

dans *La loi, c'est la loi* (Christian Jaque, 1958) enfin, où, de façon plus significative encore, il interprète le douanier Ferdinand Pastorelli, né sur la frontière entre la France et l'Italie et dont la nationalité est par conséquent incertaine.

Au cours de la fin des années 1940 et du début des années 1950, pour promouvoir la nouvelle politique de coproduction entre la France et l'Italie, on a beaucoup invoqué la proximité culturelle qui aurait lié les deux pays. Toute une rhétorique de la latinité s'est alors développée, mobilisée tout particulièrement à l'occasion d'un « Congrès international du cinéma latin » réuni à Monte-Carlo en septembre 1947 à l'initiative de Marcel Pagnol[1]. On trouve ainsi de façon récurrente dans les pages de *Cinémonde* les expressions de « bloc latin » ou encore de « civilisation latine[2] ». La réception française des comédies italiennes et coproduites montre combien l'Italie, dans ce cadre, est perçue comme le prolongement naturel de la France méridionale.

1. Sur cette question, voir Barbara Corsi, *Con qualche dollaro in meno. Storia economica del cinema italiano*, Rome, Editori Riuniti, 2001, p. 92-94.
2. Voir par exemple les articles de Maurice Bessy (*Cinémonde*, n° 711, 16.03.1948) et de Pierre Leprohon (n° 666, 06.05.1947).

Le passage de l'une à l'autre a pris appui sur une image souriante et quelque peu condescendante de ce pays « bon enfant »[1]. Comme Pierre Sorlin l'a noté dans un article consacré à la même période, les comédies italiennes « perpétuaient le visage d'une Italie un peu arriérée, bonne pour les touristes américains, ce qui garantissait d'ailleurs leur fortune à l'exportation[2] ». On peut prolonger sa remarque en suggérant qu'il s'agissait là d'une Italie bonne tout autant pour les Français, alors que commençait à se développer le tourisme de masse. Cette dimension touristique, et plus précisément le fait que le magazine de cinéma ait aussi constitué pour ses lecteurs populaires un substitut du tourisme, est très sensible quand on feuillette les *Cinémonde* des années 1950. On y voit ainsi de nombreuses photographies d'actrices et acteurs français sur les plages, et tout particulièrement sur les plages italiennes, parfois accompagnées de commentaires particulièrement explicites comme ce titre, en 1957, d'une quatrième de couverture abondamment illustrée autour d'une starlette alors au sommet de sa carrière éphémère[3] : « Colette Ricard vous invite à passer comme elle des vacances en Italie[4] » (*Cinémonde*, n° 1203, 29.09.1957).

Dans ce contexte, par ses rôles mais aussi par ses expériences répétées de tournages qui le conduisent à franchir la frontière et qui sont bien documentés par le magazine, Fernandel incarne une nouvelle figure médiatrice entre la France et l'Italie. Par son intermédiaire, c'est alors une Italie non pas stendhalienne mais bien plutôt pagnolesque qui s'impose dans les perceptions françaises. Une Italie où cette fois, pour reprendre les mots qu'utilisait Georges Beaume, le peuple n'est pas « formé que d'aristocrates », et qui n'est pas réservée au plaisir des *happy few* auxquels voulaient s'adresser les écrits de Stendhal.

1. Sur la condescendance des représentations françaises de l'Italie et ses racines anciennes, voir Pierre Milza, *Français et Italiens à la fin du XIXe siècle. Aux origines du rapprochement franco-italien de 1900-1902*, tome 1, Rome, École française de Rome, 1981, p. 364-368.
2. Pierre Sorlin, « Ce qu'était un film populaire dans l'Europe des années cinquante », *art. cit*, p. 43-44.
3. Colette Ricard a joué de petits rôles dans une dizaine de films des années 1950, tels que *Le Couturier de ces dames* (Jean Boyer, 1956), *L'amour est en jeu* (Marc Allégret, 1957), *Ni vu ni connu* (Yves Robert, 1958).
4. Sur la place des stars dans la définition des pratiques touristiques imitées ensuite par d'autres catégories socioculturelles et la façon dont elles se sont substituées dans ce rôle aux élites aristocratiques, artistes et écrivains qui le tenaient depuis le XXVIIIe siècle, voir Marc Boyer, *Le Tourisme de masse*, Paris, L'Harmattan, 2007, p. 23-31.

Daniela Treveri Gennari

POST-WAR CINEMA AUDIENCES IN ROME : A COMPARISON

For Italian audiences of the 1950s, cinema-going represented the most popular pastime. Its capital, Rome, was at the centre of film culture. Production studios, national distribution and exhibition headquarters, as well as specialised film press offices were concentrated in Rome, a situation not dissimilar to its French counterpart[1]. Moreover, the wide network of cinemas in the capital offered Romans exposure to an extensive range of movies produced at the time both in the country and abroad. However, very little has been written on the habit of cinema-going in Rome during the post-war period and no work has been done so far to reconstruct memories of its audiences of that time. This chapter presents an attempt to apply oral history methodologies with the aim of mapping lived experiences against the official history of Italian cinema. The memories of cinema-going will be presented in conjunction with the data on film popularity in the capital in order to explain the significant role cinema played in Romans' lives.

1. « Cinema, like so many other businesses, has always been largely concentrated in the capital. At first, the main offices of film production companies were set up in the main Parisian boulevards, and later on the Champs-Elysées. Most of the studios were built in Paris (like Gaumont studios) or in the immediate suburbs. » (Jean-Jacques Meusy, « Local Cinema Histories in France : an Overview », in Wanda Strauven and Ivo Blom (eds), *Tijdschrift voor Mediageschiedenis*, vol. 9, n° 2, « *Cinema in Context* », 2006, p. 98-99).

Introduction : the project

This chapter illustrates only some of the results of a research conducted on cinema-going in Rome in the 1950s[1]. The project was financed by the British Academy, as a pilot study for a three-year AHRC-funded national-wide program in collaboration with the universities of Exeter and Bristol, which started in September 2013 with the intention of investigating memories of cinema-going in 7 further Italian cities and their regions.

After a brief overview of the film exhibition structure in the capital and the main patterns in film consumption – together with some broad comparisons to France –, we will concentrate on two noteworthy aspects that have emerged from the project : Romans' involvement with « local » stardom and the relationship between official cinema history and its popular interpretation.

We have adopted a two-phase sequential mixed method study, the purpose of which was to obtain statistical, quantitative results from a sample in the first phase (325 questionnaires to people living in Rome in the 1950s) and then follow up with 32 qualitative video-interviews used to explore significant quantitative results in more depth[2]. A mix of open and close-ended questions for both pre-determined (to compare with box-office intake) and emerging methods (to allow the type of information to emerge from participants in the project) was chosen.

In terms of content of the quantitative data, participants were asked about their age, education level, family composition, religious and political believes, leisurely activities as well as area of residency. Factors influencing decision in cinema-going were investigated through questions on ticket price, on what determined the selection of films, as well as preferences of days and types of cinemas. In addition, people were asked to discuss their memories

1. For a full account of the results of the project, see Daniela Treveri Gennari, « "If You Have Seen it, You Cannot Forget !" Film Consumption and Memories of Cinema-Going in 1950s Rome », *The Historical Journal of Film Radio and Television*, 2014.

2. The validity of the research was ensured by triangulating the data collected in the questionnaires with a survey compiled in Rome in 1953, box-office intake figures from the National Exhibitors' Association, as well as from dataset compiled from newspaper programming listing and articles from popular press ; presenting the research outcome to some of the informants ; consulting an external auditor with vast experience in qualitative research. The video-interviews are available on-line at www.italiancinemaaudiences.org

of cinema-going, their preferred cinema theatres and their favourite stars, as well as what cinema represented for them.

As this is the first comprehensive project on audiences in Rome in the 1950s, what cinema represented for Romans, as well as aspects on film consumption, choice, movie taste and relationship with the cinematic world outside the theatres are all new outcomes never emerged before. Moreover – as Rome was also the place where in the 1950s residents had the opportunity of seeing cinema outside cinema theatres – film stars, producers, and directors were readily available to audiences in the capital, factor this one that allowed a more intimate relationship between film industry and the city's residents.

Film exhibition and patterns of cinema-going in 1950s Rome

The exhibition structure in Rome was very well developed by the 1950s, making the city a real centre of film culture worth exploring. The Italian capital had, in fact, already exerted its dominant role in the film industry not only by concentrating in its territory the main production studios, as well as the headquarters of national distribution and exhibition organizations, but also by offering its inhabitants the widest range of cinema theatres in Italy[1]. Cinemas in Rome, as well as in some of other major Italian cities, were divided into *prima*, *seconda* and *terza visione* (first, second and third run), which allowed film distribution from the most expensive first run cinemas generally placed in the city centre towards the less expensive ones found in local neighbourhoods. Moreover, film exhibition in Italy had a peculiar structure at that time, as audiences had a choice of not only first, second and third run theatres, but also of an extensive network of parish cinemas which constituted at times almost 30 % of the total number of

1. In 1956, with a population of almost 2 million people, Rome had around 250 cinemas, compared to 215 in Milan, 145 in Turin, 127 in Naples, 121 in Genoa (*Annuario dello Spettacolo*, 1956, tables 30 and 39).

seats[1]. Therefore, Roman audiences had an extensive range of films to choose from and certainly no difficulty in finding a movie screening available.

Cinema theatres are often what participants seem to remember more of their cinema-going experience. The importance of cinema location for the respondents underpins Annette Kuhn's argument that « place is extraordinarily insistent in memories »[2]. Names and exact addresses of the cinemas attended were frequently remembered more easily than the films chosen or the stars seen. This has encouraged us to create a map of cinema-going in Rome to complement the pattern of film programming that can be found in the daily newspapers (available on the project's website : www.italiancinemaaudeinces.org). Furthermore, such an exercise is a means of assessing what is being remembered – « the ways in which different places have different meanings for different sections of the populations » and our two examples on stardom and Neorealism in Rome will address specifically this issue[3].

When asked about the factors behind the choice of cinema theatres, respondents' age is a crucial aspect. Romans would choose first run cinemas when they were older, partly because these theaters were more costly, partly because at that point they could make the choice and could select films which had just come out, and partly because they were more independent in their travelling[4]. Cinemas mostly associated to childhood, adolescence and young adult life were second and third run cinemas as well as parish cinemas[5]. Second and third run cinemas were neighbourhood

1. This figure is even more significant when one bears in mind the fact that in some cases (like in small villages) parish cinemas could act as pioneer, « preceding industrial initiatives » (Daniela Treveri Gennari, *Post-War Italian Cinema. American Intervention, Vatican Interests*, New York, Routledge, 2009, p. 68). In a city like Rome, the biggest in Italy at the time with a population of fewer than 2 million inhabitants, parish cinemas represented one fifth of the total number of cinemas, with over 16 000 seats.

2. Kuhn Annette, « "I wanted life to be romantic and I wanted to be thin." Girls Growing Up in Cinemas in the 1930s », in Vicki Callahan, *Reclaiming the Archive. Feminism and Film History*, Detroit, Wayne State University Press, 2010, p. 275.

3. Mark Jancovich and Lucy Faire (with Sarah Stubbings), *The Place of the Audience. Cultural Geographies of Film Consumption*, London, BFI, 2003, p. 24.

4. When first run cinemas were chosen by children, as in the case of participant n. LAR044 – because her father used to take her there – the memory associated to it was about the size of the cinema and the sense of being lost in such a vast space, described as « enormous » and « spacious » (participants n. LAR185, LAR255) as well as a venue only reserved for special occasions.

5. These three categories together were chosen by 78 % of participants.

cinemas with a change in programming with peaks of 3-4 films per week[1]. According to the oral history, the choice of these cinema theatres was based predominantly on price discrimination as well as temporal and geographical preference. In fact, the urgency to see a specific film made participants decide whether to invest financially and select a first run cinema, while the uncertainty of the qualities of the film would convince audiences to wait until it reached second and third cinema theatres, more affordable and more conveniently located than the first run[2]. While data on film programming in parish cinemas is patchy and inconsistent, childhood audiences' memories help design a more accurate portrait of what was available to Romans in this type of cinemas : participants describe them as cinemas specifically dedicated to children, with a programming which included a wide selection of genres (primarily western films and comedies, but more broadly old Italian and American films), and venues selected for their financial accessibility, geographical convenience and opportunity for great independence from parental restrictions.

It appears that cinema-going was very much a part of everyday life, a common experience with choice influenced by convenience, time opportunities and location suitability. The vast majority of participants (92 %) reported that cinema-going was a popular habit they exercised in the 1950s between once or twice per week (48 %). They preferred attending weekend screenings[3], accompanied by friends and family[4], mainly in local-run cinemas[5]. But what were the choices Roman audiences made in terms of cinema-going in the 1950s ? And what was available to them in terms of programming ?

Like everything else – after the war – the film industry had to be rebuilt. The readmission to the Italian film market of movies made by the major American production companies initially slowed down the development of the Italian film industry, unable

1. In a research on programming conducted with professor John Sedgwick, of the 114 cinemas listed in the Roman edition of the daily newspaper *L'Unità*, 75 screened three or more films a week and the majority were second and third run cinemas.
2. This is reflected in the questionnaire, as 36 % of participants attended cinemas in their neighbourhoods, while 13 % preferred cinemas located in the city centre and only 8 % in other neighbourhoods.
3. Sunday (33 %) followed by Saturday (14 %).
4. Friends (49 %), family (31 %) and partners (26 %).
5. 78 % of participants.

to compete with the high number of American films shown in the country. In the second half of the 1950s the share of the presence of American cinema in Italy is between 62,9 and 50,7 % if one considers new and old film productions, which were offered in the block booking system, made stronger from a list of films not screened in Italy during the Fascist regime[1]. On Tuesday 26th April 1955, this is the situation :

	Milano	**Roma**	**Torino**	**Napoli**
Italian films	97	137	20	55
Foreign films	120	168	59	68

Retrieved from *Cinema nuovo*, n° 60, 10.06.1955

The solid presence of American films in Italian cinema theatres was a phenomenon common to several other European countries. However, in Italy the strength of a certain kind of national production, which combined popular actors and successful formulas, managed in certain years to compete at the box-office with the American productions. This is also evident in our survey. Questionnaires, in fact, were intended to explore audiences' decision making in terms of film choices, assessed through questions of genre, stardom and nationality. When asked about what made them decide, our participants stated that, while film nationality did not constitute a real discriminant (only 11 %), it was predominantly actors (53 %) and genre (47 %) that made them choose, followed by street publicity (22 %) and recommendation (21 %). When established stars such as Vittorio De Sica, Peppino De Filippo, Amedeo Nazzari, Sophia Loren and Gina Lollobrigida, performed within the most popular genres (comedies, melodramas, adventure films, etc.), they were able to gather audiences' positive reception of national film productions[2]. The triumph of national production is highly revealing, as it explains a more complex relationship between American and Italian film successes, which must take into account

1. Barbara Corsi, « Il cinema straniero in Italia », in Sandro Bernardi (ed.), *Storia del cinema italiano*, vol. 9 (1954-1959), Venice, Marsilio Edizioni di Bianco & Nero), 2004, p. 414.
2. This is also confirmed in our survey by a slight preference for Italian films (38 %) over American (30 %).

not only variations in terms of years but also in terms of different geographical areas[1].

Film popularity in France and Italy : a comparison

Before moving to the two case studies emerged from the investigation of the questionnaires and video-interviews, we would like to perform a brief comparative analysis in terms of film consumption between France and Italy. This exercise does not have the intention to reveal extensive conclusions in the evaluation of the two countries' behaviour in film consumption. Rather, it only intends to raise questions in terms of film popularity and nationality in order to encourage a wider discussion on audience preferences for films that had proved to be most popular in both countries.

The analysis of the French box-office data from the *Cinépop50 database* reveals a similar peculiarity in terms of film consumption that we have discussed in relation to Italy – and more specifically Rome. The dominance of national (French) and American films[2] in the top positions is only slightly disturbed by the arrival of Italian-French co-productions, which from 1952 begin to impose their presence amongst the most successful films in France. In fact, since the first treaty signed in October 1949 by France and Italy[3], which marks the beginning of a successful collaboration in Franco-Italian co-productions, the presence of French-Italian films on the French screens is a constant feature evident in the box-office figures available for the post-war period[4]. As Pauline Small affirms, « Franco-Italian co-operation was the dominant force in European co-production activity », with 764 jointly produced films between 1950 and 1965, « 70,5 % of Italy's total co-production output in the

1. For a further analysis of the relationship between American and Italian films' success see Daniela Treveri Gennari, « A Regional Charm : Italian Comedy versus Hollywood », *October*, n° 128, spring 2009, p. 51-68.
2. The only exception is in 1951 with the Italian film *Domani è troppo tardi* directed by Léonide Moguy (which came out in Italy the year before).
3. Barbara Corsi, « Il cinema italiano all'estero », in Sandro Bernardi (ed.), *Storia del cinema italiano*, vol. 9 (1954-1959, Venice, Marsilio Edizioni di Bianco & Nero, 2004, p. 418-419.
4. Retrieved from Simon Simsi, *Ciné-Passion. 7e et art et industrie de 1945 à 2000*, Paris, Dixit, 2000.

stated period »[1]. This is confirmed in an article published in 1955 in the trade journal *Cinespettacolo*, which, analysing co-productions in that year, described the successful formula between Italian and French film industries in this way : « Italy, especially with France, has found a meeting point to give birth to a production, which is continuous, often classy and almost always successful[2] ». The secret to this success was allocating « resources and costs to both parties involved ; which made these productions low-risk yet high-value »[3]. However, this profitable co-production system between the two countries created a reduction in the export of Italian films to France : while the co-productions increased to reach in 1954 the significant number of 37 films, the number of Italian films in France went – from 1950 to 1954 – from 56 to 48[4].

A similar analysis of the Italian box-office data undoubtedly reveals a division of the exhibition market between American and national (Italian) productions, which leaves little if at all any space to any other national film industries. This is also confirmed in the memories of the audiences who went to the cinema in those years. In fact, when asked to mention a film they remember from the 1950s, both in the Roman pilot project and in the national survey the responses are always divided between Italian and American films[5].

1. Pauline Small, « Industry, Co-production and Agency : Gina Lollobrigida in Documents », *The Italianist*, vol. 32, n° 2, June 2012, p. 195.
2. L'Italia, soprattutto con la Francia, ha trovato il « punto d'incontro » per dare vita ad una produzione continua, spesso di classe, quasi sempre di successo' (O.N., « Film italiani e di coproduzione realizzati nel 1955 », *Cinespettacolo*, YearX, n° 23-24, 15-30, December 1955, p. 21-26).
3. Lies Van de Vijver, Daniel Biltereyst and Khaël Velders, « Crisis at the Capitole : A Cultural Economics Analysis of a Major First-run Cinema in Ghent, 1953-1971 », *Historical Journal of Film, Radio and Television*, vol. 34, 2014, p. 10.
4. Barbara Corsi, « Il cinema italiano all'estero », *art. cit.*, p. 418 ; see also Marc Silberman, « Learning From the Enemy : DEFA-French Co-productions of the 1950s », *Film History : An International Journal*, vol. 18, n° 1, 2006, p. 21-45.
5. In the national survey the most popular films are: Victor Fleming's *Gone with the Wind* (104), Roberto Rossellini's *Roma città aperta* (50), William Wyler's *Ben Hur* (43) and Vittorio De Sica's *Ladri di biciclette* (38).

What are the most popular films shared by the two countries ? If one selects three significant years (1952, 1953 and 1954[1]), it is possible to identify some commonalities in terms of film consumption in France and in Italy. While in 1952 and in 1953 the only films at the top of the box-office in both countries are co-productions (in 1952, Julien Duvivier's *Don Camillo* and Alberto Lattuada's *Anna*[2] ; in 1953, Duvivier's *Il ritorno di Don Camillo* and Christian-Jaque's *Lucrezia Borgia*[3]) the situation changes in 1954, where two Italian productions (Luigi Comencini's *Pane, amore e fantasia* and Mario Camerini's *Ulisse*[4]) are amongst the most popular films both in France and in Italy, competing with US big epics such as Mervyn LeRoy's *Quo Vadis* and Henry Koster's *The Robe*. Whereas in France *Pane, amore e fantasia*'s success could be partly explained by the fact that its main interpreter, Gina Lollobrigida, was considered the best foreign actress at the time[5], the situation in Italy was not only strictly dependant on the film's main star. In fact, the Italian top films at the box-office seemed to present over several years the constant feature of combining pink neorealism[6] and big

1. The choice of these years is not just referred to the significant time in which co-productions started to develop in France and Italy, but also as they were crucial years for many of our subjects in terms of the films they remembered, as well as for instance 1953 being one of the best years for Italian cinema in terms of the box-office success of home produced films such as Luigi Comencini's *Pane, amore e fantasia* (*Bread, Love and Dreams*, Italy, 1953) and Federico Fellini's *I vitelloni* (Italy 1953) (see Pierre Sorlin, *Gli italiani al cinema : immaginario e identità sociale di una nazione*, Mantua, Tre Lune, 2009, p. 41).
2. *Don Camillo* : L. 1 453 400 000 in Italy and ₣ 12 790 676 in France ; *Anna* : L. 1 006 800 000 in Italy and ₣ 3 403 177 in France (box-office data retrieved from Callisto Cosulich, « La battaglia delle cifre », *Cinema Nuovo*, n° 98, 15 January 1957, and from Simon Simsi, *Ciné-Passions*, *op. cit.*).
3. *Il ritorno di Don Camillo* : L. 875 000 000 and ₣ 7 425 550 in France ; *Lucrezia Borgia* : L. 532 000 000 and ₣ 3 632 139 in France.
4. *Pane, amore e fantasia* : L. 1 302 000 000 in Italy and 3 865 980 in France ; *Ulisse*: L. 1 375 000 000 in Italy and ₣ 3 290 958 in France.
5. In a French survey that two French weeklies (the popular magazine *Cinemonde* and the trade journal *Le Film francais*) did every year amongst their readers, the best foreign actress was Gina Lollobrigida (58 %) (*Cinespettacolo*, year VIII, n° 25-26, 20-27 June 1953, p. 9).
6. Term coined for Renato Castellani's film *Due soldi di speranza* (1952) and then applied to a group of films that were produced afterwards and 'adopted the themes and outward look of the postwar cinema, while at the same time replacing desperate narrative of political strife, economic alienation and moral tragedy with stories of romance, unwavering optimism, and happy endings' (Karl Schoonover, *Brutal Vision. The Neorealist Body in Postwar Italian Cinema*, Minneapolis, University of Minnesota Press, 2012, p. 188 ; see also Vittorio Spinazzola, *Cinema e pubblico. Lo spettacolo filmico in Italia 1945-1965*, Rome, Bulzoni Editore, 1985, p. 101-121).

budget Hollywood epics[1]. An article in *Cinema nuovo* attempted to explain its motives :

> These are predictable successes : the first [*The Robe*] is for obvious spectacular reasons even if not adequate – as an exhibitor confessed us – to the expectation ; the second [*Pane, amore e fantasia*] because it represents the most obvious example of that fake cheerful and secondary « neorealism », which has been received favourably by both some audiences as well as official spheres. (*Cinema nuovo*, 01.03.1954)

However, when looking at the box-office takings some slight variations are worth mentioning. In fact, in 1953-1954, *Pane, amore e fantasia* was at the top of the chart in all major Italian cities, earning almost the double of any other major Italian film. Nevertheless, in Milan and Rome *The Robe* (1953), the first film in CinemaScope, proved more successful than the Italian film. CinemaScope technology – created in 1953 – was certainly a factor in maintaining the popularity of American films in Italy, as well as confirming a different attitude towards national production in big cities like Rome and Milan compared to smaller centres where the film's geographical specificity, with its own identity, stardom, and locations, exerted its power over the more detached cinema from abroad.

Stardom, local culture and film industry in 1950s Rome

The influence of films' geographical specificity, however, can also be visible in a metropolis like Rome, when analysing questionnaires and video-interviews in terms of the relationship between the city, the experience of cinema-going and the significance of local stardom for local audiences. The presence of stars in the capital was not a rare experience for local residents, who often had encounters with national and international celebrities in the streets of Rome. Participants in our survey frequently comment on this recurrent event, which establishes a more intimate, yet disenchanted relationship between the film industry and cinema audiences. What is worth, therefore, investigating here is Roman spectators' choices in terms of favourite actors. When asked to name their preferred

1. Borsa Film, *Bollettino dello spettacolo,* 1954.

stars, participants select them exclusively amongst Italian and American actors, confirming that dualism in terms of nationality that has also emerged when questioned about film preferences. However, the two names that appear on top of the list for male and female favourites reveal a different meaning when looking at how film consumption was related to local belonging : Anna Magnani (69 participants) and Alberto Sordi (37 participants). This differs significantly from the results of our national survey (1043 questionnaires), where Anna Magnani is chosen by 123 participants, behind Sophia Loren (171), while Alberto Sordi is chosen by 57 participants, behind Amedeo Nazzari (84) and Marcello Mastroianni (67). These results, while still confirming the popularity of two very successful actors across the country, should be read against the comments made by the participants in Rome, which diverge considerably from the other regions we have investigated. In fact, while on a general level both actors are praised around Italy for their acting skills and their talent to perform on screen[1], when it comes to Roman audiences, their level of engagement changes drastically. While in Alberto Sordi's case, only one respondent describes him as an actor that would 'reflect a bit of our youth'[2], it is with Anna Magnani that the proximity to her local fans becomes evident. Magnani's realism, naturalness, simplicity are all praised in the questionnaires' comments. However, what emerges more is a portrayal of the star as a person « similar to the women in my area », praised for her Roman personality and her friendliness, for interpreting « women like the ones you would meet in daily life »[3].

Both Magnani and Sordi are immediately identified with the city of Rome. Alberto Sordi represented at the time not only « the supreme icon of Italian national identity », but also the emblem of the city, expressed in his films through location, dialect and characterization[4]. Anna Magnani's career was closely linked to

1. Anna Magnani in particular is praised for her extraordinary interpretation of dramatic roles.
2. Questionnaire number LAR187.
3. Examples taken from participants : LAR015, LAR019, LAR129, LAR137, LAR140, LAR146, LAR193, LAR300.
4. David Elwood, « Un Americano a Roma », *History Today*, vol. 46, n° 5, May 1996, p. 46.

the city and its identity. Not only – as Mary Wood affirms, the « Magnani persona – working class, mature, maternal, emotional – provides a suitable emblem of the experiences and aspirations of the working and lower middle classes », but also she is « Rome's First Daughter » as Rome is « the city with which she would forever be associated »[1]. Her films – however – portray her not in the usual picturesque location Rome is traditionally known to tourists, but in uninviting and unglamorous peripheries, such as Prenestino (*Roma città aperta*), Pietralata (Luigi Zampa's *L'onorevole Angelina*), Pigneto (Luchino Visconti's *Bellissima*) and Tor Marancia (Pier Paolo Pasolini's *Mamma Roma*). Topographical memory and local belonging are important to reflect upon vital relationship between cultural geography of the city and cinema-going and the questionnaires' results confirm the influence of local belonging onto aspects of film consumption : when combining the geographical areas of the participants with their preference for Anna Magnani, respondents belonging to the peripheries with which the actress was associated express a higher appreciation of the star.

	Zone 1 City centre	**Zone 2 Neighbourhoods**	**Zone 3 Periphery**
Anna Magnani	17	17	24

Magnani's role as *popolana* (woman of the people), which best describes most of her heroines, was not only what the Roman audiences identified her with, but also what the actress was keen to interpret : she described them as authentic characters « in which audiences can believe. Well constructed characters without artificial aberrations or fake qualities. Real characters, which means characters taken from life... in whose emotions and adventures people can recognize themselves and identify with, and to whom I can dedicate myself with sincerity, enthusiasm and love »[2]. Expressions such as « without artificial aberrations », or "fake

1. Mary P. Wood, « Woman of the People : Anna Magnani», in Ulrike Siehlohr (ed.), *Heroines Without Heroes. Reconstructing Female and National Identities in European Cinema, 1945-1951,* London and New York, Cassel, 2000, p. 151; see also John DiLeo, *Tennessee Williams and Company. His Essential Screen Actors*, East Brunswick (NJ), Hansen Publishing Group LLC, 2010.
2. Quoted in Matilde Hochkofler, *Anna Magnani, Rome,* Gremese Editore, 1984, p. 84.

qualities" – which Stephen Gundle attributes to several Italian stars[1] – are not dissimilar from audiences' memories bringing the actress close to the life of ordinary people, as several of the comments refer to. This aspect seems to be specific to Roman audiences, especially to those women who felt Anna Magnani represented on screen their social condition, allowing them to identify with her and with the portrayal of that social transformation the country was experiencing at the time.

Neorealism, popular press and audiences' reception

When analysing the questionnaires conducted in Rome, another aspect worth mentioning is the attitude Romans have with a well-known canon of cinema history : Italian Neorealism. With this term, film critics and scholars identify « a select group of Italian films made between 1945 and 1952 that, though never forming a self-conscious movement (like the French Nouvelle Vague), shared some loosely accepted conventions » to reflect the social reality of the country in those years[2]. What we are here interested in is finding out whether Italians – in this case Romans, who went to the cinema specifically in the year Neorealism developed – showed any level of engagement with this movement.

When specifically asked whether they know what Neorealism was, 92 participants decided not to respond, while 22 admitted not to know at all the meaning of this term, 18 affirmed they could not remember and 11 simply responded negatively to the question, without further explanations. This provides us with almost half of Roman respondents unaware of the critical definition of Neorealism. Moreover, in some cases respondents also confess a certain discomfort towards having to accept their lack of knowledge : one participant (LAR183) states that he does not want to be perceived as ignorant but he does not know this specific genre, while another (LAR212) refuses to respond as he does not want to

1. « Italian stars never seemed manufactured or artificial. They never became dehumanized or detached from the realm of the real » (Stephen Gundle, « Hollywood Glamour and Mass Consumption in Postwar Italy », *Journal of Cold War Studies*, vol. 4, n° 3, summer 2002, p. 107).
2. Laura E. Ruberto and Wilson Kristi M. Wilson (eds.), *Italian Neorealism and Global Cinema*, Detroit, Wayne State University Press, 2007, p. 6.

say « something silly ». This might, in some cases, reflect the fact that at the time participants may have been rather « too young to register Neorealism, and have learnt about it in retrospect »[1]. However, it might also reveal a lack of engagement with any critical discourse related to this specific moment in the history of cinema. This might be evident if one combines participants' responses on Neorealism with education and social background. Is it possible to link cultural taste to educational capital and social origin[2] ? When looking at the education, after World War II the illiterate in Italy constitute still the 12,9 % of the entire population, while amongst our Roman respondents, all but 2 per cent had had some formal education[3]. However, if the percentage of educated people seems higher than the national standard of the time, this might perhaps be expected in one of the few biggest Italian cities. When comparing education and knowledge of Neorealism, it is possible to identify a growing trend between those with an educational capital and an understanding of the film movement : participants with no knowledge of Neorealism seem to decrease from 38 amongst those with only elementary education to 2 amongst those with degree and none amongst those with a post-graduate qualification. In an attempt to refer to Pierre Bourdieu's concept of social origin (which he associates to father's profession), we have linked social position to the geographical areas of the city where our participants lived, moving from a higher social origin (city centre) towards a progressively lowest one (periphery). The knowledge of Neorealism decreases meaningfully in relation to the weight of social origin as the number of participants unaware of Neorealist cinema seems to rise if one moves out of the city centre : in Zone 1 (city cente) only 16 people are uninformed of Neorealism, compared to 29 in Zone 2 (neighbourhood) and 46 in Zone 3 (periphery). It is therefore possible to say – to a certain extent – that education and

1. Daniela Treveri Gennari, Catherine O'Rawe and Danielle Hipkins, « In Search of Italian Cinema Audiences in the 1940s and 1950s : Gender, Genre and National Identity », *Participations. Journal of Audiences and Reception Studies*, vol. 8, n° 2, November 2011, p. 548.
2. Pierre Bourdieu, *Distinction. A Social Critique of the Judgement of Taste* (trad.), London and New York, Routledge, 1984 [1979], p. 5.
3. 26 per cent only completed primary school, while another 29 per cent finished at middle school and 23 per cent after secondary school.

Carte de Rome. *Map of Rome*
Respondents' negative response to Neorealism :
Zone 1 = 16/65 (25 %) Zone 2 = 29/93 (31 %) Zone 3 = 46/115 (40 %)

social origin must have played a part in the engagement with this cinematic phenomenon.

However, it is also true that Neorealism « can get tied up with modes of memory relating to national cinema-going discourse : far from being a well-known, privileged canon, as it is for many critics, for the majority of audiences, Neorealism simply formed part of the broader collective discursive practice of cinema-going »[1]. In fact, when prompted to provide a title of a film they believe to be associated with Neorealism, 150 participants (46 %) were able to give a correct answer. This makes us consider that, while participants were not aware of the official definition of Italian Neorealism, they could still associate it with some of its most representative films.

The uncertainty to define the term « Neorealism », however, can be also associated to another aspect investigated in our project :

1. Daniela Treveri Gennari et al. « In Search of Italian Cinema Audiences in the 1940s and 1950s », *art. cit.*, p. 551.

the most popular magazines read at the time. In fact, while the film reviews constituted only a small incentive to choose a specific film (9,5 %), the popular press was a constant presence in the Roman households. *Epoca* (24 %), *Famiglia cristiana* (24 %) and *Tempo* (11 %) are the most commonly read magazines in those years, on which Romans could be kept informed on current affairs, social issues and celebrities' lives. As Stephen Gundle affirms, stars' « love lives, weddings, houses, clothes, tastes, favorite haunts, and so on were of enormous interest. Illustrated weekly magazines like *Oggi* and *Epoca,* which looked to *Life* as a model, conveyed these images to middle-class Italian families »[1].

We have compared the cinema articles in *Epoca* in two significant years for our survey (1953 and 1954) with a very different type of journal, *Cinema*, committed to a « serious critical and theoretical discussion on cinema »[2]. When looking at *Epoca*, there are no articles in either year that mention the term Neorealism. Neorealism's main protagonists are also neglected and the only two cases in which they are cited are referred to aspects totally unrelated to Neorealism : in the first one (see figure 2), Anna Magnani is presented as Nannarella (her nickname) learning English to work with an international star, while in the second one (see figure 3), Vittorio De Sica is only mentioned in relation to a minor film, Lionello De Felice's *Cento anni di amore* (1954), which – despite the long list of stars – performed badly at the box-office[3].

The situation is significantly different when analysing the pages of *Cinema*, which offers a wide selection of pieces debating aspects of Italian Neorealism : only in 1953 seven articles discuss aspects of Neorealism in Italian cinema.

It is therefore obvious that – while the debate on the most studied movement in Italian film history was taking place in the pages of *Cinema* magazine – Roman spectators who preferred to be informed around « star news over hard news »[4], were completely

1. Stephen Gundle, « Hollywood Glamour and Mass Consumption in Postwar Italy », *Journal of Cold War Studies,* vol. 4, n° 3, summer 2002, p. 100.
2. Raffaele De Berti, *Dallo schermo alla carta. Romanzi, fotoromanzi, rotocalchi cinematografici*, Milan, Vita e Pensiero, 2000, p. 7.
3. Francesco Bolzoni, *I film di Francesco Rosi*, Rome, Gremese Editore, 1986, p. 48.
4. Stephen Gundle, « Hollywood Glamour and Mass Consumption in Postwar Italy », art. cit., p. 103.

IN QUESTO FILM, DIRETTO DA ELIA KAZAN, LA NOSTRA ATTRICE RECITA AL FIANCO DI BURT LANCASTER

NANNARELLA STUDENTESSA D'INGLESE

Anna Magnani si trova da qualche giorno in un villaggio all'estremo Sud della Florida per interpretare il suo primo film americano, "La rosa tatuata", tratto da un dramma di Tennessee Williams.

Anna Magnani et Burt Lancaster (*La Rose tatouée*, Daniel Mann, 1955), *Epoca*, 1954.

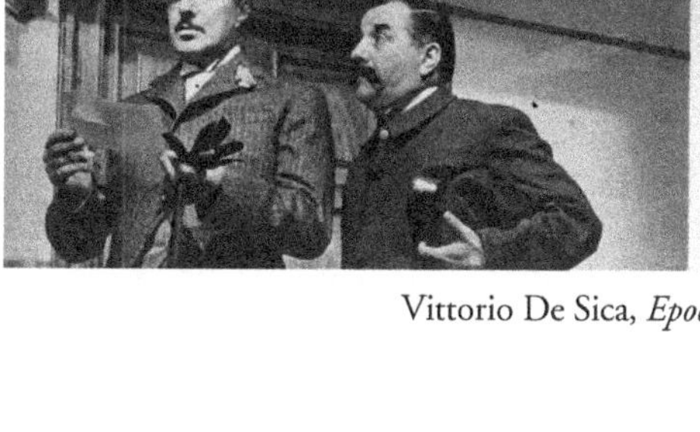

Tutto sull'amore

Il regista Lionello De Felice ha raccontato con un film in sei episodi, tratti da altrettante novelle, l'evoluzione sentimentale degli italiani.

Vittorio De Sica, *Epoca*, 1953.

cut out from this debate. This was undoubtedly confirmed by the fact that when specifically asked whether they liked Neorealism, a significant percentage (60 %) leave this question unanswered, demonstrating a total lack of engagement with it.

In the complex rapport audiences reveal with national and international cinema, the importance of geographical specificity is discernible not only in aspects of film consumption, where domestic cinema is often preferred because of its proximity to spectators' lives. It is also noticeable in audiences' preferences in terms of stars and genres. The strong identification between cinema, film location and local stardom becomes an attraction for audiences, demonstrating how certain places – in this case some areas of Rome – have highly personal meanings, associated to roots and the sense of community they create. As the city had become so much part of the cinematic fabric in the memories of cinema-going, aspects of genre preference (in this case Neorealist films) is much more related to the sense of attachment with the urban environments residents are familiar with than with any critical discourse around a well-established film movement.

Arnaud Cassam-Chenaï

LES FILMS AMÉRICAINS À SUCCÈS SUR LA SECONDE GUERRE MONDIALE ET LEUR RÉCEPTION EN FRANCE DANS L'IMMÉDIAT APRÈS-GUERRE (1945-1947)

Dès la Libération, les écrans français sont envahis par des films traitant de la toute récente Seconde Guerre mondiale, dont certains sont de grands succès populaires. Cette propension du public français à aller voir en nombre ces productions qui racontent le conflit mondial que les spectateurs viennent de vivre – de près ou de loin, personnellement ou collectivement – se vérifie sur toute la période de 1945 à 1958, mais au vu du box-office, elle subit de fortes variations. C'est surtout dans l'immédiat après-guerre que ces films font les plus fortes audiences : sur les 20 plus gros succès sur les écrans français en 1945, 6 films traitent directement de la Seconde Guerre mondiale ; on en compte 7 en 1946 et 3 en 1947, soit près de 1 film sur 4. Sur le reste de la période, jusqu'en 1958, cette tendance s'atténuera pour se stabiliser autour de 1 film sur 10 environ…

À partir des données cumulées[1], on remarque que parmi ces succès les films français consacrés au conflit font, de manière générale, plus d'entrées que les films américains. Il en est ainsi de *Mission*

1. Simon Simsi, *Ciné-Passions. 7e art et industrie de 1945 à 2000*, Paris, Dixit, 2000. Ces données chiffrées sont à utiliser avec précaution car il s'agit du nombre d'entrées cumulées jusqu'en 2000, et non du détail de chaque sortie ou ressortie, ce qui pose un problème pour les films dits de répertoire, comme *Le Dictateur* par exemple ; elles sont pertinentes pour la plupart des films populaires qui ne font pas partie du panthéon cinéphilique. Les chiffres ont été arrondis.

spéciale (Maurice de Canonge, 1945, 6,7 millions d'entrées), du *Père tranquille* (René Clément et Noël-Noël, 1946, 6,1 millions) ou de *La Bataille du rail* (René Clément, 1945, 5,7 millions). Mais certaines productions d'outre-Atlantique s'imposent néanmoins auprès du public hexagonal. C'est le cas par exemple pour des films récemment produits par Hollywood, comme *Trente secondes sur Tokyo* (*Thirty Seconds over Tokyo*, Mervyn LeRoy, 1944, 2,8 millions d'entrées lors de sa sortie en 1945), *L'Odyssée du docteur Wassell* (*The Story of Dr. Wassell*, Cecil B. DeMille, 1944, 5,8 millions en 1946), *Aventures en Birmanie* (*Objective Burma !*, Raoul Walsh, 1945, 2,6 millions en 1945) ou encore *Les Plus Belles Années de notre vie* (*The Best Years of our Lives*, William Wyler, 1946, 4,6 millions en 1947). Mais les spectateurs français vont également voir en nombre d'autres productions tournées pendant la guerre et qui bénéficient alors, après la Libération, d'une sortie différée sur le territoire français, comme *Le Dictateur* (*The Great Dictator*, Charles Chaplin, 1940, 8 millions en 1945), *Madame Miniver* (*Mrs. Miniver*, William Wyler, 1942, 3,9 millions en 1946) ou *Casablanca* (Michael Curtiz, 1942, 3,5 millions en 1947).

Nous examinerons ces productions américaines traitant de la Seconde Guerre mondiale dans l'immédiat après-guerre en les abordant selon trois axes principaux susceptibles d'éclairer les raisons de leur succès sur les écrans français[1]. Dans un premier temps, nous étudierons la distribution, les stars apparaissant souvent comme le principal attrait pour les spectateurs. Nous prendrons en compte ensuite les genres cinématographiques dont relèvent ces films, en analysant deux productions différentes de ce point de vue. Dans un troisième temps, nous étudierons les différentes figures de victimes que proposent ces films ainsi que l'écho qu'elles peuvent avoir pour des spectateurs français. Nous reviendrons enfin en détail sur la réception de ces films américains par le public hexagonal, notamment à travers le courrier des lecteurs de magazines populaires spécialisés.

---

1. On ne retiendra pas ici *Pour qui sonne le glas* (*For Whom the Bell Tolls*) de Sam Wood (plus de 8 millions d'entrées en 1947), s'agissant d'un film sur la guerre d'Espagne et non la Seconde Guerre mondiale, ni *Le Dictateur* à cause de son parti pris d'un récit métaphorique et non historique.

Des stars populaires

Plusieurs raisons peuvent expliquer le succès de ces productions américaines. La première, et la plus évidente, est leur affiche, depuis les réalisateurs reconnus derrière la caméra aux comédiens-stars devant l'objectif – ces derniers ayant un impact beaucoup plus important sur les spectateurs. Grâce à *Aventures en Birmanie*, l'année 1945 marque par exemple les retrouvailles entre le public français et Errol Flynn, un des acteurs américains les plus populaires dans l'Hexagone[1], déjà connu avant-guerre dans des films d'aventures comme *Capitaine Blood* (*Captain Blood*, Michael Curtiz, 1935) ou *Les Aventures de Robin des Bois* (*The Adventures of Robin Hood*, Michael Curtiz et William Keighley, 1938). Gary Cooper, lui, tient en 1946 le rôle-titre de *L'Odyssée du docteur Wassell.* Comme Flynn, il était un acteur adulé en France avant-guerre, grâce à ses rôles dans plusieurs films ayant connu à l'époque un succès critique et public, comme *L'Adieu aux armes* (*A Farewell to Arms*, Frank Borzage, 1932), *L'Extravagant Mr. Deeds* (*Mr. Deeds Goes to Town*, Frank Capra, 1936) ou encore le western *Une aventure de Buffalo Bill* (*The Plainsman*, Cecil B. DeMille, 1936)[2]. Gary Cooper est aussi la star, l'année suivante, de *Pour qui sonne le glas* (*For Whom the Bell Tolls*, Sam Wood, 1943, sorti en 1947), énorme succès populaire en France[3]. La plupart de ces films ont des têtes d'affiche attirantes. S'ils ne sont pas encore les stars qu'ils deviendront par la suite, Humphrey Bogart et Ingrid Bergman dans *Casablanca* jouissent déjà en 1947 d'une certaine popularité : la même année en France, Bogart s'impose dans *Le Grand Sommeil* (*The Big Sleep*, 1946) et *Le Port de l'angoisse* (*To Have and Have Not*, 1944), tous deux réalisés par Howard Hawks, tandis que Bergman partage le triomphe de *Pour qui sonne le glas* avec Gary Cooper. Cet impact des têtes d'affiche vaut aussi pour les

1. Il est l'acteur américain le plus cité dans « Potinons », la rubrique du courrier des lecteurs de *Cinémonde*, sur la période 1946-1950 (22 occurrences en 1946, 30 en 1947, 22 en 1950).
2. C'est aussi Cecil B. DeMille qui réalise *L'Odyssée du docteur Wassell.* La collaboration entre DeMille et Cooper donnera lieu à deux autres films importants : *Les Tuniques écarlates* (*Northwest Mounted Police*), réalisé en 1940 et qui sortira en France en 1948, et *Les Conquérants d'un nouveau monde* (*Unconquered*), réalisé en 1947 pour une sortie française en 1950.
3. *Pour qui sonne le glas* de Sam Wood est premier au box-office en France en 1947, avec 8,2 millions d'entrées – si l'on prend en compte que *Le Bataillon du ciel* d'Alexander Esway, film en deux parties, obtient 8,6 millions d'entrées en cumulant les deux parties.

deux succès de William Wyler. Si le couple Greer Garson/Walter Pidgeon n'a pas la même aura en France qu'aux États-Unis – *Madame Miniver* étant leur premier film commun sur les écrans français –, ils jouissent cependant déjà d'une relative popularité indépendamment l'un de l'autre. Garson avait pu être appréciée dans *Au revoir, Mr. Chips* (*Goodbye, Mr. Chips*), réalisé par Sam Wood et sorti en 1939, ou dans *Orgueil et Préjugés* (*Pride and Prejudice*, Robert Z. Leonard, 1940) sorti en avril 1945. Pidgeon avait quant à lui donné la réplique à des stars comme Clark Gable, Myrna Loy ou James Stewart dans de grands succès d'avant-guerre. *Les Plus Belles Années de notre vie* relève d'un schéma quelque peu différent, avec un casting à deux échelles. Si Dana Andrews ou Virginia Mayo sont encore peu connus à l'époque en France – leur carrière ne commence aux États-Unis respectivement qu'en 1940 et 1943 –, Fredric March et Myrna Loy étaient cependant à cette date des acteurs déjà très populaires des deux côtés de l'Atlantique. La jeune Teresa Wright, quant à elle, deviendra une valeur sûre après-guerre, enchaînant les succès populaires en France dès 1945[1]...

Le cas de *Trente secondes sur Tokyo* est intéressant du point de vue de la corrélation entre les stars et le succès des films. Si les deux interprètes principaux, Van Johnson et Robert Walker, ne sont pas connus en France au moment de la sortie, Spencer Tracy est célèbre autant pour ses films d'avant-guerre que pour ses aventures extra-conjugales[2]. Et les distributeurs français l'ont bien compris. Tracy n'a qu'un second rôle dans le film – celui de lieutenant-colonel James H. Doolittle – mais c'est lui qui tient le haut de l'affiche française. Son buste en occupe une large partie tandis que son nom, inscrit avec une police, une taille et une couleur différentes, ressort beaucoup plus que ceux de ses partenaires dans les rôles principaux. Et lorsque le magazine *Cinémonde* dresse en 1955 une rétrospective des films américains sur la guerre contre le Japon, c'est encore une

1. Teresa Wright est aussi à l'affiche de *Madame Miniver*, *L'Ombre d'un doute* (*Shadow of a Doubt*, Alfred Hitchcock, 1943, sorti en 1945), *Casanova le Petit* (*Casanova Brown*, Sam Wood, 1944, sorti en 1947) ou encore *La Vallée de la peur* (*Pursued*, Raoul Walsh, 1947, sorti en 1948).

2. Notons, parmi ces films, *Capitaines courageux* (*Captains Courageous*, Victor Fleming, 1937) et *Des hommes sont nés* (*Boys Town*, Norman Taurog, 1938), pour lesquels il obtient successivement l'Oscar du meilleur acteur, ainsi que *Furie* (*Fury*, Fritz Lang, 1936). Quant à ses conquêtes amoureuses, avant Katharine Hepburn, on prête à Spencer Tracy des aventures avec Loretta Young, Joan Crawford, Ingrid Bergman ou encore Myrna Loy.

fois une photo de Spencer Tracy qui illustre le film de Mervyn LeRoy (n° 1108, 03.11.1955)…

Les choix d'illustrations des magazines populaires sont révélateurs de l'importance du casting de ces films de guerre. Pour aucun d'eux, la couverture médiatique de *Cinémonde*, périodique spécialisé le plus lu de l'époque, n'utilise des images de scènes de combat. L'hebdomadaire vend en effet autre chose : des films avec des stars. Si certains lecteurs peuvent se plaindre à cette époque d'une omniprésence de la Seconde Guerre mondiale au cinéma – à l'image par exemple de la « potineuse » *Viviane Steblienko* en 1946, qui « désapprouve le fait qu'il n'y aurait que des films de guerre ou sur la guerre au cinéma » (*Cinémonde*, n° 611, 16.04.1946) – ce n'est pas le cas dans les articles du magazine où armes, uniformes et décors de guerre sont absents. Même pour *L'Odyssée du docteur Wassell*, pourtant un film de guerre dont l'action se situe sur le front indonésien, les illustrations ne montrent que le réalisateur Cecil B. DeMille au travail et, surtout, le couple glamour que forment à l'écran Gary Cooper et Laraine Day. Seul le brassard à la croix rouge de médecin militaire qu'arbore Cooper sur quelques photos rappelle le statut de son personnage. Il faudra attendre quelques années avant de voir apparaître, au sujet de ces films du moins, des soldats combattant au front[1] : la seule illustration d'*Aventures en Birmanie* qu'on trouve dans *Cinémonde* est une photo en pied d'Errol Flynn datant de 1952 dans un article où, justement, il est question du goût du comédien pour les films de costumes et d'uniformes (n° 934, 27.06.1952), tandis que la double page rétrospective de 1955 précédemment citée est riche en images guerrières (n° 1108, 03.11.1955).

Variations génériques autour de la guerre

Ces films américains à succès sur la Seconde Guerre mondiale proposent différents traitements du conflit mondial. Ils ne relèvent pas d'un genre unique qui pourrait être perçu comme une convention, le « film de guerre ». Il y a, certes, des histoires qui « mettent en scène des faits militaires (bataille, guet-apens, ligne de front…),

1. Notons néanmoins que *Cinémonde* ne reprend sa publication que le 19 mars 1946. Les films *Trente secondes sur Tokyo* et *Aventures en Birmanie* étant sortis en 1945, ils ne bénéficient pas de réelles couvertures médiatiques de la part du magazine.

magnifient les gestes héroïques ou privilégient les doutes et les interrogations sur l'utilité du combat armé, retracent l'histoire de simples soldats ou d'officiers, tour à tour compétents ou dangereux[1] ». Ce sont ici *Trente secondes sur Tokyo*, *Aventures en Birmanie* ou encore *L'Odyssée du docteur Wassell*. Mais *Madame Miniver*, *Les Plus Belles Années de notre vie* ou *Casablanca*, bien qu'ayant la Seconde Guerre mondiale comme toile de fond, correspondent davantage aux « gestes génériques[2] » du drame ou du mélodrame. Au spectaculaire du film de guerre s'oppose alors l'intime du « film sur la guerre ». Bien qu'illustrant son propos, dans un premier numéro (n° 624, 16.07.1946), avec des photos glamour du couple Gary Cooper/Laraine Day, *Cinémonde*, dans un numéro suivant, loue « plusieurs clous sensationnels, tels le bombardement de l'hôpital, celui du pont, le mitraillage du navire » en insistant sur le fait qu'il y a « de quoi remuer très sérieusement le spectateur dans son fauteuil[3] » (n° 626, 30.07.1946). Au contraire, *Les Plus Belles Années de notre vie* serait d'après le magazine « un drame réaliste », racontant « les tragédies très personnelles de [...] trois hommes » (n° 685, 16.09.1947).

On proposera donc ici de considérer le « film de guerre » et le « film sur la guerre » comme deux genres distincts traitant de la Seconde Guerre mondiale au cinéma[4]. Mais qu'elles soient situées sur le front de guerre ou à l'arrière des lignes, les histoires hollywoodiennes sur la Seconde Guerre mondiale ont pour point commun de raconter aux spectateurs français les hostilités d'un point de vue qui au premier abord leur est étranger. En effet, c'est une guerre américaine, celle contre l'Empire du Milieu dans le Pacifique, que ces films illustrent : *Trente secondes sur Tokyo* traite du raid de Doo-

1. Caractéristiques du « film de guerre » données par Raphaëlle Moine, *Les Genres du cinéma*, Paris, Nathan, 2008 [2002], p. 21-22.
2. *Ibid.*
3. L'auteure de l'article, Odile Cambier, va jusqu'à regretter que « le scénario de ce film fasse une place si large aux intrigues amoureuses ».
4. On peut observer sensiblement le même phénomène avec les productions françaises, à une différence près. Si les productions hollywoodiennes qui sortent sur les écrans français passent du spectaculaire du film *de* guerre (entre 1945 et 1946) à l'intimité du film *sur* la guerre (entre 1946 et 1947), l'orientation générique des films hexagonaux évolue à l'inverse du film sur la guerre (sur l'Occupation et la Résistance) au film de guerre. Lorsque *Les Plus Belles Années de notre vie* et *Casablanca* sortent sur les écrans en 1947, le public français réserve un accueil triomphant au *Bataillon du ciel* d'Alexander Esway, fresque militaire et patriotique, et premier véritable succès pour un film de guerre français sur la Seconde Guerre mondiale.

« Gary Cooper a fait revivre le héros de Java », *Cinémonde* n° 624, 16 juillet 1946.

little sur la capitale nippone en 1942 ; *Aventures en Birmanie* narre le parachutage de soldats américains en Haute-Birmanie, pour déclencher la reconquête du pays par les Alliés en 1943 ; enfin, *L'Odyssée du docteur Wassell* adapte l'histoire vraie d'un médecin de l'Arkansas engagé dans l'armée américaine[1], qui sauvera la vie de plusieurs soldats blessés et intransportables en restant avec eux malgré la déroute des Alliés en février 1942 en Indonésie. Lorsqu'ils s'éloignent de « leur » guerre dans le Pacifique – et sans encore véritablement s'enfoncer sur le front européen contre l'Allemagne nazie –, les films américains opèrent un changement générique. *Madame Miniver*, en chroniquant la vie d'une famille anglaise au début de la guerre, et *Casablanca*, en racontant les retrouvailles amoureuses entre la femme d'un grand résistant européen et un sympathisant américain installé dans la cité marocaine, proposent des récits situés aux portes de l'Europe en guerre, en Angleterre ou au Maghreb – même si tous deux se terminent par l'intrusion des hostilités sur leurs lieux d'action. Enfin, *Les Plus Belles Années de notre vie* prend place à la fin de la guerre, décrivant le retour au

1. À l'ouverture du film, un carton indique que le véritable Dr Corydon M. Wassell a le grade de « Commander » de l'armée américaine.

pays de trois Américains ayant servi dans différents corps d'armée, sur différents fronts.

On perçoit cependant entre le « film de guerre » et le « film sur la guerre » une complémentarité, dans le sens où les deux sous-genres proposent une grille d'interprétation comparable. Arrêtons-nous ici sur deux films apparemment très dissemblables, *Aventures en Birmanie*, film de guerre traditionnel au casting intégralement masculin, et *Les Plus Belles Années de notre vie*, qui traite du retour à la vie civile avec une distribution mixte. En faisant l'apologie d'une solidarité masculine courageuse et disciplinée, *Aventures en Birmanie* donne une vision idéalisée des hommes au combat tout en rendant visible, par l'absence totale de femmes à l'écran, le caractère genré de la guerre. Le chef (Errol Flynn) est respecté, courageux et responsable, proche de ses soldats – avec eux en première ligne et inquiet de leur sort. Mais le film garde une certaine sobriété, les scènes d'affrontement militaire étant relativement rares et les hommes mourant hors-champ. Aucun des soldats du bataillon, quelle que soit son origine sociale ou géographique, ne se distingue des autres par son courage ou son endurance. L'héroïsme qu'illustre *Aventures en Birmanie* est collectif et ordinaire. De son côté, le triple portrait des *Plus Belles Années de notre vie* se veut représentatif de l'ensemble des hommes ayant combattu, et laisse entendre que tous les hommes en âge de porter les armes l'ont fait – quels que soient le lieu ou la manière. Chacun des trois anciens soldats manifeste à sa façon un courage ordinaire pour affronter le retour à la vie civile. Pour cette raison, le film peut être vu par le public hexagonal comme un écho de la situation française, en particulier du retour des prisonniers malgré leurs faits d'armes moins glorieux que les combattants américains. Si le retour à la vie civile à la fin de la guerre a pu être difficile pour ces soldats américains, c'est aussi le cas pour beaucoup de Français bien que les motifs en soient différents : en ce sens, l'identification au remarquable trio de Wyler permet potentiellement d'oublier les humiliations de la Défaite. La guerre telle que la présentent ces films hollywoodiens met en avant la notion de sacrifice utile et rend hommage à la solidarité, à l'unité nationale et aux souffrances partagées des hommes.

Diversité des victimes de la guerre

Ces productions populaires hollywoodiennes proposent une typologie des victimes de la Seconde Guerre mondiale, outre le statut du survivant et celui du mort, à travers deux figures majeures : la victime militaire et la victime civile, sans exclure l'une ou l'autre catégorie ; on voit par exemple des femmes sur le front dans *L'Odyssée du docteur Wassell*, un journaliste sur le terrain dans *Aventures en Birmanie*, des bombardements sur des civils dans *Madame Miniver*, ou des militaires rendus à la vie civile dans *Les Plus Belles Années de notre vie*. Les victimes souffrent de deux types de blessures : physiques et/ou psychiques. *Aventures en Birmanie* et *Les Plus Belles Années de notre vie* sont représentatifs de chacun de ces deux types, dont le traitement est opposé. Périr sous le feu ennemi est un danger constant dans le premier film, qui illustre l'idée d'un sacrifice « utile » à la cause, comme le rappelle la scène finale entre le capitaine Nelson et le colonel J. Carter. Et à part un épuisement relatif, une barbe de trois jours et un uniforme déchiré, la question des séquelles de la guerre n'est pas traitée dans ce film. C'est au contraire le sujet central des *Plus Belles Années de notre vie*. Le véritable défi que doivent relever les trois héros est leur réinsertion familiale et sociale malgré leurs séquelles physiques et psychiques. Ces deux films, par leur inscription générique, n'ont pas la même vocation, et n'adressent donc pas le même discours aux spectateurs. Leur rapprochement permet toutefois d'aborder la question de la représentation des victimes de la guerre.

La typologie des figures de victimes est genrée. Si les femmes peuvent aussi subir les horreurs de la guerre – Carol Beldon, le personnage joué par Teresa Wright dans *Madame Miniver*, meurt avec d'autres civils lors d'un bombardement de l'aviation allemande –, ces films dépeignent en effet clairement les hommes comme les victimes principales de la guerre. Plus on se rapproche des combats, moins les femmes sont présentes, car seuls les hommes font la guerre. Si l'on se penche sur les autres succès de l'époque sur le même sujet, notamment dans les productions françaises citées précédemment[1], on peut y trouver un certain écho de cette victimisation du masculin. Comme l'expliquent Noël Burch et Geneviève Sellier, beaucoup de ces films français illustrent une « crise profonde des rapports sociaux de sexe dont l'équilibre traditionnel a été ébranlé par la défaite militaire et les nouvelles responsabilités prises par les femmes sous l'Occupation[2] ». Les productions américaines témoignent aussi de cette crise, dans la mesure où les femmes ont dû remplacer les hommes mobilisés. Dans ces films, un sort particulier est réservé aux femmes à l'arrière. Elles ont la responsabilité de maintenir les valeurs patriarcales : en participant à l'effort de guerre, elles n'oublient pas leur rôle de mère, d'épouse ou de fille de ces hommes qui font la guerre au loin pour les défendre[3]. Les rôles féminins qui ne répondraient pas à ces attentes sont littéralement évacués de la diégèse[4]. Mme Miniver est une épouse aimante et une mère attentionnée, qui s'efforce de hâter le mariage de son fils aviateur à la RAF. Mais lorsqu'elle s'implique directement dans la guerre – en retrouvant et en arrêtant un pilote allemand –, elle se fait assez brutalement remettre à sa place par son mari. Ilsa Lund, dans *Casablanca*, sacrifiera son amour pour l'Américain Rick Blaine à la demande de celui-ci pour rester auprès de son mari Victor Lazlo, important chef de la Résistance : ainsi l'abnégation est aussi celle de Rick qui, non seulement s'engage dans la Résistance mais renonce à la femme qu'il aime.

Cependant, ces figures de femmes ne sont pas de simples faire-valoir mais des personnages positifs et actifs au service du patriarcat. Elles sont interprétées par des stars, et mises sur un pied d'égalité avec leurs partenaires masculins sur les affiches ou dans les génériques des films. *Les Plus Belles Années de notre vie* illustre ce principe : hormis le personnage de la femme adultère joué par Virginia Mayo, les autres personnages féminins – une mère, une

1. Sur les films français traitant de la Seconde Guerre mondiale, voir Sylvie Lindeperg, *Les Écrans de l'ombre. La Seconde Guerre mondiale dans le cinéma français (1944-1969)*, Paris, Éditions Points, 2014 [1997] ; Noël Burch et Geneviève Sellier, *La Drôle de guerre des sexes du cinéma français (1930-1956)*, Paris, Nathan, 1996, p. 217-224.
2. *Ibid.*, p. 219.
3. Apprenant qu'ils vont partir au front, les hommes d'*Aventures en Birmanie* s'empressent d'écrire des lettres aux femmes qu'ils ont laissées au pays. Et durant toute la mission, chaque répit sera l'occasion de parler d'elles.
4. Et même si Mary Derry (interprétée par Virginia Mayo) trompe son vétéran de mari dans *Les Plus Belles Années de notre vie*, elle ne « trompe » pas la Nation, puisque son amant est aussi un Américain – et non un ennemi occupant.

épouse, une fille – ont un rôle majeur pour soigner les traumatismes des hommes, qu'ils soient d'ordre physique, psychique ou social, et qu'ils soient dus à la guerre ou aux difficultés de réinsertion dans la vie civile[1].

UN GRAND MOMENT DU CINÉMA :
LES PLUS BELLES ANNÉES DE NOTRE VIE

« Un grand moment de cinéma : les plus belles années de notre vie »,
Cinémonde n° 685, 16 septembre 1947.

Réception(s) dans les magazines populaires

Les raisons du succès de tel ou tel film, qu'il soit français, américain ou d'une autre nationalité, relèvent de critères nombreux et variables. Ces premières analyses peuvent cependant permettre de proposer plusieurs hypothèses. Ces quelques films américains sur la Seconde Guerre mondiale ont plu aux spectateurs français sans doute à cause des stars qu'ils mettent à l'affiche, du genre cinématographique qu'ils illustrent et des identifications qu'ils permettent. Pour tenter d'étayer ces hypothèses, il est utile de s'appuyer sur la réception française de ces œuvres dans les magazines de cinéma, notamment à travers les rubriques de courrier des

1. Parmi les nombreux articles consacrés au film de Wyler dans *Cinémonde*, deux concernent directement les interprètes, et privilégient la distribution féminine : Myrna Loy (n° 688, 07.10.1947) et Cathy O'Donnell (n° 683, 02.09.1947).

lecteurs qui prennent de plus en plus d'importance au fil de la période 1945-1958.

Le premier élément frappant, à la lecture des lettres de spectateurs ordinaires publiées dans les deux périodiques spécialisés les plus populaires de l'époque, *Cinémonde* et *Le Film complet*, est la volonté de voir ou de revoir des stars adulées. Dans la quasi-totalité des courriers mentionnant les films de/sur la guerre parus dans « Potinons », les questions sont avant tout des demandes de renseignements sur les acteurs, ou plus rarement sur les réalisateurs des films. Le responsable de la rubrique, Jean Talky, doit par exemple répondre à *M. Wens* (n° 659, 18.03.1947) et à *W.-S. Templar* (n° 681, 19.08.1947), qui cherchent le nom de Mervyn LeRoy, réalisateur de *Trente secondes sur Tokyo*, ainsi qu'aux questions posées par *F. Autefag* (n° 614, 07.05.1946) sur les acteurs secondaires d'*Aventures en Birmanie* ; la potineuse *Michèle Marais* (n° 679, 05.09.1947) désire de son côté obtenir des renseignements sur Richard Ney, qui interprète le fils de Mme Miniver dans le film éponyme.

Le goût pour les acteurs peut-il expliquer le succès de ces productions dans la France d'immédiat après-guerre ? S'il est difficile d'apporter une réponse définitive à cette question, on peut constater, autant dans *Cinémonde* que dans *Le Film complet*, que les questionnements sur le genre cinématographique ou sur la thématique des films sont rares. Hormis par *Viviane Steblienko*, que nous avons déjà citée, le goût pour les genres n'est pas abordé dans « Potinons ». En revanche, cette question est mentionnée dans « Côté cœur, côté jardin », le courrier des lecteurs du *Film complet*, en 1950. Un courriériste au pseudonyme explicite, *Un ancien du S. T.O.*, demande au « Caméraman amoureux », le responsable de la rubrique, « ce [qu'il pense] des films de guerre. Doit-on les produire en public tels qu'ils furent tournés, ou doit-on cacher leur âpreté et leur réalisme ? Pour ma part, je pense que la jeunesse d'aujourd'hui devrait apprendre à haïr la guerre à cause des horreurs qu'elle engendre » (n° 208, 01.06.1950). Cette réflexion donne au Caméraman amoureux l'idée d'un référendum « pour ou contre le film de guerre ». Toutefois, on ne trouve que très peu de retours à cette question de la part des correspondants…

Cette absence de questionnement sur le genre cinématographique ou la thématique face à la toute-puissance de la star amène alors à repenser l'enjeu dont sont porteurs ces films américains à succès. La prise en compte d'autres films au succès moindre serait sans doute susceptible de donner d'autres éléments de réponse. Que ce soit dans l'immédiat après-guerre ou dans les années 1950, les succès américains sont-ils tous des films de stars ? Il serait également pertinent de s'interroger sur le caractère « exotique » de la guerre des États-Unis dans le Pacifique pour les spectateurs français, les aventures dans les jungles asiatiques n'ayant aucune ressemblance avec la guerre dans les villes européennes dévastées par les bombardements. On notera par exemple la relative absence dans le haut du box-office de l'importante production antinazie américaine, et il faudra attendre 1958 pour voir dans le « top 20 » un véritable film de guerre américain situé sur le front européen : *Le Bal des maudits* (*The Young Lions*, Edward Dmytryk, 1958).

Au-delà de ces grands succès américains sur les écrans français dans l'immédiat après-guerre, il reste donc à étudier plus largement l'accueil réservé par le public français aux nombreux films américains sur la Seconde Guerre mondiale dans les années 1950, et à le comparer à la popularité des films français sur le même thème à la même période.

Daniel Biltereyst

CENSURE DU CINÉMA FRANÇAIS D'APRÈS-GUERRE EN BELGIQUE (1945-1958) : POUR UNE APPROCHE INSTITUTIONNELLE DE L'HISTOIRE DE LA RÉCEPTION

Dès le début de l'histoire du cinéma, la Belgique a été un marché privilégié pour l'industrie cinématographique française. Le pays a toujours occupé une place importante dans l'exportation, la distribution et l'exploitation de films français, tout comme il a été une pépinière de talents tels que le réalisateur Jacques Feyder, le scénariste Charles Spaak ou des acteurs comme Ève Francis et Fernand Gravey. La popularité de films, de vedettes et d'histoires venus de l'Hexagone s'explique par la proximité géographique, culturelle et linguistique du pays, mais il régnait aussi en Belgique un climat industriel et politique très favorable à l'importation massive de films français. Alors que la Belgique ne disposait pas d'une industrie cinématographique importante, le marché belge se caractérisait à l'époque par son ouverture, son libéralisme et l'absence d'un système de censure obligatoire. Contrairement à certains autres pays européens, la Belgique n'a jamais adopté de mesures de contingentement ni de restriction quelconque face à l'importation de films étrangers.

Et pourtant, le cinéma français était en rivalité avec d'autres grands pays producteurs, européens d'abord et, après la Première Guerre mondiale, de plus en plus les États-Unis. En Flandre surtout, où le prestige et l'influence de la culture française n'ont pas cessé de s'étioler au cours du XXe siècle, le cinéma français avait du mal à tenir tête à Hollywood. Il résistait beaucoup mieux en Wallonie et à Bruxelles avec sa large majorité francophone, mais même là, la popularité et la position des films français étaient très fluctuantes. Si le cinéma français avait pu maintenir une position solide dans les années 1930, surtout grâce à l'introduction du son, il a traversé une crise profonde dès la libération du territoire belge en septembre 1944. Alors que les films américains réussirent très vite à entrer dans les salles belges, le cinéma français eut du mal à reconquérir sa position d'avant-guerre. Le temps d'occupation des écrans par des films français était passé entre 1945 et 1949 de 30 % à moins de 20 %, avant de retrouver progressivement le niveau antérieur au début des années 1950[1].

Cette contribution se propose d'évoquer la position et l'accueil des films français en Belgique dans la période d'après-guerre jusqu'à la fin des années 1950, lorsque la fréquentation des salles de cinéma a commencé à baisser. Cette période se caractérise en Belgique par le taux très élevé de spectateurs (un des plus élevés en Europe occidentale) ainsi que par une forte croissance du marché de la distribution et de l'exploitation des films. Après la Libération, la production belge, faible et non soutenue, ne constituait aucunement un obstacle à la libre circulation de films étrangers, tandis que de son côté le gouvernement belge continuait à pratiquer une politique libérale. Mais en Belgique comme dans d'autres pays, le cinéma était l'objet de critiques, de débats publics, voire d'interventions de la part de diverses institutions telles que la magistrature, le gouvernement, des autorités locales ainsi que d'organisations satellites de l'Église catholique. Bien que la Belgique n'ait jamais connu de système de censure de film obligatoire, il s'y est installé un contrôle « librement consenti » pour la projection de films destinés aux enfants de moins de 16 ans. Dans ce cas, les distributeurs devaient solliciter l'approbation de l'instance officielle de contrôle des films, la Commission de contrôle des films cinématographiques (CCFC), créée en 1921. Ce système de contrôle non obligatoire et volontaire

1. Cécile Maréchal, *Le Cinéma américain à Bruxelles lors des saisons 1944-1946*, Louvain, UCL, 1987 ; Catherine Lanneau, « "Dis-moi ce que tu filmes, je te dirai qui tu es" : l'image du cinéma français en Belgique francophone dans l'immédiat après Seconde Guerre mondiale », *1895*, n° 51, 2007, p. 44-66.

s'est d'ailleurs montré très rigoureux, en particulier, comme nous essaierons de le démontrer, pour les films français.

Notre article examinera tout d'abord les pratiques de censure de cette commission vis-à-vis des films français à partir de la Libération jusqu'en 1958. Il s'intéressera ensuite à l'action d'autres institutions qui se sont manifestées dans quelques cas de films controversés. De cette manière, cette contribution tente d'élargir l'approche historique de la réception du cinéma par le public et la presse[1]. Inspiré par l'« *institutional turn* » qui s'est récemment développé au sein des études sur le cinéma et les médias, nous tentons ici d'examiner comment diverses institutions, actives ou non au sein de l'industrie du cinéma, ont œuvré au développement de certains mécanismes dans le but d'influencer et, le cas échéant, de discipliner le film en tant qu'objet et le cinéma en tant que pratique sociale[2].

Commission de contrôle et autorités militaires

Du fait de la législation à première vue libérale, le contrôle central de la part des autorités belges sur l'offre dans les salles a été nettement moins important que celui qui prévalait dans de nombreux autres pays occidentaux. Mais le système belge de contrôle non obligatoire des films était généralement considéré par le secteur du cinéma comme une censure camouflée. Comme les enfants et les familles constituaient un public cible important de l'industrie cinématographique, les distributeurs se sentaient contraints pour des raisons commerciales de présenter leurs films à la CCFC[3]. Cette commission n'avait pas l'autorité d'interdire des films sur le territoire du royaume, mais elle pouvait en revanche empêcher les enfants (en dessous de 16 ans) de voir un film (*cf.* le label « Enfants

1. Voir Janet Staiger, *Interpreting films. Studies in the Historical Reception of America Cinema*, Princeton, Princeton University Press, 1992 et *Media Reception Studies*, New York, New York University Press, 2005. Pour une approche sur la réception critique du cinéma français en Belgique, voir Catherine Lanneau, *op. cit.*

2. Voir Daniel Biltereyst et Daniela Treveri Gennari, « Cinema, Catholics and Power: An Introduction », dans Daniel Biltereyst et Daniela Treveri Gennari (dir.), *Moralizing Cinema. Film, Catholicism and Power*, New York, Routledge, 2015, p. 4-7 ; Meaghan Morris et Mette Hjort (dir.), *Creativity and Academic Activism. Instituting Cultural Studies*, Aberdee, Hong Kong University Press, 2012.

3. Voir Daniel Biltereyst, « Film Censorship in a Liberal Free Market Democracy: Strategies of Film Control and Audience's Experiences of Censorship in Belgium », dans Daniel Biltereyst et Roel Vande Winkel (dir.), *Silencing Cinema. Film Censorship Around the World*, New York, Palgrave Macmillan, 2013, p. 275-293.

non admis » ou « Refusé », R). Les membres de la commission demandèrent fréquemment d'opérer des coupures avant d'accorder le label « Enfants admis » (A). Ce qui était considéré en théorie comme une mesure libérale allait conduire dans la pratique à la mutilation de centaines de films. Dans beaucoup de cas, le distributeur procédait lui-même à des coupures, pratiquant une forme d'autocensure.

Le cinéma français a été une des cibles récurrentes de la CCFC, avant et après la Seconde Guerre mondiale, pour son amoralité et la légèreté avec laquelle était traité le thème de la sexualité. La presse[1] et bien d'autres institutions impliquées de près ou de loin dans le septième art adhéraient à cette analyse.

Un double système de censure cinématographique fut installé à la Libération. Outre la CCFC qui reprit progressivement ses activités à partir de septembre 1944, les autorités militaires s'intéressèrent de près au contrôle des films. En concertation avec l'AID (Allied Information Service), les services d'espionnage alliés, un Service de contrôle cinématographique fut créé au sein du ministère de la Défense nationale. Également responsable de l'épuration du secteur cinématographique à la Libération, ce service effectua une censure systématique du cinéma jusqu'à la fin de 1946.

Le Service de contrôle cinématographique surveillait particulièrement les films français, surtout ceux tournés sous l'Occupation. Plusieurs de ces « nouveaux » films français furent « bannis » ou « gelés » pendant une période plus ou moins longue : ceux de la maison de production allemande Continental, les films vichystes ainsi que les films réalisés sur ordre des nazis. Un de ces films, qui fut l'objet d'un débat public, est *Le Corbeau* (1943), réalisé par Henri-Georges Clouzot pour la Continental. En Belgique, le film fut interdit par l'autorité militaire et devint un exemple célèbre dans les débats concernant la collaboration dans les milieux du cinéma. Ce n'est qu'après l'intervention du ministre des Affaires étrangères, Paul-Henri Spaak (frère du scénariste Charles Spaak), que cette interdiction fut levée de sorte que *Le Corbeau* put enfin sortir en salles en mai 1947[2]. Un autre cas particulièrement passionnant est celui de *La Grande Illusion* de Jean Renoir (1937) qui fut également

1. Voir Catherine Lanneau, « "Dis-moi ce que tu filmes, je te dirai qui tu es" », *art. cit.*
2. Cécile Maréchal, *Le Cinéma américain à Bruxelles*, *op. cit.*, p. 101-103.

interdit parce que « tourné à une époque où l'on tentait un rapprochement franco-allemand, [le film] paraît aujourd'hui choquant après les événements de cette dernière guerre[1] ». À nouveau, Spaak intervint en arguant cette fois que ce film classique du cinéma français avait « été projeté avant la guerre sans susciter aucune protestation ». En septembre 1946, un arrêté ministériel leva l'interdiction du film[2].

Lorsque le service sous autorité militaire fut dissous en novembre 1946, la CCFC réoccupa sa position comme unique institution de contrôle cinématographique. Dans la période d'après-guerre, jusqu'à la fin des années 1950, la CCFC se manifesta de nouveau comme un censeur rigoureux. Le pourcentage de films sortis avec des coupures pour la période 1944-1958 s'éleva jusqu'à 28 %, tandis que le pourcentage de films refusés était de 27 %. Il est intéressant d'établir une comparaison entre les films français et les films américains. Pour cette période, le cinéma français fournit plus ou moins un cinquième des titres alors que la part d'Hollywood représente plus ou moins un tiers. Quant à la censure cinématographique même, on constate que le cinéma français compte nettement plus de films refusés (34 %) ou coupés (31 %) (voir figure 1)[3].

Parmi les films refusés, on trouve *La Mort en ce jardin* (1956) de Luis Buñuel, aussi bien que des comédies comme *Adhémar ou le jouet de la fatalité* de et avec Fernandel (1951). L'argumentation de la commission était généralement vague et bien souvent assez paternaliste. *Jeux interdits* de René Clément (1952) par exemple fut refusé pour les enfants parce que « ni le scénario, ni l'atmosphère de ce film ne conviennent aux enfants », outre le fait que le film « contient une scène de mauvais exemple pour les enfants (vols, indiscipline, etc.) »[4]. Aux yeux de la CCFC, *Drôle de drame* (1938)

1. Lettre du ministre de la Défense nationale Fraiteur au ministre des Affaires étrangères Spaak, 24.07.1946, M.D.N. (Archives Défense nationale, Bruxelles).
2. Lettre du ministre des Affaires étrangères Spaak au ministre de la Défense nationale Fraiteur, 13.07.1946, M.D.N.
3. Ces chiffres ne tiennent cependant pas compte des nombreux films qui ne furent jamais présentés à la censure belge, comme *Et Dieu créa la femme* (Roger Vadim, 1956) et *Les Amants* (Louis Malle, 1958), tandis que de certains autres films (par exemple *Les Diaboliques,* Henri-Georges Clouzot, 1955), seule la bande-annonce fut présentée aux censeurs.
4. Voir procès-verbal (PV) du 07.11.1952, dossier « *Jeux interdits* », CFCC, Archives de l'État en Belgique (AEB).

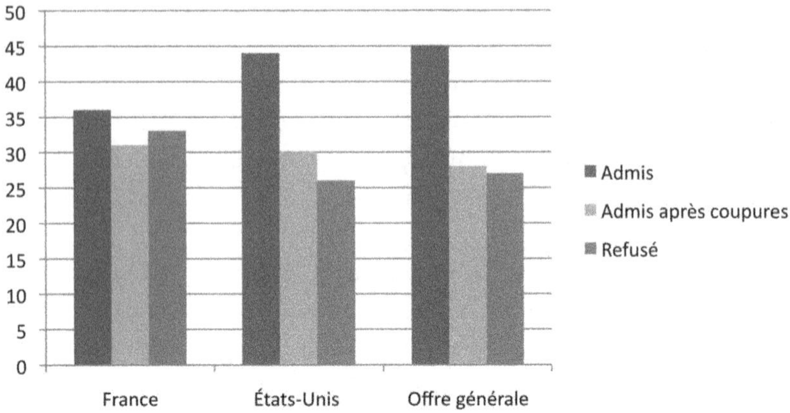

Figure 1 : Pourcentage, par origine, de films admis, admis après coupures et refusés.

de Marcel Carné, qui était ressorti après la guerre, n'était qu'une « bouffonnerie [...] qui présente une atmosphère trouble pour les enfants », et « certains personnages peuvent avoir une influence néfaste sur les enfants ». Quelques jours après ce refus, le film fut présenté une deuxième fois devant la commission, qui décida cette fois de l'accepter après la coupure d'une scène, celle où Jean-Louis Barrault et Michel Simon « sont occupés à se saouler[1] ». Cette pratique de représenter des films devant la CCFC n'était pas exceptionnelle. Un autre exemple connu est celui d'*Un condamné à mort s'est échappé* (1956) de Robert Bresson, qui fut présenté pas moins de quatre fois et ne reçut qu'après plusieurs coupures le label « Enfants admis »[2].

La CCFC ne jugeait pas seulement les longs-métrages mais aussi les bandes-annonces. C'était d'ailleurs une pratique courante que les distributeurs soumettent la bande-annonce mais pas le film à l'appréciation des censeurs. Mais là aussi, la commission se montrait souvent implacable. Pour *Les Diaboliques* d'Henri-Georges Clouzot, par exemple, le film ne fut pas présenté à la CCFC, mais seulement la bande-annonce. La commission jugea que même cette courte annonce du film ne convenait pas parce qu'elle était par trop « angoissante et hallucinante » pour les enfants[3]. D'autres bandes-annonces furent approuvées moyennant une ou plusieurs coupures,

1. PV du 06.09.1951, dossier « *Drôle de drame* », CFCC, AEB.
2. PV du 13.02.1957, dossier « *Un condamné à mort s'est échappé* », CFCC, AEB.
3. PV du 03.03.1955, dossier « *Les Diaboliques* », CFCC, AEB.

comme pour le film franco-italien *Lucrèce Borgia* (Christian-Jaque, 1953), victime de deux coupures.

Dans certains cas, la CCFC n'exigeait pas seulement des coupures, mais aussi un changement du titre du film. Ce fut par exemple le cas pour *Les Aventures de Casanova* de Jean Boyer (1947). Après avoir refusé par deux fois le film en septembre 1948, la commission demanda que le distributeur supprime « par décence » le mot « Casanova », ce qui fut fait pour la troisième présentation à la CCFC. Le film obtint alors en octobre 1948 la mention « Enfants admis » avec le titre *Chevalier de l'aventure* (sous-titre de la première partie)[1]. Certains distributeurs refusèrent de procéder à des coupures : ce fut le cas du film de Jean Cocteau et de René Clément, *La Belle et la Bête* (1946). En décembre 1946, la commission exigea la suppression de deux scènes (y compris le vol de la clé par la sœur), une décision qui déplut au distributeur, Minerva Films. Ce dernier demanda une révision de la décision mais finalement, la section d'appel de la CCFC refusa le film parce qu'il « présente, dans son ensemble, un caractère beaucoup trop angoissant pour pouvoir être vu par des enfants » (voir ill. page suivante)[2].

La liste de films français d'après-guerre contraints d'effectuer de nombreuses coupures est impressionnante (par exemple *Ronde de nuit*, François Campaux, 1949 ; *Si Versailles m'était conté*, Sacha Guitry, 1954). Il pouvait s'agir alors d'images, d'actions, de dialogues ou de mentions écrites. De même, les motifs de cette censure étaient parfois très divers, allant de la violence ou de l'érotisme jusqu'au manque de patriotisme. Certains films subirent parfois des coupures pour plusieurs raisons. Ainsi, le *Napoléon* (1954) de Sacha Guitry fut mutilé à onze endroits différents : il s'agissait de bannir à plusieurs reprises le mot « vierge » de même que les références à « maîtresse » ou encore « divorce ». La « scène de l'empoisonnement » ne trouva également pas grâce aux yeux des censeurs[3].

Pour analyser d'une manière plus systématique les motivations de la censure frappant les films français d'après-guerre, il est intéressant de jeter un coup d'œil sur le sort réservé aux titres américains.

1. Voir Inventaire VI, p. 116-117, CCFC, AEB.
2. Voir le PV du 03.01.1947, dossier « *La Belle et la Bête* », CCFC, AEB.
3. Voir inventaire de coupures XXV, CCFC, AEB.

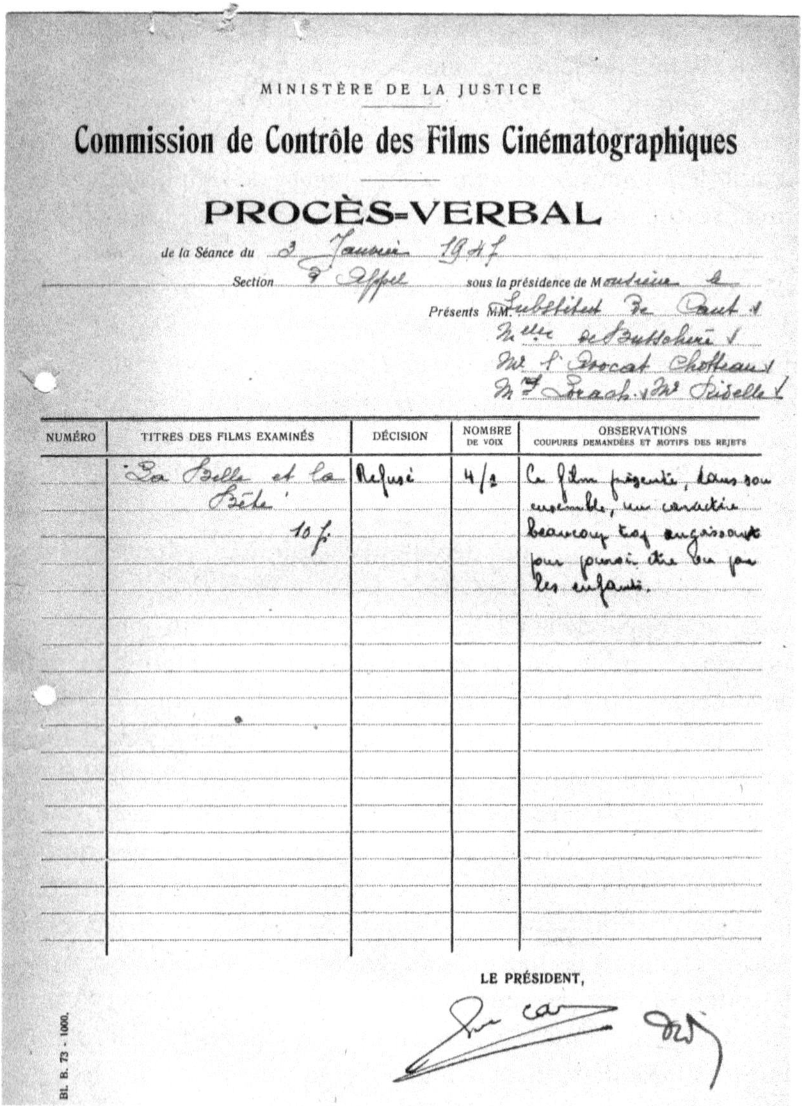
MINISTÈRE DE LA JUSTICE

Commission de Contrôle des Films Cinématographiques

PROCÈS-VERBAL

de la Séance du 3 Janvier 1947

Section d'Appel sous la présidence de Monsieur

Présents MM.

NUMÉRO	TITRES DES FILMS EXAMINÉS	DÉCISION	NOMBRE DE VOIX	OBSERVATIONS COUPURES DEMANDÉES ET MOTIFS DES REJETS
	« La Belle et la Bête »	Refusé	4/1	Ce film présente, dans son ensemble, un caractère beaucoup trop angoissant pour pouvoir être vu par les enfants.

LE PRÉSIDENT,

Bl. B. 73 - 1000.

Procès-verbal consécutif à la vision du film *La Belle et la Bête*
(Jean Cocteau, 1946), le 3 janvier 1947. Source : Archives de l'État en Belgique/AEB.

Sur la base d'une étude de toutes les coupures effectuées dans les longs-métrages pendant la période 1944-1958 (figure 2, p. 344), il apparaît que les censeurs belges ont porté un regard différent ou ont fait preuve d'une autre sensibilité selon qu'il s'agissait de films français ou américains. Non seulement les films français ont été plus souvent victimes de coupures, mais les raisons en étaient fondamentalement différentes. Comme on pouvait s'y attendre pour les films américains, les motivations des coupures portaient surtout sur la violence et la criminalité. Les raisons des demandes de coupure pour les films français étaient nettement plus variées. La motivation la plus fréquente concernait des termes, des images ou des scènes à connotation érotique. Cette catégorie comprenait des scènes d'amour (par exemple dans *Le silence est d'or,* René Clair, 1947), une vue sur une chambre à coucher (par ex. dans *La Vie chantée,* Noël-Noël, 1951) ou un baiser passionné (dans *Adorables Créatures,* Christian-Jaque, 1951). De même, des scènes d'orgie (par ex. dans *Les Derniers Jours de Pompéi,* Marcel L'Herbier, 1950), des références à la traite des femmes et à la prostitution (par ex. dans *La Grande Meute,* de Limur, 1945) ou encore des scènes de danse érotique (par ex. dans *Ali Baba et les quarante voleurs,* Jacques Becker, 1954) ou de séduction (par ex. dans *Fièvres,* Jean Delannoy, 1942) tombèrent sous les ciseaux des censeurs. D'autres raisons importantes de couper des scènes étaient la violence (scènes de bagarre, d'exécution, de guerre...) et la criminalité (enlèvement, cambriolage, hold-up...), suivies de près par tout ce qui touchait au mariage et à la famille (par ex. une justification de l'adultère dans *Paméla,* Pierre de Hérain, 1945). La CCFC se montra également extrêmement pointilleuse sur la manière dont était montré le corps, notamment sous forme de cadavres, avec des tatouages ou, évidemment, de femmes en petite tenue (par ex. dans *Gai Paris : Variétés,* Lucette Gaudard, 1946). La représentation d'un suicide ou l'allusion à des stupéfiants (*Le Pays d'où je viens,* Marcel Carné, 1956) ont également été très souvent problématiques[1].

Il n'est pas facile de discerner dans quelle mesure cette analyse se réfère aux caractéristiques textuelles du cinéma français d'après-guerre ou si les coupures ont également été inspirées par des sensibilités individuelles des censeurs. Il s'agit probablement d'une combinaison de ces deux éléments mais quoi qu'il en soit, cela semble suggérer que le cinéma français était plus hardi au niveau des mœurs.

1. Voir inventaire de coupures, plusieurs volumes, CCFC, AEB.

Organisations catholiques

Les autorités militaires et la CCFC n'ont certes pas été les seules institutions à s'intéresser au cinéma. Dans ce sens, il est pertinent d'aborder la censure et la réglementation cinématographiques dans une perspective institutionnelle élargie en considérant les institutions sans lien direct avec le cinéma mais soucieuses néanmoins de contrôler ce médium. L'Église catholique a par exemple représenté jusque dans les années 1980 un pouvoir social fort en Belgique[1]. Au cours de l'entre-deux-guerres, divers hommes d'Église ont inspiré et développé l'Action catholique du film (ACF) dont l'objet était la critique, l'exploitation et la distribution des films. L'ensemble des tâches que s'était données l'AFC impliquait aussi son propre système de censure évaluant du point de vue éthique tous les films présentés sur le marché belge. Comme dans les autres pays où des catholiques se sont mêlés du contrôle de films[2], la Commission catholique de sélection attribuait à chaque film l'une des quatre cotes suivantes : « pour tous » (1), « pour adultes » (2) et les plus problématiques « à déconseiller » (3) et « à proscrire » (4).

Cette Commission catholique de sélection s'est montrée particulièrement sévère dans la période d'après-guerre pour les films français qu'elle estimait pour le moins peu convenables pour des croyants. Une analyse systématique de la censure cinématographique illustre de nouveau le traitement différent des films hollywoodiens. Un sondage effectué durant la période allant d'août 1947 à février 1949 fait apparaître clairement que, même si le nombre de films « pour adultes » est comparable pour les deux catégories, la balance des cotes les plus sévères penche nettement au détriment des films français (voir figure 3, p. 345). Outre des œuvres frappées de la cote 3 (par exemple *Le Corbeau*), un nombre relativement élevé de films n'échappa pas à la cote « à proscrire ». On retrouve dans cette catégorie 4 des productions comme *Le Diable au corps* (Claude Autant-Lara, 1947) ou *Dédée d'Anvers*

1. Daniel Biltereyst, « I Think Catholics Didn't Go to the Cinema: Catholic Film Exhibition Strategies and Cinema-Going Experiences in Belgium, 1930s-1960s », dans Daniel Biltereyst et Daniela Treveri-Gennari (dir.), *Moralizing Cinema*, *op. cit.*, p. 255-271.
2. Daniel Biltereyst et Daniela Treveri-Gennari, *ibid.* Pour le cas français, voir Mélisande Leventopoulos, « La Construction collective d'un regard critique. Les catholiques et le cinéma dans la France du XXe siècle (1895-1995) », thèse de doctorat, université Paris 8, 2013.

(Yves Allégret, 1948). Du côté des films américains, seule une poignée se retrouve dans ces catégories problématiques, notamment *Gilda* (Charles Vidor, 1946) et *Golden Earrings* (*Les Anneaux d'or*, Mitchell Leisen, 1947). À cette même époque, l'organisation belge francophone Action catholique des hommes publia un rapport sur la « situation morale et religieuse en Belgique d'expression française », dans lequel une large place est accordée aux résultats de la censure cinématographique catholique. S'intéressant à son tour à la comparaison entre le cinéma français et Hollywood, le rapport concluait que « en comparaison de l'Amérique, la production française livre donc beaucoup moins de films accessibles à tous et beaucoup plus qui ne conviennent à personne »[1].

La censure catholique a poursuivi son œuvre pendant plusieurs décennies et elle est restée longtemps particulièrement sévère pour le cinéma français. Parmi les films célèbres relégués lors de leur première sortie dans la catégorie 4, citons *Chéri* (Pierre Billon, 1950), *Le Blé en herbe* (Autant-Lara, 1954), *L'Amant de Lady Chatterley* (Marc Allégret, 1955) et bien sûr *Et Dieu… créa la femme* (Roger Vadim, 1956). Les censeurs belges qualifièrent ce dernier film au « dessein méprisable, d'un esprit matérialiste et sensuel avec des attitudes et des images osées et lascives, appelant la réprobation la plus ferme[2] ».

Autorité judiciaire

Outre l'Église, l'autorité judiciaire avait également le pouvoir d'intervenir dans le cas de films « scandaleux », notamment dans le cadre de la législation frappant les outrages publics aux bonnes mœurs. Dans la période d'après-guerre, les interventions de la police judiciaire se sont multipliées, surtout envers les films érotiques qui connurent un succès croissant dans les grandes villes au cours des années 1950. L'action judiciaire visait aussi bien les films projetés dans les salles que les affiches, photos ou autres formes de publicité utilisées pour ces productions. Dans certains cas, les photos et affiches furent enlevées, les films saisis et les exploitants et distributeurs menacés de poursuites avec des amendes voire de la

1. Catherine Lanneau, « "Dis-moi ce que tu filmes, je te dirai qui tu es" », p. 50.
2. Dossier « *Et Dieu... créa la femme* », archives DOCIP, KADOC, Louvain.

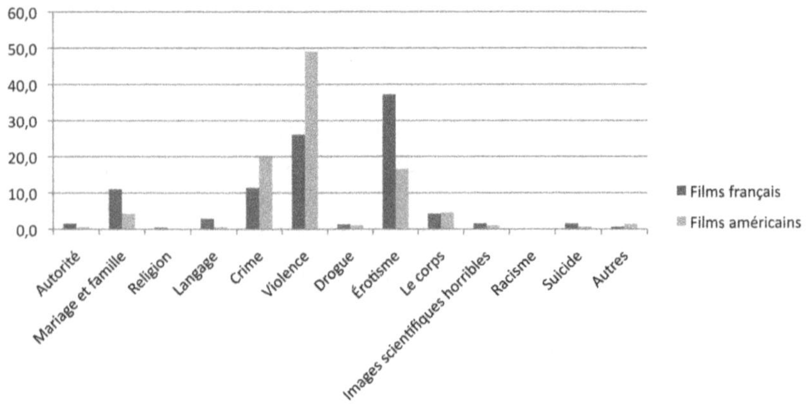

Figure 2 : Raisons motivant les coupures des films français et américains, 1944-1958.

prison à la clé. Souvent, les exploitants furent incités à opérer eux-mêmes des coupures, à fournir des informations « correctes » ou à écarter ou retoucher eux-mêmes les photos trop provocantes. Les efforts accrus de la part des instances judiciaires dans les années 1950 coïncidaient étroitement avec la prolifération de salles de cinéma spécialisées en « films risqués » incluant des productions érotiques ou des soi-disant films nudistes.

La recherche sur ces interventions de la justice est peu développée, mais le cas belge montre qu'au cours des années 1950, la police judiciaire contrôla d'une manière systématique la programmation des salles de cinéma dites à « caractère risqué ». Dans les milieux judiciaires, le cinéma français avait une réputation relativement mauvaise. Pour la ville de Gand, par exemple, de nombreux procès-verbaux montrent que les films français figuraient parmi les titres à contrôler d'une manière plus attentive. Quelques titres de films ont posé problème au début des années 1950 comme *Voyage à trois* (Jean-Paul Paulin, 1949), une comédie érotique contenant selon un procès-verbal « deux scènes de nu », ou *Le Destin exécrable de Guillemette Babin* (Guillaume Radot, 1948), un film qui « montre pendant un peu plus d'une seconde le torse dénudé d'une femme[1] ».

Dans un rapport interne passionnant sur le contrôle judiciaire des cinémas à Gand, datant probablement de 1950, le magistrat

1. PV du 22.05.1950, dossier 301, Bonnevalle, Rijksarchief Beveren (RAB).

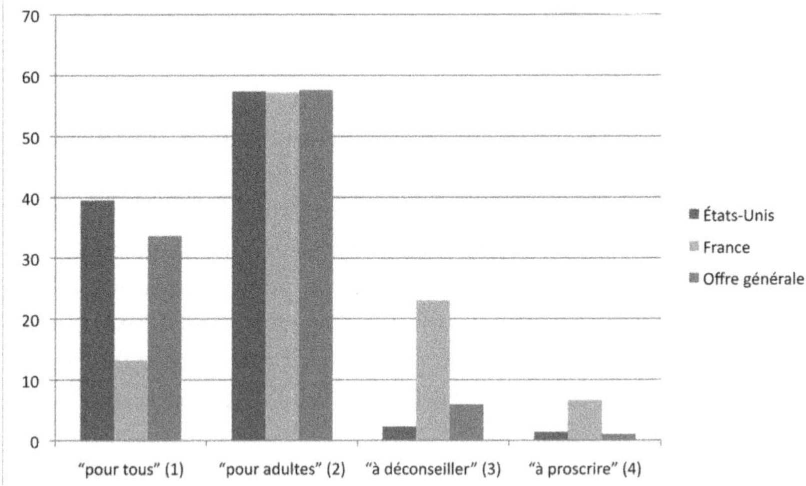

Figure 3 : Cotations de l'Action catholique du film belge, août 1947-février 1949.

du lieu développe une réflexion sur ce qui pouvait être autorisé ou non. Il accorde une large place à la réputation du cinéma français, par exemple à propos des films de Fernandel qui « se situent en ce qui concerne les mœurs et la morale en dessous d'un niveau sain »[1]. Plus loin dans le rapport, le magistrat donne un aperçu des films selon leur origine, en qualifiant les œuvres provenant de studios français de « personnifications des mœurs et coutumes françaises ». Plus loin, il explique que « une action paraissant osée chez nous, est considérée là-bas comme habituelle » et que « le dialogue parfois ambigu peut être considéré comme vulgaire ». La conclusion bienveillante affirme que « bien que parfois "vulgaire", la production française n'en atteint pas pour autant aux bonnes mœurs »[2].

Mais l'autorité judiciaire n'exerçait pas qu'à Gand un contrôle pointilleux sur les salles de cinéma. En mars 1952, un cinéma anversois avait au programme *Un grand patron* (Yves Ciampi, 1951). Aux yeux de l'inspecteur de police chargé du contrôle, ce film français contenait deux scènes susceptibles de choquer les spectateurs. La première concernait le médecin faisant des avances à une infirmière dont il pelote d'une main les seins à moitié dénudés. La seconde donnait à voir un groupe d'étudiants arrachant

1. *Toelichting over de controle der films,* HB Gent, dossier 301, RAB, p. 1.
2. *Ibid.*, p. 3.

au cours d'une fête les soutiens-gorge des femmes, suggérant ainsi qu'il pouvait s'agir d'une orgie. La note de police mentionne aussi qu'il y avait des scènes de « baisers » et que « le texte des chansons est souvent ambigu ». La note dit encore que « un des garçons tient manifestement le sein d'une fille qu'il pince en suivant le rythme de la musique ». Le juge d'instruction ordonna de faire couper les passages incriminés et décida finalement de saisir le film. Bien qu'il n'apparaisse pas clairement si l'exploitant de la salle Ambassade a dû comparaître en justice ou non pour la projection de (scènes de) films indécents, des limites à ne pas franchir ont manifestement été tracées. Les séquences concernées dépassaient les bornes et furent donc victimes des ciseaux[1].

Un autre exemple est celui du film franco-italien *Frou-Frou* (Augusto Genina, 1955), saisi d'abord à Gand à la fin de l'année 1955, essentiellement parce qu'il contenait une scène de bal d'étudiants au cours duquel des femmes étaient déshabillées. Le film fut ensuite projeté dans deux salles de cinéma à Anvers. Suite aux péripéties de Gand, un contrôle eut lieu par un inspecteur de police qui constata que la séquence en question avait été coupée. Les exploitants anversois avaient apparemment appris que le film avait eu des problèmes à Gand et, de peur d'une intervention judiciaire, avaient pris les devants en coupant les scènes controversées[2]. Une autre salle avait programmé en 1951 *Lucrezia Borgia* (1935), le film controversé d'Abel Gance qui avait déjà suscité des problèmes à divers endroits en Belgique et avait même été saisi. Quinze ans plus tard, cette œuvre ne trouve toujours pas grâce, cette fois aux yeux des instances judiciaires. À Anvers, elles obligèrent l'exploitant à couper la scène dans laquelle Jules César se saisit voluptueusement lors d'une scène d'orgie du sein d'une femme pour lui mordre le mamelon[3].

Cependant, les films français contrôlés par la justice ne furent pas tous frappés de mesures contraignantes. Même si les interventions judiciaires étaient souvent teintées de subjectivité dans les jugements et variables selon les régions, elles firent parfois preuve

1. Oliver Van Steen, *Gerechtelijk optreden tegen de controversiële film in Antwerpen (1950-midden jaren 1970)*, Anvers, université d'Anvers, 2007, p. 95-96.
2. *Ibid.*, p. 95-96.
3. *Ibid.*, p. 96.

aussi de nuances et de largesse d'esprit. Ainsi, le procès verbal sur le film français *Trafic sur les dunes* (Jean Gourguet, 1950), projeté en septembre 1957 à Anvers, estime que malgré le fait qu'il y apparaît une femme nue, le film « ne présente pas le moindre caractère érotique à défaut de préparation de cette scène[1] ». De même, *Méfiez-vous fillettes* (1957) de Marc Allégret, un film sur l'histoire d'une pauvre jeune fille aux mains d'un proxénète, put passer tel quel parce qu'il ne contenait « en fait, pas de scènes outrageantes aux mœurs[2] ». Malgré une plainte déposée auprès du procureur du Roi, le film de Claude Autant-Lara *En cas de malheur* (1958) ne fut pas jugé contraire aux bonnes mœurs. Dans son rapport, l'inspecteur de police chargé du contrôle déclarait que le film était « truffé de l'atmosphère B.B. habituelle, avec des poses et des *déshabillés* bien étudiés » et que dans une scène « on la voit entièrement nue » mais de telle façon « qu'elle n'est visible que de dos ».

Pouvoirs locaux et autres institutions

Une autre instance importante de contrôle qui n'a également pas fait l'objet de recherches approfondies jusqu'ici est le pouvoir local. Les administrations municipales ou communales et surtout les maires (ou bourgmestres) disposaient (et disposent toujours) du pouvoir d'interdire dans certains cas des projections cinématographiques, particulièrement dans le cadre de leurs compétences en matière d'ordre public. L'article 97 de la loi communale belge énonce clairement que le conseil communal et le collège des échevins ont pour mission de veiller au calme et à l'ordre public. Il n'était pas rare que la projection d'un film fût empêchée pour des raisons d'ordre public, par crainte de manifestations hostiles. C'est ainsi que des organisations catholiques utilisèrent fréquemment la tactique de provoquer des troubles dans ou devant une salle de cinéma afin de contraindre le maire ou bourgmestre à interdire le film programmé. Dès avant la Seconde Guerre mondiale, les projections de fameux films français comme *La Garçonne* (Jean de Limur, 1936) et *La Kermesse héroïque* (Jacques Feyder, 1935) ont

1. PV du 27.09.1957, parquet d'Anvers, 2003 B644, RAB.
2. PV du 19.02.1957, *ibid.*

été chahutées avec succès et les films interdits dans certaines villes et communes.

Ce fut également le sort de certains films français d'après-guerre parmi lesquels *Le Diable au corps* (1947), l'adaptation cinématographique par Claude Autant-Lara du roman éponyme de Raymond Radiguet. L'histoire de l'accueil du *Diable au corps* en Belgique commence dès le mois de juin 1947 lors de la première projection du film hors de France dans le cadre du Festival mondial du film et des beaux-arts à Bruxelles. La séance fut perturbée par l'ambassadeur de France, M. Raymond Brugère, qui fit un éclat en quittant la salle en pleine projection parce qu'il considérait le film comme une insulte à l'armée française. L'incident fit beaucoup de bruit dans la presse et les milieux politiques en France, mais il n'empêcha pas que le film remporte le prix du meilleur acteur (pour Gérard Philipe) et celui de la critique internationale. Pour la distribution en Belgique, il fallut attendre l'année suivante, et entre-temps l'œuvre d'Autant-Lara souleva de vives critiques de la part de groupements d'anciens combattants en France (voir « *Ambre* et *Diable au corps* sur la liste noire », *Le Matin*, 24.10.1947). Vu le contenu scandaleux du film, il fut décidé de ne pas le soumettre au jugement de la CCFC. Seule la bande-annonce d'à peine 86 mètres fut présentée et autorisée moyennant deux coupures. De son côté, la censure cinématographique catholique attribua au film sa cote la plus sévère (4) en qualifiant *Le Diable au corps* de « fondamentalement immoral » parce qu'il présentait « l'amour adultère de manière sympathique tout en invoquant en ceci la bénédiction divine ». Aux yeux de la Commission catholique de sélection, le film contenait aussi « des images osées dont certaines même inacceptables » ainsi que des dialogues « durs et cyniques »[1]. Lorsqu'il sortit enfin en salles, la plupart des critiques de cinéma l'attaquèrent violemment tandis qu'aussi bien la presse catholique que les journaux des autres tendances émirent des réserves du point de vue éthique. C'est dans ce contexte que des pouvoirs locaux reçurent à leur tour des requêtes demandant l'interdiction de ce film. Dans une des villes, le collège du bourgmestre et des échevins, sous la pression

1. Dossier « *Diable au corps* », archives DOCIP, KADOC, Louvain.

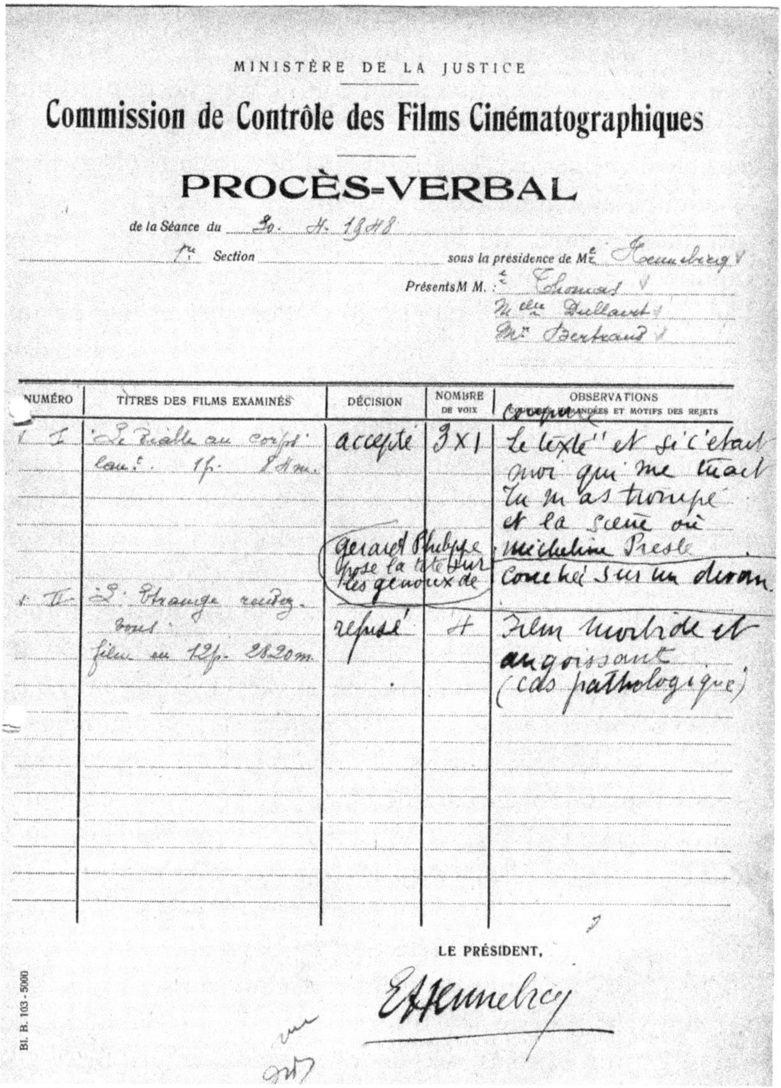

MINISTÈRE DE LA JUSTICE

Commission de Contrôle des Films Cinématographiques

PROCÈS-VERBAL

de la Séance du 30. 4. 1948

1re Section sous la présidence de Me Hennebicq

Présents MM. : Me Thomas
Melle Dullaert
Mr Bertrand

NUMÉRO	TITRES DES FILMS EXAMINÉS	DÉCISION	NOMBRE DE VOIX	OBSERVATIONS COUPURES DEMANDÉES ET MOTIFS DES REJETS
1 I	"Le Diable au corps" lang. fr. 8 km	accepté	3 x 1	coupures : Le texte "et si c'était moi qui me tuait Tu m'as trompé" et la scène où Micheline Presle couchée sur un divan
		Gérard Philippe pose la tête sur les genoux de		
1 II	"L'Étrange rendez-vous" film en 12 p. 2820 m.	refusé	4	Film morbide et angoissant (cas pathologique)

LE PRÉSIDENT,

E. Hennebicq

Bl. B. 103 - 5000

vu

Procès-verbal consécutif à la vision du film *Le Diable au corps* (Claude Autant-Lara, 1947), le 30 avril 1948.
Source : Archives de l'État en Belgique/AEB.

d'organisations catholiques, interdit sa projection. À Courtrai, en Flandre-Occidentale, le bourgmestre décida en mai 1948 « au vu des actions de protestation contre la projection du film, de qualifier *Le Diable au corps* de fondamentalement amoral et susceptible d'exercer par le caractère osé des images et le cynisme des dialogues, une influence pernicieuse sur les jeunes[1] ».

Un autre exemple de l'opposition de diverses autorités ou organisations, y compris locales, à la projection de certains films scandaleux est *Dédée d'Anvers* (1948) d'Yves Allégret, qui raconte l'histoire d'une prostituée (Simone Signoret) qui travaille dans un bar de marins d'Anvers. Le film avait déjà fait parler de lui avant même sa sortie. En novembre 1947, les autorités locales refusèrent en effet la demande d'Allégret de tourner certaines scènes à Anvers même, parce que cette production risquait de nuire à la réputation de la ville. Pour justifier son refus, le bourgmestre socialiste de l'époque, Lode Craeybeckx, prétendait que le film « donnerait au spectateur une fausse idée de la situation au port d'Anvers et dans notre ville ». Il risquait de laisser l'impression que « la surveillance policière en notre ville laisse à désirer, voire même serait inexistante », ce qui pourrait « inspirer aux concurrents du port d'Anvers des réflexions et des commentaires susceptibles à nous causer un dommage considérable »[2]. Malgré cette « censure » préventive, l'œuvre d'Allégret sortit en 1949 en Belgique où la critique l'accueillit d'ailleurs avec des commentaires négatifs[3]. Pour des raisons évidentes, elle ne fut pas présentée à la CCFC, et la Commission catholique de sélection la classa dans sa catégorie 4. Survint alors un coup de théâtre. Début janvier 1949, alors que le film venait de sortir à Bruxelles, le ministre catholique des Finances, Gaston Eyskens, décida de l'interdire, en plaçant la salle où il était programmé sous séquestre. La presse en fit ses choux gras et l'affaire souleva de violentes critiques, suggérant notamment que le gouvernement avait cédé au souhait de M. Craeybeckx et aux intérêts économiques du port d'Anvers. Le séquestre fut levé au bout de cinq jours et *Dédée d'Anvers* put être projeté. Au vu

1. Arrêté du 08.05.1948, Kortrijk, Stadsarchief Kortrijk.
2. Citation de *Dédée d'Anvers*, *La Lanterne*, 28.12.1947.
3. Catherine Lanneau, « "Dis-moi ce que tu filmes, je te dirai qui tu es" », *art. cit.*

de tout le chahut provoqué par les autorités, il fut programmé simultanément dans trois salles bruxelloises[1].

Politique identitaire, conservatisme catholique et construction d'une culture française « dépravée »

Contrairement à la plupart des pays occidentaux, le législateur belge a promulgué en 1920 une loi qui ne peut être qualifiée de censure au sens strict, ce qui fait que la Belgique n'a jamais connu de censure des films pour les adultes, mais seulement un contrôle facultatif, non contraignant. Néanmoins, comme cet article a essayé de le montrer, le système de contrôle de films a été plus complexe et les décisions de la commission ont fait preuve de toujours plus de rigueur. En outre, à côté de la CCFC, d'autres institutions ont été particulièrement actives dans le domaine du contrôle cinématographique, s'efforçant de censurer voire d'interdire carrément la projection de films controversés.

Nous avons choisi ici d'aborder l'accueil du cinéma français d'après-guerre en Belgique dans une perspective institutionnelle. Ces institutions (ou leurs représentants) opéraient la plupart du temps en parallèle, se renforçant réciproquement à l'occasion. Si les argumentations par rapport aux films français se révèlent parfois différentes, la façon d'interdire ou de censurer des œuvres par la CCFC, les jugements émis par les censeurs de la Commission catholique et le comportement des pouvoirs locaux ou des instances judiciaires vis-à-vis du cinéma français étaient souvent très proches les uns des autres. Parmi les idées négatives associées aux productions hexagonales, notons la légèreté et l'amoralité concernant la sexualité et l'éthique en général ainsi qu'un langage familier voire vulgaire, truffé d'ambiguïtés et de grivoiseries. En même temps, le cinéma français fit aussi souvent l'objet d'un jugement plus bienveillant qui ne considérait pas nécessairement ces films comme profondément immoraux ou dangereux.

Quant à savoir si ce dernier argument a un rapport avec le contenu et la forme des films en question ou plutôt avec les idées plus larges sur la culture française, il est très malaisé d'y répondre. Au vu d'un long passé historique politico-économique et culturel commun

1. *t Pallieterke*, 20.01.1949 ; « Le mystère *Dédée d'Anvers* », *Le Drapeau Rouge*, 11.01.1949.

avec la France, la seconde option a certainement été exceptionnelle dans le contexte belge. Ce fut surtout le fait des milieux catholiques conservateurs et nationalistes flamands. Dans le cadre d'une politique identitaire flamande, l'image d'une France « dépravée » constituait un argument central de la politique identitaire et de la radicalisation culturelle. La lutte pour « l'émancipation » flamande et l'unilinguisme en Flandre impliquait logiquement l'expulsion progressive de la langue française et de l'influence de la culture française[1]. Dans ce contexte, la critique du cinéma français en Flandre a simplement fait partie d'un vaste projet politico-idéologique. Au moins jusqu'à la fin des années 1950, ce genre de critique était largement partagé par des intellectuels, des écrivains et des critiques (de cinéma) catholiques ultra-conservateurs qui considéraient encore la Révolution française et toutes les autres idées du siècle des Lumières en France comme autant d'obstacles au retour vers une société traditionnelle[2].

1. Voir Raf de Bont et Tom Verschaffel (dir.), *Het verderf van Parijs*, Louvain, UPL, 2004.
2. Christian De Borchgrave, *God of genot : Vlaanderen 1918-1940, een kerk in strijd met de moderne zinnelijkheid*, Louvain, Van Halewyck, 1998.

BIBLIOGRAPHIE

AARON Michele, *Spectatorship, the Power of Looking on,* Londres, Wallflower Press, 2007.

ALTMAN Rick, *La Comédie musicale hollywoodienne. Les problèmes de genre au cinéma* [trad.], Paris, Armand Colin, 1992 [1987].

ALTMAN Rick, *Film/Genre*, Londres, BFI, 1999.

ANDREW Dudley, *André Bazin*, Paris, Étoile/Cahiers du cinéma/Cinémathèque française, 1983.

ANTOINE André, *Le Théâtre libre*, Genève, Ressources, 1979.

AURENCHE Jean, *La Suite à l'écran : entretiens*, Lyon/Arles, Institut Lumière/Actes Sud, 1993.

BAECQUE Antoine (de), *La Cinéphilie. Invention d'un regard, histoire d'une culture, 1944-1968*, Paris, Fayard, 2003.

BAKHTINE Mikhaïl, *L'Œuvre de François Rabelais et la culture populaire du Moyen Âge et sous la Renaissance* [trad.], Paris, Gallimard, 1970 [1940].

BARAL Robert, *Revue. A Nostalgic Reprise of the Great Broadway Musical,* New York, Fleet Publishing Corporation, 1962.

BARROT Olivier, *L'Écran français, 1943-1953. Histoire d'un journal et d'une époque*, Paris, Les Éditeurs français réunis, 1979.

BARTHES Roland, *Mythologies*, Paris, Le Seuil, 1957.

BAZIN André, *Qu'est-ce que le cinéma ?*, Paris, Éditions du Cerf, 1975.

BERNARDINI Aldo, *Filmografia delle comproduzioni italo-francesi, 1947-1993*, Annecy, Rencontres du cinéma italien, 1995.

BERTIN-MAGHIT Jean-Pierre, « Le monde du cinéma français sous l'Occupation », *Vingtième siècle. Revue d'histoire*, n° 88, 2005, p. 109-120.

BEYLOT Pierre, MOINE Raphaëlle, « Introduction. Les fictions patrimoniales : une nouvelle catégorie interprétative », dans Pierre BEYLOT, Raphaëlle MOINE (dir.), *Fictions patrimoniales sur grand et petit écran. Contours et enjeux d'un genre intermédiatique*, Pessac, Presses universitaires de Bordeaux, 2009, p. 9-24.

BILLARD Pierre, *L'Âge classique du cinéma français. Du cinéma parlant à la Nouvelle Vague*, Paris, Flammarion, 1995.

BILTEREYST Daniel, « Film Censorship in a Liberal Free Market Democracy : Strategies of Film Control and Audience's Experiences of Censorship in Belgium », dans Daniel BILTEREYST, Roel VANDE WINKEL (dir.), *Silencing Cinema. Film Censorship Around the World,* New York, Palgrave Macmillan, 2013, p. 275-293.

BILTEREYST Daniel, « I Think Catholics Didn't Go to the Cinema : Catholic Film Exhibition Strategies and Cinema-Going Experiences in Belgium, 1930s-1960s », dans Daniel BILTEREYST, Daniela TREVERI-GENNARI (dir.), *Moralizing Cinema. Film, Catholicism and Power*, New York, Routledge, 2015, p. 255-271.

BILTEREYST Daniel, TREVERI GENNARI Daniela, « Cinema, Catholics and Power : An Introduction », dans Daniel BILTEREYST, Daniela TREVERI-GENNARI (dir.), *Moralizing Cinema. Film, Catholicism and Power*, New York, Routledge, 2015, p. 1-15.

BOILLAT Alain, « L'adaptation du *Rouge et le Noir* par Claude Autant-Lara (1954) : procès, processus, procédés », dans *Écrans*, revue en ligne, Christophe GELLY (dir.), « Réalisme et cinéma », mars 2015, http://revue-ecrans.net

BOLZONI Francesco, *I film di Francesco Rosi*, Roma, Gremese Editore, 1986.

BONT Raf de, VERSCHAFFEL Tom (dir.), *Het verderf van Parijs*, Louvain, UPL, 2004.

BORCHGRAVE Christian de, *God of genot : Vlaanderen 1918-1940, een kerk in strijd met de moderne zinnelijkheid*, Louvain, Van Halewyck, 1998.

BOURDIEU Pierre, PASSERON Jean-Claude, « Sociologues des mythologies et mythologies de sociologues », *Les Temps modernes*, n° 211, 1963, p. 998-1021.

BOURDIEU Pierre, *La Distinction. Critique sociale du jugement*, Paris, Éditions de Minuit, 1979.

BOYER Marc, *Le Tourisme de masse*, Paris, L'Harmattan, 2007.

BUACHE Freddy, *Claude Autant-Lara*, Lausanne, L'Âge d'Homme, 1982.

BURCH Noël, SELLIER Geneviève, *La Drôle de guerre des sexes du cinéma français (1930-1956)*, Paris, Nathan, 1996.

BURCH Noël, SELLIER Geneviève, « Cinéphilie et masculinité », *Iris*, n° 26, automne 1998, p. 191-206.

CALLAHAN Vicki (ed.), *Reclaiming the Archive*, Detroit, Wayne State University Press, 2010.

CARCAUD-MACAIRE Monique, CLERC Jeanne-Marie, *Pour une lecture sociocritique de l'adaptation cinématographique*, Montpellier, Éditions du CERS, 1995.

CASETTI Francesco, « Cinema in the Cinema in Italian Films of the Fifties : *Bellissima* and *La Signora senza camelie* », *Screen*, vol. 33, n° 4, 1992, p. 375-393.

CHAMPION Virginie, LEMOINE Bertrand, TERREAUX Claude, *Les Cinémas de Paris : 1945-1995*, Paris, Délégation artistique de la Ville de Paris, 1995.

CHARPENTIER Émilie, « Spectateurs, vous avez la parole. Le courrier des lecteurs dans *Cinémagazine* et *Mon ciné* », mémoire de maîtrise, université Paris 1 Panthéon-Sorbonne, 2003.

CHEDALEUX Delphine, « Cinéma, chanson et cinéphilie populaire dans *Cinémonde* (1946-1958) », dans Sébastien LAYERLE, Raphaëlle MOINE (dir.), *Voyez comme on chante ! Films musicaux et cinéphilies populaires en France (1945-1958)*, Paris, Presses Sorbonne Nouvelle, coll. « Théorème », n° 20 2014, p. 59-66.

CHEDALEUX Delphine, *Jeunes premiers et jeunes premières sur les écrans de l'Occupation (France, 1940-1944)*, Bordeaux, Presses universitaires de Bordeaux, à paraître.

CHION Michel, *La Comédie musicale*, Paris, Cahiers du cinéma, 2002.
CIESLIK Vanessa, « Le cinéma en Moselle dans l'Entre-deux-guerres, 1919-1939 », Mémoire de maîtrise, université de Metz, 2001.
COLLECTIF, *Le Rôle intellectuel du cinéma*, Paris, Société des Nations et Institut national de coopération intellectuelle, 1937.
COLPI Henri, *Défense et illustration de la musique dans le film*, Lyon, Serdoc, 1963.
CONQ Jean, GUILLOTEAU Charles-Henri, LEPRIEUR François, VILLEBOUX Bernard, « De la JAC au MRJC », *JAC/MRJC origines et mutations*, Lyon, Chronique sociale, 1996.
CORBIN Alain, COURTINE Jean-Jacques, VIGARELLO Georges (dir.), *Histoire de la virilité*, tome 3 : « La virilité en crise ? XXe-XXIe siècle », Paris, Seuil, 2011.
CORSI Barbara, *Con qualche dollaro in meno. Storia economica del cinema italiano*, Rome, Editori Riuniti, 2001.
CORSI Barbara, « Il cinema italiano all'estero », dans Sandro Bernardi (ed.), *Storia del cinema italiano*, vol. 9 (1954-1959), Venise, Marsilio Edizioni di Bianco & Nero, 2004.
CORSI Barbara, « Il cinema straniero in Italia », dans Sandro Bernardi (ed.), *Storia del cinema italiano*, vol. 9 (1954-1959), Venise, Marsilio Edizioni di Bianco & Nero), 2004.
COURTADE Francis, *Les Malédictions du cinéma français : une histoire du cinéma français parlant (1928-1978)*, Paris, Éditions Alain Moreau, 1978.
CRISP Colin, *The Classic French Cinema, 1930-1960*, Bloomington, Indiana University Press, 1993.
DE BERTI Raffaele, *Dallo schermo alla carta. Romanzi, fotoromanzi, rotocalchi cinematografici*, Milan, Vita e Pensiero, 2000.
DESSERE Gérard, SCHMIDT Nicolas (dir.), *Le Cinéma du sam'di soir*, Corlet-Télérama, coll. « CinémAction », n° 95, 2000.
DILEO John, *Tennessee Williams and Company. His Essential Screen Actors*, East Brunswick (NJ), Hansen Publishing Group LLC, 2010.
DOLAN Josephine, « Smoothing the Wrinkles : Hollywood, Successful Aging and the New Visibility of Older Female Stars », dans Cynthia CARTER, Linda STEINER, Lisa MCCLAUGHLIN (dir.), *The Routledge Companion to Media and Gender*, Londres/New York, Routledge, 2013, p. 352-363.
DOUIN Jean-Luc, *Dictionnaire de la censure au cinéma*, Paris, Quadrige/PUF, 1998.
DUBOUILH Sandrine, *Une architecture pour le théâtre populaire, 1870-1970*, Éditions AS, 2012.
DUBOUILH Sandrine, « L'entrée en salle : de la rue aux fauteuils, les lieux de la préparation du public », *Agôn, revue des arts de la scène* [en ligne], n° 5, 2013, http://agon.ens-lyon.fr
DUCHEN Claire, *Women's Rights and Women's Lives in France*, 1944-1968, Londres, Psychology Press, 1994.
DURHAM Carolyn, *Double Takes. Culture and gender in French Films and their American Remakes*, Hanovre/Londres, University Press of New England, 1998.
DYER Richard, *Le Star-système hollywoodien* [trad.], Paris, L'Harmattan, 2004 [1979].

ELWOOD David, « Un Americano a Roma », *History Today*, vol. 46, n° 5, mai 1996.
FEUER Jane, *The Hollywood Musical*, Bloomington, Indiana University Press, 1982.
FEYDEAU Alain, *Edwige Feuillère*, Paris, Henri Veyrier, 1991.
FOREST Jennifer, KOOS Leonard R., *Dead Ringers. The Remake in Theory and Practice*, Albany, State University of New York Press, 2002.
FORLIN Olivier, *Les Intellectuels français et l'Italie (1945-1955). Médiation culturelle, engagements et représentations*, Paris, L'Harmattan, 2006.
FOURNIER LANZONI Rémi, *French Cinema : From Its Beginnings to the Present*, Londres, Continuum, 2002.
FROMM Erich, *La Peur de la liberté*, Lyon, Parangon/Vs, 2010.
GAILLARD Adrien, MEYER Julien, « Jean Aurenche, Pierre Bost et Claude Autant-Lara, auteurs de *Douce*. Genèse d'une pratique scénaristique », *Genesis*, n° 41, à paraître.
GARDIES André, *Le Récit filmique*, Paris, Hachette, 1993.
GAUTEUR Claude, VINCENDEAU Ginette, *Jean Gabin. Anatomie d'un mythe*, Nouveau Monde, Paris, 2006 [1993].
GAUTHIER Christophe, « Le cinéma : une mémoire culturelle », *1895*, n° 52, 2007, p. 9-26.
GILI Jean A., « L'accueil du cinéma français en Italie pendant l'époque fasciste (1930-1945) », dans Jean-Baptiste DUROSELLE, Enrico SERRA (dir.), *Il vincolo culturale tra Italia e Francia negli anni trenta e quaranta*, Milan, Franco Angeli, 1986, p. 304-329.
GILSON René, « Les activités non américaines de la comédie musicale », *Cinéma 59*, n° 39, août-septembre 1959, p. 110-113.
GIMELLO-MESPLOMB Frédéric, « Le prix de la qualité. L'État et le cinéma français (1960-1965) », *Politix*, vol. 16, n° 61, 2003, p. 95-122.
GRIGNON Claude, PASSERON Jean-Claude, *Le Savant et le populaire. Misérabilisme et populisme en sociologie et en littérature*, Paris, Seuil, 1989.
GUIDO Laurent, LE FORESTIER Laurent, « Un cas d'école. Renouveler l'histoire du cinéma comique des premiers temps », *1895*, n° 61, 2010, p. 9-76.
GUNDLE Stephen, « Hollywood Glamour and Mass Consumption in Postwar Italy », *Journal of Cold War Studies,* vol. 4, n° 3, été 2002, p. 95-118.
GUNDLE Stephen, CASTELLI Clino T., *The Glamour System*, Londres, Palgrave Macmillan, 2006.
HANDEL Leo A., *Hollywood looks at its Audience, a Report of Film Audience Research*, Chicago, University of Illinois Press, 1950.
HANSEN Miriam, *Babel & Babylon. Spectatorship in American Silent Film*, Cambridge, Harvard University Press, 1991.
HAYWARD Susan, *French National Cinema*, Londres/New York, Routledge, 2005 [1993].
HAYWARD Susan, *Simone Signoret, une star engagée*, [trad.], Paris, L'Harmattan, 2013 [2004].
HAYWARD Susan, *French Costume Drama of 1950s. Fashioning Politics in Films*, Bristol, Intellect, 2010.
HAYWARD Susan, « Jean Marais, icône du drame en costumes/historique : du *Comte de Monte Cristo* au *Chevalier de La Tour*, en passant par *Nez de cuir*

– deux types de masculinité : corps bourreau et corps "martyrisé" », dans Gwénaëlle Le Gras, Delphine Chedaleux (dir.), *Genres et acteurs du cinéma français, 1930-1960*, Rennes, Presses universitaires de Rennes, 2012, p. 79-87.

Hervé Frédéric, *La Censure du cinéma*, Paris, ADHE, 2001.

Hochkofler Matilde, *Anna Magnani*, Rome, Gremese, 1984.

Hubert-Lacombe Patricia, *Le Cinéma français dans la guerre froide, 1946-1956*, Paris, L'Harmattan, 1996.

Huyssen Andreas, « Féminité de la culture de masse : l'autre de la modernité », dans Geneviève Sellier, Éliane Viennot (dir.), *Culture d'élite, culture de masse et différence des sexes*, Paris, L'Harmattan, 2004, p. 47-75.

Jancovich Mark, Faire Lucy (with Sarah Stubbings), *The Place of the Audience. Cultural Geographies of Film Consumption*, London, BFI, 2003.

Jeancolas Jean-Pierre, Meusy Jean-Jacques, Pinel Vincent, *L'Auteur du film. Description d'un combat*, Lyon, Actes Sud/SACD/Institut Lumière, 1996.

Jeancolas Jean-Pierre, *Le Cinéma des Français. Quinze ans d'années trente (1929-1944)*, Paris, Nouveau Monde, 2005 [1983].

Jeanson Henri, *Soixante-dix ans d'adolescence*, Paris, Ramsay, 1971.

Jenkins Henry, *What Made Pistachio nuts? Early Sound Comedy and the Vaudeville Aesthetic*, New York, Columbia University Press, 1992.

Juan Myriam, « La célébrité à l'heure de la reproductibilité. L'invention de la star de cinéma en France pendant l'entre-deux-guerres », *Hypothèses. Travaux de l'École doctorale d'Histoire* (université Paris 1), n° 15, 2012, p. 127-144.

Jullier Laurent, Leveratto Jean-Marc, *Cinéphiles et cinéphilies. Une histoire de la qualité cinématographique*, Paris, Armand Colin, 2010.

Kuhn Annette, « "I wanted Life to be Romantic and I Wanted to be Thin". Girls Growing Up in Cinemas in the 1930s », dans Vicki Callahan (ed.), *Reclaiming the Archive*, Detroit, Wayne State University Press, 2010.

Kuisel Richard, « The Fernandel Factor : The Rivalry Between the French and American Cinema in the 1950s », *Yale French Studies*, n° 98, 2000, p. 119-134.

Lacloche Francis, *Architectures de cinéma*, Paris, Le Moniteur, 1981.

Lacloche Francis, Gribe Gérald, *50 lieux, 50 villes. Salles de cinéma : situations urbaines, architecture, aménagement*, Paris, ministère de la Culture, 1984.

Lanneau Catherine, « "Dis-moi ce que tu filmes, je te dirai qui tu es" : l'image du cinéma français en Belgique francophone dans l'immédiat après Seconde Guerre mondiale », *1895*, n° 51, 2007, p. 44-66.

Layerle Sébastien, Moine Raphaëlle, « Les "comédies-poursuites", un cycle de films musicaux entre scènes de cabaret et télédiffusion naissante », dans Sébastien Layerle, Raphaëlle Moine (dir.), *Voyez comme on chante ! Films musicaux et cinéphilies populaires en France (1945-1958)*, Paris, Presses Sorbonne Nouvelle, coll. « Théorème », n° 20, 2014, p. 75-87.

Le Gras Gwénaëlle, *Michel Simon, l'art de la disgrâce*, Paris, Scope, 2010.

Le Gras Gwénaëlle, « Martine au cirque, Martine au bûcher, ou le point aveugle de l'affaire Lola Montès », dans Marguerite Chabrol, Pierre-Olivier Toulza (dir.), *Lola Montès : lectures croisées*, Paris, L'Harmattan, 2011, p. 141-170.

Le Gras Gwénaëlle, Delphine Chedaleux (dir.), *Genres et acteurs du cinéma français, 1930-1960*, Rennes, Presses universitaires de Rennes, 2012.

LE GRAS Gwénaëlle, « The Post-war French Star System (1945-1958) : Prestigious *Vedettes* and Box-Office Stars », *Contemporary French and Francophone Studies : Sites*, vol. 19, n° 1, numéro spécial « Stars du cinéma français d'après-guerre » sous la direction de Gwénaëlle LE GRAS et Geneviève SELLIER, janvier 2015, p. 6-28.

LE GRAS Gwénaëlle, « Edwige Feuillère dans le star-système français des années d'après-guerre vu par *Cinémonde* », dans Geneviève SELLIER (dir.), *Studies in French Cinema*, vol. 15, n° 1, Londres, Routledge, mars 2015, p. 37-55.

LE GRAS Gwénaëlle, « Les Victoires du cinéma français : une entreprise d'institutionnalisation orchestrée par *Le Film français* », dans Laurent CRETON, Kira KITSOPANIDOU, Thomas PILLARD (dir.), *Le Film français (1945-1958) : rôles, fonctions et identités d'une revue corporative*, Paris, Presses Sorbonne Nouvelle, coll. « Théorème », n° 23, 2015.

LE GRAS Gwénaëlle, « France's "New Don Juan" : The Representation of Alain Delon's Youth », dans Nick REES-ROBERTS, Darren WALDRON (dir.), *Alain Delon. Style, Stardom and Masculinity*, Bloomsbury, Continuum Publishing Corporation, 2015.

LELIÈVRE Marie-Dominique, *Brigitte Bardot. Plein la vue*, Paris, Flammarion, 2012.

LEVENTOPOULOS Mélisande, « Une Église moderne en images : la cause cinématographique du père Raymond Pichard (1947-1954) », *1895*, n° 63, 2011, p. 70-89.

LEVENTOPOULOS Mélisande, « La Construction collective d'un regard critique. Les catholiques et le cinéma dans la France du XXe siècle (1895-1995) », thèse de doctorat, université Paris 8, 2013.

LEVENTOPOULOS Mélisande, *Les Catholiques et le cinéma. La construction d'un regard critique (France, 1895-1958)*, Rennes, Presses universitaires de Rennes, 2015.

LEVERATTO Jean-Marc, *Introduction à l'anthropologie du spectacle*, Paris, La Dispute, 2006.

LEVERATTO Jean-Marc, « De "l'étoile" à la "star". L'acteur de cinéma et la naissance du film de qualité », dans Vincent AMIEL, Jacqueline NACACHE, **Geneviève** SELLIER, Christian VIVIANI (dir.), *L'acteur de cinéma : approches plurielles*, Rennes, Presses universitaires de Rennes, 2007, p. 57-79.

LEVERATTO Jean-Marc, *Cinéma, spaghettis, classe ouvrière et immigration*, Paris, La Dispute, 2010.

LINDEPERG Sylvie, *Les Écrans de l'ombre. La Seconde Guerre mondiale dans le cinéma français (1944-1969)*, Paris, Éditions Points, 2014 [1997].

MACÉ Éric, « Introduction », dans Edgar MORIN, *L'Esprit du temps. Essai sur la culture de masse*, Paris, Armand Colin, 2008 [1962].

MALRAUX André, *Esquisse d'une psychologie du cinéma*, Paris, Nouveau Monde, 2003 [1946].

MARÉCHAL Cécile, *Le Cinéma américain à Bruxelles lors des saisons 1944-1946*, Louvain, UCL, 1987.

MARIE Laurent, *Le cinéma est à nous. Le PCF et le cinéma français de la Libération à nos jours*, Paris, L'Harmattan, 2005.

MARTIN Laurent, « Pourquoi lit-on *Le Canard enchaîné* ? » *Vingtième siècle. Revue d'histoire*, n° 68, octobre-décembre 2000, p. 43-53.

MARTIN Laurent, « Collaboration "chaude" ou collaboration "froide" ? Le cas d'Henri Jeanson (1936-1947) », *Vingtième siècle. Revue d'histoire*, n° 86, avril-juin 2005, p. 91-106.

MARY Philippe, *La Nouvelle Vague et le cinéma d'auteur*, Paris, Seuil, 2006.

MASSON Alain, *Comédie musicale*, Paris, Stock, 1981.

MASSON Alain, « Améremake », *Positif*, n° 459, dossier « Le remake à Hollywood », mai 1999, p. 76-81.

MAYNE Judith, *Cinema and Spectatorship*, Londres, Routledge, 1993.

MAZDON Lucy, *Encore Hollywood. Remaking French Cinema*, Londres, BFI, 2000.

MEUSY Jean-Jacques, *Paris palaces ou le temps des cinémas, 1894-1918*, Paris, CNRS éditions, 1995.

MEUSY Jean-Jacques, « Local Cinema Histories in France : an Overview », dans Wanda STRAUVEN, Ivo BLOM (eds), *Cinema in Context. Tijdschrift voor Mediageschiedenis,* vol. 9, n° 2, 2006.

MEUSY Jean-Jacques, *Cinémas de France, 1894-1918,* Paris, CNRS éditions, 2009.

MICHEL Alain-René, *La Jeunesse étudiante chrétienne face au nazisme et à Vichy,* Lille, Presses universitaires du Septentrion, 1988.

MILZA Pierre, *Français et Italiens à la fin du XIXe siècle. Aux origines du rapprochement franco-italien de 1900-1902*, tome 1, Rome, École française de Rome (53), 1981.

MOINE Raphaëlle, *Les Genres du cinéma*, Paris, Nathan, 2008 [2002].

MOINE Raphaëlle, *Remakes. Les films français à Hollywood*, Paris, CNRS éditions, 2007.

MOINE Raphaëlle, « "Lola Montès ? Cette femme ne m'intéresse pas." *Lola Montès* et le film biographique français des années 1950 », dans Marguerite CHABROL, Pierre Olivier TOULZA (dir.), *Lola Montès : lectures croisées*, Paris, L'Harmattan, 2011, p. 171-198.

MOINE Raphaëlle, SELLIER Geneviève (dir.), *Cinémas*, vol. 22, n° 2-3, « Genre/*Gender* », printemps 2012.

MOINE Raphaëlle, SELLIER Geneviève, « Présentation », dans Raphaëlle MOINE, Geneviève SELLIER (dir.), *Cinémas*, vol. 22, n° 2-3, « Genre/*Gender* », printemps 2012, p. 7-11.

MOINE Raphaëlle, « De l'usage stratégique du théâtre : modèle théâtral, biopic et réhabilitation de soi dans *Le Comédien* et *Le Diable boiteux* (Guitry, 1948) », dans Marguerite CHABROL, Tiphaine KARSENTI (dir.), *Théâtre et cinéma. Le croisement des imaginaires*, Rennes, Presses universitaires de Rennes, 2013, p. 163-175.

MONTEBELLO Fabrice, « Spectacle cinématographique et classe ouvrière, Longwy 1944-1960 », thèse de doctorat d'histoire soutenue en 1997, université de Lyon 2.

MONTEBELLO Fabrice, *Le Cinéma en France depuis les années 1930*, Paris, Armand Colin, 2005.

MORIN Edgar, « Les stars », *La Revue internationale de filmologie*, n° 25, janvier-mars 1956.

MORIN Edgar, *Les Stars*, Paris, Le Seuil, 1957.

MORRIS Meaghan, HJORT Mette (dir.), *Creativity and Academic Activism : Instituting Cultural Studies*, Aberdee, Hong Kong University Press, 2012.

MOUREN Yannick, « Remake made in France », *Positif*, dossier « Le remake, 2e partie », n° 460, juin 1999, p. 90-94.

MOUSSÉ Christophe, *Henri Jeanson. Films/textes/references*, Nancy, Presses universitaires de Nancy, 1997.

MUELLER John, « Fred Astaire and the Integrated Musical », *Cinema Journal*, vol. 24, n° 1, 1984, p. 28-40.

NACACHE Jacqueline, « Comment penser les remakes américains ? », *Positif*, dossier « Le remake, 2e partie », n° 430, juin 1999, p. 76-80.

NEALE Steve, « Masculinity as Spectacle : Reflections on Men and Mainstream Cinema », dans Steven COHAN, Ina RAE HARK (dir.), *Screening the Male. Exploring Masculinities in Hollywood Cinema*, Londres, Routledge, 1993, p. 9-20.

ORY Pascal, *L'Aventure culturelle des Français : 1945-1989*, Paris, Flammarion, 1989.

PACI Viva, *La Comédie musicale et la double vie du cinéma*, Lyon/Udine, Aléas/Forum, 2011.

PASSEK Jean-Loup (dir.), *D'un cinéma l'autre*, Paris, Centre Georges Pompidou, 1988.

PERROT Martyne, « La jaciste : une figure emblématique », dans Rose-Marie LAGRAVE (dir.), *Celles de la terre. Agricultrice : l'invention politique d'un métier*, Paris, EHESS, 1987, p. 33-60.

PEYRUSSE Claudette, *Le Cinéma méridional. Le Midi dans le cinéma français (1929-1944)*, Toulouse, Eché, 1986.

PHILLIPS Alastair, « La séductrice n° 1 : le cas de Martine Chérie », *Iris*, n° 26, automne 1998, p. 101-114.

PILLARD Thomas, *Le Film noir français face aux bouleversements de la France d'après-guerre (1946-1960)*, Nantes, Éditions Joseph K, 2014.

PILLARD Thomas, « Questioning a Switch in Genres : Fernandel's Dramatic Films in the 1950s », *Contemporary French and Francophone Studies : Sites*, vol. 19, n° 1, Gwénaëlle LE GRAS et Geneviève SELLIER (dir.), janvier 2015, p. 76-89.

PILLARD Thomas, « Cinéphilie populaire et usages sociaux du cinéma : le courrier des lecteurs du *Film complet* dans les années 1950 », Geneviève SELLIER (dir.), *Studies in French Cinema*, vol. 15, n° 1, Londres, Routledge, 2015.

PLASSERAUD Emmanuel, *L'Art des foules. Théories de la réception filmique comme phénomène collectif en France (1908-1930)*, Lille, Presses universitaires du Septentrion, 2011.

POR Katalin, « Usages de l'opérette aux débuts du parlant à Hollywood : innovations techniques et stratégies spectaculaires », *1895*, n° 72, printemps 2014, p. 65-84.

POWRIE Phil, *Pierre Batcheff and Stardom in 1920s French Cinema*, Édimbourg, Edinburgh University Press, 2009.

POWRIE Phil, « The French Musical : Swing and Big Bands in the Cinema of the 40s and 50s », *Screen*, vol. 54, n° 2, 2013, p. 152-173.

POWRIE Phil, « Luis Mariano et l'exotisme ordinaire », dans Sébastien LAYERLE, Raphaëlle MOINE (dir.), *Voyez comme on chante ! Films musicaux et cinéphilies populaires en France (1945-1958)*, Paris, Presses Sorbonne Nouvelle, coll. « Théorème », n° 20, 2014, p. 19-29.

PRÉDAL René, *Cinquante ans de cinéma français*, Paris, Nathan, 1996.

PRÉDAL René, *Le Cinéma d'auteur. Une vieille lune ?*, Éditions du Cerf, Paris, 2001.

PULJU Rebecca, « Changing Homes, Changing Lives : Material Conditions, Women's Demands, and Consumer Society in Post-World War II France », *Proceedings of the Western Society for French History*, vol. 31, 2003, p. 290-307.

REDMOND Sean, HOLMES Sue (dir.), *Stardom and Celebrity. A Reader*, Londres, Sage Publications, 2007.

REVENIN Régis, *Hommes et masculinité de 1789 à nos jours*, Paris, Éditions Autrement, 2007.

ROCHEFORT Florence (dir.), *Le Pouvoir du genre. Laïcités et religions 1905-2005*, Toulouse, PUM, 2007.

ROCHEFORT Florence, SANNA Eleonora (dir.), *Normes religieuses et genre. Mutations, résistances et reconfiguration (XIXe-XXIe siècle)*, Paris, Armand Colin, 2013.

ROLLET Brigitte, « Question(s) de genre(s). Les réalisatrices françaises et les films en costumes », dans Raphaëlle MOINE (dir.), *Le Cinéma français face aux genres*, Paris, AFRHC, 2005, p. 163-173.

RUBERTO Laura E., WILSON Kristi M. (eds.), *Italian Neorealism and Global Cinema*, Detroit, Wayne State University Press, 2007.

RUBIN Martin, *Showstoppers. Busby Berkeley and the Tradition of Spectacle*, New York, Columbia University Press, 1993.

SCHOONOVER Karl, *Brutal Vision. The Neorealist Body in Postwar Italian Cinema*, Minneapolis, University of Minnesota Press, 2012.

SELLIER Geneviève, Ginette VINCENDEAU, « La Nouvelle Vague et le cinéma populaire : Brigitte Bardot dans *Vie privée* et *Le Mépris* », *Iris*, n° 26, automne 1998, p. 115-130.

SELLIER Geneviève, « Les films "Belle Époque" dans le cinéma français d'après-guerre. Invisibilité d'un genre féminin », dans Raphaëlle MOINE (dir.), *Le Cinéma français face aux genres*, Paris, AFRHC, 2005, p. 151-161.

SELLIER Geneviève, « *Gender studies* et études filmiques », *Cahiers du genre*, n° 38, 2005, p. 63-85.

SELLIER Geneviève, *La Nouvelle Vague. Un cinéma au masculin singulier*, Paris, CNRS éditions, 2005.

SELLIER Geneviève, « *Gender studies* et études filmiques : avancées et résistances françaises », *Diogène*, n° 225, 2009, p. 126-138.

SELLIER Geneviève, « Le courrier des lecteurs de *Cinémonde* dans les années 1950 : la naissance d'une cinéphilie au féminin » dans Noël BURCH, Geneviève SELLIER, *Le Cinéma au prisme des rapports de sexe*, Paris, Vrin, 2009, p. 67-90.

SELLIER Geneviève, « Implications d'une approche *gender* : repenser les corpus ; prendre en compte la réception », *Lignes de fuite, revue électronique de cinéma*, 2011, http://www.lignes-de-fuite.net/article.php3?id_article=174

SELLIER Geneviève, « La réception des films de la Nouvelle Vague dans le courrier des lecteurs de *Cinémonde*. Une trace de cinéphilie féminine dans la France de 1960 », *Communication* [en ligne], vol. 32/1, novembre 2013, http://communication.revues.org/4951

SELLIER Geneviève, « Un accès à la "réception ordinaire dans la France d'après-guerre" : le courrier des lecteurs des magazines populaires », dans Adrienne

Boutang, Barbara Laborde, Lucie Mérijeau (dir.), *Networking images. Approches interdisciplinaires des images en réseau*, Presses de la Sorbonne Nouvelle, coll. « Théorème », n° 17, 2013, p. 143-152.

SELLIER Geneviève, « "Le chéri des midinettes" : Luis Mariano dans le courrier des lecteurs de *Cinémonde* (1949-1956) », dans Sébastien LAYERLE et Raphaëlle MOINE (dir.), *Voyez comme on chante ! Films musicaux et cinéphilies populaires en France (1945-1958)*, Paris, Presses Sorbonne Nouvelle, coll. « Théorème », n° 20, 2014, p. 31-42.

SERCEAU Michel, *Les Goûts du public, une salle de quartier dans les années cinquante*, Biarritz, Atlantica, 2006.

SERCEAU Michel, « Derrière le miroir, la femme ou la mise en abîme de la star », *CinémAction*, n° 124, « Le cinéma au miroir du cinéma », 2007, p. 80-88.

SHINGLER Martin, *Star Studies. A Critical Guide,* Londres, BFI/Palgrave Macmillan, 2012.

SILBERMAN Marc, « Learning from the enemy : DEFA-French co-productions of the 1950s », *Film History. An International Journal*, vol. 18, n° 1, 2006, p. 21-45.

SIMSI Simon, *Ciné-Passions. Le guide chiffré du cinéma en France*, Paris, Dixit, 2012 [2000].

SMALL Pauline, « Industry, Co-production and Agency : Gina Lollobrigida in Documents », *The Italianist*, vol. 32, n° 2, juin 2012, p. 191-213.

SORLIN Pierre, « Ce qu'était un film populaire dans l'Europe des années cinquante », dans Jean-Pierre BERTIN-MAGHIT (dir.), *Les Cinémas européens des années cinquante*, Paris, AFRHC, 2000.

SORLIN Pierre, *Gli italiani al cinema : immaginario e identità sociale di una nazione*, Mantua, Tre Lune, 2009.

SPINAZZOLA Vittorio, *Cinema e pubblico. Lo spettacolo filmico in Italia 1945-1965*. Rome, Bulzoni Editore, 1985.

STAIGER Janet, *Interpreting films. Studies in the Historical Reception of America Cinema*, Princeton, Princeton University Press, 1992.

STAIGER Janet, *Media Reception Studies,* New York, New York University Press, 2005.

TACCHELLA Jean-Charles, « Scénariste dans les années 1940 et 1950 », dans Alain Ferrari (dir.), *Le Poing dans la vitre*, Arles, Actes Sud, 2006, p. 15-35.

TREVERI GENNARI Daniela, « "If You Have Seen it, You Cannot Forget !" Film Consumption and Memories of Cinema-Going in 1950s Rome », *The Historical Journal of Film Radio and Television*, printemps 2009.

TREVERI GENNARI Daniela, *Post-War Italian Cinema. American Intervention, Vatican Interests,* New York, Routledge, 2009.

TREVERI GENNARI Daniela, « A Regional Charm : Italian Comedy versus Hollywood », *October*, n° 128, printemps 2009, p. 51-68.

TREVERI GENNARI Daniela, O'RAWE Catherine, HIPKINS Danielle, « In Search of Italian Cinema Audiences in the 1940s and 1950s : Gender, Genre and National identity », *Participations. Journal of Audiences and Reception Studies*, vol. 8, n° 2, novembre 2011, p. 539-553.

TRUFFAUT François, *Les Films de ma vie*, Paris, Flammarion, 1975.

TRUFFAUT François, *Le Plaisir des yeux*, Paris, Cahiers du cinéma, 1987.

Van de Vijver Lies, Biltereyst Daniel, Velders Khaël, « Crisis at the Capitole : A Cultural Economics Analysis of a Major First-Run Cinema in Ghent, 1953-1971 », *Historical Journal of Film, Radio and Television*, vol. 34, 2014, p. 1-50.

Van Steen Oliver, *Gerechtelijk optreden tegen de controversiële film in Antwerpen (1950-midden jaren 1970)*, Anvers, université d'Anvers, 2007.

Venuti Lawrence, *The Scandals of Translation. Towards an Ethics of Difference*, Londres, Routledge, 1998.

Verevis Constantine, *Film Remakes*, Édimbourg, Edinburgh University Press, 2005.

Vigarello Georges, *Histoire de la beauté. Le corps et l'art d'embellir de la Renaissance à nos jours*, Paris, Seuil, 2004.

Vincendeau Ginette, *Les Stars et le star-système en France* [trad.], Paris, L'Harmattan, 2008 [2000].

Vincendeau Ginette, « Fernandel : de l'innocent du village à "Monsieur tout le monde" », dans Gwénaëlle Le Gras, Delphine Chedaleux (dir.), *Genres et acteurs du cinéma français, 1930-1960*, Rennes, Presses universitaires de Rennes, 2012.

Vincendeau Ginette, *Brigitte Bardot*, Londres, BFI/Palgrave Macmillan, 2013.

Vincendeau Ginette, « A Star is Torn (to Pieces) : Brigitte Bardot Seen Through Readers' Letters in *Cinémonde* », *Contemporary French and Francophone Studies : Sites*, vol. 19, n° 1, Gwénaëlle Le Gras et Geneviève Sellier (dir.), janvier 2015, p. 90-105.

Virgili Fabrice, *La France « virile ». Des femmes tondues à la Libération*, Paris, Payot, 2000.

Wagstaff Christopher, « Il cinema italiano nel mercato internazionale », dans Gian Piero Brunetta (dir.), *Identità italiana e identità europea nel cinema italiano*, Turin, Edizioni della Fondazione Giovanni Agnelli, 1996.

Walker Alexander, *Stardom. The Hollywood Phenomenon*, Londres, Michael *Joseph, 1970.*

Wang Yiman, *Remaking Chinese cinema. Through the Prism of Shanghai, Hong Kong, and Hollywood*, Honolulu, University of Hawaii Press, 2013.

Weber Alain, *La Bataille du film*, Paris, Ramsay, 2007.

Wedel Michael, *Der deutsche Musikfilm : Archäologie eines Genres 1914-1945*, Munich, Edition text + Kritik, 2007.

Weiner Susan, « 1950s Popular Culture : Star-Gazing and Myth-Making with Roland Barthes and Edgar Morin », dans John Gaffney, Diana Holmes (dir.), *Stardom in Postwar France*, New York, Berghahn Books, 2007, p. 26-39.

Williams Alan, *Republic of Images : A History of French Filmmaking*, Cambridge MA, Harvard University Press, 1992.

Witta-Montrobert Jeanne, *La Lanterne magique. Mémoires d'une scripte*. Paris, Calmann-Levy, 1980.

Wood Mary P., « Woman of Rome : Anna Magnani », dans Siehlohr Ulrike (ed.), *Heroines Without Heroes. Reconstructing Female and National Identities in European Cinema, 1945-1951*, Londres/New York, Cassel, 2000, p. 149-159.

LES AUTEUR-E-S

Camille Beaujeault, doctorante à l'université de Paris 1 Panthéon-Sorbonne, poursuit des recherches en histoire du cinéma. Ses travaux portent principalement sur l'acteur Gérard Philipe et sa place dans le star-système du cinéma français des années 1950.

Daniel Biltereyst est professeur à l'université de Gand (Belgique) où il enseigne l'histoire et l'analyse du cinéma. Spécialiste de l'histoire de la censure au cinéma, il est l'auteur de plusieurs ouvrages inspirés de la « New Cinema History », comme *Explorations in New Cinema History* (2011, Wiley-Blackwell, avec R. Maltby and Ph. Meers), *Cinema, Audiences and Modernity* (2012, Routledge, avec R. Maltby and Ph. Meers), *Silencing Cinema : Film Censorship around the World* (2013, Palgrave-Macmillan, avec R. Vande Winkel), et *Moralizing Cinema : Film, Catholicism and Power* (2014, Routledge, avec Daniela Treveri Gennari).

Alain Boillat est professeur à la section d'histoire et esthétique du cinéma de la faculté des lettres de l'université de Lausanne, directeur du CEC (Centre d'études cinématographiques) et président du Réseau Cinéma CH. Ses publications et recherches ont notamment trait à l'étude des pratiques scénaristiques et du récit filmique, à une théorisation du rôle de la voix dans les dispositifs audiovisuels et à une histoire croisée de la bande dessinée et du cinéma. Dernière publication : *Cinéma, machine à mondes* (Genève, Georg, 2014).

Arnaud Cassam-Chenai est doctorant et chargé d'enseignement à l'université Bordeaux Montaigne. Après un mémoire de master consacré aux films de fiction traitant du génocide des Tutsis du Rwanda (*Des caméras au Rwanda : la fiction au service du témoignage*, 2012), il travaille désormais sur les représentations et les réceptions de la figure de victime de la Seconde Guerre mondiale dans le cinéma populaire en France, au sein du programme ANR Cinépop50 et sous la direction de Geneviève Sellier.

Delphine Chedaleux est l'auteure d'une thèse intitulée « Les jeunes premiers et les jeunes premières du cinéma français sous l'Occupation (1940-1944) », en cours de publication aux Presses universitaires de Bordeaux. Ses recherches portent principalement sur le cinéma français classique et contemporain, ainsi que sur les cinéphilies ordinaires. Elle a publié plusieurs articles et a dirigé, avec

Gwénaëlle Le Gras, l'ouvrage *Genres et acteurs du cinéma français 1930-1960* (Presses universitaires de Rennes, 2012).

Sandrine Dubouilh est architecte DPLG et professeur à l'université Bordeaux Montaigne où elle dirige la filière théâtre. Ses recherches portent principalement sur l'architecture théâtrale et la scénographie, sur le modèle architectural contemporain, son histoire et son analyse critique. Elle a publié notamment *Une architecture pour le théâtre populaire 1870-1970* (Éditions AS, 2012).

Camille Gendrault est maître de conférences en études cinématographiques et audiovisuelles à l'université Bordeaux Montaigne. Ses recherches concernent notamment les représentations des espaces urbains dans le cinéma italien, ainsi que les questions interculturelles (France/Italie, Italie/États-Unis) et les questions de réception.

Laurent Guido est historien et professeur à l'université Charles de Gaulle Lille3. Il a enseigné à Montréal, Paris 10, Bruxelles et Lausanne. Associant l'esthétique à des questions socio-historiques, il travaille principalement sur les liens entre film, corporéité et musique, ainsi que sur les théories du spectaculaire dans le contexte de la culture de masse. Il a notamment publié *L'Âge du rythme* (Payot, 2007) ; *Rythmer/Rhythmize (Intermédialités*, 2010, avec M. Cowan), *Between Still and Moving Images* (J. Libbey/Univ. of Indiana Press, 2012, avec O. Lugon) et *De Wagner au cinéma* (Hermann, à paraître).

Susan Hayward est professeure émérite à l'université d'Exeter. Elle a publié plusieurs ouvrages sur le cinéma français : *French National Cinema* (1993) ; *Luc Besson* (1998) ; *Simone Signoret : The Star as Cultural Sign* (2004) (traduit en français en 2013) ; *Les Diaboliques* (2005) ; *Nikita* (2010) ; et *French Costume Drama of the 1950s : Fashioning Politics in Film* (2010).

Myriam Juan, docteure en histoire de l'université Paris 1 et maître de conférence à l'université de Caen, a soutenu une thèse intitulée « "Aurons-nous un jour des stars ?" Une histoire culturelle du vedettariat cinématographique en France (1919-1940) ». Outre diverses publications sur ce sujet, elle a dirigé (avec Christophe Trebuil), un numéro de la revue *Conserveries mémorielles* (2012) consacré aux publics de cinéma. Elle est secrétaire générale adjointe de l'Association française de recherche sur l'histoire du cinéma (AFRHC).

Gwénaëlle Le Gras est maître de conférences en études cinématographiques à l'université Bordeaux Montaigne. Elle travaille principalement sur les *star studies* et les approches culturelles du cinéma français classique et contemporain (représentation et réception). Elle a publié notamment *Catherine Deneuve, une « star » française entre classicisme et modernité* (2010), *Michel Simon, l'art de la disgrâce* (2010), codirigé *Genres et acteurs du cinéma français, 1930-1960* (2012), coordonné le dossier « Quoi de neuf sur les stars ? » dans la revue en ligne *Mise au point* n° 6 (2014) et édité avec Geneviève Sellier dans le cadre de l'ANR un numéro de la revue *Contemporary French and Francophone Studies*, « Stars du cinéma français d'après-guerre » (2015).

Sarah Leahy est maître de conférences en culture française et cinéma à Newcastle University depuis 2005. Auteure de plusieurs articles sur l'histoire du cinéma français, les stars et les scénaristes, elle a publié *Casque d'or* (IB Tauris, 2007), et prépare avec Isabelle Vanderschelden une étude sur les scénaristes du cinéma français, à paraître chez Manchester University Press.

Mélisande Leventopoulos est post-doctorante (Labex Arts-H2H, EA 2302, université Paris 8). Elle est l'auteure d'une thèse soutenue en 2013 à l'université Paris 8 intitulée : « La construction collective d'un regard critique. Les catholiques et le cinéma dans la France du XXe siècle (1895-1995) », parue aux Presses universitaires de Rennes en 2015 sous le titre *Les Catholiques au cinéma.*

Raphaëlle Moine, professeure en études cinématographiques à l'université Sorbonne Nouvelle Paris 3 (IRCAV), a publié notamment *Les Genres du cinéma* (2002), *Remakes. Les films français à Hollywood* (2007) et *Les Femmes d'action au cinéma* (2010) ; elle a dirigé plusieurs ouvrages collectifs. Parmi les plus récents : « Genre/Gender » (Revue *CiNéMAS*, vol. 22, n° 2-3, avec G. Sellier, 2012) et *Voyez comme on chante ! Films musicaux et cinéphilies populaires en France (1945-1958)*, coll « Théorème » n° 20, 2014, avec S. Layerle).

Thomas Pillard, docteur en études cinématographiques et audiovisuelles de l'université Paris Ouest Nanterre La Défense, a publié *Le Film noir français face aux bouleversements de la France d'après-guerre (1946-1960)*, aux éditions Joseph K (2014), et codirigé avec Laurent Creton et Kira Kitsopanidou, « Le Film français (1945-1958) : rôles, fonctions et identités d'une revue corporative », coll « Théorème » n° 23 (2015). Post-doctorant à l'IRCAV (Paris 3) en 2013-2014, il est chargé d'enseignement aux universités Sorbonne Nouvelle Paris 3 et Bordeaux Montaigne.

Emmanuel Plasseraud est maître de conférences à l'université Bordeaux Montaigne. Il a publié aux Presses universitaires du Septentrion *Cinéma et imaginaire baroque* (2007) et *L'Art des foules, théorisations de la réception filmique comme phénomène collectif en France 1908-1930* (2011). Il est aussi réalisateur de films.

Anthony Rescigno, doctorant sous contrat à l'université de Lorraine, prépare une thèse sur le loisir cinématographique en Moselle durant l'annexion nazie, sous la direction de Fabrice Montebello et au sein du laboratoire 2L2S. Il enseigne en arts du spectacle à l'université de Lorraine.

Geneviève Sellier est professeure en études cinématographiques à l'université Bordeaux Montaigne ; spécialiste de l'approche genrée du cinéma et de la télévision, elle a publié notamment *La Drôle de guerre des sexes du cinéma français 1930-1956*, avec Noël Burch (Nathan, 1996) ; *La Nouvelle Vague, un cinéma au masculin singulier* (CNRS éditions, 2005) ; *Le Cinéma au prisme des rapports de sexe*, avec Noël Burch (Vrin, 2009) ; *Ignorée de tous... sauf du public : quinze ans de fiction télévisée française 1995-2010*, avec Noël Burch (INA, 2014).

Daniela Treveri Gennari est lectrice en *Film Studies* à Oxford Brookes University. Elle est l'auteure de *Post-war Italian Cinema. American Intervention, Vatican Interests* (Routledge, New York, 2009) ; elle a dirigé avec Daniel Biltereyst, *Moralizing cinema : Film, Catholicism and Power* (Routledge, New York, 2014) ; elle a notamment publié «'If you have seen it, you cannot forget !': Film consumption and memories of cinema-going in 1950s Rome », *Historical Journal of Film, Radio and Television* (2014). Elle dirige actuellement le programme de l'AHRC sur les publics italiens dans les années 1950.

Ginette Vincendeau, professeure en études cinématographiques à King's College, London University, collabore régulièrement à *Sight and Sound.* Ses travaux portent principalement sur le cinéma français populaire ; elle est l'auteure notamment de *Stars and Stardom in French Cinema* (2000 – paru en français chez L'Harmattan en 2008) ; *Jean-Pierre Melville, an American in Paris* (2003), *La Haine* (2005), *Brigitte Bardot* (2013). Elle a dirigé, avec Alastair Phillips, *Journeys of Desire, European Actors in Hollywood* (2006) et *A Companion to Jean Renoir* (2013). Son dernier ouvrage, *Brigitte Bardot, The Life. The Legend. The Movies,* est paru en anglais chez Carlton et en français chez Gründ (2014).

RÉSUMÉS

Camille Beaujeault, université Paris 1 Panthéon Sorbonne : *Le Diable au corps* et *La Chartreuse de Parme* : Gérard Philipe première mouture

Dans la carrière de Gérard Philipe qui débute à la Libération, *Le Diable au corps* l'a propulsé au rang de star dès 1947, en proposant une nouvelle représentation de masculinité faite de juvénilité, de fragilité et d'androgynie, en opposition avec les normes masculines dans la société et le star-système de l'époque. Dans *La Chartreuse de Parme*, un an plus tard, son image est reconfigurée dans un aspect plus conventionnel d'amoureux romantique. L'article met en relation l'étude de la réception et l'analyse filmique pour faire émerger les contradictions de l'époque afin de mieux comprendre l'engouement populaire pour Gérard Philipe.

Daniel Biltereyst (université de Gand) : Censure du cinéma français d'après-guerre en Belgique (1945-1958) : pour une approche institutionnelle de l'histoire de la réception

En Belgique, le cinéma a fait l'objet de censure de la part de diverses institutions telles que la magistrature, le gouvernement, des autorités locales ainsi que d'organisations satellites de l'Église catholique. Bien que la Belgique n'ait jamais connu de système de censure obligatoire, il s'y est installé un contrôle librement consenti pour la projection de films destinés aux moins de 16 ans. Dans ces cas-là, il fallait l'approbation de l'instance officielle de contrôle des films, la Commission de contrôle des films cinématographiques (CCFC). Cet article examine les pratiques de censure de cette commission vis-à-vis des films français, souvent très rigoureuses, à partir de la Libération jusqu'en 1958. Il s'intéresse aussi à l'action d'autres institutions qui se sont manifestées dans quelques cas de films français controversés.

Alain Boillat, université de Lausanne : Star et personnage dans la genèse filmique : Edwige Feuillère chez Claude Autant-Lara (1954-1958)

À 47 ans, Edwige Feuillère, grande figure du vedettariat d'après-guerre, est la tête d'affiche du *Blé en herbe* (1954), où elle incarne une femme d'âge mûr qui entreprend l'initiation amoureuse d'un jeune homme ; quatre ans plus tard, elle joue dans *En cas de malheur* le rôle d'une épouse qui, dans l'abnégation la plus complète, accepte les infidélités de son mari et s'efface devant le couple formé par Jean Gabin (54 ans) et Brigitte Bardot (24 ans). La place accordée aux deux personnages interprétés par Feuillère est examinée en termes de construction de l'image d'une star vieillissante à travers l'étude du triangle amoureux qui structure le récit de ces deux adaptations (comparées aux romans de Colette et de Simenon dont elles sont issues), de la stratégie promotionnelle et des discours sur Feuillère dans la réception critique. Le contexte de production des films, ainsi que certaines versions non retenues du scénario, sont discutés à partir des archives du fonds Claude Autant-Lara de la Cinémathèque suisse.

Arnaud Cassam-Chenaï, université Bordeaux Montaigne : les films américains sur la Seconde Guerre mondiale et leur réception en France dans l'immédiat après-guerre (1945-1947)

Dès la Libération, les écrans français sont envahis par des films traitant de la toute récente Seconde Guerre mondiale, dont certains sont de grands succès publics. Si les films français consacrés au conflit réalisent, de manière générale, plus d'entrées que leurs homologues américains, certaines productions d'outre-Atlantique s'imposent néanmoins auprès du public hexagonal, comme *Aventures en Birmanie* (Raoul Walsh, 1945), *Madame Miniver* (1942) et *Les Plus Belles Années de notre vie* (1946) tous deux de William Wyler. L'intérêt de spectateurs français pour ces films est confirmé par la place que leur accordent les magazines populaires. Cette communication analyse le panorama des protagonistes que propose ce cinéma américain, l'impact des stars qui les incarnent, puis à interroger leurs réceptions par le public français, dans un contexte marqué par d'intenses tensions sociales et idéologiques.

Delphine Chedaleux, université Bordeaux Montaigne : *Cinémonde* : un magazine cinéphile dans la France d'après-guerre (1946-1958)

Le magazine *Cinémonde* est principalement consacré au culte des vedettes du cinéma. Mais on y trouve aussi de nombreuses réflexions sur l'esthétique des films et/ou des réalisateurs, en particulier à travers l'exercice d'une critique souvent exigeante et parfois signée de noms associés aujourd'hui à la cinéphilie cultivée. Ma communication vise ainsi à déterminer les éléments de partage mais aussi de continuité entre la cinéphilie qui s'exprime dans *Cinémonde* après-guerre et la cinéphilie savante qui se construit à la même époque. Il s'agit de saisir les tensions culturelles qui caractérisent ce magazine à l'identité protéiforme et d'interroger la dichotomie traditionnelle entre cinéphilie ordinaire et cinéphilie cultivée.

Sandrine Dubouilh, université Bordeaux Montaigne : Les salles de cinéma après-guerre : de nouveaux modèles pour le spectacle

On compte environ 6 000 salles de cinéma sur le territoire français en 1959. Ce parc est alors composé d'architectures dont les constructions les plus audacieuses ont vu le jour dans les années 1930. En France, les premiers architectes spécialisés dans la construction des cinémas adoptent le vocabulaire et les principes de l'architecture moderne, à une époque où l'on trouvait encore quelques salles construites sur le modèle des théâtres et music-halls avec places latérales et rideaux rouges. La configuration frontale va s'imposer comme une donnée incontournable du rapport au spectaculaire après la Seconde Guerre mondiale. À partir des travaux de ces premiers spécialistes, nous montrons leur impact sur les lieux de spectacle, objets de débats contradictoires dans le milieu théâtral des années 1950-1960.

Camille Gendrault, université Bordeaux Montaigne : Le goût de l'Italie, de Stendhal à Don Camillo

Le cinéma italien conquiert au cours de l'après-guerre une place de choix dans les goûts du public français et ce notamment grâce à la mise en place d'une efficace politique de coproduction entre la France et l'Italie. Dans les pages de *Cinémonde*, les commentaires oscillent alors entre promotion de la proximité culturelle liant « naturellement » les deux pays et valorisation des spécificités italiennes. Si, dans certains articles, l'appréciation du cinéma italien passe par le filtre de références issues d'une culture classique et légitime, on voit aussi prendre forme un autre goût, populaire, de l'Italie, qu'illustre entre autres la série des *Don Camillo*.

Laurent Guido, université Charles de Gaulle Lille 3 : Femmes de Paris (1953) : les scènes grotesques du « film de music-hall » français

L'étude de *Femmes de Paris* signé Jean Boyer et rattaché à des genres comme le « film-opérette » ou le film de « revue », permet d'interroger l'intégration problématique des numéros musicaux, le rapport dialectique entre scène et écran, ainsi que les représentations du corps dansant. Ces aspects d'ordre narratif et spectaculaire, quelquefois liés à des problèmes d'adaptation d'un matériel scénique, renvoient à des dispositifs construits par le matériel publicitaire des films et diversement appréhendés dans leur réception critique. L'analyse de ces différents éléments permettra de remettre en question certains discours conventionnels sur la légitimité artistique des productions musicales du cinéma français.

Susan Hayward, University of Exeter, Daniel Gélin : l'étoile filante de *Cinémonde* (1947-1958)

Daniel Gélin fut l'un des jeunes premiers des années 1950 les plus appréciés par les cinéastes, mais il est peu présent dans les pages de *Cinémonde* – si on le compare à d'autres jeunes premiers de l'époque : Jean Marais, Luis Mariano, Gérard Philipe, Jean-Claude Pascal, Michel Auclair. Cette communication examine comment Gélin – lorsqu'on en parle – est présenté dans *Cinémonde* et montre l'écart qui existe entre l'opinion de la rédaction et celle des lecteurs telle qu'elle s'exprime dans la rubrique « Potinons ». Le relatif manque d'intérêt du magazine populaire pour cet acteur est mis en relation avec sa *persona*, marquée par le courant culturel existentialiste.

Myriam Juan, université de Caen : Vingt ans après. Remakes et nouvelles adaptations dans le cinéma français d'après-guerre (1945-1958)

Le cinéma français de l'après-Seconde Guerre mondiale partage avec celui des années 1930 des vedettes, des réalisateurs, des collaborateurs et techniciens divers, mais aussi des sujets et des histoires. Qu'ils soient encore connus aujourd'hui (comme la version des *Misérables* de Jean-Paul Le Chanois avec Jean Gabin) ou totalement tombés dans l'oubli (à l'instar du *Roi des resquilleurs* de Jean Devaivre avec Rellys), de nombreux films produits alors sont en effet des remakes ou de nouvelles adaptations d'œuvres déjà portées à l'écran vingt ans plus tôt. Cette communication vise à prendre la mesure de ce phénomène, à en cerner les formes et en interroger les causes. On tente d'apprécier comment ces deux périodes du cinéma dialoguent entre elles et, plus spécifiquement, dans quelle mesure la mémoire du cinéma français des années 1930 imprègne celui des années 1945-1958.

Gwénaëlle Le Gras, université Bordeaux Montaigne : Genèse de la théorisation de la notion de star dans la France d'après-guerre

Les stars sont parties prenantes de la société de consommation et de communication de masse qui s'impose en France dans les années 1950 et qui va exercer une grande influence sur la nouvelle génération, en lui fournissant héros et modèles. En 1957, Roland Barthes publie *Mythologies*, et Edgar Morin *Les Stars*. En parallèle, la cinéphilie populaire propose, *via* les magazines qui se multiplient après-guerre, des discours qui dessinent en creux une réflexion sur ce phénomène social et cinématographique. *Cinémonde*, magazine populaire le plus largement diffusé à cette époque, s'intéresse à ce sujet. Cet article propose d'analyser la genèse de la théorisation de la notion de star dans la France d'après-guerre en confrontant les discours savants et populaires, de mesurer les écarts et les points de convergence entre les deux, et de repérer les spécificités de la conception française du vedettariat.

Sarah Leahy, Newcastle University, « Les vacances de Mlle Huguette » : Henri Jeanson, collaborateur de *Cinémonde*

Suite à une brouille avec *Le Canard enchaîné* en 1947, Henri Jeanson emmène son alter ego, Huguette ex-Micro, chez *Cinémonde* où on lui promet une parole « en toute liberté ». Huguette propose une chronique régulière au magazine en 1948, « Parole d'honneur » qui s'attaque à des sujets aussi divers que les fins alternatives destinées au marché canadien, les accords Blum-Byrnes, l'annulation du Festival de Cannes en 1948, les rivalités franco-italiennes, et la censure ; la plume spirituelle d'Huguette fait preuve de l'indépendance d'esprit que l'on peut attendre de Jeanson. Cette communication propose une mise en contexte des « vacances » que « Mlle Huguette » a passées chez *Cinémonde*, pour analyser sa vision originale du monde du cinéma.

Mélisande Leventopoulos, université Vincennes Saint-Denis Paris 8 : La construction cinéphilique des identités de sexe dans les mouvements féminins de jeunesse chrétienne

Cette communication voit dans les Jeunesses agricole, étudiante et ouvrière chrétiennes féminines (JACF, JECF, JOCF) un observatoire privilégié pour l'étude des cinéphilies populaires. Elle explore la rencontre originale entre des engagements confessionnels féminins et des pratiques cinéphiliques dans la France de l'après-guerre à partir du dépouillement de la presse des organisations et d'archives inédites. Trois modèles distincts d'intervention se dessinent qui permettent d'interroger les modalités d'une construction cinéphilique du genre (*gender*) au sein de ces mouvements.

Raphaëlle Moine, université Sorbonne Nouvelle Paris 3 : Les « biopics » dans le cinéma français d'après-guerre : série masculine et série féminine

Le cinéma français des années 1950 connaît un pic dans la production de films biographiques, certains d'entre eux se hissant même en tête du box-office (*Monsieur Vincent*, *Il est minuit Dr Schweitzer*, *Lucrèce Borgia*). L'analyse des représentations proposées par ces *biopics* permet d'étudier leurs fonctions et d'esquisser des pistes quant à leur appropriation par les publics de l'époque. On constate l'existence de deux séries, une masculine et une féminine, très distinctes, par le choix et le statut des personnages biographiés, par le traitement et le point de vue adopté, par le moment de production des films. Cette distribution genrée des *biopics* amène non seulement à opposer l'hommage (aux Grands Hommes) et le scandale (du spectacle de femmes dépravées, légères, ou simplement émancipées), mais à souligner les ambivalences de la série féminine qu'on ne peut réduire à la mise en spectacle érotique du corps féminin.

Thomas Pillard, université Sorbonne Nouvelle Paris 3 : Le courrier des lecteurs du *Film complet* (1949-1958) : un outil pour étudier les réceptions genrées des genres

Si l'orientation masculiniste du cinéma français d'après-guerre a été mise en évidence dans plusieurs travaux adoptant une approche *gender*, la réception de ces films par les spectateurs contemporains commence tout juste à être défrichée par des études sur les magazines populaires et leur rubrique phare : le courrier des lecteurs. On se penche ici sur les réceptions des genres « masculins » dans *Le Film complet*, une publication à fort tirage se présentant à la fois comme un agent de transmission d'une culture patriarcale (*via* ses « films racontés » le plus souvent écrits par des hommes) et comme un lieu de négociation et parfois de contestation des normes sexuées dominantes (*via* son courrier des lecteurs majoritairement fréquenté par des femmes). On analyse en particulier ici comment les genres « virils » de l'époque (film noir, comédie) sont reçus et commentés dans ce périodique au lectorat mixte mais essentiellement féminin.

Emmanuel Plasseraud, université Bordeaux Montaigne : La réception filmique, entre phénomène collectif et expérience individuelle, au prisme du courrier des lecteurs de *Cinémonde* (1946-1958)

Avant la Seconde Guerre Mondiale, surtout durant la période muette, la réception filmique était pensée comme un phénomène collectif, où l'individualité des spectateurs se dissipait pour laisser place à une « âme unanime ». L'abandon de ce paradigme au profit de la réception filmique comme expérience individuelle s'est progressivement mis en place dans les années 1940-1950. L'enjeu de notre étude consiste à analyser l'évolution de la rubrique de courrier des lecteurs de *Cinémonde*, pour y repérer les formes que prend ce changement paradigmatique.

Anthony Rescigno, université de Lorraine : Du cinéma des « perdants » au cinéma des « vainqueurs » : les salles de Moselle et leurs spectateurs à la Libération, après cinq ans d'annexion nazie

Le 16 décembre 1944, trois semaines après la libération de Metz, le premier film français depuis mai 1940 est projeté en Moselle : *La Duchesse de Langeais*. À l'instar de ce dernier, les films choisis pour incarner le retour du cinéma français en Moselle sont sélectionnés parmi les succès des années d'Occupation. Les films américains quant à eux s'implantent progressivement dans la programmation locale. Bien qu'une rupture brutale se produise entre les films proposés durant l'annexion nazie et ceux qui s'affichent à la Libération dans les salles de Metz, on observe des phénomènes de continuité entre ces deux périodes. Les stars qui avaient suscité du plaisir dans les films allemands trouvent leurs équivalents dans les films français et américains, et les spectateurs adolescents à l'époque ont pu ainsi adapter leurs goûts aux fortes contraintes de la période.

Geneviève Sellier, université Bordeaux Montaigne : Les goûts des spectateurs ordinaires : un paysage contrasté

Si les études sur les revues cinéphiliques sont nombreuses en France, en revanche l'étude de la réception ordinaire des films est peu pratiquée, en partie parce que les sources sont plus rares et moins faciles d'accès, mais surtout parce que les spectateurs ordinaires ne sont pas considérés encore comme un objet digne d'intérêt. Mais si l'on veut comprendre de quoi parlent les films pour les spectateurs à qui ils sont destinés, étudier le cinéma populaire implique qu'on prenne en compte la réception populaire du cinéma. On propose ici, à travers l'analyse du courrier des lecteurs de *Cinémonde* sur l'année 1956, un panorama des goûts de ces spectateurs ordinaires (qui sont majoritairement des spectatrices).

Daniela Treveri Gennari, Oxford Brookes University : Post-war Cinema Audiences in Rome : a Comparison/Les publics de cinema de l'après-guerre : une comparaison.

Cet article présente les résultats du programme de recherche financé par la British Academy sur les publics des cinémas à Rome dans les années 1950, une période de fréquentation d'une intensité sans précédent en Italie. Le recours à l'histoire orale et aux données statistiques rassemblées à partir de la presse locale et nationale, permet de comprendre les logiques de fréquentation dans la capitale italienne. Une analyse comparative avec la situation française à la même période éclaire les préférences des spectateurs à partir de films populaires dans les deux pays.

Ginette Vincendeau, King's College, London University : *Donnez-moi ma chance* (1957) : ambivalence du cinéma français face au vedettariat féminin

Les années 1950 voient des changements importants dans le star-système français et en particulier la montée en puissance d'un nouveau vedettariat, en partie inspiré par Hollywood, caractérisé par le rôle accru des médias et l'accent mis sur le physique et la vie privée des vedettes, surtout féminines. En France, ces transformations se reflètent dans l'intérêt que manifestent les intellectuels envers les stars (Edgar Morin, Roland Barthes) et les magazines de cinéma populaires tels que *Cinémonde* en débattent fréquemment. Parallèlement, un certain nombre de films bâtissent leur intrigue sur le vedettariat, au cinéma ainsi que dans le monde du spectacle en général. *Donnez-moi ma chance* (Léonide Moguy, 1957) permet d'analyser la vision du vedettariat féminin proposée par le cinéma français des années 1950. Par comparaison avec des films étrangers tels que *Bellissima* (Visconti, 1951), on peut mettre en avant la spécificité française de la construction à l'écran du nouveau vedettariat féminin.

Table des matières